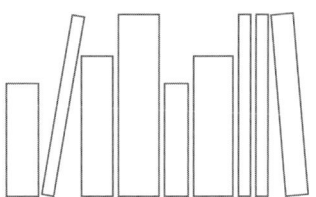

Readings in Criminal Law
リーディングス刑法

伊東研祐・松宮孝明 編
Kensuke Itoh & Takaaki Matsumiya

法律文化社

　リーディングス刑事法シリーズは、本巻『リーディングス刑法』の編者なりにまとめると、刑事法について自ら考えようとしている人・刑事法を学ぼうとする人（主として、これからの若手研究者［大学院生］あるいは研究者を志望しつつある学部学生）のために、刑法・刑事訴訟法・刑事政策の３分野のそれぞれにつき、基本的な（いわば古典的ともいうべき）日本語文献（翻訳を含む）30編程度をコンパクトな形で正確に紹介することを通じて、これまでの日本の刑事法学が蓄積してきた膨大な知見をカタログ的に俯瞰し、現在のまた今後の刑事法学の基礎としての理論的到達点を個別領域（テーマ）ごとに確認・提示・継承することを目的としています。言い換えれば、私共自身を含め、これまでの沢山の刑事法研究者・学習者が、場合によっては適切な前提知識や指導を欠いたまま、限られた時間とリソースの下で個々に黙々と繰り返してきた個別領域毎の膨大な先行業績の学習、自己なりの視座の形成、学問的関心・問題の発見ないしその所在の（再）確認等という営為（の実体）に鑑みて、主としてこれから同じ途を辿ろうとする世代のために、主要な領域（テーマ）について、現時点における信頼できる客観的な学習ガイド・指標を与えることを目的としています。ある意味においてはきわめてアカデミックかつ野心的な企画であり、刑事法学研究・学習に関する方法論の観点からは個人的に抵抗を覚える向きもあるかと思いますが、ベースラインとしては、あくまでも自己の学習・研究の方向性に（速やかに）目途を付ける上での、あるいは、（再）確認・修正する上での有効な補助資料として機能することが予定されていますので、（適切な助言・指導・監督の下で）効率的に利用して戴けるものと期待しています。

　このシリーズ企画の趣旨との関連において、私共が編集を委ねられた『リー

ディングス刑法』について指摘しておきたい点が2つあります。第一は、取り上げた領域(テーマ)ないし同領域における基本文献は、当然ながら、また、残念ながら、私共の目からして企画趣旨に相応しい質・量・形式を有すると判断できる業績（単行本、論文）である場合に限られている、ということです。取り上げることのできなかった領域(テーマ)あるいは業績の学問的な重要性を軽んじているわけでは、決してありません。むしろ、取り上げられた領域(テーマ)ないし基本文献の確実な理解には、多くの場合、取り上げることのできなかった当該領域(テーマ)の他の業績の学習はもとより、隣接・関連領域の業績の学習も必要だといわなければなりません。『リーディングス刑法』では、この問題を、各領域(テーマ)のエキスパートとしての執筆者の（経験に基づく自律的な）判断において、押さえておくべき業績・知見をも補完して戴くことにより、解決しようと試みています。実効性がどの程度あるかはなお定かではありませんが、その示唆に注目して積極的に活用戴くことをお願いしたいと思います。第二は、第一と部分的に重なるものでもありますが、基本文献の内容自体の「紹介」に加え、その置かれた諸コンテクストを明らかにして、いわば執筆者の読み方・解釈・評価・問題意識等をも検証可能なものとして示して戴こうとしていることです。すなわち、各領域(テーマ)ないし基本文献の紹介は、①基本文献発行時（執筆時）までの当該領域(テーマ)に関する学説・実務状況の客観的要約、②基本文献の学説史的意義／位置づけおよび著者の研究過程における位置づけ、③基本文献の内容紹介（評価を加えない客観的記述、解析）、④発行時（執筆時）において残された課題と当時の学説等の方向性、⑤基本文献の現代的意義（近時の注目すべき文献・判例等の織り込みを含む）から構成されています。『リーディングス刑法』を、正に現時点における信頼できる学習ガイドとして、積極的かつ批判的に活用戴くことをお願いしたいと思います。

　法科大学院制度の開始と共に、後継の法律学研究者をいかに養成するか、ということが課題とされてすでに相当長い時間が経ちました。そして、現代におけるわが国の社会に相応しい新たな研究者養成方針・手法・制度等に十分に目途がつく前に、今や、そもそもいかにしたら法（律）学系学部・大学院を志望する学生の数と質とを維持することができるのか、ということさえ問題となる状況に立ち至りました。私共にも解決への妙案がある訳ではありませんが、少

なくとも刑法学に関しては、これまで以上に、法律学ないし法律学研究という(歴史的・間主観的な)営みの基本に立ち帰ってそれらの自体の面白さ・楽しさ・苦しさを伝えていく努力が必要かつ有効であろうと考え、その具体化のひとつとして、折しも法律文化社が企画したリーディングス刑事法シリーズ中の本巻の編集を引き受けました。私共の意を汲み取り、学界における中堅・若手としてきわめて多忙な中、学問的にチャレンジングな(自分の領域として、おそらくは面白く、楽しく、そして、間違いなく難しく、苦しい)執筆作業に挑んで下さった執筆者の皆さんに、編者として、心より感謝致します。同じく、企画から出版まで、我慢強く適確な判断・処理で巧みに作業を推進して下さった法律文化社編集部の掛川直之氏に、改めて御礼申し上げます。

2015年2月11日

伊東 研祐

松宮 孝明

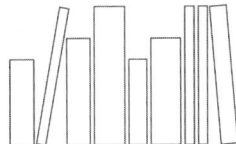

目次

1 | 刑法基礎原理論 ……………………………… 伊東研祐　1
　　平野龍一『刑法の基礎』（東京大学出版会、1966年）

2 | 規範論 ………………………………………… 三上正隆　23
　　佐伯千仭『刑法における違法性の理論』（有斐閣、1974年）

3 | 行為論／体系論 ……………………………… 仲道祐樹　39
　　平場安治『刑法における行為概念の研究』（有信堂、1961年）

4 | 構成要件論／構成要件要素論 ……………… 松宮孝明　55
　　小野清一郎『犯罪構成要件の理論』（有斐閣、1953年）

5 | 危険犯論 ……………………………………… 謝　煜偉　70
　　山口厚『危険犯の研究』（東京大学出版会、1982年）

6 | 結果的加重犯論 ……………………………… 内田　浩　86
　　丸山雅夫『結果的加重犯論』（成文堂、1990年）

7 | 不作為犯論／不真正不作為犯論 …………… 松尾誠紀　101
　　堀内捷三『不作為犯論』（青林書院新社、1978年）

8 | 因果関係論／客観的帰属論 ………………… 山本高子　118
　　山中敬一『刑法における因果関係と帰属』（成文堂、1984年）

9 | 故意論／錯誤論 ……………………………… 玄　守道　133
　　不破武夫『刑事責任論』（弘文堂、1948年）

10 | 過失論 ………………………………………… 山本紘之　148
　　藤木英雄編著『過失犯――新旧過失論争』（学陽書房、1975年）

11 | 法益論／不法本質論 ………………………… 嘉門　優　165
　　伊東研祐『法益概念史研究』（成文堂、1984年）

12	違法性阻却原理論 ……………………………… 橋爪　隆	181
	曽根威彦『刑事違法論の研究』（成文堂、1998年）、	
13	正当防衛論 ……………………………………… 葛原力三	197
	山中敬一『正当防衛の限界』（成文堂、1985年）	
14	緊急避難論 ……………………………………… 森永真綱	212
	森下忠『緊急避難の研究』（有斐閣、1960年）	
15	被害者の承諾 …………………………………… 佐藤陽子	228
	町野朔『患者の自己決定権と法』（東京大学出版会、1986年）	
16	未遂犯論／実行の着手論／不能犯論 ………… 澁谷洋平	244
	野村稔『未遂犯の研究』（成文堂、1984年）	
17	中止犯論 ………………………………………… 鈴木一永	260
	野澤充『中止犯の理論的構造』（成文堂、2012年）	
18	期待可能性論 …………………………………… 松宮孝明	276
	佐伯千仭『刑法に於ける期待可能性の思想』（有斐閣、1947年〔増補版1985年〕）	
19	「正犯と共犯」論 ……………………………… 照沼亮介	287
	松宮孝明『刑事立法と犯罪体系』（成文堂、2003年）	
20	共同正犯論／共謀共同正犯論 ………………… 小島秀夫	303
	下村康正『共謀共同正犯と共犯理論』（学陽書房、1975年）	
21	共犯処罰根拠論 ………………………………… 豊田兼彦	319
	大越義久『共犯の処罰根拠』（青林書院新社、1981年）	

| 22 | 共犯と身分 | 佐川友佳子 | 335 |

西田典之『共犯と身分』(成文堂、1982年〔新版2003年〕)

| 23 | 客観的処罰条件 | 曲田　統 | 351 |

松原芳博『犯罪概念と可罰性』(成文堂、1997年)

| 24 | 罪数論 | 小野晃正 | 367 |

虫明満『包括一罪の研究』(成文堂、1992年)

| 25 | 住居侵入罪 | 安達光治 | 384 |

関哲夫『住居侵入罪の研究』(成文堂、1995年)

| 26 | 名誉に対する罪 | 野澤　充 | 400 |

平川宗信『名誉毀損罪と表現の自由』(有斐閣、1983年〔復刊版2000年〕)

| 27 | 財産犯　総論／窃盗罪 | 内田幸隆 | 419 |

林幹人『財産犯の保護法益』(東京大学出版会、1984年)

| 28 | 詐欺罪　その他 | 裵　美蘭 | 436 |

藤木英雄『経済取引と犯罪――詐欺、横領、背任を中心として』(有斐閣、1965年)

| 29 | 横領罪 | 上嶌一高 | 451 |

平野龍一「横領と背任、再論――『背信説』克服のために」『刑事法研究　最終巻』(有斐閣、2005年)

| 30 | 背任罪 | 品田智史 | 467 |

上嶌一高『背任罪理解の再構成』(成文堂、1997年)

| 31 | 文書偽造罪 | 松澤　伸 | 484 |

川端博『文書偽造罪の理論』(立花書房、1986年〔新版1999年〕)

1 刑法基礎原理論

●基本文献
平野龍一
『刑法の基礎』
(東京大学出版会、1966年)

伊東 研祐

1　学説・実務状況

▶観念的・抽象的な「犯罪実体」論（責任論・不法論）と、その結果

　1945年の敗戦は、日本に新たな憲法秩序をもたらし、その諸理念に適合する刑事法制度の確立が急がれたが、手続法の領域と異なり、実体法の領域においては、新憲法秩序と明確に牴触する諸部分の廃棄と新憲法秩序の新たな要求の充足を中心とした修正とによる大規模ながらも部分的な対応が行われるに止まった。敗戦前から継続的に行われてきていた刑法改正作業も、その限度での影響は受けたにせよ、中長期的に見れば、基本的な方向性に直接の変更を求められることはなかったし、社会主義刑法学や英米刑法学等への理論学的関心は著しく増大したものの、ドイツ刑法学を中心とする外国刑法学説の継受にも、ナチズム等の全体主義的・軍国主義的な影響の廃棄の後には、大きな変更はなかった。語弊を恐れずにいえば、敗戦後日本の刑法学は、戦前・戦中までに到達されたドイツ刑法学における代表的な犯罪論の枠組ないし体系、それらの背後に潜在する各々の刑法思想・刑罰思想を引き継ぎながら、その精密化と実定法解釈・適用の為の内面化を行うところから再開された。継続であった。

　その事実の歴史的評価は措くとして、それが可能であった理由のひとつは、犯罪論体系における違法性・有責性という犯罪実体にかかわる要件の内実が、本来は背後に在る刑法思想・刑罰思想と密接に結び付いているにもかかわらず、その観念的・抽象的な把握の故に、実際には各論者による任意ないし独自

の、場合によってはきわめて哲学的・形而上学的な規定さえも許すところにあった。犯罪論を含む刑法解釈論は、背後に在るべき刑法思想・刑罰思想自体の正統性および正当性の積極的な再検証を行わず先延ばししたままであっても、精密化と内面化（内部化）が可能であったのであり、また、敗戦後の荒廃・混乱から急激な復興・発展・拡大へと向かった社会経済状況の下においては、それがいわば必要でもあったのであろう。

▶社会学的観点に基づく犯罪実体論と、その機能論

　もちろん、そのような状態が適時に打破されるべきものであったことはいうまでもない。新憲法秩序下における自由主義的および個人主義的諸理念・原理の浸透に伴い、犯罪実体を行為者の器質・資質や社会に対する危険性から捉える新派刑法学・主観主義刑法学は既に急速に衰退していた一方で、敗戦後の日本の社会経済状況は、環境の行為者に対する影響の存在を無視し得ないことを事実として明瞭に示し、社会政策的対応の重要性が改めて認識され始めていた。刑法的責任の原因・根拠付けを人間（行為者）の「自由な意思による決定」に基づく行為の侵害性・社会的有害性に求める旧派刑法学・客観主義刑法学についても、現実社会生活における経験・観察からして同様に、「自由な意思による決定」という措定の正統性および正当性には大きな疑問が呈されるようになっていた（なお、本基本文献の著者は、旧派をフォイエルバッハ等の前期旧派とヘーゲル学派以降の後期旧派に区別し、自由な意思決定に基づく道義的責任を主張しない前者の自由主義的側面を強調する学説史理解を提示した〔本文77頁等〕）。犯罪論を含む解釈論が殊に立法作業等において一定の段階に達して具体的な成果を生み出そうとする1960年代初頭に、犯罪実体の捕捉が敗戦によって形成された新たな憲法秩序下の日本の社会状況・政治経済状況に適合的なものであるか否か、同時代および近未来の現実的課題に対応して機能し得るものであるか否かが問い返されざるを得なくなったことは、当然の事柄であった。犯罪論を含む解釈論における観念的・抽象的な犯罪実体（違法性・有責性）の記述は、社会学的観点を中心のひとつとした人間行動（したがって犯罪）の現実的・事実的な把握方法に基づく刑法思想・刑罰思想の再構築を経て、実質的・具体的な内実規定による置換を経験することになった。その焦点として選ばれたものが、(I)刑の負科ないし刑事責任（非難・有責性）を根拠づけるものとしての「意思の自由」の実

体を巡る「相対的非決定論」と「やわらかい決定論」との対立であり、(Ⅱ)刑の負科ないし刑事責任の対象としての罪ないし刑事不法（違法性）を構成・採択する際の視座を巡る「刑法の目的・機能論」における「道徳・社会倫理保護説」と「利益保護説」（後の「行為無価値論」と「結果無価値論」）との対立であった。また、方法論的視座の変更が、(Ⅲ)刑法学説ないし学者の自己規定、とくに解釈論の展開過程における現実的な機能の仕方についての議論に連なっていったことも看過すべきではないであろう。

2　学説史的意義と位置づけ

▶先駆的業績

　人間行動の社会現実的・事実的な把握方法に基づく刑法思想・刑罰思想の再構築は、ハインリッヒ・リッケルト等の新カント派価値哲学（あえていえば、いわゆる文化科学）の影響の強かった敗戦前ドイツ刑法学においても、ハンス・ヴェルツェル等の目的的行為論体系の主張に代表されるように、20世紀初頭にエドムント・フッサールの現象学やマルティン・ハイデッガーの存在論等として復権したヴィルヘルム・ディルタイ等のいわゆる精神科学に基づくとされる諸見解に、その先駆的展開を見出すことができる。英米刑法学・法哲学においては、デイヴィッド・ヒューム、ジェレミー・ベンサム、ジョン・スチュワート・ミル等々にさかのぼる伝統内在的なものといい得るであろうが、先駆的業績としてここにおいて挙げるべきものは定かでない。より大きな見方をすれば、宇宙物理学や素粒子論を初めとする20世紀中葉における自然科学の著しい発達がもたらした知識と（大戦・原子爆弾等を含む）経験とに起因する人間観・世界観の大転換を説明しようとする多分野における試みの（同時代的に日本で把握できた）すべてと規定することができよう。

▶基本文献の意義

　基本文献は、上に述べたような敗戦後日本の刑法状況下において、いつかは来たるべきであった過去・継続からの訣別宣言である。後述の通り、解釈論的に継続するならば行き着くべきところの一端を敗戦後早期の内に見事に提示していたにもかかわらず、それに飽き足らず、20年近くの（画期的な刑事訴訟法学

および犯罪者処遇論ないし刑罰論の展開と並行した）考察を経て、自らの物の見方・方法論に立ち戻って新たな刑法思想・刑罰思想の構築を主張した綱領的書物である。敗戦後日本の刑法状況を個人的にも受け止めざるを得ない特別なポジションに在った平野龍一による、少なくとも事後的・客観的に見れば時宜を得た檄文として機能することとなり、現在に至るわが国敗戦後刑法（解釈）学の新たな展開の基礎となった一書である。

3　文献紹介

▶基本文献の構成

　基本文献は、「第1部　刑事責任」・「第2部　刑法の機能」・「第3部　刑法における学説の役割」の3部から成り、第1部5本・第2部5本・第3部1本、計11本の既公表論文を集めたものである。それらの論文は、第2部末尾に収録された1951年発表の「贓物罪の一考察」と第1部末尾の60年発表の「刑事責任の拡散——刑法の一課題」を除けば、63年から66年の間に「これらの問題と対決しなければ解釈論にはいることができないという、ある切羽つまった思いで書いたもの」（序文1頁）と平野自らが述べるものであって、ほぼ同時期に、正に平野の『刑法の基礎』を成すものとして、各テーマ内部に止まらず相互に密接な関連をもって思索され、種々の機会に対応した形態で提示されたものといい得る。敗戦を挟む時期に「研究生活に入ってしばらくは刑法を専攻した」（同1頁）平野の初期の業績のひとつである「贓物罪の一考察」（小野博士還暦記念論文集『刑事法の理論と現実㈠刑法』〔有斐閣、1951年〕初出）の収録は、「どうも満足できず」（同1頁）とされた同時期の解釈論の優れた業績（「故意について⑴・⑵」法学協会雑誌67巻3号〔1949年〕34頁、4号〔1949年〕63頁等）の不収録との対照においてとくに、生きた現実の社会現象として刑法をまた刑法学を捉える「刑法社会学」（同2頁）ないし犯罪社会学的考察が「刑法に帰ってくる」（同1頁）際の方法論・視座として維持されていることを示すものであるといえよう（ちなみに、平野の助手論文のテーマが贓物罪〔盗品等関与罪〕であり、他に「贓物罪の犯罪社会学的考察」法律時報20巻7号〔1948年〕15頁がある。「故意について」は、後に編まれた著作集『刑事法研究』にも収録されていない）。

「第1部　刑事責任」は、主として英米の文献を参考にした試論と位置づけられた第1論文「意思の自由と刑事責任」（尾高朝雄教授追悼論文集『自由の法理』〔有斐閣、1963年〕初出）と、第2論文「人格責任と行為責任」（『刑法講座3　責任』〔有斐閣、1963年〕初出）とを核とし、これにドイツの文献の補充の意味も兼ねた第3（紹介）論文「エンギッシの自由意思論」（原題：「エンギッシュ『現代の刑法哲学における自由意思論』」法学協会雑誌80巻5号〔1964年〕107頁初出）が附加され、第1・第2論文等に対して投ぜられた諸批判を検討する第4論文「刑事責任について——批判に答えて」（法学協会雑誌82巻3号〔1966年〕386頁初出）で自説を確認した後に、刑事責任論・刑罰論における課題を第5論文「刑事責任の拡散——刑法の一課題」（原題：「刑法の将来と課題」ジュリスト195号〔1960年〕6頁初出）において素描する（なお、第5論文は、初出時においては、自由意思論を含めて自らの研究課題を予告するものであった）。

「第2部　刑法の機能」は、刑法改正作業をより明確に視野に入れた論稿から成り、現代社会において刑法は如何なる機能を営むべきであるか、社会統制の手段として如何なる役割をもつべきか、という課題を追求した第1論文「現代における刑法の機能」（『講座現代法11　現代法と刑罰』〔岩波書店、1965年〕初出）と、日本社会における刑法の機能・在り方の特徴を多様な個別的側面に関連して分析し、具体的な評価・確認等を示した4本の論文、すなわち、第2論文「日本刑法の特色」（A.T. ヴォン・メーレン編『日本の法——変動する社会における法秩序　中』〔東京大学出版会、1966年〕初出）、第3論文「生命と刑法——特に安楽死について」（大河内一男ほか著・東京大学綜合研究会編『生命（東京大学公開講座4）』〔1965年〕初出）、第4論文「家庭および性道徳に対する罪」（刑法雑誌14巻1号〔1965年〕134頁初出）、そして、第5論文「贓物罪の一考察」（前出）から成る。「贓物罪の一考察」が収録されたことの方法論的含意については上述した。

「第3部　刑法における学説の役割」は、「刑法と判例と学説」（原題：「刑法における理論の役割」『講座現代法15　現代法学の方法』〔岩波書店、1966年〕初出）の1本のみから成る。学説ないし理論の林立するわが国刑法学の状況に鑑みて、それらの学説ないし理論そのものの意味と価値についての考察（反省）の必要性を覚えていた平野が、いわゆる経験法学の影響を受けて（部分的に）試みたいわば「刑法学の機能・目的」論である。

以下、各部の核となる論文を紹介する。引用・要約後の（　）内は掲載本文頁数である。
▶「第1部　刑事責任」
▷　「意思の自由と刑事責任」
(1)　問題の所在

平野によれば、第1論文「意思の自由と刑事責任」は、「因果性（法則性）と有責性（非難可能性）とは二律背反の関係にあるものではなく、むしろ有責性は因果性を前提とするものであることを論証しようと試みた」もの（61頁）である。これは、責任（有責性・非難可能性）が他行為可能性（適法行為の選択可能性・違法行為の回避可能性）を前提とする以上は論理必然的に非決定論に至るとする古典的見解を誤りとし、決定論に立たなければ刑事責任（刑罰の負科）は（人間の意思決定に影響し得ないことになるので）無意味であり、決定論から責任を実質的に捉え直すべきであることを主張するものであるが、直接には、「決定されつつ決定する」という相対的非決定論を採っていわゆる道義的責任論を主張する小野清一郎の立場や人格的責任論を展開する団藤重光の立場、さらには、いわゆる社会的責任論を採りつつ「ある程度の法則からの自由」を認める歴史的決定論をも採用する木村亀二の立場もいずれも非決定論に他ならないとして、原理的に排斥している（3-7頁）。その上で、既にヒュームやミル等が主張する決定論、自由ないし自由意思をも認めようとする「やわらかい決定論」の正当性を、基本的には現代のM・シュリック等の見解に従って論証しようとするものである。すなわち、「人間の意欲が『法則』に従うということは、それが強制されているということではない。そして自由とは強制されていないことをいうのであって、法則性がないことをいうのではない。この法則性と強制との混同、自由と非決定性との混同によって問題が混乱させられている。この両者を区別するならば、人間の意思が法則に従うものであることを認めつつ、人間の意思に自由を認めることができる。そして、責任ということも、法則性を認めたときはじめて可能である」（7頁）。

(2)　人間の行為の因果性

近時の物理学においても非決定論を採る論者があることが決定論に対する反論とされるが、物理学で認められている不確定性は、刑法の必要とする自由意

思とは懸け離れた狭いものであるだけでなく、非決定性ということが自由であるならば、自由と偶然とは同一視されてしまい、物質にも自由意思があることになって不合理である（9–11頁）。

「決定論に対するもっと実質的な反論は、『自然界では因果の法則が普遍的に妥当するとしても、文化の世界、歴史の世界では別ではないか』という点である」(11頁)。「しかし、……人間の世界、歴史の世界についても、法則の定立は可能であり、科学はそれを目標としなければならない」(12頁)。

なぜならば、「因果関係とは、ある事象から他のある事象への変化の法則性であり、『法則による予測可能性である』といってよい」(14頁) が、これまでの経験によれば、人間の世界についても相当な程度にその法則性が証明されてきたし、今後も証明され続けてゆくと推定することは十分に理由がある。「歴史の動きは自然界の動きと同じく一回かぎりであるが、われわれはこれを反覆可能な法則性をもった事象の組合せとして理解するのである」(17頁)。

このように精神ないし心理にも法則性を認めることと、精神ないし心理が物質ないし生理によって一方的に完全に決定されているとすることとは別個のことである。後者を physicalism とよぶとすれば、決定論と physicalism との混同が自由意思の問題を混乱させている一番大きな原因であろう。非決定論者は physicalism を排しようとして、精神の法則性までも否定するのである（17頁）。

(3) 意思の自由

(19頁)

……人間が自由であるか、自由でないかは、決定されているか決定されていないかにあるのではない。決定されていないことが自由だとするのは自由と偶然との混同である。自由であるかないかは、「何によって」決定されているかによるのである。ラッセルはいう。「自由とは、われわれの行動がわれわれの意欲の結果であり、外の力の強制によるものではないことをいう。」カリフォルニアの教授たちはいう。「わたくしの行動が、わたくしの意欲、動機、目的によって決定されているとき、わたくしは自由である。」………

もっとも、「わたくし自身」が原因であれば自由だ、とただちにはいえないであろう。わたくし自身のなかにも生理的な衝動や傾向がある。これが原因である場合には自由であるとはいえない。しかし、この生理的な層のうえに、われわれは意味の層あるいは規範心理の層とでも呼ぶことのできるものの存在を認めることができる。このよう

> な層によって決定されているとき、「わたくし自身」によって決定されている、あるいは「自己決定」というのである。

　このような自由と強制との区別に対しては、その区別規準・限界の不明確をいう批判があるが、それが一義的である必要はない。問われる責任の性質に応じて異なるものであって良い。処罰を恐れて犯罪を行わなかったことは、倫理的には「自由な行為」とはいえないとしても、刑法では「自由な行為」といえる（20頁）。

(4)　人間の責任

　人間の意思や行為が決定されているとすれば、他行為可能性は認められず、責任を問うことはできないように思われるかもしれないが、「他の行為が可能であった」という命題は、定言的なものではなく、仮言的なものである。ちがった動因をもつ「べき」であった、より強い合法的な規範意識をもつ「べき」であった、という判断の告知が非難である（24頁）。

(25頁)

> ……責任とは、誰を非難すべきであるか、誰を処罰すべきであるか、という実践的な問題だからである。この非難や処罰は、ふたたび同じようなことがおこらないように加えられるものだからである。同じような事態がふたたびおこったときに、「かつて非難が加えられ、今度も加えられるであろう」という新たな条件がつけ加わることによって、同じ行為がなされることを防止しようとするものである。非難や刑罰は、この意味で、将来に向かって加えられるのであり、単に過去に向かって加えられるものではない。
> 　非難や刑罰が、このような効果を発揮するためには、その対象たる「意思」が、非難ないし刑罰によって影響を受けうるものであることが前提とされなければならない。

　平野は継いで、このような考え方に対する異論への反論を展開するが（27-30頁参照）、その中で、人格形成責任論を挙げながら、反因果的自由意思論の下では責任の程度・量の問題についても適正に語ることができないことを強調しつつ、他方で、自らの性格論的責任論ないし実質的行為責任論を提示する。すなわち、行為が人格と環境との相互作用の必然的な結果だとすると、環境が異常なものでない限り、その者または同様な人格をもつ者は、それだけ特定の行

為（犯罪）を行なう危険性が強く、そのような行為が為されないようにするためには、より強く人格に働き掛ける必要があることになる。原則として人格相当であるほど、言い換えれば、規範的な人格の層の「特質」に相当であればあるほど、責任は重くなる（28-29頁）、というのがそれである。
(5) むすび
「独断的な形而上学やフィクションによって現在の刑罰をそのまま維持しようとしてはならない」（30頁）。

▷ 「人格責任と行為責任」
(1) 問題の所在
「行為責任が、わが現行法のもとでも基本的な原則であることは問題がない。……問題は、補充的に、二次的に性格責任ないし人格責任を認めることができるか否かにある」（32頁）。第２論文「人格責任と行為責任」は、第１論文で示した「考え方のうえに立って、刑法上の責任は行為責任であるべきであるが、この行為責任は実質的に捉えなければならず、実質的に考えると、行為は、なかんずくそれが行為者の規範的人格要素に相当なものであればあるほどその責任は重いとしなければならない」（61頁）と主張するものである。
(2) 常習犯人と行状責任
「危険な常習犯人」に対して危険な常習犯人であるが故に重い刑が科されることになった1933年改正ドイツ刑法20条ａを説明するために考案されたのが、メッガーの行状責任論である。そこでは、常習犯人の「危険な人格はいわば違法な結果であり、この結果をひきおこした意思ないし行為、すなわち人格形成行為に対して責任を問うことになる」（34頁）。この行状責任論には種々の疑問が提起された。

ドイツ刑法の規定は保安刑にあたる場合を含むから、刑と保安処分の二元主義で法を正当化する任務が課されていたのであれば、行状責任論はこれを果たしていない。わが国の改正刑法準備草案等のように常習犯に対して不定期刑の一元主義で臨む場合には、行状責任論でそれが責任刑である所以を説明しきれないのは当然である（35頁）。

行状責任論自体にも疑問がある。「行為責任の原理をそのまま人格形成行為

に適用すると、行為と結果との間に相当因果関係があり、行為者に結果についての故意、過失がなければならないであろうが、人格形成の過程はもっと複雑微妙で、右の原理ではとうてい解明しつくせない」(36頁)。「人格は、行為者の自由な人格形成行為と、かれがなんともなしえない素質との『合成物』ではない。人格形成行為それ自体もすでに素質によって制約されるし、素質も人格形成行為によって影響を受ける」(36頁)。

行状責任論は、「わが国では、人格形成責任という無制限な形態で主張されることが多い。それは無制限である点では論理的に徹底しているといえようが、それだけに現実には責任のないものまでとりこむ危険性はずっと大きくなる。自由意思について、証明できないかぎり自由意思があるものと推定するという考え方をとる場合はとくにそうである」(37頁)。「行為者の人格に対して責任を問うことの妥当性は疑わしい」(37頁)。

(3) 刑の量定と人格

行状責任の原理は刑の量定の領域等においても展開されたが、性格論的責任論とは区別する必要がある。後者は「行為がその人格相当なものであればあるほど責任は重くなる、……行為がその人格の必然的な表現であればあるほど責任は重くなる」とするものであり、両者の違いは「『自由意思』というものについての考え方のちがいに根ざしている」(39頁)。

(40頁)

> ……自由であるかどうかは、決定されているか決定されていないかの問題ではなく、なによって決定されているかの問題である。そして刑法の場合は社会的な非難によって決定されうることが自由なのである。刑罰も、人間の意思のもつ法則性を利用して、将来行為者および一般人が同じような事態のもとで犯罪を行わないように新たな「条件づけ」を行おうとするものにほかならない。
>
> このような考えにもとづくならば、どの程度の刑を科するかは、犯罪的な意思が作りあげられる可能性の強さによることになる。犯罪を行おうとする強い動機をもっているとき……、犯罪的な動機をもつ強い可能性のある性格であるならば、それだけ重い刑罰が必要だということになる。……行為が人格相当であれば、それだけ責任が重いのである。

なお、性格論的責任論に対しては、限定責任能力者とくにいわゆる精神病質

者の犯罪に対する刑の量定に関して困難な問題が指摘される。この場合でも、問題にしなければならないのは行為当時の人格であるが、その人格の異常さに対しては必ずしも全面的に非難を加えることはできないことに注意を要する。かりに人格を層に分けて考えると、刑罰を受けいれることのできる人格の層ないし刑罰が作用しうる人格の層とそうでない層とに分けることができようが、重い責任を問うことができるのは前者の異常さに対してだけである。精神病質といわれるものも一様ではなく、刑罰の作用を受けいれないものもあるだろう。かりにそうなったことについて責任があるとしても、限定責任能力者として刑は減軽し、必要があれば保安処分によってその治療を試みるのが妥当である。「しかし、規範心理的人格の層の妥当性に対しては、『どのような原因によってそうなったものであれ、人は現在の人格に対して責任を負う』ということがいえるのである」(42頁)。もっとも、人格に関する現在の知識はきわめて貧弱であり、「行為者の人格を問題とする場合にも、その行為と明らかに実質的な関連があり、しかも刑罰によって干渉することが妥当であり、有効である限度でしか人格を考慮すべきではない。いいかえると行為にあらわれた人格しか問題とすべきでない」(43頁)。「性格責任論は行為の背景として人格ないし性格を考慮するものではあるが、それは行為責任であり、いわば『正しく理解された行為責任』であって、本来の意味の人格責任ないし性格責任ではない」(43頁)。

　また、行為の人格相当性は、責任の軽重を決定する要素のひとつではあるが、唯一の要素ではない。環境もそうである。「環境にも、……物理的な環境と規範心理的な環境とがある。そして後者では、人格と環境とは一応区別できるけれども、両者は連続している。このように考えると性格論的責任という語も必ずしも正確でないことがわかる。むしろ、……実質的行為責任とよぶのが妥当であろう。それは結果の軽重がただちに責任の軽重を決定するとする形式的行為責任論に対立している」(44頁)。

(4)　犯罪の要素と行為者人格

　犯罪成立の要件として、行為責任を補充し、あるいは行為責任に一部代替するものとして行状責任が主張されることもある。これらの主張は、刑事責任は一次的に行為責任であるということも否定することになるものであって、疑問である。具体的には、故意、過失、違法の意識、責任能力などの点について主

張されるが、行為責任原則を維持すべきである（47頁以下参照）。

▶「第２部　刑法の機能」
▷「現代における刑法の機能」
(1)　刑法の機能的考察

(93頁、94頁)

> 現代において、刑法はどのような機能を営むべきであるか。……刑法の解釈や犯罪論の理論構成も、もともとは刑法のもつべき社会的機能いかんという観点からなさるべきであろうが、ともすれば理論がひとり歩きし、理論の精密さ、その体系的整合に関心が傾きがちであった。……刑法が機能的に考察される場合にも、それはほとんど刑罰の機能、すなわち刑罰は応報か教育かというアプローチであって、刑法そのものの機能、すなわち、刑法が社会統制の手段としてどういう役割をもつべきかという点は、あまり議論されなかった。………
> 　わが国でもいま刑法の改正が議題にのぼっている。刑法を改正する場合には、当然、刑法の果たすべき役割はなにかが問題になるはずである。……この点についての十分な反省のうえに立って刑法改正の事業が行われているか、かなり疑わしい。

(2)　刑法と価値観

　わが国で戦後に遂行された大規模な「価値の転換」は、当然刑法にも反映しなければならない。「現在の憲法のもとにおける価値観からすれば、個人の生命、身体、自由、財産こそ、最も優先的に刑法によって保護すべきものであろう。そして国家はむしろ、個人の生命、身体、自由、財産を保護する機構としてのみその価値が認められるべきであろう」(100頁)。

(3)　パターナリズムとモラリズム

　国家法益は個人法益に優先する独自のものではないとしても、「刑法で保護すべきものとしては、……個人を超えた『社会』あるいは『倫理秩序』というものがあるのではないか、これこそ真に刑法で保護し維持すべきものなのではないか、という問題が提起され」(101頁)、「社会の存立のためには、ある倫理観、価値観を人々が共有することが必要であり、……この『共通の倫理』を維持するためには、刑罰が必要だとする」(108-109頁)立場、すなわち、刑法の目的・刑罰権行使の正当化根拠を倫理の実現そのものに求めるリーガル・モラリズム(Legal Moralism)の立場が主張されるが、これも妥当でない(102頁)。なぜなら、たとえば、性的な倫理に反する行為（売春・同性性交等）が成人間で関係者の完

全な合意に基づいて行われるときには、それによる「被害」あるいは侵害される被害者があるか疑わしく、処罰すべきものか見解は分かれるからである（102-103頁）。「現代は多元的な価値観が併存する時代であり、相互にトレラントないくつかの倫理が共存する点にその特色があるとさえいうことができる」（109頁）。強姦されて妊娠したときの堕胎、死苦の緩和のための安楽死、第三者の精液を用いた夫の同意ある人工授精、さらには売春や姦通等については、倫理的な立場や価値観が分かれるのであって、特定のものを刑罰によって他人に押しつけるべきではない（109-111頁）。「行為が反倫理的であるというだけの理由でこれを処罰するのは、自己の趣味を他人におしつけることになりかねない。それはまさに近代社会の『共通の価値』である個人の自由を脅かすことになる。……国家の名において、なにが倫理的に正しいかをきめようとするのは、国家が倫理の源泉だとする国家主義的な考え方にも通ずる」（111頁）。

　なお、被害者の同意があっても犯罪が成立する場合は確かにある。しかし、その場合は、「被害」は発生するが、それが被害者の意思に反していないというだけであり、その処罰は「被害者をかれ自身から守るため」であって、モラリズムとは区別されるべきパターナリズム（paternalism）の表れである（106頁）。未成熟な社会だけではなく、いわば過度に成熟し複雑化した社会でもパターナリズムは肯定される場合がある（106頁）。

　また、かりに客観的な「一つの倫理」があるとしても、これを刑罰によって強行することが良いかどうかは、また別の問題である。社会の非難を伝達する手段は刑罰に限られないし、刑罰が行為者に直接に苦痛を加えることによる非難であって、その実現には多くの私生活への侵害を伴うことに鑑みても、「単なる倫理の問題は、刑罰以外の手段に委ねるのが妥当だといわなければならない」（111-112頁）。

(4)　市民的安全の要求

　刑法の目的は、個人の生命、身体、自由、財産の保護にあり、これを「市民的安全の要求」あるいは「市民的保護の要求」とよぶことができるが、市民的安全の為には常に直ちに刑法が発動して良いという訳ではない（115頁）。刑法には、総括して刑法の謙抑性といい得る性質、すなわち、補充性、断片性、寛容性あるいは自由尊重性がある。しかしながら、従来のわが国では市民的安全

の要求が（後に述べる財産の保護は別として）それほど強くなく、かつ、低く評価されてきたように思われる（116頁）。もっとも、社会状況は変化し始めているし、これらの変化は立法にも既にある程度影響している（117-120頁参照）。

(121-122頁)

> ……市民的安全の保護の要求の強大化自体は無視できない要素である。これを無視することは、個人という価値への無関心を示すことである。ここでは刑法は、弾圧の手段としてではなく、個人間の利益の調整の手段としての性格をもつ。したがって、……刑法がいくらか積極的になってきてもよいのである。今後は、これらの要求をいかに調和し、いかにして刑法の適当な限界を発見し、いかにして副作用を避けつつ本来の効果を発揮させることができるか等々の問題を解決していくことが重要である。それがまさに社会統制の技術の学問としての刑法学の任務にほかならない。

(5) 民事的コントロールの代替

市民的安全の保護との関連で特徴的なのは、「財産に対する罪の範囲はかなりひろい」(125頁) ことである。詐欺罪や背任罪、あるいは業務妨害罪のように、むしろ民事的処理になじむような場合に刑罰権が広く用いられている (125-126頁)。「刑事的制裁は、民事的救済の肩替りとして、経済的活動保護の機能をも営まされたのである。その限度で刑法はその補充的性格を放棄せざるをえなかった」(126頁)。不動産侵奪罪の立法、刑法改正仮案の自力救済規定の試み、判例における権利行使の場合の財産犯の肯定等が、これを示している (126-128頁)。民事訴訟の機能の増大に伴って財産犯は範囲を縮小していくか否かは、他にも多くの要素が影響を及ぼすので、簡単には答えられない。「しかし、この点に着目しつつ、将来の財産刑法を検討してゆかなければならないことは、たしかであるといってよい」(128頁)。

▶「第3部 刑法における学説の役割」
▷「刑法と判例と学説」
(1) 法

ⅰ）「法の解釈というものが、一義的に事前に定まっている法の意味を認識し発見するという静的な作用ではなく、多かれ少なかれ裁判官の選択ないし決断を含む動的活動であることは、現在ではほぼ一般的に認められている」(225

-226頁)。それは、刑法においては、罪刑法定主義を否定するものではないかという疑念を呼び得るが、「実質的にいって、刑法でも法の解釈が裁判官の選択であり決断であるという事実は否定できない。……むしろ逆に罪刑法定主義は、この裁判官の選択行動を前提とし、これを一定の方向ないし枠内にコントロールしようとする技術なのであり、そのための『理論』にほかならない」(228頁)。

ⅱ) 罪刑法定主義の実質的な内容としては、「処罰すべきかどうかについて実質的な疑いがあるときは、裁判官は自己の判断でただちに処罰することをひとまずさし控え、一応国会における討議と決定に委ねるべきだ」(228頁)という民主主義的要請と、「国民の行動の自由と予測可能性を確保する〔上で〕……国民が法律を解釈して処罰されないと予測するような行為を、裁判官が違った解釈をして処罰す〔べきではない〕」(229頁)という自由主義的要請が含まれる。

「このように罪刑法定主義を実質的に考えると、処罰の範囲を拡げる方向にむかっては、裁判官の選択と決断の枠は、きわめて狭いものでなければならないことがわかる。刑罰法規は厳格に解釈しなければならないという言葉の意味もここにある」(229頁)。しかし、刑法の解釈が裁判官の決断であるという点は変わらない。「実際、立法者はある範囲では決定を裁判官に委ねたと見られる場合がかなり多い。……その範囲では裁判官は何が法かを決定することができる」(229-230頁)。「したがって、その選択と決断にあたっては、裁判官はその行為を処罰することが妥当かどうかだけでなく、犯罪行動をコントロールする全体の機構のなかで、自分が果たすべき役割いかんということ、いいかえると自己と立法者との役割の分担ということも考慮にいれなければならない」(230頁)。

ⅲ) 「処罰をさしひかえる方向」に関しては、民主主義的要請は処罰を拡げる場合と同様であるが、自由主義的要請には違いがある。処罰を予測したものが処罰されなくとも予測可能性が害されるとはいい難いし、処罰されない自由の領域を拡げることが好ましいからである。「処罰を免れさせる方向にむかっては、より大きく裁判官の自由が認められる」(232頁)。

わが国でも、従来のように罪刑法定主義を形式的に捉えるのではなく、「現在の憲法の下では、サブスタンティブ・デュー・プロセス、すなわち刑法の実

質的な限界を考え、形式上法律があっても処罰しない場合を認めるような考え方をとる必要がある」(232頁)。

　ⅳ)「さらに一歩進むと、一応形式的に犯罪が成立している場合でも裁判所はなおこれを処罰しないことができるか、という問題になる」(233-234頁)。処罰することが国民感情に反する場合もあり、「刑事司法は、この国民感情に反してまで貫かれるべきものではない」(234頁)。陪審裁判はそのようなギャップを埋める機能を有するが、判決に理由をつけることが裁判官に要求され、無罪判決に対して検察官の上訴が許されるわが国では、処罰しないためには犯罪を構成しないとして理論的に説明する必要がある。「そのような任務を負わされてあらわれたのが期待可能性の理論および可罰的違法性の理論である」。「もっとも、ことは訴訟法的に解決するのが本筋かもしれない」(234頁)。

(2) 判　例

　ⅰ)「このように裁判が一つの決断である選択であるということは、判決が法であるということと関連している」(236頁)。わが国では、罪刑法定主義の原則上、判例は法源となりえないという考え方が強いが、これは、法を観念的に定まったものとして既に存在し判決により正しく認識されるべき対象と捉えることを前提とするからであろう。しかし、判例法国といわれるイギリスやアメリカとの間に実質的な違いがあるのだろうか (236頁)。

　ⅱ) 判決の実体的確定力の性質については、確定判決は具体的法であるとする具体的法規説と、訴訟法上争えなくなるという効果が生じるだけで正しい法を実現したものだけが法であるとする訴訟法説とがあるが、法であると考えると否とにかかわらず、確定判決が執行されることには変わりはなく、誤った判決に対する正当防衛も認められない以上、判例が法であるというか否かによって現実的な差異はない (236-237頁)。

　ⅲ)「『判例は法か』という問題は、……判決が後の事件に対してどこまで拘束力をもつかという問題、いいかえると判例も法源であるかという問題」も含んでいる (237頁)。

　「全然制定法がないのに判例にもとづいて処罰することは許されないという意味では、たしかにわが国では判例は法ではない」(238頁)。しかし、コモン・ローに基づく処罰はイギリスでも稀であり、アメリカでは廃止州も多いのが現

在であり、「したがって問題は、このように制定法にもとづく場合でもなおいわゆる制定法の国と判例法の国との間に差があるのか、という点にある」(238頁)。判例法国において判例の変更が認められ、制定法国において最上級裁判所に法令解釈の統一機能やそのための慎重な手続が認められていることに鑑みると、「判例が裁判官に与える心理的圧力という点でどれだけ違いがあるかは、疑問である」(238頁)。現実的な見通しに立って判例の変更を企てる場合以外は、制定法国においても「判例は拘束力をもつ」(238-239頁)。

ⅳ)「わが国では、判例は、ある意味ではイギリスやアメリカよりもより大きく法としての機能を果たしているとさえいえる」(239頁)。「英米では通常、判例とは『重要な事実についての法律的判断をいう』とされる。それはかなり具体的なものである」(239頁)。ところが、わが国では「法と重要な事実とを媒介する『中間的命題』が判例だとされる」(240頁)。その理由は「興味ある研究課題である。それは『理論』にとらわれていた従来の刑法学に責任があるかもしれない。しかし、判例のもつ機能そのもののなかに、そうならざるをえない理由がなくもなかったようにも思われる。それは事件が裁判所にくる機会が少ないという点である」(240-241頁)。「事件が裁判所までこないで、法廷外で解決されるのが多いとすれば、これを規整するために、ある程度一般的な命題を確立しておく必要がある。……そうだとするならば、判例は英米法の場合よりも一段と立法的機能をいとなんでいるといえることになる」(241頁)。

ⅴ)「このように考えてくると、『判例は法か』という問自体が適当なものでないことがわかる。それは、……どちらかに答えられるべき問ではない。判例はある意味では、ある程度では法である。しかし制定法との間に違いがあることも否定できない。それはいわゆる制定法主義の場合でも判例法主義の場合でも違いはない。違いがあるとすれば、それは法というものを観念的に考えるか、経験的なアプローチをするかというアプローチの違いにすぎないといってよい」(242頁)。

(3) 学　　説

ⅰ) 判例がこのようなものだとしたとき、学説はこれと如何なる関係にたつのだろうか。

(243頁、244頁)

> ……判決がさきに述べたような現実的な法であるとするならば、裁判所には制定法を解釈し、現実的な法をつくる権限があるが、学者には、本来の意味で制定法を解釈する権限はない……。学説の役割は、裁判官にはたらきかけて法をつくらせることにある。いいかえると、学説とは裁判官を説得しようとする努力にほかならないのである。
> ………いわゆる解釈論も実質的には立法論とちがいはない。ただ制定法という形で法をつくるべきか、判決という形で法をつくるべきか、というちがいがあるにすぎない。

ⅱ）その説得は、刑事学の研究において典型的な、そのような立法や解釈をしたときに如何なる効果が生ずるかという事実を証明することや（244頁）、相対的な価値判断が含まれざるを得ないときには、根本規範・上級規範からの演繹や個々の条文の行っている価値選択の指摘、さらには、国民の多数・社会の指導的人びとのもつ価値規準の指摘等、「存在する規範」を用いて行われる（244-245頁）。「存在する規範」が明らかでない場合も、ひとつの価値観を強調することによって、そちらに決断させることも、事実上は可能である（245-246頁）。そのような作業が「一体となって行われるのが、『法解釈学』と呼ばれてきた実践的作業である。それは裁判官をコントロールしようとする実践的な活動そのものである。裁判官は法を適用することによって社会生活をコントロールしようとするのであり、法律解釈学は、この裁判官を説得してその行動をさらにコントロールするものである。法律学が『コントロールのコントロール』であるといわれ、また、法解釈学は科学ではなく技術であるといわれるのも、このような意味であろう」（246頁）。

ⅲ）「わが国の法律学とくに刑法学では、必ずしもこのことが理解されているとはいえない」（246頁）。現在の刑法学が単なる制定法の解釈に終始しているとはいえないが、いわば実定法を離れた「正しい犯罪概念」を探究している傾向がないとはいえない。「刑法学者の努力は犯罪論の体系的な理論構成にむけられる。……そして、『自分』の体系を新しくつくることが学者の任務であるかのように考えられている」（246-247頁）。わが国の刑法学は、あまりに体系的思考に傾いている（247頁）。

「学説は、もともと立法論である以上、つねに判例と同じであっては存在理由がないとさえいえる。判例より一歩はなれ、一歩前進していて、しかも判例

を引きつける力をもつ学説が、もっとも好ましい学説だといえるであろう。しかし、学説のなかには、もっと遠くを見ているものがあっていいはずである。そういう説は、『少数説』となるであろうが、長い間には多かれ少なかれ判例がその方向に動くであろうし、現在でも判例と一致しようとする多数説を、一歩これからひきはなすかもしれない。しかし、そのような効果さえもたない学者の自己満足的な学説もないとはいえない。そのような学説はすでに雑音にすぎない」(247-248頁)。

「犯罪の概念を体系的に考えること自体は悪いことではないし、必要なことでさえある。しかしその犯罪論の体系も、やはり裁判官をコントロールするための手段であり、個々の場合の近視眼的な判断によってことを決しないように、あらかじめ全般を見わたして考え方をはっきりさせておくにすぎないものであることを意識しなければならない」(250頁)。

4　残された課題

▶課題および課題設定の状況被拘束性

本基本文献は、1960年代初頭までの（犯罪論を含めた意味での）解釈論を、敗戦に因って形成された新たな憲法秩序下の日本の社会状況・政治経済状況に適合的な形で犯罪実体を捉えることには適さないものであるとし、これに対抗する自らの刑法理論の基礎を構築・提示しつつ、同時に、当時の解釈論が長年の作業の成果として纏めようとしつつあった、したがって、同時代および近未来の現実的問題に対応して能く機能し得るか疑問な新たな刑法改正案に具体的に反対していく、ということを実践的な課題とした。そのような基本文献について、公刊当時において残された課題を検討することは、事実として難しいだけではなく、さほど意義があるようにも思われない。それらの課題は客観的にも主観的にもきわめて状況被拘束的なものであって、平野の対応が政策的・戦略的に規定されている可能性は十分に存し得るし、そこで示されたものも展開（方向および結果）が予定ないし予告された基本的視座であり、課題との関連におけるその妥当性ないし有効性の判断は、さらに大きく長期的なコンテクストの中での評価に委ねるべきものだからである。

たとえば、平野のいう（やわらかな決定論における）自由な意思決定の機序・詳細は明確化を要する課題であった、ともいい得るであろう。あくまでも非決定論・相対的非決定論との対比において、自らの立場を示すために必要な限度で説明されているからである。「われわれは意味の層あるいは規範心理の層とでも呼ぶことのできるものの存在を認めることができる。このような層によって決定されているとき、『わたくし自身』によって決定されている、あるいは『自己決定』という」（19頁参照）、「自己の規範意識に従って行動することが『自由』なのであ」り「規範意識は環境その他の刺戟によって意思ないし決定という形をとり、これを経て行為として客観化する。この意味で自由意思や自己決定というものは認められる……」（64-65頁参照）とされるのであるが、規範意識が刺戟により特定の行為に出るという意思ないし決定に至る機序は説明されておらず、（公刊当時における）解釈・理解の仕方（たとえば、刺戟に対する反射作用との類比や、違法な行為の積極的選択・遂行との類比）によっては論理的問題性を含み得たからである。しかし、現時点における解釈・理解の仕方には、平野のそれの如何にかかわらず、他分野での知見の集積を踏まえた多様かつより事実適合的なものがあることはいうまでもない。

　また、平野のいう行為責任の意義・捉え方も、課題として指摘することは可能であろう。刑事責任は第一次的に行為責任であるとしながら、性格責任論・性格論的責任論と等置する実質的行為責任論を主張することにより（28頁以下、31頁以下等参照）、伝統的意味での行為主義の原則、すなわち、具体的行為の客観的有害性を処罰根拠とする行き方から一層離反していわゆる行為者主観を取り込み、敗戦に至る長い歴史の教訓を疎かにすることとなる、ともいえるからである。性格形成責任との相違は強調されるが、新派刑法学とくにリストの綱領的見解からの影響や保安処分の肯定傾向等が認められることは、当然ながら、無視できないからである。しかしながら、その課題は、基本文献公刊当時既に一般的に認識され、同じく敗戦後の世界・現代の社会状況を踏まえた別個の視座からの解答が試みられていたものである（たとえば、宮内裕「現代刑法における行為責任主義の原則」『岩波講座現代法11　現代法と刑罰』〔岩波書店、1965年〕137頁以下参照。ちなみに、同書は、平野の編集にかかるものであり、基本文献第2部第1論文「現代における刑法の機能」も収録されている）。それに加え、平野が実質的行為

責任論を展開しているのは、まず否定されるべき非決定論・相対的非決定論を前提としつつ常習犯の加重処罰の正統化という古典的問題等に応えた人格形成責任論等を排斥しようとするコンテクスト、自らのやわらかな決定論の論理的正当性を主張するコンテクストにおいてである。現代刑法における行為責任論の展開は公刊時点において既に織り込み済みの課題であったともいい得るであろうし、平野の見解の如何にかかわらず、現時点においても問い返されるべきものといい得るであろう。

　このように見てくると、あえて課題といえば、刑法解釈論ないし理論学も、対判例・対裁判官という関連に限らず一般的に、そのような実践的な説得手段としての性格を核として内含するものであることを、当時の解釈論がより抵抗感なく受け入れられる議論の立て方がそれであったということになろうか。二者択一ないし二項対立の構造を作出して合論理性の観点から選択肢の正否評価を行っていく方法が（勝敗を超えて）建設的な成果・知見を生み出して行くためには、議論相手（から）の拒絶・回避・無視ではなく、参加・理解が必要だからである。作出される二者択一ないし二項対立の構造の正統性のいわば相互承認、少なくとも、その構造を形成する各選択肢自体の成立可能性・正確性等の相互確認を得ることが、まずは必要なはずだからである。たとえば、刑罰を科すことによって犯罪者が決定されないのであれば、刑罰の意義は回顧的な絶対的応報にしかなく無意味である、という形で示された選択肢と、刑罰を科すことによって犯罪者は決定され得るのであるから、刑罰の意義は展望的な教育・改善更生に求めることが有意義である、という形で示された選択肢とは、合論理性の観点から相互に検証して一方を選択し得る次元にはなく、そこでの選択を行うには、刑罰・刑事責任を如何なるものと考える（べき）か、という各自の態度決定を既に一応は前提せざるを得ないのである。非決定／決定ないし自由／被決定ということを、強制の不存在と因果性・法則性・制御可能性とで捉え直すにせよ、それは、刑罰は回顧的な応報であるという考えを正否評価の対象とするだけの根拠にはならないように思われる。要は、60年代中葉の日本において示された平野の視座も、現代社会という観念の意識的使用と方法論的展開にもかかわらず、啓蒙思想・新旧両派の対抗等を経て形成されてきた近代刑法思想・理論学の圧倒的な知的影響になお知らず基底／規定されていた、

ということであろうか。

▶犯罪論体系（枠組）の継受による理念論・実体論の停滞

　犯罪実体を捉える基本的理念・視座の革新の試みに対して、犯罪実体を記述する諸要素・概念・犯罪論体系の再構築は後世に委ねられた。これは、本基本文献の出版意図からすれば、妥当な行き方であったと思われるが、それ自体が多くの（予告もされた）具体的研究テーマの解決という意味における（解釈論的）課題を生み出しただけでなく、継受した犯罪論体系そのものの属性といい得る非実質化傾向・抽象的把握傾向を如何にして抑制するか、という課題をも再び明らかにした。犯罪論あるいは解釈論のレヴェルでは、違法性や有責性というような抽象的概念を用いた論理の整合性に関心が（無意識的にせよ）集中し、それらの概念の指す実体・内実が意図した理念論・実体論の方向性と一致しない、あるいは、相反する場合さえも生じてくるからである。法益の規範的構成・価値論的把握（の維持・継承）という一例を挙げれば明らかなように、それは、通常化したとき、理念論・実体論の停滞ないし逆行に他ならない。

5　現代的意義

　半世紀前に現代社会における刑事責任の意義や刑法また刑法学の社会的機能の在り方について問題提起して説得を試みた本基本文献、すなわち、現代刑事政策論を講じた本基本文献が、ポスト・ポストモダンともよばれるに至った現在の社会状況中において行われ続けている刑事司法改革、ひいてはその根底に在る理念論を解析・評価して自らの視座を獲得する上で、きわめて有効な示唆あるいは「刺戟」をなお与えてくれるものであることは、疑いがない。

2 規範論

●基本文献
佐伯千仭
『刑法における違法性の理論』
(有斐閣、1974年)

三上 正隆

1 学説・実務状況

▶はじめに

　基本文献は、日本刑法学において、法規範が命令規範であるのみならず評価規範でもあることを明らかにしながら客観的違法論を自覚的に提唱し、確立したものである。また、客観的違法論を基礎として展開された可罰的違法性論、主観的違法要素論、客観的処罰条件論に関する基本文献所収の各論文は、それぞれの領域においてわが国で先駆的な役割を果たし、現在でも各議論に大きな影響を及ぼしている。

▶主観的違法論と客観的違法論

　違法性の概念については、「法規範の本質をいかなるものと解するか」という問題と関連して、主観的違法論と客観的違法論の争いがある。

　主観的違法論は、法規範を人の意思に対する禁止・命令である命令規範（決定規範）であると解し（命令説）、かかる禁止・命令の意味を理解しこれによって意思決定することができる者（責任能力者）が禁止・命令に違反したことが違法であるとする考え方である。この考え方によれば、責任なき違法は否定され、違法と責任の区別が否定されることになる。これに対して、客観的違法論は、法規範を命令規範であるのみならず評価規範でもあると解し、評価規範としての法に対する違反が違法であり、客観的生活秩序に対する侵害・脅威がそれを基礎づけるとする。この考え方によれば、責任無能力者であっても違法に

行為することができ、責任なき違法は肯定され、違法と責任は区別されることになる。

ドイツでは、アドルフ・メルケル、コーラウシュ、ホルド・フォン・フェルネック、グラーフ・ツー・ドーナなどが主観的違法論を主張し、イェーリング、トーン、ロェーフラー、ナーグラー、ヘーグラー、M・E・マイヤー、ザウァー、メツガー、E・シュミット、ゴールトシュミットなどが客観的違法論を支持していた。

一方、戦前のわが国においては、周知のとおり、古典学派と近代学派が対立していた。後者に属し、基本文献の著者佐伯千仭の師である宮本英脩が命令説の見地から主観的違法論を主張したが、古典学派に属する者（瀧川幸辰〔前期古典学派〕、小野清一郎〔後期古典学派〕等）はもとより近代学派に属する者（牧野英一等）も客観的違法論に立ち、客観的違法論が通説的地位を占めていた。もっとも、この段階における客観的違法論は自然発生的なものであって、自覚的に展開されたものではなかった。

2　学説史的意義と位置づけ

このような状況下において、佐伯は、宮本の教示によりウィンデルバントの『プレルーディエン』「規範と自然法則」などを検討するうちに、主観的違法論に対する疑念を抱くようになった。さらに、ドイツのイェーリングやトーンの客観的違法に関する議論を参照しながらわが国の民法学において自覚的に客観的違法論を展開した末川博の『権利侵害論』(弘文堂書房、1930年) およびメツガーの「主観的不法要素」を読んで、その疑念は決定的となった（佐伯千仭『刑事法と人権感覚——ひとつの回顧と展望』〔法律文化社、1994年〕6-8頁、25-27頁）。

そこで、佐伯は助手論文「主観的違法と客観的違法」(基本文献第3章〔初出：法学論叢27巻1号 (1932年) 77頁〕) によって、末川と同様の立場から、法規範には命令規範（命令機能）と評価規範（評価機能）があり、論理的には後者が前者に先行するとの法規範の論理構造の下、違法論は後者と結合し、責任論は前者と結びつくとし、客観的違法論を論証した。同論文は、わが国の刑法学において、初めて客観的違法論を自覚的に展開し、かつこれを規範論により基礎づけ

たものであり、同論文によって客観的違法論が確立されたといって良い（前田雅英『可罰的違法性論の研究』〔東京大学出版会、1982年〕92頁注3参照）。

　戦後のわが国の学界において客観的違法論は広く認められ（なお、主観的違法論に与するものであると解されている見解として、竹田直平『法規範とその違反』〔有斐閣、1961年〕）、同理論から導かれる違法と責任の区別は揺るぎのないものとなっている。

　さらに、佐伯は上記論文執筆後、客観的違法論を基礎としながら、基本文献所収の各論文において、可罰的違法性論、主観的違法要素論、客観的処罰条件論を展開しており、それぞれが果たした役割も大きい（山中敬一『犯罪論の機能と構造』〔成文堂、2010年〕216頁以下参照）。

　とくに、佐伯が提唱した可罰的違法性の理論は、宮本が主観的違法論に基づく体系の下で違法性と分離して考えていた可罰性を（宮本英脩『刑法大綱〔第4版〕』〔弘文堂書房、1935年〕41頁以下〔三上正隆「宮本英脩の規範理論Ⅱ——一般規範の法源について」早稲田法学会誌56巻（2006年）194-195頁注71参照〕）、客観的違法論に基づく体系の下で違法性と融合させたものであった。これによって、客観的違法論に与する論者であっても可罰性の考え方を採用することが可能になったのである（生田勝義「違法性の理論について」犯罪と刑罰18号〔2008年〕51頁参照）。佐伯は違法性を一般的違法と可罰的違法（刑法固有の違法）とで構成したが、かかる構成は後に「やわらかな違法一元論」とよばれることになり（前田・前出『可罰的違法性論の研究』87頁以下、337頁以下）、現在、多くの支持を集めるに至っている。

3　文献紹介

▶基本文献の構成

　基本文献は、11の論文から構成されている。基本文献における各論文の位置づけについては、佐伯自身が基本文献「はしがき」で述べている。すなわち、まず、第1章「可罰的違法序説——違法概念の形式化による刑罰権濫用阻止のために」および第2章「違法性の理論」は基本文献の「序章」にあたり、両章では犯罪類型、違法性一般および可罰的違法性についての佐伯の見解の概要が

記されている。続く第3章から第9章までは「各論」であり、それぞれ、「主観的違法と客観的違法」（第3章）、「タートベスタント序論——いわゆる構成要件の理論のために」（第4章）、「客観的処罰条件」（第5章）、「主観的違法要素」（第6章）、「刑法犯と警察犯」（第7章）、「原因において自由なる行為」（第8章）、「連続犯」（第9章）を扱うものである。次いで、第10章「可罰的違法性の理論の擁護——木村教授の批判に答える」および第11章「可罰的違法性」は基本文献の「むすび」にあたり、前者では副題にあるとおり木村亀二による可罰的違法性の理論に対する批判への回答がなされ、後者では可罰的違法性に関するわが国の判例が分析されている。

　規範論の見地から基本文献の各論文を位置づけると次のようになろう。まず、法規範の論理構造を分析しながら客観的違法論を主張した第3章が中心となる。同論文で基礎づけられた客観的違法論を元にして、犯罪類型論（第4章）、可罰的違法性論（第7章、第1章、第10章、第11章）、主観的違法要素論（第6章）、客観的処罰条件論（第5章）が展開される。さらに、上記各問題をまとめるものとして、第2章がある。なお、原因において自由な行為に関する第8章および連続犯についての第9章は、客観的違法論（規範論）と直接的な関連性を持つものではない。

▶基本文献の中核的内容——規範論との関係において

　基本文献の中核的内容のひとつであり、かつ規範論との関係において重要な主張は、法規範の論理構造によって基礎づけられた客観的違法論であるが、その内容は佐伯の以下の記述においてまとめられている（基本文献30-31頁）。

> ……法規範の最も重要な作用が、主観的違法論の説くような命令規範（Bestimmungsnorm）としての作用、すなわち受命者の意思に向けられた命令禁止としてその者をして一定の意思決定をなさしめようとするところにあることはいうをまたない。またこのような命令規範がその相手方として予想するものがその命令禁止の内容を理解しそれに従って決意する能力者に限るということもそのとおりであろう。しかしながらもしも法規範の作用が単にかかる命令規範としての働きだけに尽きるものと考えるならば、それは認識としていまだ至らないものがあるといわなければならぬ。法が命令規範であるとして、そもそもそれは何故にある態度を命じまたは禁止するのであるか？　それは要するに法がその命令しまたは禁止する事項（その行為そのものまたはその行為により惹起される事実）をその立場（法自体）よりして好ましくまた

は好ましくないと判断し評価するからであろう。この「何故に」という問い、ならびにそれに対するこのような説明を単に法以前の問題（または立法の動機論）だと考えることは正しくない。それはそのような立法の動機すなわち法の成立過程（ゲネシス）の問題として考えられるのみならず、さらに法の成立後においてもその法違反の意味ある全体としての論理構造の問題としても考えられうるのであり、右にのべた命令禁止にさきだつ評価はまさしく後の法成立後の問題として考えられているのであり、それはあくまで法自らの評価と考えるべきである（評価の命令に対する先行性）。

　このような法規範の論理構造の分析は、われわれに法規範にはその命令規範としての作用のほかに、理論上、それにさきだって、評価規範（Bewertungsnorm）としての作用があることを理解せしめる。しかして、この評価規範としての作用は、前述のように、ある事実（または行為）が法律の予想する生活秩序と調和するか、または矛盾（侵害脅威）するかということに関する客観的判断を与えることにある。かようにそれは客観的な評価規範であるから、それが人の行為に対して働らく場合にもその行為者の責任能力の有無、故意過失のいかんと関係なしに進められるのが通例である。ここから違法と責任を分つ理論的根拠が与えられる。違法論はかかる法の評価機能としての作用に関して成立し、責任の理論はかくのごとくして行為の違法性が確定せられたことを前提として、さらにそのさい行為者に対し法の命令規範としての作用が可能であったかどうか、彼を命令規範に対する違反のゆえに非難しうるかどうかを問うときに成立するのである。

▶法規範の論理構造と客観的違法論

　第3章では、主観的違法論と客観的違法論の発展過程を明らかにすべく、日独の先行研究の紹介・分析がなされ、これを踏まえて、先に引用で示した内容の客観的違法論が基礎づけられている。なお、同章で取り扱われている法規範の論理構造の問題を責任論において展開した論文として、佐伯千仭「期待可能性の理論と法規範の構造」『刑法に於ける期待可能性の思想』（有斐閣、1947年〔増補版1985年〕）247頁がある。

　同章第一節「はしがき」では、「違法」という法的評価が下されるためには、社会生活の秩序（または法益）の侵害・脅威という客観的出来事があれば足り、責任はこのような出来事があった後に、それが何人に帰責されるべきかの第二段の問題であるとする立場（客観的違法論）と、有責性を違法の要件とし、その侵害・脅威が、それについて責任を負うべき人により惹起されて初めて「違法」という評価が下されるとする立場（主観的違法論）のいずれに与するべき

かとの問いが立てられる。以下では、かかる問いに答えるために、両立場の先行研究が検討されることになる。

　第二節「メルケルの主観的違法論」では、まず、ヘーゲルが「犯意なき不法」の概念を唱えて以来、客観的違法論がドイツでは支配的見解となっていた中で、アドルフ・メルケルが主観的違法論を主張したことが指摘される。そして、メルケルが主観的違法論に到達した過程が跡づけられた上で、「法秩序の全内容は、命令・禁止の集合であり、それに尽きるという命令説を貫いて、ここに徹底した主観的違法論が樹立せられた」（基本文献64頁）との分析がなされる。このような主観的違法論はその後イエリネック、ヘルツ等によって展開されることになるが、「これらの主観的違法論を徹底すれば、自然力（動物）による侵害と、子供や責任無能力者の責任のない行為による侵害との間には、法律的に意味のある区別は存在しないことになり、それらはみな適法・違法という法的評価に服することなく、法的偶然の範疇に属することにならざるをえないところに問題があった」（基本文献65-66頁）として主観的違法論の問題点が指摘される。

　第三節「ロェーフラーの客観的違法論」では、ロェーフラーは主観的違法論がいう「法律秩序の全内容は命令に尽きる」との考えを疑い、結論として、「不法はむしろ法秩序の意思と矛盾する一切のものである」〔傍点基本文献〕（基本文献71頁）とし、法益の有責な侵害のみならず、責任無能力者、動物、生命なき物による侵害も違法であると考えたことが紹介される。

　第四節「その後の主観的違法論、特に宮本教授の主観的違法論」では、ロェーフラーが上記のように客観的違法論を主張した後、これに対立する形で、コーラウシュ、フェルネック、ドーナが続けて、命令説に基づき主観的違法論を主張するに至り、さらに、わが国では、宮本英脩が主観的違法論を主張し、同理論に基づいた刑法体系を打ち立てたことが説明されている。

　第五節「その後の客観的違法論とメッガーの方法論的考察」では、ドイツにおいてはナーグラーが客観的違法論の立場から主観的違法論が基礎におく命令説を否定する論文を公表した1911年頃から、主観的違法論の主張者は減少し、客観的違法論を唱える者が増加したことが指摘される。次いで、このように主観的違法論と客観的違法論の対立は客観的違法論の勝利で終わったが、「この

対立こそは単に違法論を独立せしめたのみでなく、違法と区別された責任の概念、ひいては両者の関係の探究を深めた」(基本文献80頁)として、かかる対立の意義が述べられる。続いて、ナーグラーやM・E・マイヤーの客観的違法論が紹介される。そして、同違法論に関するとくに重要な論文として1924年にメッガーによって書かれた「主観的不法要素」が取り挙げられ、その内容が以下のように説明されている。

　法は命令規範でありつつも、「命令規範としての法は評価規範としての法なしには考えられず、評価規範としての法は命令規範としての法の無条件的な論理的前提である。法をまず評価規範として把えることなしに命令規範として把えようとするなら、それは考察の一切の根拠を否定するものである。何故ならばある人にあることを決意させよう（zu etwas bestimmen）とする者は、まず第一にその人に何事を決意させようとするのか（zu was bestimmen）分っていなければならず、そのあること（etwas）を彼は一定の積極的意味で評価していなければならぬ。命令規範としての法の論理的前提は常に評価規範としての、あるいは客観的生活秩序としての法である」(基本文献83-84頁)。法の根本課題は人民の外部的に秩序づけられた共同生活を確保することであり、そのために必要な限りで法団体員の内心的改善は許される。

　「法は客観的生活秩序であり、違法は、したがって、この客観的秩序の侵害である」(基本文献85頁)。その理論的根拠は、「受命（名宛）者なき規範の思想」である。主観的違法論が前提とする命令説では、すべての規範が命令であり、受命者に向けられた規範であるということになる。しかしながら、規範は、まず評価規範として確立し、「一定の社会状態が『あるべきだ』」といい、次に、かかる状態を実現する手段として命令規範としての性質を受取り、「汝なすべし」というのである。ここにいう評価規範は一定の客観的社会状態に向けられており、「受命者なき規範」である。そして、違法はかかる性質を有する評価規範としての法に対する違反を意味するのである。

　上記理解に対しては、第一に、「違法に振舞う自然の怪物」を認めることになるとの非難がある。すなわち、自然すなわち霜や雷電も人間と同様に違法に行動しうることになるけれども、それはあまりにも非常識ではないかというのである。しかしながら、この問題は「受命者なき規範」をもって克服できる。

第二のより大きな非難は、「一つの精神的力としての法の侵害すなわち違法と、法の客体すなわち法の保護が与えられる状態または利益とを混同している」というものである。これに対しては、常に有体的な行為の客体と精神的現象である保護の客体とを区別することができ、不法は後者の侵害、すなわち「法により意欲（是認）せられた意思実現の侵害」であることから、違法の精神的性質は維持されることになるとの反論が可能である。

　以上により、「違法は形式的には受命者なき評価規範としての法に対する違反であり、実質的には法の保護する利益との矛盾である。かくて方法論的に必然的かつ不可欠的な法および違法の『純客観的』規定が与えられる。違法の標準は原則として、違法行為者すなわち侵害者の目的設定、利益方向ではなくて、違法を受ける者すなわち被害者の目的設定、利益方向である」（基本文献89頁）。

　第六節「違法と責任」では、まず、上記のようなメッガーの見解は決定的であり、違法は客観的に解され、責任なき違法を認めることが絶対に正しいとされるに至ったと分析されている。続いて、前記理解の下では、違法と責任とは理論上截然と区別されることになるが、ここにおいて、さらに責任の内容、および違法と責任の関係が問題となり、この問題の解決は規範的責任論（ゴールトシュミット、エベルハルト・シュミット等）まで待たなければならなかったことが指摘される。

▶犯罪類型論

　第4章では、タートベスタント（Tatbestand）概念に関するドイツの諸説——とくにベーリングの「犯罪論」および「タートベスタント論」——が詳細に検討された上で、同概念について以下の結論が得られている（基本文献123頁以下）。

　すなわち、タートベスタントは、罰すべき程度の違法性を備えた態度の型（可罰的違法類型）であって、違法行為として見た犯罪類型である。タートベスタント該当性は違法性の最大の徴表であって、認識根拠であり、裁判官にとって違法認識の第一段階であるが、見方を換えて、すでに違法と確定された行為について、その違法判断の基づく要素は何かという問いとの関係では、タートベスタント該当性は違法性の実在根拠だということになる。また、タートベスタントと違法性阻却事由は原則型と例外型の関係にある。

タートベスタントの要素は、当該犯罪類型が予想する程度の違法性ありとするために重要な一切の要素であるが、これには外部的要素のみならず、——例外的にではあるが——内心的要素も属する。外部的要素（客観的構成要素）としては、犯罪の主体・行為・行為の態様・行為の客体などが挙げられる。なお、客観的処罰条件も、「当該の刑法的（可罰的）違法類型の構成要素であり、ただそこまでは故意の広がることが要求されぬのみである場合であること、あるいは逆に責任要素であることが理解される」（基本文献133頁）。また、内心的要素（主観的違法要素）としては、通貨偽造罪における「行使の目的」等が挙げられる。さらに、タートベスタントの構成要素は、刑法が裁判官に対し、単に知的（認識的）な活動を要求する記述的要素と、刑法がそれ以上になお規範的・評価的行為を要求する規範的要素とに分けることができる。後者の規範的要素は、タートベスタントの範囲の明確性を損ない人民の自由と矛盾し得るものであることから、近時の立法が規範的要素を多用していることに対しては注意を要する。

▶可罰的違法性論

　第7章では、刑法典が規定する犯罪と警察犯処罰令が規定するそれとの関係が詳細に検討され、結論として、両者の相違は行為の有する侵害性の大小、すなわち違法性の大小に求められるとする。このことは、違法性が軽重大小の段階を付しうるものであることを前提とするものであり、ここに可罰的違法性の考え方を見いだすことができるとの主張がなされている。

　上記第7章では、違法性の軽重大小という「量」の側面のみが取り上げられているにすぎなかったが、さらに、「質」の側面にも目を向け、可罰的違法性の理論を完成させたのが第1章である。同章の第五節「可罰的違法」では、まず、「可罰的違法性とは、行為の違法性が、刑罰という強力な対策を必要とし、かつまたそれに適するような質と量をもっているということである」（基本文献16頁）とされる。次に、可罰的違法性の量の問題は、被害法益の軽微性が可罰的違法性を失わせるというものであり、その萌芽は一厘事件判決（大判大正43・10・11刑録16輯1620頁）において見いだされ、その後の三友炭鉱事件判決（最判昭和31・12・11刑集10巻1607頁）および旧警察犯処罰令2条29号と窃盗罪の区別に関する判決（最判昭和26・3・15刑集5巻512頁）においても可罰的違法性と

いう考え方が取られているとの指摘がなされる。次いで、可罰的違法性の質の問題は、違法性の軽微とは関係なしに、その違法性の質が可罰的違法性を阻む場合であり、その例として、近親姦が犯罪とされていないこと、無免許による医療行為が（医師法違反の罪に問われることはあっても）傷害罪としては処罰されない場合があること、禁止されている争議行為が威力業務妨害罪等の犯罪類型に該当しても刑罰を科されない場合があることなどが挙げられている。

　以上のようにして完成した佐伯の可罰的違法性の理論は、木村亀二から批判を受けることになる。この批判に回答したのが、第10章である。

　第11章では、これまでの可罰的違法性に関する諸判例が概観され、これらの判例は、構成要件該当性はあるが当該罰条の予想する可罰的違法性がないから無罪であるとする東京中郵事件判決式と可罰的違法性がなく構成要件該当性がないから無罪であるとする都教祖事件判決式とに分けることができるとの分析がなされ、前者の場合もあれば後者の場合もあり両刃使い的に考えなければならないとの指摘がなされる。続いて、可罰的違法性論が当面している若干の問題（違法の統一性を否定するものである等の批判）に対する回答が試みられている。

▶ **主観的違法要素論**

　第6章では、ドイツの主観的違法要素に関する学説の展開を詳細に検討することを通して、客観的違法論の立場からも主観的違法要素を認めうることが論証されている。

　まず、主観的違法要素を認めるためには、違法＝物理的、責任＝心理的という見地に対する修正が必要であり、主観的違法要素論の歴史は同時にまた客観的違法論の発展史だといいうるとの指摘がなされる。

　次に、ドイツの主観的違法要素論に関する学説史が詳細に紹介される。まず、民法学においてはH・A・フィッシャーが違法性から主観的要素を排斥することはできないことを明らかにし、また刑法学においては、ヘーグラー、M・E・マイヤー、ザウアーが主観的違法要素の存在を認めていたことが指摘される。続いて、刑法学上、主観的違法要素をとくに独立の課題として扱った最初の研究はメツガーによってなされたとして、メツガーの第一の研究（Die subjektive Unrechtselemente）と第二の研究（Vom Sinn der strafrechtlichen Tatbestände）が詳細に説明されている。さらに、以上のような研究、とくにメツガーの研究に

よって刑法学界は主観的違法要素の問題に注目し始めたとして、その後の学説の発展が以下のように概観されている。すなわち、主観的違法要素の理論はE・シュミット、フランク、ドーナなど多くの学者によって認められ、賛同者を増やしていったが、反対がなかったわけではない。すなわち、ツィンマールは主観的違法要素を表現犯だけに認め、ゴールトシュミットやベーリングは、違法＝外部的態度、責任＝心理的態度との前提から、主観的違法要素を否定した。しかしながら、これらの見解に対しては、ヘーグラーやジーバーツにより再反論が加えられた。

次いで、これまで概観してきた諸学説は違法性の実質は法益の侵害または脅威であり、主観的要素もそれが行為の法益侵害（または脅威）性を加減する限り違法要素であるとする点については一致していたが、ウォルフ、ウェーバーおよびキール学派に属するシャフスタイン等から、この点に対する疑惑が提起されることになったとの指摘がなされ、この疑惑が詳細に分析されている。

最後に、以上の学説の発展を顧慮しながら、わが国の現行刑法典において主観的違法要素が認められる犯罪として表現犯、傾向犯、目的犯等が挙げられ、それぞれに対して検討が加えられている。

▶客観的処罰条件論

第5章では、客観的処罰条件に関するドイツの学説を参照しながら、これを違法要素と責任要素に還元すべきことが主張される。

まず、わが国の通説は、刑罰請求権の要件中に刑法学が犯罪の実質的要件とする違法性または責任性と相関するところのないものがあるという事実の認識から、やむをえず、刑法学体系中に客観的処罰条件を認めているが、体系的に考察するならば客観的処罰条件というような範疇は認めがたく、これを認めることは実は自らの違法および責任の理論が刑法の全領域を耕すに不十分なことの告白でしかないと考え、かつて上記通説に対して異を唱えたことが述べられる。

次に、行為の違法性に影響を与えない客観的処罰条件の存在を肯定するドイツの通説（リットラーの見解等）が概観された後、かかる通説に対する異説として、ザウアーの見解が紹介される。ザウアーは独立固有の観念としての客観的処罰条件を否定して、客観的処罰条件を可罰的違法類型の要素としつつ、なお

この客観的処罰条件に該当する部分だけは他の類型的要素と異なり行為者の責任（故意過失）に包摂される必要がないとした。続いて、このザウアーの見解は、弟子のラント等からの賛同を得たり、逆にリットラーから批判を受けたりしたことが指摘される。

次いで、ザウアーの見解を基にして、客観的処罰条件は実体刑法上の犯罪の要件とされるかぎり違法か責任かのいずれかに還元されなければならないとの結論が導かれる。

さらに、上記結論との関係で発生する問題については以下のように解すべきであるとされる。すなわち、①客観的処罰条件は可罰的違法類型ではあるが、他の違法要素と異なり行為者が故意内容として予見し、または過失として予見すべき事実の範囲に属しない、②客観的処罰条件たる違法要素を含む犯罪にあっては、この要件のないかぎりその犯罪の既遂犯はもちろん未遂犯も成立しない、③客観的処罰条件は犯罪行為の時および場所の決定に対してもまったく関係がないのではない、④客観的処罰条件が欠けているにもかかわらず公訴が提起されたときには、免訴ではなく無罪を言渡すべきである。

ここでは、故意過失に包含される必要がない違法要素を肯定することになるが、立法論としてもかかる要素を消滅させる必要はなく、これを残し、ただ刑事司法上不当な結果が生ずることのないような一定の限界を見いだすべきである。

▶その他

これまで取り扱ってきた、客観的違法論（法規範の論理構造）、犯罪類型、可罰的違法性、主観的違法要素および客観的処罰条件についての佐伯の考えがまとめられているのが、第2章である。また、基本文献は第8章「原因において自由なる行為」および第9章「連続犯」を収録しているが、先述したように、両者とも客観的違法論（規範論）との関係は薄い。前者は構成要件（実行行為）の客観的明確性を保持するとの観点から、「行為と責任の同時存在の原則」の絶対性を疑ったものであり、いわゆる例外（責任）モデルの先駆的意義を有する論文である（内藤謙『刑法講義 総論(下)Ⅰ』〔有斐閣、1991年〕873頁以下参照）。なお、その末尾には「理論の世界には疑うことの許されない権威はない。私は特に若い学徒の——この問題には限らず——思惟における徹底的な態度を希望する」

とある。後者は、連続犯規定（刑法旧55条）が削除された後も、連続犯という概念は解釈論上限定的な範囲において認めることができるとする。

4　残された課題

▶違法における評価規範

　佐伯の客観的違法論は瀧川幸辰『犯罪論序説』（文友堂書店、1938年）によって支持を受けるなどしたものの（同書90頁以下。佐伯・前出『刑法に於ける期待可能性の思想』284頁参照）、その規範論的側面（法規範は命令規範であるのみならず評価規範でもあるとの主張）については、主観的違法論に立つ宮本から、客観的違法論のいう評価規範は立法者が立法を行う際の評価基準に過ぎないのではないかとの批判がなされた（宮本・前出『刑法大綱』71頁）。

　これに対して、佐伯は「客観的違法論の根拠として論ぜられる評価規範は、決して、単なる法成立以前の立法者の価値判断、又は立法の動機を意味するものではない。それは、むしろ、既に実定法が成立した後にその実定法規範の論理構造を分析した結果認められた実定法規範そのものの一側面に外ならない」（佐伯・前出『刑法に於ける期待可能性の思想』288頁）として、客観的違法論でいう評価規範は、立法者が立法を行う際に用いる評価基準ではなく、実定法規範であると反論している。

　また、違法段階において評価規範のみを想定することに対しても疑念が呈されている。たとえば、法規範はあくまでも人のために存在するものであり、人に向けられ、人に対しある行態を要求するものであって、評価規範という名宛人のない規範はそれ自体矛盾であり、決定規範（命令規範）と切り離されて単独で存在する評価規範はこれを認めることができないとの批判がある（日沖憲郎「違法と責任」『刑法講座　第2巻』〔有斐閣、1963年〕95-96頁。ただし、佐伯が依拠するメッガーの客観的違法論に対する批判である）。

　かかる批判をなす論者等は、法規範は決定規範であると同時に評価規範であるとしつつ、このような法規範はまず一般人に向けられ、次に個別の行為者に向けられるとする。そして、前者の場合が違法であり、後者の場合が責任であるとして、法規範の名宛人の相違によって違法と責任を区別する（修正された

客観的違法論〔日沖・前出「違法と責任」95頁以下等〕）。

▶責任における命令規範

次に、佐伯は責任段階に命令規範を据えるが、このような理解に対しても疑義を唱える余地がある。すなわち、佐伯によれば、責任では命令規範違反が問題とされることになるが、かかる理解の下では、責任に命令規範違反自体（非難の対象）と命令規範違反に対する非難可能性（対象の非難）が含まれることになってしまい、責任概念の内部的統一性が損なわれることになるとの問題が生じるものと思われる（鈴木茂嗣『犯罪論の基本構造』〔成文堂、2012年〕418頁以下参照）。

5 現代的意義

▶結果無価値論の基礎

戦後、違法性の実質をめぐっては、周知のとおり、客観的違法論の内部で、行為無価値論（人的不法論）と結果無価値論（物的不法論）が対立してきた（内藤謙『刑法理論の史的展開』〔有斐閣、2007年〕189頁以下参照）。前者はその内部でさらに、一元的行為無価値論（一元的人的不法論）および二元的行為無価値論（二元的人的不法論）に分かれる。

一元的行為無価値論は、決定規範（行動規範）の観点を重視して不法概念を構成する決定規範論に立脚し、結果は決定規範（禁止）の対象とはなり得ないとの理解から、行為無価値のみが不法を構成し、結果無価値は不法・責任の外において処罰限界づけ機能を果たすに過ぎないと主張する。その上で、決定規範に二重の機能、すなわち、義務づける機能と動機づける機能を認め、両機能の区別に対応する形でなお不法と責任を区別することが可能であるとする（増田豊「現代ドイツ刑法学における人格的不法論の展開 I——特に犯罪構成における結果の体系的地位と機能について」明治大学大学院紀要12集〔1974年〕136頁以下等）。

しかしながら、この一元的行為無価値論に対しては、決定規範の対象は（行為ではなく）意思決定であるから、処罰を根拠づける不法は志向無価値のみによって構成されることになるのが理論的帰結であるが、かかる帰結に対しては、行為原理に反するとの批判（松原芳博「犯罪結果と刑法規範」『三原憲三先生古稀祝賀論文集』〔成文堂、2002年〕322頁以下）や結果を不法概念から排除することによっ

て、既遂犯・侵害犯の違法性も行為不法ないし危険不法だけで完備することになってしまう（既遂犯の未遂犯化、侵害犯の危険犯化）との批判（曽根威彦『刑事違法論の研究』〔成文堂、1998年〕27-28頁）がある。

そこで、現在では違法段階において決定規範（行為規範）を用いつつも、なお行為無価値のみならず結果無価値をも不法構成要素とする二元的行為無価値論が支持を集め、通説的地位を占めている。

もっとも、この二元的行為無価値論に対しては、本来的には決定規範の対象とはならない結果を如何なる理論的（規範論的）根拠をもって不法構成要素とするのかが課題となる。かかる課題に答えようとする試みもなされているが（野村稔「刑法規範の動態論——刑法規範の一つのデッサン」研修495号〔1989年〕3頁以下、井田良『刑法総論の理論構造』〔成文堂、2005年〕1頁以下等）、なお、行為無価値と結果無価値という異質の要素を持ち込むことで不法概念の統一性が損なわれるとの問題が残らざるを得ない（曽根・前出『刑事違法論の研究』29頁以下、松原・前出「犯罪結果と刑法規範」325頁以下参照）。

そこで、不法概念の統一性を保ちつつ、理論的（規範論的）正当性をもって結果を不法構成要素とする理論が要請されることになるが、かかる要請に応えるのが、佐伯が基本文献で主張した、評価規範を決定規範（命令規範）に先行させ不法に位置づける客観的違法論（結果無価値論）である。この佐伯の見解によれば、不法は先述のとおり評価規範としての法に対する違反として捉えられることになり、かかる違反の内容となる結果（客観的生活秩序に対する侵害・脅威〔法益侵害またはその危険〕）は不法構成要素となる。現在有力に主張されている結果無価値論の多くはこのような佐伯の違法論（規範論）を基礎とするものであるといえる。

また、命令規範に先行した評価規範を軸に据える佐伯の違法論は、「侵害原理を体系理論的に担保する」ものであり（松原・前出「犯罪結果と刑法規範」334頁）、かつその基礎には「法は命令・禁止の総体であるとする権威主義的法思想ではなく、個々人の自由や権利を保障するために国家や法があるという近代的法思想」が見いだされるのであって（生田・前出「違法性の理論について」55頁）、その有する自由主義的側面も積極的に評価される必要がある。

▶規範論的考察の基礎

　現在でも、規範論に基づき犯罪論の構造を明らかにする研究（松原芳博『犯罪概念と可罰性――客観的処罰条件と一身的処罰阻却事由について』〔成文堂、1997年〕、増田豊『規範論による責任刑法の再構築――認識論的自由意思論と批判的責任論のプロジェクト〔法律学方法論と刑事法基礎理論Ⅲ〕』〔勁草書房、2009年〕、山中・前出『犯罪論の機能と構造』、鈴木・前出『犯罪論の基本構造』等）や規範論的枠組みを用いて刑法解釈論を展開する研究（井田・前出『刑法総論の理論構造』、照沼亮介『体系的共犯論と刑事不法論』〔弘文堂、2005年〕、高橋則夫『規範論と刑法解釈論』〔成文堂、2007年〕、小島秀夫『幇助犯の規範構造と処罰根拠』〔成文堂、2015年〕等）が行われているが、このような研究の基礎には基本文献で示された佐伯の規範論があることが見過ごされてはならない。

3 行為論／体系論

●基本文献
平場安治
『刑法における行為概念の研究』
(有信堂、1961年)

仲道 祐樹

1 学説・実務状況

▶同時代の学説状況

　基本文献は、目的的行為論（平場安治の用語では「目的行為論」）に基づく犯罪論体系を展開した、最初期の文献である。基本文献に収録されている諸論文のうち、最も古いものは、『刑事法の理論と現実㈠刑法――小野博士還暦記念』(有斐閣、1951年) 所収の「刑法における行為概念と行為論の地位」（基本文献第2論文）である。

　行為概念をめぐる議論は、終戦後間もない時期から活発化する。平場の「刑法における行為概念と行為論の地位」が発表された1951年までには、平野龍一「故意について㈠㈡」法学協会雑誌67巻3号 (1949年) 226頁以下、67巻4号 (1949年) 351頁以下、中武靖夫「主観的正犯概念㈠㈡」法学論叢56巻3＝4号 (1949年) 54頁以下、57巻4号 (1951年) 48頁以下といった、目的的行為論に依拠した論文が公表されている。また、1953年には、福田平「目的的行為論について」『神戸経済大学創立五十周年記念論文集法学編(I)公法及び政治』(有斐閣、1953年) 133頁以下が公表されている（その後、福田平『目的的行為論と犯罪理論』〔有斐閣、1964年〕59頁以下所収）。

▶戦前の行為論

　では、戦前において行為論はいかなる状況であったか。

　戦前期における先駆的業績として、竹田直平「行為概念と行為性の限界㈠

(二・完)——因果関係論への一途」法と経済2巻5号（1934年）26頁以下、2巻6号（1934年）79頁以下がある。この論文で竹田は、「構成要件に該当する違法で有責な行為」という犯罪の定義における「行為」は、①一切の可罰的態度を含むものでなければならず、それゆえ②刑法的評価の対象外となるべきものを排除しうるものでなければならず、かつ、③違法・責任という属性が付加されるに足りるだけの規範的特徴を示すものでなければならないとする課題設定から、「行為とは規範的支配可能性を具備する人間の態度である」とする行為概念を提示した（竹田・前掲論文㈠29頁、41頁）。

佐伯千仭『刑法総論』（弘文堂、1944年）も、戦前期において同様の問題意識を示していた。佐伯は、「犯罪は行為である」とする命題から出発して、行為に「人の態度即ち身体の挙動又は静止であるといふ以上の規定を与えることは不可能である」とするに至った（佐伯・前掲書138頁）。

▶構成要件論と裸の行為論不要論

これに対して、構成要件論を前提としたうえで、刑法上重要なのは、構成要件に該当する行為のみであり、構成要件該当性に先行する行為論（裸の行為論）は不要であるとする立場があった。これによれば、「刑法上の行為は、あくまで構成要件的行為であ」り、「行為は構成要件の枠内において、その中核的要素として論ぜられなければならない。構成要件的評価に関係のない行為などは、刑法において全く用なきものである」ということになる（小野清一郎『犯罪構成要件の理論』〔有斐閣、1953年〕54頁）。

2　学説史的意義と位置づけ

▶目的主義的思考の萌芽

平場の研究は、助手論文「構成要件欠缺の理論㈠㈡（三・完）」法学論叢53巻5＝6号（1947年）264頁以下、同54巻1＝2号（1947年）38頁以下、同54巻3＝4号（1947年）85頁以下によって始まる。同論文で平場は、構成要件論を前提に、ドイツの構成要件論および構成要件欠缺論を詳細に検討しているが、その記述の中には、すでに目的的行為論的思考および基本文献に連なる問題意識が見てとれる。

たとえば、「人は現在の事情を知り、かゝる諸事態を結合させて自然の因果の流れに流す事により必然的に意図した結果に達する事が出来る」（平場・前掲論文（三・完）89頁）、「『殺す』等々の構成要件的動詞は社会的経験の累積して出来た定型的判断であるから、たゞ行為者の意思を全然無視して純客観的な行為の方向により決すべきやは疑問である。……客観的な行為の方向が不分明である場合、かゝる行為を支配する主観的な意思の方向が決定する」（平場・前掲論文（三・完）95頁）との理解は、目的的行為論の行為構造の理解に類似している。平場自身も、同論文に、目的的行為論の影響が見てとれることを認めている（基本文献はしがき）。

▶基本文献の意義

　このような萌芽的思考を自覚的に展開したのが、基本文献に収録されている諸論文である。とくに基本文献第2論文は、目的的行為論を行̇為̇論̇と̇し̇て̇主題化した最初期の論文である点で、上述した平野論文、中武論文とは一線を画している。

　また、目的的行為論の思考を、緊急行為や詐欺罪における処分行為に応用している点も基本文献の特徴である。このような応用を平場は、「ドイツの目的行為論と私の違いの一つ」であると評している（基本文献はしがき）。

　目的的行為論のそもそもの出発点は、法的な規制の対象である人間行為の構造の解明とそれに基づく解釈論および立法論の展開という点にあるところ、基本文献は、当時のわが国でそれを最も徹底した形で展開したものであるといえる（小野・前掲書53頁は、平場を「ウェルツェルを学んでウェルツェルよりも論理的である」と評している）。その意味で、基本文献は正しく、目的的行為論に関する古典的かつ先駆的な研究である。

▶ヴェルツェルの目的的行為論

　内容に先立ち、ヴェルツェルの目的的行為論を概観しておきたい。ヴェルツェルの目的的行為論は、次のように整理することができる。「人間の行為は、目的活動を遂行することである。それゆえ、行為は、『目的的な』事象であって、単なる『因果的な』事象ではない。行為の『目的性』……は、人間が因果法則についての知識を基礎として自分の活動によって発生しうる結果を一定の範囲において予見し、それによって種々の目標を設定し、この目標達成に向ってそ

の活動を計画的にみちびくことができるということにもとづいている。人間は、因果についての予知にもとづいて、その活動の個々の動作を統制することによって、外部的な因果的事象を目標に向ってみちびき、これを目的的に被覆決定（überdeterminieren）しうるものなのである」（ハンス・ヴェルツェル〔福田平・大塚仁訳〕『目的的行為論序説――刑法体系の新様相』〔有斐閣、1962年〕1頁）と。

このように行為の構造を出発点とするのは、ヴェルツェル理論が、対象の存在構造によって法的評価が規制され拘束されるとする存在論哲学に支えられているからである（いわゆる存在論的方法。この点については、井田良『犯罪論の現在と目的的行為論』〔成文堂、1995年〕2頁参照）。

なお、上述した理解では、過失犯が説明できないとされており、ヴェルツェルの見解にも変遷がある（詳細は、福田・前掲書80頁以下参照）。

3　文献紹介

▶基本文献の構成

基本文献は、次の5つの論文から構成されている。第1論文「行為の目的性――目的的行為論序説」、第2論文「刑法における行為概念と行為論の地位」、第3論文「構成要件理論の再構成」、第4論文「緊急行為の構造」、第5論文「詐欺罪における被欺罔者の処分行為」である。

▶「行為の目的性――目的的行為論序説」

第1論文は、①目的的行為論と客観的帰属との関係、②目的的行為論は一般的行為論たりうるかを論じる。一般的行為論とは、刑法上問題となる行為をすべて包摂し、同時に刑法上問題とならない行為を排除する行為概念であり、かつ違法・責任という評価が付加されるべきものとして、これらを先取りすることのない行為概念のことを指す。

(1) 意思による上位的決定の重要性

因果的行為論は、人間の意思を因果の起点ととらえてきた。これに対して目的的行為論は、意思を、因果系列全体を成り立たせる背骨であるととらえる。すなわち、意思は因果経過全体に対して、上位的に（覆いかぶさるように）決定するのであり（ヴェルツェルがいう überdeterminieren）、このような意思による上

位的決定が存在する範囲においてのみ行為が認められることになる。

　このような、因果性に対する人間の意思の優位性・独自性を認める目的的行為論の基本思想に、平場は、ヘーゲルとの類似性を見出す。平場はヘーゲルの次の1文を引用している。「意思の権利は、然し乍らその行動において、彼がその目的の前提について知り、それにつき彼が故意あるものについてのみその行為として承認せられ、それについてのみ責任を負うことができるのである。その場合にだけ意思の責任として帰属される」(基本文献8頁、Hegel, Grundlinien der Philosophie des Rechts, § 117) と。この記述が帰属に関するものであることから、平場は、ヴェルツェルのそもそもの関心も帰属の範囲と根拠にあったと指摘する。

(2) 行為の存在構造の解明と帰属論

　ではなぜヴェルツェルは社会的行為の存在論的構造の解明に注力したのか。平場はその根拠もまた、客観的帰属の基礎づけにあるとする。その理路は次のようなものである。

　ある結果が誰に帰属されるかの問題を条件関係によって解決しようとすると、因果の無限退行の問題に逢着してしまう。それゆえ、これを構成要件によって限定しようとする理解が登場する。しかしこのような理解は、どの結果が誰に帰属されるかを、(構成要件をどのように設定するかによって) 立法者が任意に決定できるとの理解に至りうる。ヴェルツェルが行為の存在論的構造を明らかにするのは、構成要件の存在論的根拠を明らかにし、存在論的行為が許容する範囲を超えた結果帰属を否定するためである。行為の存在構造からは、行為者の意思による目的的な上位的決定がなされた範囲において生じた結果が、行為者のしわざ (Werk) として帰属されることになる、と。

　しかし、このような理解から、意思による因果の上位的決定が存在しない過失の結果帰属はいかにして基礎づけられるであろうか。平場はこれを客観的危険の概念に求める。過失の場合の結果が行為者に帰せられるのは、危険を創出したのが行為者である以上、危険の実現である結果も行為者が創り出したものであることによる、というのである。

(3) 目的的行為論は一般的行為論か

　ところで、このような行為の存在論的構造の解明と、それに基づく結果帰属

の限定という問題は、従来的な意味での「行為論」、平場のいう「一般的行為論」の問題なのであろうか。平場はこの問いに否と答える。行為の存在論的構造は、構成要件の立法的、解釈的前提であるから、構成要件の理論の中で論じるべきであるというのである。

では、目的的行為論とは一般的行為論ではなかったのか。ヴェルツェルは、作為と不作為を統一する上位概念として、「態度（Verhalten）」という語を用いた。しかし、これは言葉の上での統一にすぎないと平場はいう。また、マウラッハは、「操縦的意思によって支配され、一定の結果に向けられた態度」との定義を示すが、平場は、ここに過失不作為犯を含むことはできず、一般的行為論たりえないと指摘する。結局、平場によれば、目的的行為論は、一般的行為論ではないことになるのである。

▶「刑法における行為概念と行為論の地位」

(1) 行為の最高概念性の否定

第2論文では、「行為でないものは犯罪ではない」とする命題が検証される。上述したように、基本文献の先行研究として、行為概念を論じたのは竹田、佐伯であるが、両者は、行為概念はすべての犯罪に共通する上位概念であり、「行為でないものは犯罪ではない」とする。その結果、竹田は責任無能力者の行為を否定し、佐伯は行為から意思の要素を放逐するに至った。しかしこれは、当時の通説的な理解と矛盾を来す。竹田の理解は、責任無能力者も行為をなしうるとする理解に、佐伯の理解は、「行為とは意思表動である」とする理解に、それぞれ矛盾するのである。

これを出発点として、平場は、「行為の最高概念性」、すなわち「行為ではないものは犯罪ではない」との命題を否定する。第2論文における平場の基本的見解は、次のとおりである（基本文献48頁以下）。

「行為は意思表動である」との伝統的行為概念は維持さるべきものと信ずる。このような主客相即の行為概念こそ、人間行為の社会的・目的的性格を示すのに不可欠のものだと考えられるからである。その際、意思は、従来往々考えられたように、心理的な予見・意欲乃至は因果の連鎖の第一駒に止まらず、行動の推進原理・動因乃至は全因果関係の構成原理として重要であると考える。そこで私は誤解を避けるために「意思表動」という表現に代うるに、ヴェルツェルに従って「目的的行為支配」との表現

> を用いたいと思う。かくすれば、過失にはこのような意思の働きがないが故に、もはや行為だということを得ない。然し過失の事故との相違は結果避止が可能であるにもかかわらず、避止という目的的行為をなさなかった。即ち目的的支配の不作為又は不行為として規定すべきものと考える。そうすれば、もはや行為は犯罪の最外側のメルクマールではなく、行為と不行為を統一するものこそ犯罪の最外側のメルクマールでなければならない。このような行為と不行為を統一する犯罪の最外側のメルクマールを私は社会的事実又は人の人に対する関係としようと思う。

(2) 命題の論証過程

では、平場はいかにしてこの結論にたどり着いたのか。出発点となるのはヴェルツェルの目的的行為論である。上述したようにヴェルツェルは、行為という現象の特徴を、人間の意思による目的選択、行動操縦、因果に対する上位的決定に求めている。これらが認められる場合にのみ目的的行為が認められる。このような手段＝目的設定の外にある結果は、盲目的因果的結果であるから、予見可能であり回避可能であった場合（過失）であろうと、事故であろうと、その存在論的構造には変わりはない。過失は「避け得た惹起」として刑法上の問題となるが、これは目的的行為とは区別されるとしたのである。

平場は、このヴェルツェルの命題をさらに進め、次のように論じ、上述の結論に達したのである。過失は、行為者にとって結果回避が可能であったにもかかわらず、結果回避をなさなかったという点で、事故とは区別される。すなわち、過失は「現になされたとは別の反対行為を執らなかった」という不行為であることになる。ここでは、行為者が「目的的阻止」（≒目的的行為としての結果回避措置）を行･わ･な･か･っ･た･という点に、過失の目的的本質がある、と。

このように理解すると、「行為」とは、故意的行為のみを指し、過失的行為は「不行為」と規定されることになる。平場は、この意味で、「行為でないものは犯罪ではない」とする命題を否定するのである。では、行為と不行為とを統合する、犯罪論の最高概念はどこに求められるか。平場はこれを、社会的目的論的レベルに求めようとする。このレベルにおいて、行為と不行為とに共通するのは、①主体が前提となること、②相手方にその影響が及ぶことである。それを平場は、「人と人との関係における出来事即ち社会的事象」（基本文献79頁以下）という言葉でまとめたのである。

▶「構成要件理論の再構成」

　第3論文は、上述した小野の立場、すなわち裸の行為論を不要とし、構成要件を犯罪論の出発点とする立場への反論を出発点としつつ、社会的行為の存在構造（第3論文では「社会的現実」という言葉が用いられている）に基づく立場から、構成要件概念をいかなるものとして構成し、いかなる犯罪論体系を採用すべきかを論じるものである。

(1)　構成要件論と平場との距離

　平場は、構成要件論を主張する通説の立場を、「規範的刑法理論」であり、裁判の場における「裁判官の判断や認識の基準を与える」ものであると理解する。しかしそれは、「価値判断の実質的把握」ではあっても、「判断対象の実質的把握」に至るものではない。平場は、刑法理論がとらえるべき犯罪を「裁判の場における犯罪から、現実の社会生活の場における犯罪に転換しなければならない」と主張する（基本文献90頁）。

　これを前提に、平場は、小野からの批判に対して、次のように回答する（基本文献92頁以下）。

> 私の立場が裁判の幕に投影された犯罪の影を見るものでなく、社会的生の現実における犯罪を見るものである以上、小野博士の教示にもかかわらず、行為は裁判官の認定の類型である構成要件に拘束される必要がないと信ずるものである。又実際的に考えて見ても、刑法上重要な行為は敢て犯罪行為に限らないのであって、被害者の行為・第三者の行為が犯罪の条件として意味を持つことがあるのである。従って、およそ刑法において重要である行為を統一的に把握しようとすれば、それは構成要件的行為では足りず、やはり（裸の）行為でなければならないと考えるのである。

(2)　構成要件の2つの側面その1——犯罪類型

　しかし、平場も構成要件を不要とするものではない。構成要件は罪刑法定主義と結びついたものであるから、犯罪を個別化し、裁判官の価値判断を拘束するものとして維持される。このような構成要件を平場は「犯罪類型」とよぶ。

　犯罪類型の個別化は罪刑法定主義の要請であるから、犯罪類型には、およそ犯罪を個別化する限りにおいて一切のものが含まれる。すなわち、各則の各本条にかかわる事実、故意と過失、責任能力、正犯と共犯、未遂犯（中止犯）と

既遂犯などはいずれも犯罪類型としては別個の類型を形成する。客観的処罰条件もこの意味での犯罪類型に含まれる。

　平場のいう犯罪類型は、実体法よりも訴訟法の領域においてその機能を果たす。犯罪類型は、裁判の場における構成要件として、裁判官が認定しなければならない事実の型を示す。それに属する事実については、挙証責任の転換は許されない。一方、犯罪類型に該当することで、違法性と有責性が事実上推定される。ここから、起訴状に記載された犯罪類型に該当する事実の立証があれば、裁判官は、当該事実が一応違法・有責に行われたとしてよく、違法性阻却事由、責任阻却事由を主張する側が、違法性阻却事由、責任阻却事由の存在を立証する必要があるとの帰結が導かれる。

(3)　構成要件の2つの側面その2——可罰的行為類型

　もっとも、このような「犯罪類型」は、裁判における認定のための概念であるから、平場のいう「裁判の場における犯罪」に属する。それゆえ、「現実の社会生活の場」に属する行為論と、犯罪類型論を媒介・結合する概念が必要となる。ここに平場は、「可罰的行為類型」としての構成要件という概念を導入する。

　では、可罰的行為類型とは何か。それは、裁判官の評価を規制する類型ではない（それゆえ、可罰的行為類型に該当することと、刑罰という効果とは結びつかない）。そうではなく、現実の社会生活における行為の類型のうち、本質的に社会相当でないとされる行為の類型（たとえば、「殺人」「ひったくり」といった罰すべき行為とがわれわれが考える行為の型）のことをいう。

　このような可罰的行為類型はいかなる実益を有するか。平場は、3つの点を指摘する。第一に、可罰的行為類型は、刑法上重要でない、すなわち社会生活上、刑罰の発動を必要としない行為類型にあたる（＝可罰的行為類型にあたらない）行為をあらかじめ排除する。平場によれば、刑事訴訟法339条1項2号にいう「起訴状に記載された事実が真実であつても、何らの罪となるべき事実を包含していないとき」に公訴棄却の決定をする場合などが、可罰的行為類型が必要となる一例である。

　第二に、可罰的行為類型は、実行行為の範囲を社会的現実の側から画する。立法者は、既遂・未遂・予備／正犯・教唆・幇助の範囲を自由に画することが

できるわけではなく、社会生活上の行為類型の区別にその判断を拘束される。

　第三に、可罰的行為類型は、故意の予見範囲を規定する。その理由は、可罰的行為類型が、社会的不相当な行為の類型であることに求められている。

▶「緊急行為の構造」
(1)　一般緊急行為と緊急防衛行為

　第4論文は、行為の存在構造の観点から、緊急行為の構造を明らかにしようとするものである。緊急行為とは、正当防衛行為と緊急避難行為との上位概念としての行為を意味する。そこにいう「緊急」とは、速やかに救済方法を講じなければ、法益の失われる危険状態をいう。このような状態では、法益救済の必要があるから、通常は私人には認められていない自力救済が認められる。

　このような緊急に対応する緊急行為とは何か、言い換えれば、緊急行為とは緊急といかなる関係に立つ行為であるかが問題となる。平場は、①緊急と時間的場所的に近接して行われる行為、②緊急から何らかの影響を受けた行為、③緊急を避けるための行為が考えられるとし、③の類型のみを緊急行為とする。

　緊急と行為との関係から、①緊急を構成する危険な因果の進行自体を阻止することにより緊急から免れる「緊急防衛行為」と、②それ以外の方法により緊急から免れる「一般緊急行為」とが区別され、「緊急防衛行為」が実定法上の正当防衛に、「一般緊急行為」が緊急避難に、ほぼ対応する（自救行為は、緊急との関係により、いずれかに振り分けられる）。

(2)　一般緊急行為の構造と法的評価

　「緊急を避けるための行為」という定義から、緊急行為も、緊急からの退避という目的実現へと向けられた行為（目的的行為）であることが明らかとなる。目的的行為は、その主客相即の構造を有するから、緊急行為も主観面と客観面からなる。一般緊急行為の場合、主観的には、「緊急を知って、それから免れる」こと、すなわち緊急状態の認識と、緊急からの退避の意図が必要である。その意味で一般緊急行為は意識的かつ意思的な行為であることが要求される。客観的には、緊急から免れる効果をあげるに必要な行為であれば足り、直接緊急から免れる行為のほか、それを成功させるために必要不可欠な準備行為や、他人を媒介した避難のために、他人に働きかけをする行為も含まれる。

　このような構造をもつ一般緊急行為は、いかなる法的評価を受けるものであ

ろうか。一般緊急行為は、緊急を動機とし、緊急から免れる目的でなされる作為ないし不作為である。法益の喪失は法の欲するところではないから、法益を守るために緊急から免れる目的は、法上是認される目的である。ただし、平場は、例外的に被害を受忍すべき義務を負う場合は、避難すること自体が違法となるとする（実定法上の例として、刑法37条2項）。

しかし、退避行為によって無関係の第三者の法益を侵害することがすべて正当化されるわけでないと平場はいう。許容されるのは、急病人を病院に運び込むために、無免許運転をする場合のように、許された危険の拡張と見られるような場合であり、退避行為が必然的に加害を伴う場合には、退避行為は正当化されないというのである。

もっとも、緊急状態において自己保存本能から法の要求に従わない場合には、期待可能性がないとして免責される場合があることは平場も認める。期待不可能性による免責の要件として、①許されない緊急行為が、緊急から法益を守る上で残された最後の手段であること、②当該緊急行為により、緊急状態にある法益よりも大なる法益を侵害しないことが挙げられる。

このような一般緊急行為の構造分析から、平場は（実定法の解釈として）、刑法37条1項は、期待不可能性による免責を定めた規定であるとの理解を示す。

(3) 緊急防衛行為の構造

では、緊急防衛行為はどのような構造を有するであろうか。まず、緊急防衛行為は、緊急の原因となった加害的因果の進行を阻止する行為であるから、その対象が、人間の行為であると、他人の財産に属する物であるとを問わない。対物防衛も緊急防衛として正当防衛に含まれる。

緊急防衛行為の客観面は、「法益侵害へ方向づけられた因果の進行を阻止するはたらきを持つ外界の変化」ととらえられる。主観面は、一般防衛行為とほぼ共通するが、侵害の認識に加えて、侵害の違法性の認識を要求するか、また防衛の意思を要するかが独自に問題となる。正当防衛は、法を不法の攻撃から防衛する点にその本質があるところ、通常、その防衛は国家機関が行う。例外的に、急迫した違法な攻撃に対して、法執行機関による防衛が間に合わない場合に許容されるのが私人による緊急防衛行為であるから、侵害が違法であることを認識している者にのみ、正当防衛権を認めるべきであるとする（その反面

として、侵害の違法性の認識がない場合には、防衛行為ではないことになる)。防衛の意思は、防衛行為における行為意思であり、行為を加害的な因果の進行の阻止へと方向づける支配意思であることから、必要と解されることになる。

▶「詐欺罪における被欺罔者の処分行為」
(1) 処分行為の位置づけ

　第5論文は、第4論文と同様、行為の存在構造の観点から、詐欺罪における処分行為の構造を明らかにしようとするものである。

　処分行為は、詐欺罪と窃盗罪（騙取罪と盗取罪）とを区別する、記述されない構成要件要素である。窃盗罪は、加害者の一方的行為によって財物の占有が移転するため、そこに被害者の行為が介在する余地はない。強盗罪の場合には、被害者は意思と行動の自由を失った状態にあり、被害者の行為と目される行為があったとしても、これは加害者側の行為に吸収される。これに対して、詐欺罪は、占有移転が被欺罔者の意思に基づいた行為であることを要する。このように、処分行為には、被害者の行為といえるだけの自由性が要求される。

　さらに、被害者による財産処分が、その真意に合致するものであれば、刑法の介入は不要である。その意味で、被欺罔者の処分行為は完全な自由をもってなされるものではない。この両極の間に、処分行為は存在する。

(2) 処分行為の性格

　処分行為の性格をめぐっては、従来、私法的な法律行為に限定する見解と、事実上の財産的損失を生ぜしめる行為一般を含むとする見解とが対立していた。平場は、騙取罪と盗取罪との区別は、社会的意味における態様の差にあると指摘する。すなわち、「盗取罪が取引の形式を踏まないで端的に取るに対して、騙取罪は社会的意味において与えるもの即ち取引を通しての取得である」から、被欺罔者の処分行為も、「取引を組成する行為・主体的行為としての性格を持たなければならない」ことになる（基本文献190頁以下）。

　このような詐欺罪および行為の構造理解から、処分行為の性格は次のように規定される。「法律行為に対する意味において事実行為であり、自然的行為に対する意味において社会的行為である。即ち被害者の支配する財産の構成部分を他人の支配に移すのは、被欺罔者の行動によってではなく、意思によってなされることを要する」。それゆえ、①無意識による処分行為はあり得ない、②

被欺罔者の処分意思の実現である以上、他人を通じてもなされても被欺罔者の処分行為である、③処分行為は財産を現実に移す行為であり、単に行為者が財産を移すつもりで行為しただけでは足りないということになる（基本文献191頁）。
(3) 処分行為の要件

以上の構造理解から、平場は、処分行為の要件として、①財産移転に対する因果関係、②因果関係の被欺罔者への帰属、③被欺罔者の処分能力・処分適格を導き出す（ただし、③については基本文献では検討されていない）。

①財産移転に対する因果関係について、平場は、詐欺罪の結果が処分行為から直接生じなければならないとする（直接性）。もっとも、それが何に対して直接の原因でなければならないのかがさらに問題となる。すなわち、詐欺罪の財産犯としての性格から、相手方に財産的損害が発生することを要求する場合、詐欺罪は領得・利得罪でもあるから、被害者の財産減少と、その減少に対応する部分についての加害者等への移転が必要となる。この場合に、処分行為によって直接惹起されるのが、被害者の財産減少で足りるのか、加害者等の財産増加にも及ぶ必要があるのかが問題となる（具体例として平場は、他人を欺罔してその財物を捨てさせ、後にこれを拾って領得する場合を挙げる）。平場は、詐欺罪の刑が重く設定されている根拠を、欺罔による財産処分の自由侵害に求める立場から、処分行為により惹起されるのは被害者の財産減少で足りるとする（上述の事案についても、詐欺罪の成立を認めている）。

②因果関係の被欺罔者への帰属の問題は、財産上の損害が被欺罔者の行為に帰属されるかという問題に置き換えられる。ここでいう被欺罔者の「行為」とは、社会的意味においてとらえられるもの、すなわち被欺罔者の意思によって財産上の損害が惹起されたということを意味する。そのため、無意識的処分行為は自己矛盾であることになる。

この点で、不作為による処分行為がありうるかが問題となる。平場は不作為について、「不作為は自己の支配圏内を流れた因果流に対する身体的不関与である。このように偶然自己の支配下に来た因果流を支配利用して自己の目的を達しようとするばあい、それが目的的行為支配として不作為者の行為となる」との理解を示しているが（平場安治『刑法総論講義』〔有信堂、1952年〕45頁）、ここから、不作為が行為であるといえる場合、すなわち、行為者による目的的支

配が認められる場合には、不作為による処分行為が認められる。
(4) 処分行為の瑕疵性
　最後に、「そのような錯誤がなければそのような処分行為は行われなかったであろう」という関係があれば常に処分行為が認められるのかという問題が検討される。例として平場は、「身体健全な者が不具者を装いあわれみをこい喜捨を受けた場合」を挙げる。
　この点平場は、「ただ因果関係が肯定されただけで犯罪が成立するものではな」く、「被害者の同意が問題にされなければならない」とする。上述の事例の場合には「自己の財産減少の結果を容認し、利益喪失に対する同意を含む」、すなわち被害者の同意が認められるが、同意を得るに至った経過をも評価しなければならないとし、その最終的な罪責は、欺罔行為の違法性の有無、取引における信義誠実違反の有無によって決するとする（基本文献212頁以下）。

4　残された課題

▶不作為の位置づけ
　基本文献は、行為概念を主題化した先駆的業績ではあるが、基本文献中に、不作為は行為かを直接論じた箇所はない。それは、1952年に公刊された教科書（平場・前掲書43頁）において論じられている。そこでは、社会的不行為が認められるのは、「因果関係が彼の支配圏内を流れた、即ち彼が支配可能であつたにもかかわらず支配しなかつたばあい」であり、因果関係に対する身体的不関与である不作為は、因果関係に対する精神的不関与である過失同様に「不行為」であるとされている。

▶平場犯罪論体系の変遷
　基本文献にも平場の犯罪論体系は提示されている。しかし犯罪論体系の構築は、平場の研究歴の中で変遷の大きな部分でもあり、基本文献に提示されたものが平場体系の最終形ではない。
　1952年の教科書において平場は、「行為→違法性→責任→犯罪類型（可罰性）」とする体系を採用していた（平場・前掲書目次、31頁以下）。その後、基本文献第3論文（1955年）においては、「行為→構成要件→違法→責任」という体系が採

用されるに至る（基本文献93頁）。最後に、平場は、1977年の論文において、社会統制を基礎とした機能主義の立場から、社会統制の構造を、①規範の定立、②規範の違反、③刑罰という3点に見出し、これらを犯罪論に反映させ、最終的に、「構成要件→違法性→可罰性」という体系に至ったのである（平場安治「犯罪論の体系について」法曹時報29巻9号〔1977年〕8頁以下）。

このような変遷に対しては、後述する鈴木茂嗣からの批判がある。

5　現代的意義

▶認定論的思考と実体論的思考

基本文献における平場の構成要件論は、訴訟の場における裁判官の事実認定対象である「犯罪類型」と、社会的現実の中に存在する一定の行為の型としての「可罰的行為類型」とにわかれる。

現在、鈴木の一連の論考を契機として、犯罪論の認定論的側面と実体論的側面とは、議論の次元を異にしており、それぞれの理論目的を明確にして議論することの必要性が認識されるに至っている（鈴木茂嗣『犯罪論の基本構造』〔成文堂、2012年〕194頁以下）。平場が示した構成要件の2つの側面は、認定方法にかかわる思考枠組（認定論）と、犯罪行為の構造を解明し、各要素間の連関を明らかにする思考枠組（実体論）にほぼ対応するものといえる（ただし、鈴木自身は、基本文献において示されている平場の犯罪類型論は認定論的側面をあまりに重視したものであり、むしろ1952年の教科書において示された「行為→違法性→責任→犯罪類型」という実体的構造における犯罪類型論をもって妥当としている〔鈴木・前掲書140頁〕）。

とはいえ、基本文献自体から、認定論と実体論についての何らかの具体的帰結が導き出されるわけではない。たしかに、認定論的構造については、犯罪類型を論じる中である程度の帰結が導き出されている。しかし、実体論的構造については、可罰的行為類型が担うものであることが読みとれるにすぎない。その内実解明を行う必要があるが、その際、基本文献から学ぶべきことは、可罰的行為類型を解明するための方法論として、「社会的現実における行為構造の解明」を行う必要があるということである（平場安治「刑法学における私の立場」刑法雑誌30巻3号〔1990年〕331頁以下は、社会学や犯罪学の成果を参照しつつ、刑法

学も、社会科学の一分野として構造的に構成されなければならないとする)。その作業が、「行為の存在構造に基づく犯罪実体論」を明らかにすることにつながるのである(伊東研祐「審判対象の設定と行為の社会的意味——犯罪論における『行為のコンテクスト』の拘束力」『三井誠先生古稀祝賀論文集』〔有斐閣、2012年〕75頁以下が「行為のコンテクスト」、すなわち行為の置かれた社会的文脈が、事件の事実関係の把握方法に影響を与えるのではないかとの問題提起をしているのも、この文脈に位置づけることができる)。

▶立法を規制する行為概念

基本文献は、行為の存在構造から、刑法解釈論に対していくつかの帰結を提示したものである。しかし、行為の存在構造を解明するというアプローチは、解釈論のみに資するものではないことも同時に指摘されている。すなわち、「存在論的刑法学は、単に刑法解釈学であるに止らず、同時に立法学でもある」のである(基本文献92頁)。

行為の存在構造と立法学との関係は、刑事立法の時代を迎えたと評価される現代においてこそ強調されるべきである。各種の薬物や銃器等の所持罪は、所持・し・て・い・る・という状態を処罰しているともいえ、これを刑事規制の対象としうるかは、所持の存在構造に照らして考察されるべき事柄であろう(この点について、松原芳博「所持罪における『所持』概念と行為性」『佐々木史朗先生喜寿祝賀——刑事法の理論と実践』〔第一法規、2002年〕26頁以下を参照)。

また、従来の枠組であれば予備罪にとどまるものと評価される犯罪を独立の犯罪として構成要件化する(刑法163条の3にいう支払用カード電磁的記録不正作出等罪など)刑事立法の近時の傾向についても、基本文献は示唆を与えてくれる。平場のいう可罰的行為類型は、社会的現実における類型であるから、立法者もこれを任意に変更することはできない。それゆえ、実行行為と予備行為の差を無視した立法は、行為の存在構造から禁止されることになる。いわゆる処罰の早期化にかかる各種の新設条文に対しても、これが行為の構造として、既遂犯を構成する行為と異なる構造をもっており、かつ、社会的現実において独立した行為類型であると把握できるかが問われることになる。基本文献は、この作業を行うに際しても、上述した実体論と同じように、社会的現実における行為の存在構造の解明という方法を採用しうることを示唆している。

4 | 構成要件論／構成要件要素論

●基本文献
小野清一郎
『犯罪構成要件の理論』
（有斐閣、1953年）

松宮 孝明

1 学説・実務状況

▶一般構成要件と特別構成要件

　民法709条には、不法行為と題して、「故意又は過失によって他人の権利又は法律上保護される利益を侵害した者は、これによって生じた損害を賠償する責任を負う。」と書かれている。刑法を、これと同じように、「故意又は過失によって他人の権利又は法律上保護される利益を侵害した者は、これに対する責任に応じた刑罰に処される。」という条文で済ませたら、どういうことになるであろうか。刑法の学習はずいぶんと簡単になり、あとは、犯罪のいくつかの代表的な類型についてその成立要件を学び、また、犯罪の成立を阻却する事由、刑の種類とその量定の方法、日本刑法の適用範囲等について概略を学べば終わることになろう。

　しかし、実際の刑法は、そうはなっていない（もっとも、かつて、ソヴィエト・ロシアには、「各則なき刑法」の草案が存在した。「クルイレンコ草案」である）。犯罪の内容は、殺人罪や窃盗罪、強姦罪、文書偽造罪などに区別され、それに応じて、たとえば殺人罪では「人を殺した者は、死刑又は無期若しくは5年以上の懲役に処する。」（刑法199条）と規定され、窃盗罪では「他人の財物を窃取した者は、窃盗の罪とし、10年以下の懲役又は50万円以下の罰金に処する。」（刑法235条）と規定されている。このように、刑罰という法効果を発生させる要件が細かく類型化され、それに応じて法効果も多様に規定されているのが、刑法

の特徴である。民法の不法行為の要件は、その709条で一般的に規定されているのに対し、刑法の要件は、刑法第2編「罪」（＝刑法各則）において犯罪類型ごとに個別に（＝特別に）規定されているのである。

　「構成要件」（ドイツ語でTatbestand）という言葉は、刑法だけでなく、法律学一般に、ある法効果を発生させる要件の総体（ないしそれに該当する事実）という意味で用いられる。現に、民訴法にいう「要件事実」は、ドイツ語のTatbestandを訳したものである。このような法効果発生要件の総体を「一般構成要件」という。刑法では、刑罰効果発生要件の総体という意味で「保障構成要件」(Garantietatbestand) ともよばれる（町野朔「構成要件の理論」芝原邦爾ほか編『刑法理論の現代的展開　総論Ⅰ』〔日本評論社、1988年〕13頁以下参照）。これに対して、刑法特有の、犯罪ごとに個別化された刑罰効果発生要件を「特別構成要件」ないし「各則構成要件」という。現在、一般に「構成要件」というときは、この「特別構成要件」を意味する。

　そして、このような個別化された構成要件が刑法の要件論すなわち「犯罪体系論」の第一に置かれるべきであるという見解を歴史的に初めて唱えたのが、ドイツのエルンスト・ベーリンクであり（1906年の著書『犯罪論』Die Lehre vom Verbrechen）、これを日本に紹介しつつ独自に発展させたのが、基本文献の著者、小野清一郎である（1928年の論文「構成要件充足の理論」基本文献195頁以下所収）。

▶実務の状況

　基本文献でも指摘されているように、このような構成要件ないしこれに該当する事実があるか否かという判断が、刑法解釈およびこれに関連する刑訴法解釈を左右した裁判例が、1928年の「構成要件充足の理論」公刊前に、すでに存在していた。土地管轄を決める「犯罪地」につき「犯罪の構成要素たる事実の発現したる土地」と述べた大判大正4・6・4刑録21輯767頁、旧精神病者監護法に関連して、旧刑事訴訟法360条1項にいう「罪となるべき事実」とは「犯罪を構成すべき積極的要件たる法律事実の謂にして、犯罪の成立を阻却すべき消極的要件を指称するものに非ざるものとす」と述べた大判大正13・2・15刑集3巻121頁、被告人による中止未遂の主張は（「罪となるべき事実」の否認ではなく）旧刑事訴訟法第360条第2項にいう「法律上刑の減免の原由たる事実上の主張」を為すものに該当するとした大判大正14・7・1刑集4巻465頁、誤

想防衛による故意否定の主張を「犯意に付ては不可分的に犯罪の主観的要素として」旧刑事訴訟法360条１項にいう「罪となるべき事実」の否認であり、同条２項にいう「犯罪の成立を阻却すべき原由たる事実上の主張」に該当しないと述べた大判昭和２・12・12刑集６巻525頁などである。

　もっとも、客観的処罰条件については、「有罪破産における被告人が破産宣告を受け、其決定確定せる事実は破産犯罪の処罰条件にして、刑事訴訟法に所謂罪となるべき事実に属する」と述べた大判大正６・４・19刑録23輯401頁もあった。この点は、後に詳しく検討する。

2　学説史的意義と位置づけ

▶犯罪体系論の端緒としての「行為」と「構成要件」

　ベーリンク以前のドイツ刑法学、そして小野以前の日本刑法学において、犯罪体系論の冒頭に置かれていたのは、「行為」という概念であった（今でも、不法行為法では、一般的要件の冒頭に「行為」が置かれている）。しかし、刑法がすでに個別化された構成要件を出発点としており、「行為」もこれに応じて特殊化すればよいのであるから、一般的な「行為」論から考え始めるのは思考の無駄であろう（「裸の行為論」無用論）。

　他方、「行為」(Handlung)を現実の意思に基づく外界の変動と定義するなら（「因果的行為論」）、変動をもたらさないでおこうとする（あるいは変動すべきことを忘れた）「不作為」は「行為」に属さない。しかし、「不作為」もまた、犯罪として刑罰効果を発生させることがありうるなら、犯罪論はこのような「行為」からではなく、「不作為」をも包含しうる「所為」(Tat) ないし「構成要件」(Tatbestand) から始めたほうがよい。ベーリンクの影響下で、すでにグスタフ・ラートブルフは、そのように考えていた（1930年の「犯罪論の体系化について」Zur Systematik der Verbrechenslehre, Festgabe für Frank, Bd.I, S.158.）。犯罪論の端緒としては、「行為」は、すでに不満足なものになっていたのである。

▶基本文献の意義

　この時期にあって、小野とほぼ同時に構成要件の理論を紹介したものに、瀧川幸辰『刑法総論』（日本評論社、1929年：団藤重光ほか編『瀧川幸辰刑法著作集

第1巻〕〔世界思想社、1981年〕より引用）がある。そこでは、「殺人罪の構成要件は、法律上、厳密に形式化された犯罪類型」であるという一文が見られる（同書238頁）。さらに、この理論はベーリンクおよびエム・エ・マイヤーによって大成されたもので、日本では、小野の「構成要件充足の理論」が「この問題を取扱った唯一の文献」と評されている（同書239頁以下）。

　もっとも、瀧川は、1932年の『刑法読本』（大畑書店：団藤ほか編『瀧川幸辰刑法著作集　第1巻』より引用）になると、構成要件を「犯罪類型と同一でもなければ、その一部分でもない。却って犯罪類型に論理的に先行して、その方向を与える要素を示すものである。」（同書59頁）とする。これは、1930年にベーリンクが『構成要件の理論』（Die Lehre vom Tatbestand）で示した考え方である。そしてそれは、1938年の『犯罪論序説』および戦後のその改訂版（有斐閣、1947年）において、さらに詳しく紹介された。

　以上から明らかなように、小野の「構成要件充足の理論」は、昭和初期の日本において、構成要件という概念を中核とする犯罪体系論を試みた最初のものであり、日本の刑法学界にとってひとつの金字塔となるものであった。そして、これを収めた基本文献は、まさに小野流構成要件論の集大成なのである。

3　文献紹介

▶基本文献の構成

　基本文献は、戦後に執筆された「犯罪構成要件の理論」（1-193頁）、基本文献で最も古い「構成要件充足の理論」（初出1928年）、「構成要件の修正形式としての未遂犯及び共犯」（初出1932年）、客観主義を鮮明にした「刑法総則草案に於ける未遂犯及び不能犯」（初出1933年）、罪数論を扱い「日本法理」を鮮明に打ち出した戦中の作品「犯罪の単複と構成要件」（初出1943年）、ベーリンク以降の日独の構成要件論を振り返りつつ、その訴訟法的意義を検討した「構成要件概念の訴訟法的意義」（初出1938年）から成る。冒頭の「犯罪構成要件の理論」は、著者の見解を集大成したものである。

▶基本文献の主張の中核

　基本文献の主張の中核的内容は、小野自身による基本文献の「序」に、以下

のように表現されている（基本文献「序」1-3頁。なお、旧字体、旧仮名遣いは、一部現代風に改めた）。

　一　構成要件は単に形式的な犯罪概念ではない。構成要件の実体が「犯罪の類型」であることは、すでにベーリングの明らかにしたところである。メッゲルはこれを「不法類型」として、違法性の理論と合流させた。瀧川博士も構成要件は「違法類型」であるといはれる。宮本博士は「可罰類型論」、佐伯博士は「可罰的違法類型」といふことを説かれている。しかし、従来の学説は、構成要件を違法性の類型化であるとするに止まり、これを責任と対立させている。これに対して私は、構成要件は違法性の類型化であると同時に道義的責任の類型化でもあると主張しているのである。構成要件は、違法で且つ道義的に責任のある行為の類型化されたものである。この考へによると、構成要件に主観的要素が含まれていることは寧ろ当然の事理であるということになる。特別の超過主観的要素は勿論、客観的要素に相応する、いはゆる犯罪事実の認識又は意思としての犯意も亦、行為の主観面として構成要件の内容をなすものである。
　二　構成要件は、事実的過程の類型化として記述的なものである。しかし、構成要件において捉へられた事実的過程は行為的事実である。さうして、「行為」といふものは、単なる自然科学的──心理的・物理的な──現象ではない。……意思の実現、意思による支配としての行為は、倫理的に道義的な、すなはち軌範的な意味に関連してのみ正しく捉へられる。構成要件において軌範的要素のあることを指摘したのはエム・エ・マイエルであったが、私としては、ひとり構成要件に軌範的要素があるといふだけでなく、凡そ構成要件といふもの全体が意味的なもの、倫理的道義的な意味にみちた法律上の観念形象である、といふことを主張するのである。
　三　構成要件の理論は、主として刑法総論、すなはち刑法の一般理論として考へられてきた。しかも、それは、刑法各論の「特別」構成要件をその概念的契機とすることによって刑法の総論と各論とを有機的に結合し、構成要件と違法性および道義的責任との関係を明らかにすることによって各論における構成要件の解釈に正しい指針を与えるのである。だが、構成要件概念の理論的機能は単に刑法の領域に止まらない。刑法における犯罪の構成要件は、刑事訴訟における指導形象となる。犯罪構成要件を刑事訴訟の指導形象と考へることによって、更に刑法と刑事訴訟法との有機的結合が成就されるであろう、と私は考へる。……構成要件の理論を訴訟法の領域に拡張することは、内外において、これまで何人によっても試みられていないとおもふ。これは、未熟ながら、私の創見である。

▶ベーリンク、マイヤーの「構成要件」論との対決

　このように、小野の構成要件論は、ベーリンク、エム・エ・マイヤー（今日

のドイツ語の発音に近いように、以下、この表記を用いる）の考え方に触発されたものである。しかし、上記の引用にあるように、小野は、この両者の構成要件論とは、重要な点で異なる主張をして、両者に対決を挑んでいる。

まず、ベーリンク＝マイヤーの構成要件には、およそ犯罪の主観的要素は含まれないのに対し、小野は1928年の論文から、ここに故意または過失という主観的要素が含まれるとしていた。それも、ベーリンクらが、ドイツ刑法旧59条（現16条）にある「法律上の構成要件に属する事情の存在を知らなかったときは」故意で行為するものではないという規定を根拠に、ここにいう「法律上の構成要件」を端緒として犯罪体系を構築していたこと（いわゆる「構成要件の故意規制機能」）を、半ば知りながら（31頁、33頁、408頁）、「ベーリング晩年の構成要件論に見られるやうに、殺人と傷害致死と過失致死とに共通な『指導形象』としての『法律上の』構成要件を構想するがごときは、全く無意味な概念遊戯に堕するものといはなければならない。」（31頁）とし、「私は構成要件の内容は違法で且つ責任のある行為の類型であると解するから、その中に主観的要素を含むことは当然であるとおもふ」（31頁以下）と主張する。

もっとも、最初の論文では、この「故意規制機能」がベーリンクらの考え方の出発点であったことは指摘されていない。単に「具体的に犯罪の構成要件として考へられる『構成要件上の』行為は、其の『意思』についても或る内容を持つものであると考へるのが寧ろ自然である。」（233頁）という理由が述べられているだけである。

なお、小野も、故意・過失を「原則として」構成要件的事実の全体に対する行為者の主観的態度如何によって決定されるという意味において「構成要件は故意・過失の内容を規制する。」（438頁）と述べる。しかし、「原則として」主観的要素を含む構成要件が、いかにして「原則として」故意規制機能をもつというのか、その理由は明らかでない。

瀧川の『犯罪論序説』にあるように、ベーリンクは、1930年の著書では「犯罪類型」と「構成要件」を厳密に区別し、たとえば故意の対象にならない（かつ、当時のドイツの判例では過失も不要とされていた）結果的加重犯の加重結果を構成要件から追い出した。また、マイヤーは、故意（＝認識）の対象にならない主観的要素や規範的要素は、条文にあるために一見構成要件の要素のように見え

るけれども(「不真正な構成要件要素」)、これらはそうではなくて違法性の要素である(「真正な違法要素」)と主張した。これは「故意規制機能」を貫いた結果であって、決して「致命的修正」(408頁)などではない(瀧川『犯罪論序説』は、比較的若くして死んだマイヤーの後を受けて構成要件論をさらに深めたのが、ベーリンクの『構成要件の理論』であると評している。団藤重光ほか編『瀧川幸辰刑法著作集第2巻』〔世界思想社、1981年〕63頁)。もっとも、その代わりに、ベーリンクは、構成要件を「犯罪類型」と同視する考え方を捨てたのである。これに対して、小野は、故意・過失も含めた「犯罪類型」を構成要件とする考え方を突き進もうとしたものと考えられる。

▶**構成要件と違法性・責任との関係**

小野は、メツガーやザウアーに代表される「新構成要件論」にも与しない。彼らは特殊な主観的構成要件要素や故意の対象となる規範的構成要件要素を認めるにもかかわらず、である。小野は、メツガーに対して、「違法性一般と類型的違法性、又は構成要件的違法(不法)とを意識的または無意識的に混同している」(43頁)と批判する。

しかし、実はメツガーは、——広く誤解されているが——違法性阻却事由を消極的構成要件要素としてはいない(「これが構成要件を阻却するかのように誤解されてはならず、むしろ、それはその違法性を除去するだけなのだ」Mezger / Blei, Strafrecht I. Ein Studienbuch, 11. Aufl., 1965, S.111f.)。そうではなくて、マイヤーが「故意規制機能」に固執し、故意の対象にならない主観的要素を、それが不法を積極的に根拠づけるものであったとしても、違法性の段階に追いやったことを批判して、それでは違法性の段階が違法性阻却事由の有無の確認で済まなくなってしまう(「構成要件の違法性推定機能」の喪失)と主張しているのである。ゆえに、構成要件が「違法性推定機能」をもつべきであるなら、それは「主観的違法要素」を含まなければならない。これが、「構成要件は違法性の存在根拠」という言葉の意味なのである。

このように、構成要件の「故意規制機能」を堅持するか、それとも「違法性推定機能」を優先させるかという問題は、1930年ごろのドイツ刑法学にとって切実な論争点であった。ベーリンクは、主観的違法要素を認めず、これをすべて責任要素とすることで両機能の調和を試みた(それが、1930年の著書の狙いで

ある。なお、一般には、ベーリンクは「違法性推定機能」を認めない見解だと思われているが、それは、「構成要件該当性によって違法性阻却事由の不存在まで推定されるわけではない」という意味であり、違法性段階で積極的に行為の違法性を根拠づけなければならないという意味ではない)。マイヤーは、主観的違法要素を認めつつこれを構成要件に入れないことで、「違法性推定機能」よりも「故意規制機能」を優先させた。そしてメッガー、ザウアーらは、主観的違法要素を認め、かつ「故意規制機能」よりも「違法性推定機能」を優先させたために、構成要件概念をドイツ刑法旧59条から切り離すという「新構成要件論」に至ったのである。

しかし、主観的構成要件要素は——違法・有責類型としての——構成要件に当然存在するとする小野にとっては、それが違法(不法)要素であるか責任要素であるかは大きな関心事ではない。ゆえに、「この問題は実際的にはあまり重要でな」(44頁)く、「違法性及び道義的責任の判断は、もともと一つの倫理的評価の理論的分析にほかならないのであって、事実上いつも結合しているばかりでなく、理論的にもそれは構成要件において重なり合ふものである」(44頁)とされる。せいぜい、表現犯について、その主観的要素が違法性に属するとされるのみである。結局、小野の構成要件は、「故意規制機能」も「違法性推定機能」も果たしていない。

▶不作為の扱い

「行為」(Handlung)に不作為が含まれるか、とくに「不真正不作為犯」をどう説明するかという、これも当時のドイツ刑法における大きな問題だったものについても、小野の説明はあっさりしている。行為は「意思の客観化」(50頁、60頁)であるとされる。他方で、竹田直平の見解(一種の「消極的行為概念」)を引用して「軌範による意思支配の可能なもの」(63頁)という。

しかし、問題は、ここにいう「意思」が、現実の意思を言うのか、それとも仮定的な意思(「結果を避けようと決意していれば」)を意味するのか、その点が判然としないことにある。いわゆる「因果的行為論」は、現実の意思を原因として外界が変動する場合を「行為」と考えた。「目的的行為論」は、この「意思」に「特定の目的を実現する」という内容を与えた。しかし、いずれも現実の意思を意味しているので、「忘却犯」のような過失不作為犯では、明らかにそれは存在せず、ゆえにそれは「行為」ではない。

そのために、ラートブルフは「行為」(Handlung) ではなく「所為」(Tat) を犯罪体系論の端緒にしようとしたし、ヴェルツェル（および平場安治）は、故意作為のみが「行為」であり、不作為と過失は「行為」でないという二元主義で犯罪体系を作ろうとした（しかも、故意作為犯には限縮的正犯概念が、不作為犯と過失犯には拡張的ないし統一的正犯概念が妥当するという結論を根拠づけるためには、二元主義のほうが都合がよかった）。

　結局、現実の意思に基づく外界の変動を構成要件の内容とする作為犯規定を不作為に適用するための説明は、小野においては達成されていない。作為犯では現実の因果関係が必要であり、かつ、不作為犯に必要な作為義務は作為犯の構成要件要素ではないという前提を変えない限り、不作為が作為犯の構成要件を実現することはない。

▶構成要件における「因果関係」

　小野は、因果関係論においては、エンギッシュを参照しつつ、「行為・結果は構成要件的な観念形象として一体のものである。その全体を行為——広義における——といってもよい（『所為』Tat といふのが一層適切である）。行為と結果との分別は、あくまでも分析であって、分割であってはならない。」(77頁) という指摘をしている。また、「行為には結果発生の原因となる可能性、すなはち危険性がなければならないし、結果はその危険性の現実化でなければならない。」(79頁) とする。

　もっとも、「原因と条件を分かつことは、……或る価値に関係した評価的判断によるものであって、自然科学的に有力かどうかの問題ではない。」(73頁) とまで断言するのであれば、それは、もはや、今日の「客観的帰属論」にまで至るものであろう。同時に、マイヤーや瀧川が因果関係の無限遡求を制限するものを「責任論」とよぶのも、実は「帰責論」を意味していたのかもしれない。

　なお、小野は、主として単純結果犯において、教唆・幇助も本来は構成要件に該当するが、制定法が特別に刑罰を制限したものだ（「刑罰制限事由」）とするメツガーらの「拡張的正犯概念」を批判して、これは条件説（＝等価説）を基礎とするものであり、構成要件論からは当然に「限縮的正犯概念」に至るべきだとする批判をしている。しかし、エンギッシュらのように、教唆・幇助も構成要件該当結果との間に相当因果関係があることを前提にするのであれば、こ

の批判は当たらない。

▶未遂・共犯は「刑罰拡張事由」か「構成要件の修正形式」か？

小野は、未遂・共犯を「構成要件の修正形式」とする。つまり、これは「修正された構成要件」だとするのである（84頁、99頁、251頁。しかも、共同正犯も）。これに対して、マイヤーや瀧川、佐伯千仭らは「刑罰拡張事由」（Strafausdehnungsgrund）だとする。ベーリンクもまた、最終的にマイヤーの見解に倣っているし、今日のドイツ刑法学でもそれが、一般的である。この相違は、「構成要件」をあらゆる犯罪現象形態の「類型」と考えるのか、それとも各則の「既遂類型」として、未遂や共犯の「類型」要件の導きの糸（つまり「指導形象」）と考えるのかの違いにある。

たとえば、未遂における「実行の着手」は、構成要件を「既遂類型」と考える形式的客観説によるなら、単純結果犯では構成要件該当行為に「密接する」ないし「接着する」行為が開始されたときである（結合犯では、手段たる構成要件該当行為が開始されたときである）。これに対し、未遂を「修正された構成要件」と解する形式的客観説によるなら、「実行の着手」はこの構成要件に該当する行為そのものである。ドイツではフランクが、日本では小野や団藤が、この見解の代表者である。しかし、たとえば「人を殺そうとした」行為は199条の「人を殺した」という構成要件に該当する行為ではないし、「結果の発生を因果経過に委ねた」段階で実行行為が認められるという拡張をしても、少なくとも殺意をもって拳銃の狙いをつけたという着手未遂は、これには当たらない（これは、このように実行行為を拡張するフランクの見解に対するマイヤーの批判である。M. E. Mayer, Der allgemeine Teil des deutschen Strafrechts, 1915, S.352）。また、未遂を「修正された構成要件に該当する行為」とすると、その故意が既遂構成要件に該当する事実の認識・予見を含まなければならないことを、容易に説明できなくなる。小野は、修正された構成要件も観念上その基本的構成要件に従属せざるを得ないとして、「未遂犯に於てその主観的違法要素は既遂犯に於けると同一でなければならない。」（436頁）とするが、それならば、「故意規制機能」を理由に構成要件は既遂犯のそれだとするベーリンクの体系のほうが一貫している。

教唆・幇助という従属共犯についても、事情は同じである。小野は、「刑罰拡張事由」と考えると、未遂や共犯は構成要件該当性をその成立の要件としな

いことになって矛盾であると批判する（250頁）。しかし、それはマイヤー以降のドイツ刑法学では織り込み済みのことであって、要するに、未遂や共犯では、正犯の既遂構成要件から導かれた「類型」に該当することが要件とされるにすぎない。「共犯の類型性」（たとえば前田雅英『刑法総論講義〔第 6 版〕』〔東京大学出版会、2015年〕325頁）というのは、そういう意味なのである。

▶構成要件と科刑上一罪

さらに、小野は、構成要件の充足回数を罪数判断の基準とする見解を提唱し、観念的競合や牽連犯という「科刑上一罪」は当然数罪であると主張する（333頁以下）。しかしながら、その場合に併科主義や加重主義を取るのではなく、通常の併合罪（「実在的競合」）も含めて吸収主義を採用すべきだとする（403頁）。

もっとも、その場合、「既判力」ないし「一事不再理効」の範囲が通常の併合罪にも及ぶことにならないかという問題は、意識されてはいるが（367頁）、判然としない。しかし、吸収主義を採用すれば、通常の併合罪でも、同時審判なら刑が吸収されるはずなので、一事不再理効が及ぶのではないかという問題が残る。

▶構成要件と「罪となるべき事実」

「犯罪構成要件を刑事訴訟の指導形象と考へる」という先に引用した小野の見解は、「構成要件該当事実」を、刑訴法335条1項（旧刑訴法360条1項）の「罪となるべき事実」と同視することに、端的に表れている。これは、刑訴法256条3項にいう「罪となるべき事実」にも妥当し、それによって特定される「公訴事実」は、検察官が審判を請求する「犯罪事実」であり、「犯罪事実とは、犯罪構成事実であり、罪となるべき事実」であって、「それは犯罪の構成要件によって捉えられた特定の事実でなければならない。」とされる（151頁）。

もっとも、その場合、通説では構成要件に属さないとされる「（客観的）処罰条件」が問題となる。判例では、これもまた「罪となるべき事実」に属するからである（前掲大判大正 6・4・19）。また、これを指摘する実務家もいた（島方武夫「罪となるべき事実（二・完）」法曹會雑誌15巻 2 号〔1937年〕53頁。最近では、渡辺直行『刑事訴訟法〔第 2 版〕』〔成文堂、2013年〕522頁。メッガーや佐伯の「新構成要件論」は、このような処罰条件も、行為の不法性を高める要素として構成要件に属するとするところに、その特徴があった）。小野は、これに対して、一方では、「其

は構成要件概念の訴訟法における適用上の修正と見るべきである。」(433頁)と述べるとともに、他方では、「処罰条件を具備せる事実は之を判決理由中に示すべきではあるが、其の証拠説明を為すことは必要ない」(453頁)として、処罰条件を「罪となるべき事実」から追い出そうとしている。刑訴法44条1項(旧刑訴法49条)の「裁判には、理由を附しなければならない。」という一般原則で足りるというのである（しかも、「自由な証明」で。175頁）。しかし、そうなると、処罰条件は「罪となるべき事実」でもなければ「法律上犯罪の成立を妨げる理由又は刑の加重減免の理由」(刑訴法335条2項)でもないという、奇妙なことになってしまう。

▶誤想防衛の扱い

　小野の構成要件論では、故意はすでに構成要件の要素である。ゆえに、被告人による誤想防衛の主張は、刑訴法335条1項（旧刑訴法360条1項）にいう「罪となるべき事実」の否認であり、同条2項にいう「法律上犯罪の成立を妨げる理由」の主張に該当しないということになりそうである（前掲大判昭和2・12・12)。しかし、小野は、これに異を唱える。すなわち「故意といふ道義的責任の判断は不可分なものであること勿論であるが、その判断を阻却すべき法律的原因の存する限り、其の判断は成立していないのであるから、其は法律上犯罪の成立を阻却すべき原由と考ふべき」(465頁)であるとするのである。このように、誤想防衛のような違法性阻却事由に該当する事実の誤想につき、これを一種の阻却事由とする構成は、団藤により、後に「構成要件的故意」と「責任故意」の二分説として体系化された。小野には、その萌芽が見られるのである。

　しかし、注意深く見ると、これは苦しい説明である。周知のように、誤想防衛は、通説によれば、ただちに犯罪の成立を阻却するものではなく、誤想につき過失があり、かつ対応する過失犯処罰規定があれば、過失犯としてなお処罰可能である。ゆえに、「犯罪の成立を阻却すべき原由」とするのは、いかにしても無理である。また、「故意といふ道義的責任の判断は不可分」というのであれば、それを二分すること自体が、矛盾であると言えよう。加えて、この場合、故意犯の構成要件に該当する行為でも過失犯となることがありうるのであるから、構成要件の——故意犯・過失犯を分けるという意味での——「犯罪個別化機能」も、十分には果たされていない（このような矛盾を、俗に「ブーメラン

▶阻却事由の挙証責任、「厳格な証明」の対象

　最後に、小野が――違法性ないし責任の――阻却事由の挙証責任を被告人側にあるとしていること（170頁）、および「厳格な証明」の対象を構成要件該当事実に限定している点（175頁、443頁）を指摘しておこう。前者については、阻却事由が存在する合理的な疑いがある場合でも有罪とされるというのは、「無罪推定」（ドイツでは、これも Schuldprinzip に属する）に反する疑いがあるので、近年では、「主張責任」あるいは「争点形成責任」ないし阻却事由が存在する合理的な疑いを生じる証拠を提示する「提証責任」に限定する見解が一般である。後者については、構成要件該当事実ばかりでなく阻却事由不存在や量刑上重要な事実についても「厳格な証明」を要求する見解が増えている。そもそも、「厳格な証明」の母国ドイツでは、刑罰権の「存在および程度」を根拠づける事実はすべてその対象であった（Roxin / Schünemann, Strafverfahrensrecht, 28. Aufl. 2014, 24/2, S.161f.）。刑事訴訟の「訴訟物」（＝「訴訟対象」Prozeßgegenstand）が刑罰請求権（Strafanspruch）であることに思い至れば、それは当然のことである。

4　残された課題

▶小野流構成要件論の果たす機能

　以上の検討から明らかなように、基本文献で展開された構成要件論は、ベーリンクらが重視した「故意規制機能」をもたず、メツガーらの「新構成要件論」が重視した「違法性推定機能」も十分には果たさない。また、その主張にもかかわらず、刑訴法にいう「罪となるべき事実」とも一致しないし、挙証責任の分配や「厳格な証明」の範囲を定める機能――総じて「訴訟法的機能」――ももたない。また、誤想防衛の処理から明らかなように、故意の体系的位置づけに成功せず、かつ、「犯罪個別化機能」も果たさない。

　もちろん、構成要件から始まる犯罪体系論を基礎づけたものとして、日本刑法学に対するその貢献はきわめて大きかったのであるが、その構成要件に期待される機能をどのような概念が果たすべきかという問題は、総じて、「残され

た課題」なのである。以下、その方向を簡単に示してみよう。
▶故意規制機能は何が果たすのか？
　ベーリンクらが重視した「故意規制機能」については、今日のドイツ刑法学において「錯誤構成要件」(Irrtumstatbestand) という考え方が示されている（C. Roxin, Strafrecht AT Bd. I, 4. Aufl., 10/5.）。構成要件要素のうち、故意の対象となる客観的な要素のみを集めたものである。これは、ベーリンクの言う「指導形象」としての構成要件である（町野・前掲6頁）。
▶「ブーメラン現象」の扱い
　誤想防衛等の処理で生じる「ブーメラン現象」については、いわゆる「厳格責任説」を採用してこの錯誤を故意の外で処理するか（故意はあるとしつつ故意不法を否定する「法効果指示説」〔Jakobs, Strafrecht AT 2. Aufl., 1991, 11/58; 中森喜彦「錯誤論（3・完）」法学教室108号（1989年）43頁〕というものもある）、あるいは、端的に、故意は構成要件外の責任の要素であり、構成要件該当事実の認識（「構成要件的故意」）は、その一部分にすぎないとするかのいずれかであろう。教唆犯と故意のない道具を利用する間接正犯とにまたがる錯誤を教唆犯で処理する（つまり、故意のない者に対する教唆犯を認める）のであれば、教唆の従属性の対象から故意を除く必要があるので、故意全体を構成要件から排除する後者の見解が優れているように思われる。
▶構成要件は「不法類型」か「違法・有責類型」か？
　また、構成要件実現自体が（心理的）責任（つまり、責任そのものとしての故意・過失）を含むのか、それとも構成要件実現（故意・過失を入れる見解を含めて）に対する非難可能性が責任かという、「心理的責任論」から「規範的責任論」への発展を考慮するなら、構成要件は「不法類型」と考えておくほうがよいであろう。刑法104条が証拠隠滅罪の客体を「他人の」刑事事件に関する証拠に限っていることもまた、他人が犯人の処罰を妨害することのみを「不法類型」とするのだと考えればよい（「規範の保護範囲」の問題）。
▶「構成要件」は「訴訟法的機能」を果たしうるか？
　前述のように、客観的処罰条件は「罪となるべき事実」に属さないとしつつ「裁判には理由を附すべし」という一般論で逃げられるとは思われない。他方、「新構成要件論」のように、これを構成要件の中に入れてしまうと、処罰条件

が充足される前は「未遂」ということになり、未遂処罰規定があれば処罰条件がなくても処罰可能という矛盾に陥る。加えて、処罰条件の成就に貢献した者は共犯となりうることになってしまう。ゆえに、処罰条件は、「罪となるべき事実」には属するが、「構成要件」には含まれないと考えたほうがよいであろう。また、一罪の基準となる「構成要件」も、違法・有責の判断を経たものでなければ意味がない（正当防衛行為の罪数は無意味である）。それは、むしろ「保障構成要件」の仕事なのである。

　ゆえに、構成要件はそのような「訴訟法的機能」を果たさない。つまり、「罪となるべき事実」と「構成要件該当事実」は別のものと考えたほうがよい（鈴木茂嗣『犯罪論の基本構造』〔成文堂、2012年〕38頁、46頁は、「構成要件」を「罪となるべき事実」と同視するようであるが、以上の検討から明らかなように、それは無理である。すでにベーリンクよりも前から、「構成要件」は訴訟法から切り離された実体法的概念として用いられているのである。もちろん、そこにいう「犯罪類型」も、実体法上の概念である）。

5　現代的意義

　このように、構成要件に期待される機能をどう果たすかという点では、小野流構成要件論は「万能概念」たろうとして却ってすべてを失ったのだと思われる。その意味で、平野龍一が「小野博士の構成要件論は、実は構成要件崩壊の理論だといってよい」（『犯罪論の諸問題(上)総論』〔有斐閣、1981年〕25頁）と指摘するのは、決して誇張ではない。しかし、前述のように、基本文献は、構成要件から始まる犯罪体系論を基礎づけたものとして、日本刑法学に対するその貢献はきわめて大きいものであった。残された課題をやり遂げるのは、これからの世代の仕事だと思われる（その試みのひとつとして、松宮「構成要件の概念とその機能」井上正仁ほか編『三井誠先生古稀祝賀論文集』〔有斐閣、2012年〕23頁も参照されたい）。

5 危険犯論

●基本文献
山口厚
『危険犯の研究』
(東京大学出版会、1982年)

謝　煜偉

1　学説・実務状況

　危険犯は、法益が現実に侵害されることを必要とする侵害犯とは異なり、単に法益侵害の危険が発生すれば足りる犯罪である。さらに具体的な危険の発生を必要とする具体的危険犯と、抽象的な危険だけで足りる抽象的危険犯とに分けられることが一般である。

▶具体的危険犯の議論状況

　学説では、具体的危険犯は抽象的危険犯とは異なり、具体的な状況において現実に法益に対する危険が発生することが要求される犯罪類型であり、法益への危殆状態を危険結果として要求する結果犯であると解されている。また、学説上、未遂犯を（具体的）危険犯の一種と解し、両者に関するそれぞれの議論を区別せず同一視する傾向が強い。厳密に言うと、未遂犯における「危険」は、既遂犯構成要件実現の可能性しか意味せず、必ずしも保護法益に対する（具体的）危険と一致するわけではない。しかしながら、未遂犯の処罰根拠は行為が既遂発生の具体的危険を惹起する点にある以上、「結果」の内容が異なるものの、その他の点においては基本的には具体的危険犯と同じ内容の危険結果であり、危険判断の方法・基底につきひとつのカテゴリーとして捉え論じることができると考えられる。後述のように、基本文献もそのような視点から議論を展開する。

　では、結果としての危険を判断する際に、何を判断の基礎とするのか（判断基底）、どの時点で（判断時点）、如何に判断するのか（判断方法）は議論の焦点

となった。危険の内容・判断基準をめぐり、具体的危険説と客観的危険説が鋭く対立している。他方で、判例では、具体的危険犯における危険判断について、一般人の危険感（「不安」、「危惧の念」）などが重要な問題とされているが、物理的可能性の有無（たとえば延焼の可能性）をも多少考慮に入れると言える。それに対し、未遂犯に関しては、上記のような客観的立場から離れ、事前の一般人の危険感を基準として具体的危険を判断する傾向が強い。

▶抽象的危険犯の議論状況

　通説においては、抽象的危険犯に関し、具体的な事案における危険・危殆化の発生を問わず、構成要件行為がなされたのみで処罰できるとされている。基本文献では、このようにして抽象的危険を形式的に解する立場を「形式説」とよぶ。この形式説によれば、法益に対する危険の有無はあくまで立法者の動機にすぎず、構成要件に規定される行為がなされると一般的・類型的危険性が想定できるから、個別事案における現実的な考慮（危険・危殆化の認定）は必要ないとされている。しかし、現に危険が全く発生しなかった場合にも抽象的危険犯の成立が肯定されると、法益関連性の要請が形骸化することになるのではないかと、形式説への激しい批判が有力化しつつあった。基本文献は、それを実質説とよんで支持する。

　他方で、判例では抽象的危険を法文上定められた行為の有無により形式的に判断している傾向が多数見られるのだが、抽象的危険犯に対する実質的理解を示す裁判例（または意見）が若干現れた。たとえば、最決昭和55・12・9刑集34巻7号513頁［団藤裁判官、谷口裁判官補足意見］、最決昭和42・7・20判時496号68頁、最判平成24・12・7刑集66巻12号1722頁などが挙げられる。

2　学説史的意義と位置づけ

▶先駆的業績

　抽象的危険犯を形式的に解するのではなく、個別具体的な事情を実質的に考慮することによって認定するという実質説の立場は、当時から盛んに主張されてきた。だが、初めて実質説に立ち、危険犯の問題性を本格的に検討したのは岡本勝である。岡本は、抽象的危険と具体的危険の差が危険の高低・強弱にす

ぎず、抽象的危険はある程度の具体的危険と主張していた（岡本勝「『抽象的危殆犯』の問題性」法学38巻2号〔1974年〕1頁以下、同「『危険犯』をめぐる諸問題」LAW SCHOOL 39号〔1983年〕36頁以下）。岡本説によれば、具体的危険犯においては犯罪の成立に侵害発生の高度の可能性・蓋然性が必要であるのに対して、抽象的危険犯においては、ある程度の具体的危険の発生で充分であるとされる。したがって、行為がまったく具体的危険を伴わない場合、たとえば親が乳児を病院のベッドに捨ててくる事案であれば、その行為が実質的違法性を欠くものとして、処罰することができない。他の抽象的危険犯にも当てはまるとしている。

　当時、上記のような「抽象的危険＝ある程度の具体的危険」という考え方をも唱えたのは、平野龍一である（平野龍一『刑法総論Ⅰ』〔有斐閣、1972年〕120頁）。基本文献は、この考え方の延長線上にあると理解してもよい。また、明文の構成要件要素に内在する危険の実質的判断を行う見解（危険内在説）や、危険を専ら違法要素とし、違法論で抽象的危険の有無を実質的に検討する見解もあった。議論は活発に行われてきた。

▶基本文献の意義

　周知のように、危険判断については、従来、何らかの事実を基礎として、何らかの法則的知識によってある事態（侵害や構成要件的結果）が生じうるか否かを問う仕組みを有するとされてきた。しかし、危険概念は刑法における多くの場面で登場しており、その本質や危険判断の内容・構造・基準に関する見解が複雑多岐である。危険概念とその判断方法が問われるのは、刑法総論においては未遂犯成立の限界のほか、因果関係、過失犯、正犯と共犯の区別、正当防衛における侵害の急迫性、緊急避難における危難の現在性が議論される場面である。それらの場面とは異なり、危険犯の場合においては、その処罰根拠をなす危険という概念自体が非常にあいまいなものであり、その認定も容易ではない。危険犯を全般的・徹底的に検討するのは至難の業と言ってもよい。

　基本文献は、危険犯の構造に立ち入った分析を加え、危険犯立法の意義、処罰根拠を学説史的に明らかにすることによって、解釈論上の諸問題に具体的な解決の指針を示そうとする本格的研究書であり、高い学問的価値が認められる。危険犯に関する基本文献を引用する際に必ず本書の名を挙げると言えよう。

3 文献紹介

▶基本文献の構成

　基本文献は、法学協会雑誌に掲載された「危険犯の考察」と題する山口厚の助手論文に加筆・補正を加えてまとめたもので、全5章からなる。第1章は、問題意識の提示として、具体的危険と抽象的危険をめぐる従来の判例・学説の議論状況を扱ったものである。刑法における危険の概念がきわめて多義的である。そこで、第2章では危険犯の処罰根拠をなす「危険」の概念について総論的に論じた。第3章では、未遂犯を含む具体的危険犯の処罰根拠に検討を加え、事後的な観点からの具体的危険判断を支持し、「修正された客観的危険説」を提示した。第4章は、抽象的危険犯に関する従来の学説（形式説）に批判的な態度を取り、抽象的危険と具体的危険との差は侵害発生の可能性の程度にあることを強調し、実質的な限定解釈の枠組みを論じたものである。最後に、終章では、危険の概念は程度概念であり、侵害発生の可能性の高い具体的危険から比較的低い抽象的危険まで連続的に考えられるものだと結論づけて、「危険犯の四分説」（具体的危険犯、準具体的危険犯、抽象的危険犯、準抽象的危険犯）を提案した。

▶基本文献の主張

　基本文献の主張の中核的内容は、以下の記述に表現されている（基本文献261頁）。

> 刑法が、法益保護のために、法益侵害が発生する以前の段階で介入することを認めるのが、危険犯の規定である。そのような危険犯の処罰の根拠となる危険の概念は、程度概念であり、侵害発生の可能性の程度の高い具体的危険から、比較的低い抽象的危険まで、連続的に考えることができる。このような危険の内容は、それ自体として不明確性を払拭することはできないのであるが、可能性の程度の低い危険となると、この点はさらに一段と問題となる。従って、このような場合には、それ自体として一般に十分な危険性を認めうる類型の行為を法文上規定して、禁止・処罰の対象とするという方法がとられざるをえないのである。また、行為自体が一般的に十分に危険なものであれば、これは必ずしも不当ではない。これに対し、可能性の程度の比較的高い危険を処罰の対象とするとなると、行為それ自体についてこのような危険を認めること

> が困難なことが多いから、その危険を具体的な場合について判断するという方法がとられざるをえないことになるのである。また、他方、法文上に規定された行為それ自体としては、必ずしも十分に一般的な危険性を認めうるものでないときには、十分な処罰価値を認めるために、この行為について、ある程度の危険性が要求されることにならざるをえない。危険犯の規定は、このように、防止しようとする危険の程度と、法文上規定する行為の性質（それ自体としての危険の程度）によって、その内容が決まってくると考えることができよう。

▶危険判断に関する諸問題

　まず、第2章では、危険判断の構造・基準・基礎に関する諸問題を取り上げて検討し、（行為によって外界に生ぜしめられた）「結果としての危険」と、（身体の動静としての属性である）「行為の危険性」の対立軸を明らかにした。危険犯の処罰根拠をなす法益侵害の危険は、外界に生じた「結果」のひとつであると解したうえで、その危険の「結果」の判断にあたって、論理的には法益侵害の「結果」とパラレルに、行為と区別して行うべきだとしている。具体的危険犯における具体的危険はもちろん、未遂犯の処罰根拠である（具体的）危険も、抽象的危険犯における抽象的危険も同様に結果として捉えるべきである、とする（基本文献56頁以下）。

　とりわけ、未遂犯の処罰根拠をなす危険について、山口は、それを「結果としての危険」とし、危険発生・危険判断の時点を行為時に限定するのは妥当でないと述べ、具体的危険発生の防止を具体的危険犯の規定により達成するか、侵害犯の未遂犯の規定により達成するかは立法技術によるもので、（故意などの点を除いて）未遂犯と具体的危険犯の性格に質的な差異が存在しないと強調する。

▶具体的危険

　第3章では、具体的危険犯・未遂犯の処罰根拠をなす具体的危険につき、いかなる範囲の事実を基礎として、そしていかなる基準によってその危険の有無を判定すべきかとの問題に検討を加えた。これらの問題について、学説は主に一般的危険説、具体的危険説、客観的危険説に分けられる。まず、一般的危険説によれば、具体的危険は行為の一般的な性質によって判断される一般的な内容の危険と解されており、類型的に判断しようとするものであるため、それは純客観的には判断できず、抽象的・一般的に判断されなければならない、とさ

れる。たとえば「人に向けてピストルを発射しようとする」行為は一般的に危険であると判断できる。しかし、たとえ一般的には危険だったとしても、実際上まったく危険のない場合（たとえば数キロメートル離れた海上のヨットの上にいる人に向けてピストルを発射する行為）も想定できる。したがって、一般的危険説においては、具体的危険犯の処罰根拠をなす具体的危険がまさに抽象的危険に置き換えられるのではないかとの疑問が出てくる。

　次は、より具体的な個々の事案に即して判断されるべきであるとする「具体的危険説」に検討を加えた。この説は、危険判断の対象となる事態が発生した時点（つまり行為時）において事前に認識できただろう具体的な事案を基礎として危険判断を行う立場に立つ。ここにいう事前判断とは、事後的な立場にある判断者が、行為の時点に立ち戻り、その時点において一般人にとって認識しえただろう事実、および現実に存在したが行為者にしか知られなかった事実をのみ考慮するというものと解される。しかし、このような判断方法については、どの程度の事実が一般に認識可能とされるべきかは依然として不明ではないかという疑問がある。また、山口からしては、危険は法益侵害と同様に、刑法がその発生を防止しようとする「結果」として、事後的な立場から判断されるべきである。このような事後的に確定されるべき「結果」の内容をさらに事前的な立場から決しようとすることも問題がある、と（基本文献110-111頁）。

　次に、山口は、19世紀のドイツにおいて不能犯に関する見解として有力に主張された「古い客観説」・「客観的危険説」を視野に入れ、事後的な観点から危険を判断する立場を検討した。従来の客観的危険説においては、何らかの基準により一部の事実（抽象化を加えた事実）を考慮の外に置くことによって、判断の基礎の内容を画定する手法（つまり「事実の抽象化に立脚した事後的判断」）は可能であるかはポイントである。しかし、問題となるのはやはり事実の抽象化の基準である。現実に存在した事実をいかなる基準で、そしていかにして抽象化すべきなのかは十分に突っ込んで検討されておらず、その根拠も明白に示されていない。そのため、山口は次に未遂犯・具体的危険犯に関する従来の判例を素材として、事実を抽象化するあり方を分析・検討する。

　分析した結果、判例は未遂犯の具体的危険を判断するにあたっては客観的見地に立ちつつ現実に存在した事実を、仮定的に想定された事実と置き換えるこ

とを認めている傾向を有することがわかった。ただし、判例が考慮する仮定的事実の範囲はかなり広く、当該の客体だけでなく、一般に想定される他の客体を含めていると思われる。この点につき、山口は、このような判例の傾向に関しては、それが客観的危険説の公式を用いつつも具体的危険説的感覚で事案を処理していることだろうと評している（基本文献139頁）。いずれにせよ、「仮定的事実との置き換え」という判断手法は、自説である「修正された客観的危険説」の構成にかなり影響を及ぼすと言えよう。

▶修正された客観的危険説

すでに述べたように、山口は、危険は純客観的な立場から認定することができず、むしろこのような純客観的な立場の「緩和」および「事実の抽象化」を認めることによってはじめて危険の発生を客観的に判断することは可能であるとする。ここで問題は、どの限度で、どの範囲内において「緩和」・「事実の抽象化」を認めるべきなのか、にある（基本文献166頁）。

山口は、ドイツ刑法学における具体的危険概念をめぐる諸説（M・E・マイヤー、ホルン、シューネマンなど）を紹介・批判した上で、事後的・客観的視点から危険を判断する立場を堅持しつつ、「修正された客観的危険説」を提示する。この説は、結果を発生させるために必要であった仮定的事実の存在可能性の程度を、科学的一般人を基準として事後的に問うことによって危険を判定することを内容とするのである。危険を判断する場合においては、事実を「抽象化」することが必要であり、そしてその場合、危険判断は、現実に存在する事実を、現実には存在しなかったが想定上「十分にありえた」事実と置き換え、その存在の可能性を問う。

つまり、現実に存在しなかったが、その存在によって法益侵害が発生する事実が、どの程度ありえたかを問うことによって、危険を判断する（仮定的事実の存在可能性の判断という手法である。西田典之『刑法総論〔第2版〕』〔弘文堂、2010年〕310頁は、このような見解を「仮定的蓋然性説」とよぶ）。ただし、客体の存在に関してのみ抽象化すべきではなく、たとえ現実に存在しなかった客体が存在の可能性が高いとしても、被害の現実性に欠けるので、処罰範囲から外されてもよいとする。「この意味で、具体的危険は、当該の現実に存在した個別具体的な客体（法益）に侵害が生ずる危険に限定すべき」だと強調した（基本文献167頁）。

具体的に言うと、個別的な法益を保護する具体的危険犯・未遂犯の場合には、具体的危険は現実に存在する個別具体的な客体に対する危険に限定すべきであるとのことである。したがって、「死体に対する殺人未遂」や「空ベッド」または「空ポケット」の事例においては、未遂犯の成立が否定されるが、そのような客体の不存在の場合以外には、たとえば健康な人であれば致死量に達しない毒物を相手に投与した事例で、過労のために体の抵抗力が弱ったという仮定的な事実が十分ありえた場合は、具体的危険が肯定される、と。バッテリーの切れた自動車を窃取しようとした事例、空ピストルの事例、空気注射の事例においてもその方法が適用されている。

　この説につき、しかし問題は、たとえ行為客体の存在を除いても、他に想定できる仮定的事実の数が山ほどあるということにある。どの範囲の仮定的事実を想定することが許されるのかは不明確であるし、説得力のある基準はおよそ存在しないように思われる。また、仮定的事実の存在可能性の程度について、相当程度の可能性（そのような事実は十分ありえたと考えられた場合）が必要であるとされるが、明確な一線を画することは難しいと言わざるをえない。

　また、客体の不存在の事例においては、この説によれば常に不可罰になるのではないかという疑問がある。それについて、山口はその後に以下のように説明していた。すなわち、「この基準からは、客体の不能の事例について、不可罰であることを直ちに導くことはできない。筆者がかつてその不可罰性を主張したのは、その意味では、さらに一歩踏み込んだ、別の主張を含むものであったことになる。」そして「実際上の処罰範囲の限定という点において、そうした『限定的基準の併用』にもなお意義がないわけではない」とする（山口厚「コメント①」山口厚・佐伯仁志・井田良『理論刑法学の最前線』〔岩波書店、2001年〕200-201頁）。

　さらに、山口は、この判断はあくまでも事実的可能性判断であり、規範的判断ではないが、純客観的・科学的立場からなしえたものでもないと強調している。しかしさまざまな問題点はまさに「事実の抽象化・仮想化」というところから出てくるのではないか。危険判断にあたって、その存在論的構造の範囲を定める際に、すなわち現実に存在する事実を抽象化する際に明確な基準が見つからないという難点を有しており、他方で、現実に存在しなかった事実の仮

想化は多少恣意的なものであると言わざるをえない。また、侵害発生を阻止する事情の抽象化が被告人に不利益な負担をかけるし、「疑わしきは被告人の利益に」の原則に反するとの批判が生じる。

　上記の難点を避けるために、学説では、ドイツ学説の議論（ホルン、ヴォルター、クリースなど）を参照しつつ、具体的危険を、あくまで現実に存在する事実を危険判断の基底として、「侵害発生の可能性の判断」と「侵害不発生の偶然性の判断」によって基礎づけようとする見解が現れる。すなわち、まず「侵害発生の可能性の判断」においては、経験則や蓋然性法則に基づき、行為後の事実を対象として法益侵害の可能性が判断され、また「侵害不発生の偶然性判断」においては、侵害発生を阻止するに至った事情の発生が偶然であるかどうかが問われ、そして法益侵害の不発生が科学的に説明不可能な場合にのみ「偶然」であることを認め、危険を肯定するということである。したがって、具体的危険犯の処罰根拠をなす具体的危険は、「一定の種類の法益侵害の原因として既に経験されているにもかかわらず、一定の法益の侵害が具体的事例において発生しなかった必然的理由を、いかなる時も、そして誰も説明しえない事態」と定義できるとされる（松生建「具体的危険犯における『危険』の意義(二)」九大法学49号〔1984年〕72-76頁。）。

▶準具体的危険犯

　「危険」の発生を法文上要求する具体的危険犯には、個別的な法益を保護するものと、多数または不特定の法益を保護の対象とするものがある。後者は前者のように現実に存在する個別具体的な客体に対する切迫した危険ではなく、より前の段階で認められる危険（いわゆる準具体的危険）で足りるとされている。たとえば、刑法125条の往来危険罪に言う「往来の危険」の場合においては、現実に存在する当該の具体的客体（汽車、電車、自動車）に事故が発生する切迫した危険以前の段階の危険で十分であり、「客体との関係が弱いかわりに行為・手段の危険性に重点が置かれる」と強調した（基本文献173頁）。そしてこのような危険犯を「準具体的危険犯」とよぶ。この見解によれば、不特定または多数の生命・身体に対する侵害の可能性と一般に解されている「公共の危険」も、また公害罪法第2、3条の「公衆の生命又は身体に〔対する〕危険」も、準具体的危険のカテゴリーに含まれうることになる、とされる（基本文献185頁）。

かくして、超個人的法益を保護するすべての「具体的危険犯」は、この基準による「準具体的危険犯」の中に置かれることになるだけで、危険の有無の判断にはあまり実益をもたない概念であるのではないかとの疑問が生じうる。実際、この犯罪類型に関しては学説からの関心が後述の「準抽象的危険犯」より比較的小さい。また、近年山口自身の著作にも「準具体的危険犯」に関する記述がほとんど見られず、上記の例を一応具体的危険犯のカテゴリーに入れている（山口厚『刑法各論〔第2版〕』〔有斐閣、2010年〕407頁参照）。

▶抽象的危険犯

　第4章では、法益侵害やその具体的危険を必要としない犯罪類型——抽象的危険犯——の処罰根拠論に入る。抽象的危険犯については、伝統的には「構成要件に規定された行為さえなされば危険の発生は常に擬制された」、「危険の発生はあくまで立法者の動機にすぎず、犯罪成立要素として示されていない」というような形式説が通説である。しかし、前述のように、岡本をはじめとする実質的危険判断を展開する学説（実質説）も有力であった。山口は、この理論上の延長線に立ち、さらにドイツ刑法学者であるクラーマーの唱えた「抽象的危険は法益侵害の具体的危険の蓋然性を意味する」という説に示唆を受け、自説を展開する。すなわち、抽象的危険も具体的危険と同様に、刑法がその発生を防止しようとする「結果」であり、したがって、抽象的危険に関する危険判断の方法は基本的には具体的危険の場合の延長線上に考えられるとする。つまり、「具体的危険の蓋然性」としての抽象的危険は、危険判断の内容を画する抽象化の程度の差をも、侵害発生の可能性の差をも意味すると考えられる。なぜなら、侵害発生の可能性の程度と「抽象化」の程度にはある関連性を認めることができるからである。「抽象的危険と具体的危険との差は、危険判断に際して許される抽象化の程度の差にある。即ち、抽象的危険においては、具体的危険の場合よりも、広い範囲において、想定された事実を考慮することが許されるのであ」り、したがって、具体的危険の場合よりも、侵害から離れた段階で、そして高い程度の抽象化を行なうことによって、すなわち、存在の可能性の小さい事実、広い範囲の事実を考慮することによって認められる危険が、抽象的危険だ、と強調する。

　問題となるのは、侵害発生の可能性の程度と「抽象化」の程度にはどれくら

い関連性を認めることができるか。山口によれば、法文上に規定される行為が行なわれたときには、一応抽象的危険の発生を認めることができる。しかし、具体的場合における特段の事情のために、想定された抽象的危険は発生していないことも考えられる。つまり「具体的な場合において、そのようにして規定を定めるに当り予め想定されていたと考えることのできる範囲を越えた、例外的な特段の事情が存在し、そのために、法文上規定された行為が行われたときには発生すると認められる程度の危険までが排除されるに至った場合」（基本文献233頁）においては、抽象的危険が発生していないとすべきである。ただし、「抽象的危険として必要な侵害可能性の程度は低いもので足りるから、このような抽象的危険の発生をも排除する特段の事情というのは、例外的な特別の場合にしか認めることはできないと言わざるをえない」（基本文献234頁）。

　山口は具体例として偽証罪、公安条例違反の罪、放火罪を挙げた（基本文献237-240頁）。まずは偽証罪である。本罪の処罰根拠は、誤判の抽象的危険である。「虚偽の陳述」が行われると、この危険は発生することを一応認めることができるが、しかしたとえば、供述の内容が当該の事件との間の関連性や事実認定にとっての重要性を欠くような特段の事情によって、誤判の抽象的危険がおよそ生じなかった場合であれば、偽証罪の成立は否定されるべきである。次は、公安条例違反の罪である。本罪の処罰根拠は、公衆の生命、身体、自由、財産を内容とする公共の安全に対する抽象的危険である。判例によると、無許可の集団行動は「静ひつを乱し、暴力に発展する危険性のある物理的力を内包している」ものとされる。問題となる行動が行われると、ほぼ抽象的危険が発生したと認めざるを得ないのだが、しかしさらに可罰的違法性が欠くことによって犯罪の成立を否定することが可能である（許可の条件に違反して行った集団行動の場合も同様である）。最後に放火罪を検討する。本罪の処罰根拠は、公衆の生命、身体、財産を内容とする公共の安全に対する抽象的危険である。このような危険は、一般に「焼燬（焼損）」することによって発生すると理解できるが、たとえば、周囲に引火すべき物は何もない平原の一軒の小屋を焼損した場合には、上のような抽象的危険が発生したとは言えない。したがって、刑法109条1項の放火罪の成立を肯定できない。

▶形式犯

　形式犯とよばれる犯罪についても、同じ考え方は妥当すべきである。量的な差異があったとしても、性質上の差異が存在するわけではない。形式犯について問題となるのは、処罰根拠をなす抽象的危険の内容である。それは、きわめて抽象的なもので足りるとされている。たとえば、スピード違反それ自体は一般的にそれほど危険だとは言えず、非常に軽い危険までが処罰の対象とされている。また、免許不携帯・提示義務違反罪などの処罰根拠である危険は、交通の安全に対する直接的な危険ではないが、（人の生命、身体、自由、財産という）究極的な法益に対する間接的な危険である。このような非常に軽い危険すら生じなかった場合も理論上ありうるが、実際上はかなりまれである。

▶準抽象的危険犯

　以上述べたように、山口によれば、危険というものは程度を付しうる概念であり、高度の危険が求められる場合も比較的緩やかな程度のそれで足りる場合も含み、いずれにせよ危険犯の成立にあたっては実質的な危険の発生が不可欠である。具体的危険犯と抽象的危険犯の中間形態として、個別具体的な客体に対する切迫した危険に至らずにその前の段階で認められる「準具体的危険」が想定できることもわかった。ここでは、山口は危険犯の中間形態をさらに析出・細分化し、たとえば刑法217条の遺棄罪のような、構成要件的行為に該当するかの評価においてすでにある程度の実質的な危険判断が求められる類型——準抽象的危険犯——も存在すると主張している。つまり、「従来抽象的危険犯として一括されてきた犯罪の中には、法文上『危険』の発生が要求されてはいないが、処罰の対象となる構成要件に該当する行為が行われたと認めるためには——何らかの結果事態に関する、ある程度具体的な——実質的危険の発生が必要と解されるものが存在する」、と（基本文献251頁）。

　詳細に言うと、遺棄罪の条文に「危険」が要求されていない以上、この罪を具体的危険犯と解することは困難だと言わざるをえない。しかし、行為者と客体である者との間に場所的・空間的隔離を生じさせる行為を直ちにすべて「遺棄」行為と見ることはできず、客体に対しある程度の危険＝準抽象的危険をもたらすような隔離行為であってはじめて「遺棄」とすることができる。すなわち、このような準抽象的危険を客体にもたらすとは言えない行為は「遺棄」に

該当せず、本罪の成立は肯定しえないことになる。また、公務執行妨害罪も準抽象的危険犯の適例である。本罪の処罰根拠は、公務の適正な執行に対する危険である。条文に言う「暴行」「脅迫」を職務執行の「妨害となるべきもの」と解したとすれば、暴行・脅迫の内容はおのずからその保護法益によって限定を受けることになる。このような危険が認められないときには、暴行・脅迫があったとは言えず、本罪の成立を否定することになる。

▶危険犯の四分説

第5章では、山口は、以上のように詳細な検討をふまえ、新たな分析的手法を提示する。すなわち、危険の概念は程度概念であるため、「具体的」、「抽象的」というのは、侵害可能性の程度＝事実の抽象化の程度を示すものであり、このような危険の内容を具体的危険、抽象的危険という2つの類型で割り切ることには無理があり、それぞれさらに2つに類型化することが可能である。抽象化の程度（低いものから高いものまで）によって具体的危険犯、準具体的危険犯、準抽象的危険犯、抽象的危険犯という順に並べることができる。これは「危険犯の四分説」とよぶ。この枠組みに基づいて、各則におけるそれぞれの危険犯規定に具体的な解釈の指針を与えることが可能であろう。

4　残された課題

具体的危険犯と抽象的危険犯との相違を程度・量の差にすぎないと解する基本文献は、刑法学界に多大な影響を与えていると言っても過言ではない。とりわけ、抽象的危険犯に関しては、山口は実質説の立場からより緻密な議論を展開し、構成要件の段階で実質的危険判断を力説している。

しかしその一方で、未解決の課題・問題点が残された。まず、修正された客観的危険説については、前述のように、客体の存在だけは仮定的な判断の範囲から除外する理由が不十分ではないかという批判が有力である。さらに、学説では、具体的危険犯の既遂の成立に必要な「具体的危険」と、未遂犯の成立に必要な「（具体的）危険」とは構造的に異なっており、両者を混同すると本来の危険犯の議論を混乱させると主張する見解が無視できないと言わざるをえない。

また、危険の内実を程度上の問題とすると、その量的な差異をどのように区

別するかは問題になる。その点について、基本文献では不明確な部分が残されている。とりわけ、抽象的危険犯の場合においては、「ある程度の具体的危険」とは何かという疑問が浮かび上がってくる。現に危険がおよそ生じなかった場合には、犯罪の成立を否定することができるのだが、しかし危険がまったく存在しなかったとは言えない場合には、直ちに（ある程度の具体的）危険があったとみなすのか、それとも個別事案における危険の量を査定するのを必要とするのかは、明らかでない。

　この点について、基本文献では、抽象的危険の発生を否定することは•例•外•的•な•特•別•の•場•合にしか認められないとされた。また、後に出版された教科書でも、山口はこの危険が具体的な個別の特殊事情のために発生していない場合には、抽象的危険犯の成立は否定されると、一貫した主張をした（山口厚『刑法総論〔第2版〕』〔有斐閣、2007年〕46-47頁）。そうすると、この理論はあくまでも消極的でかつ構成要件阻却的な処理しか行わないし、正面から「結果としての危険」を実質的に認定するという実質説の基本的な立場とは矛盾するのではないかとの疑問を抱える。なお、準抽象的危険犯の場合においても同じ疑問が現れてくる。

　残された課題の中で最も喫緊であるのは、まさに抽象的危険犯に関する限定解釈論であろう。具体的危険犯の場合とは異なり、抽象的危険犯の処罰規定は増加の一途をたどる。その背景には、刑事立法の活性化、そしてより早い時点から刑罰の介入を認めるという処罰の早期化という傾向がある。抽象的危険犯というカテゴリーにはさまざまな犯罪類型が混在しており、法益侵害の測定が不可能あるいは困難な抽象的危険犯が数多く存在している。このような抽象的危険犯はほとんど超個人的法益の保護を目的とするものである。これらの超個人的法益を保護する抽象的危険犯に対して、「•危•険•が•お•よ•そ•生•じ•な•か•っ•た•場•合•は•犯•罪•が•成•立•し•な•い•と•す•る」というような構成要件阻却的処理だけでは、もはや現代社会における多様な法規制に応じうるということができないし、結果概念の形骸化を導く懸念も生じる。

　この状況をふまえ、抽象的危険と具体的危険の区別を抽象化の程度の差に求めるのではなく、危険判断の構造的な違いに求めるとする主張（構造的相違説）は改めて注目されなければならないのである。抽象的危険をも結果であるとし

4　残された課題　83

て結果概念を拡張するよりも、むしろ法文上の規定の相違を手がかりとして危険判断の構造的相違に求める方が現況にふさわしいかもしれない（謝煜偉『抽象的危険犯論の新展開』〔弘文堂、2012年〕96頁以下参照）。抽象的危険犯の処罰根拠である抽象的危険は行為当時における一般的諸事情をもとにして判断される「一般的な法益侵害の危険性」を意味する。それに対し、具体的危険犯において要求されるのは「結果としての危険」であり、具体的危険は行為後の全事情を素材としてそれが現実に発生したかどうかを基準として判断されるものである。だが、抽象的危険については、もはや「一般的危険性＝低度の危険＝遠い危険」という図式を念頭に入れ一概にそれを「具体的危険の前段階」と捉えることができないだろう。

5　現代的意義

　基本文献は、当時刑法における危険概念ないし危険犯論について代表的モノグラフィーであった。現在に至っても、危険犯論は、刑事立法、法益保護の早期化、法益概念の抽象化への対応などにも関係するので、ますます重要な問題領域となっていると言えよう。とくに「抽象的危険犯」は、リスク社会において人々の行動を統制する手段として幅広く用いられており、（行政の遂行や画一的事務処理などのために）事前に設けられたルールに違反したら保護法益への関連性の如何を問わずに処罰できる立法形態として位置づけられる。近年では、それに伴う規制範囲の拡張・早期化傾向が問題視されている（近時の注目すべき文献として、井田良「危険犯の理論」山口厚・井田良・佐伯仁志『理論刑法学の最前線』〔岩波書店、2001年〕171頁以下、島田聡一郎「リスク社会と刑法」長谷部恭男編『法律からみたリスク』〔岩波書店、2007年〕9頁以下、松原芳博「リスク社会と刑事法」日本法哲学学会編『リスク社会と法』法哲学年報2009〔有斐閣、2010年〕78頁以下、島田聡一郎ほか「特集・リスク社会と犯罪理論」刑事法ジャーナル33号〔2012年〕4頁以下、伊東研祐「危険犯（特に、抽象的危険犯）」法学セミナー690号〔2012年〕2頁以下、甲斐克則「刑法におけるリスクと危険性の区別」法政理論45巻4号〔2013年〕86頁以下などが挙げられる）。

　現代的な危険犯論の射程範囲には、放火罪、往来危険罪をはじめとする公共

危険犯だけではなく、自然環境や社会制度などの集合的法益を保護する現代型（抽象的）危険犯と、幅広い行政規制の実効性を確保するための行政犯も含まれている。これらの危険犯立法・解釈のあり方については、これまで日本において一定の先行研究はあるものの、必ずしも十分な議論がなされてきたわけではない。「法益の抽象化」と「法益保護の早期化」という傾向を避けようとしても避けられない時代においては、現代型（抽象的）危険犯を如何に合理的に解釈するのかは、より一層重要な課題となる。山口が唱えた危険犯の四分説は、処罰限定論として完全無欠なものとまでは言えないのだが、その理論の核心となる実質的な危険判断——法益に対する危険が、たとえ比較的にわずかな程度の危険だとしても、生じたことを個別事案において常に要求しなければならない——は、依然として堅持すべきものだと思われる。

6 結果的加重犯論

●基本文献
丸山雅夫
『結果的加重犯論』
(成文堂、1990年)

内田　浩

1　学説・実務状況

▶判例の概観

「凡ソ結果的加重犯タルヤ一定ノ犯罪行為ヨリ一定ノ重キ結果ヲ生セシメタルトキ其ノ重キ結果ヲ基本タル犯罪行為ニ結合セシメテ重キ責任ヲ負ハシムル場合ナレハ苟モ基本タル犯罪行為ト重キ結果トノ間ニ若シ前者ナカリシナラムニハ後者ナカリシナルヘシトノ關係存スルニ於テハ……絶對ニ結果的加重犯ノ成立ヲ来スモノトス」。これは［尊属］遺棄致死罪に関する大審院の判例である（大判昭和3・4・6刑集7巻291頁）。同様の態度は、最高裁にも受け継がれている。たとえば、傷害致死罪「の成立には暴行と死亡との間に因果関係の存在を必要とするが、致死の結果については予見を必要としないこと当裁判所の判例とするところであるから（昭和26年(れ)797号同年9月20日第一小法廷判決、〔刑〕集5巻10号1937頁）、原判示のような因果関係の存する以上被告人において致死の結果を予め認識することの可能性ある場合でなくても被告人の判示所為が傷害致死罪を構成するこというまでもない」（最判昭和32・2・26刑集11巻2号906頁）。

▶学説の状況

このような判例の（理論上の）厳格な態度に対して、古くから、学説の多くは批判を展開していた。判例の考えは「無限ノ責任負担ヲ認メサル可カラサル如キ不当ノ結論ヲ誘致スルモノニシテ採用ス可キ解釈論ニ非ス」（泉二新熊『日本刑法論〔上巻〕総論〔増訂43版〕』〔有斐閣、1933年〕450頁）といった批判がそれ

である。こうした批判を受け、今日、重い結果に「過失」を要求する立場（以下、「過失説」）が通説を占める（たとえば、団藤重光『刑法綱要総論〔第3版〕』〔創文社、1990年〕337頁）。この「過失説」からは、結果的加重犯は「故意犯と過失犯の複合的な形態」とされるのが一般である（団藤・同上ほか多数）。しかし、結果的加重犯を「故意犯と過失犯の複合形態」と捉えるだけでは、新たな問題が生ずる。たとえば、故意の傷害行為から過失で死亡結果を発生させ場合、「その最も重い刑により処断する。」のが刑法の基本的な立場である（54条1項前段）。だが、「傷害致死罪の法定刑」に、この原則は適用されていない。その「例外の根拠」は何か。その解答が、通説からは必ずしも明らかではないからである。

2　学説史的意義と位置づけ

▶香川達夫による通説（過失説）批判

　基本文献に先立ち、以上の問題に鋭く切り込んだのが香川であった。香川によれば、結果的加重犯を故意基本犯と過失結果犯との「複合とするただそれだけの理由で、なぜ通常の過失犯との刑の総和をこえた、より以上の加重刑が、結果的加重犯については決定されなければならないのか。」明らかではない。のみならず、「複合形態とする理解は、ともかくも重い結果につき過失があればたりるとするため、……現に発生した重い結果との関連で過失さえあればたりる、とする見解をも包含させうる余地」がある。事実、強盗致死傷罪に関する判例や、強制わいせつ等致死傷罪に関する団藤の主張にみられるように（団藤重光『刑法綱要各論〔第3版〕』〔創文社、1990年〕495頁、496頁注(15)）、致死傷の結果が「基本犯の機会になされたからとの理由で、結果的加重犯概念のなかに包括され、そこまでこの概念の拡張がなされているのが現状である。」と（以上につき、香川達夫『結果的加重犯の本質』〔慶應通信、1978年〕67-71頁）。さらに、「過失説」の立場に立つ通説が、結果的加重犯の未遂・共犯・競合という個別的な問題に対して満足のいく解決を呈示していないとの認識（香川・同上101頁以下、226-227頁）、そして、後述する「危険性説」に対する否定的な立場から（香川・同上71頁以下）、香川は、「過失不用説」を主張すると同時に、結果的加重犯の本質・加重処罰根拠については、「相当因果関係の枠内にあって、……人の生

命または身体という重大な法益に対し侵害をもたらしたこと、そのことが、そしてそのことのために刑が加重されているとする以外方法」はなく、こうした「きわめて平凡な帰結」を「結論として維持するほかないのが現状であり、な̇に̇か̇そ̇こ̇に̇特̇別̇な̇法̇理̇が̇な̇け̇れ̇ば̇な̇ら̇な̇い̇とすること自身に誤りがあるといわなければならない。」と結論づけたのである（香川・同上99頁。強調は筆者）。

▶基本文献の学説史的意義

わが国で最も包括的かつ詳細に「結果的加重犯論」を検討した上記香川の見解に対し、結果的加重犯の廃止が有力に主張されたこともあり、その構造論に関する多くの議論が戦わされてきたドイツの判例・学説を詳細に跡づけることによって、「危険性説」の正当性、さらに危険性説を基礎にした「過失説」の正当性を強調しつつ、この前提に立って結果的加重犯の個別問題に関する解答も用意するのが基本文献である。今日、わが国の学説では、「危険性説」を支持する見解が多数みられる。まさに基本文献の出現なくして、こうした状況は生まれなかったであろう。この点に、基本文献の学説史的に重要な意義を見いだしうるのである。

3　文献紹介

▶基本文献の構成

基本文献は、序章、および結果的加重犯の「総論」部分に相当する第１編（「結果的加重犯の構造」）と「各論」部分に相当する第２編（「結果的加重犯をめぐる個別的問題の検討」）からなり、それぞれ、第１章から第６章、第１章から第３章によって構成されている。具体的には以下のとおりである。結果的加重犯と責任主義（第１編第１章）、結果的加重犯の法定刑（同第２章）、（西）ドイツにおける結果的加重犯廃止論（同第３章）、結果的加重犯の不法内容（同第４章）、危険性説の検討――結果的加重犯の不法内容㈡（同第５章）、危険性説を基盤とする過失説――結果的加重犯の不法内容㈢（同第６章）、そして、結果的加重犯における競合問題――「故意ある結果的加重犯」概念と関連して（第２編第１章）、結果的加重犯の未遂（同第２章）、結果的加重犯の共犯（同第３章）、である。

▶基本文献の主張の中核

まずは、基本文献の主張の中核を原典から引用してみよう（1-2頁、5-6頁）。

> 本書は、①結果的加重犯に固有の本質は存在するのか、存在するとすればそれはどのような点に求められるのか、②結果的加重犯と責任主義とはどのような関係にあるのか、という二つの問題意識から、結果的加重犯の一般的構造について検討したうえで（第1編）、結果的加重犯をめぐる個別的な問題をも検討しようとするものである（第2編）。……本書は、基本的に危険性説の主張に依拠したうえで、重い結果発生についての固有で類型的な危険性が基本犯に内在していることに結果的加重犯の本質を見、それに一定程度の刑罰加重根拠を求めるものである（1-2頁）。……すなわち、結果的加重犯は、「故意の基本犯に内在する潜在的な危険性の現実化」を重く処罰する犯罪類型だということになる。〔たしかに〕結果的加重犯は、形態的には、基本犯（故意犯）と重い結果の部分（過失犯）とが結びついた犯罪類型〔ではあるが〕、この結びつきは、単に外形上のものにとどまらず、重い結果発生についての固有の危険性を媒介とした密接不可分の内的連関でもなければならない……（5-6頁）。

この中核的な主張を支えるのが、以下の考察である。

▶「結果的加重犯の構造（本質）」

(1) 「危険性説」の主張根拠と正当性

わが国とは異なり、ドイツでは「結果的加重犯の廃止」が主張されたことがある。しかし、「重い結果に過失」を要求する立法（1953年の第3次刑法改正法による旧56条〔現行18条〕）がなされる以前のそれも、以降のそれも、ともに妥当ではないとされる。加重刑を正当化しうる「結果的加重犯の本質」を検討せず、「法定刑の苛酷さ」を理由に、ただちに廃止を主張することは短絡的であり、一定程度の加重処罰を正当化する実体があるなら、その存続を認めたうえで、法定刑を妥当な範囲に引き下げることも可能だからである。そして、何より、廃止論の大多数が提案する観念的競合の「加重主義」（わが刑法47条本文に相当）による代替は、「吸収主義」（同54条1項前段に相当）でカバーできない「不法内容」が結果的加重犯には認められることを裏書きするものといえるからである。

では、この「不法内容」とはいかなるものか。基本文献によると、相当因果関係説の首唱者であるクリース、同説をさらに発展させたエンギッシュの見解にその萌芽がみられた「結果的加重犯に固有の不要内容」を、「因果関係論を

離れ」、「結果的加重犯という犯罪類型の特殊性」として「構成要件論」として主張したのが「危険性説」だとされる。以下のとおりである。

　一定の故意犯から致死傷の結果が発生する事案は考えられる。たとえば脅迫や強要致死傷のように。しかし、立法者はこうした場合を結果的加重犯として構成してはいない。一定の犯罪にのみ結果的加重犯規定を設けている。それは、「立法者が一定の犯罪から一定の重い結果の発生する頻度が高い場合を取り出して、特にひとつの独立した犯罪類型として取り扱おうとした」からであり、基本犯に認められる、こうした「重い結果発生の類型的で高度な危険性」、そして現実に「この危険性が重い結果へ実現すること」が「結果的加重犯に固有の不法内容」をなす。結果的加重犯の「基本犯と重い結果」の間に認められる、当該「基本犯の危険性を媒介とした密接不可分な関係」が、このような関係の存在を問わない通常の観念的競合事例との決定的な違いを、したがって、結果的加重犯の「加重処罰根拠」をなす。そして、以上の「危険性説の主張」は、「結果的加重犯の成立史」からも正当化しうるものである。

(2)　危険性説の主張と「直接性法理（Unmittelbarkeitsprinzip）」

　このように「結果的加重犯が特有の不法内容(構造)を有する犯罪類型である」ならば、「その特殊性に相応した結果の実現だけ」が結果的加重犯として処断されることになる。基本犯と重い結果との間の「直接性」の存在がそれである。たとえば、被告人が自宅の2階で女中に暴行を加えてその鼻骨骨折等の傷害を負わせた。さらなる暴行をおそれた同女がバルコニー伝いに逃避をはかったところ転落して死亡したという事案に関して、傷害致死罪の成立を否定し、傷害罪と過失致死罪の観念的競合により処断したBGH NJW 1971,152（いわゆるRötzel-Fall）に、「直接性」への志向が明瞭に示されている。これに対して、たとえば、地上3.5メートルの狩猟用見張り台から転落させられ踝骨折の傷害を受けた被害者が、入院加療のすえ骨折は完治したものの、医師による自宅療養中における適切な指示の懈怠と高齢とがあいまって、肺塞栓等を発症・死亡した事案で、こうした経過が「日常的にありがちなこと」を理由に傷害致死罪の成立を肯定したBGHSt.31,96は、多くの学説の批判にさらされている。

　その他の結果的加重犯を含むドイツの判例・学説の詳細な検討を経て到達した基本文献の結論の一部を略記すれば、たとえば、傷害致死罪に関する「Letalitätslehre（いわゆる致命性説）」（故意の認められる「傷害それ自体」が死を惹起した場合にのみ「直接性」を認める見解）の「基本的な正当性」、および強盗や強姦致死傷罪に関する「機会説の否定」等がそれである。

(3) 危険性説を基盤とする「過失説」

　上記(1)で述べた結果的加重犯の「不法内容」は、当然、その主観的成立要件にも投影される。基本文献によれば、「結果的加重犯に要求される過失は、客観的注意義務がそれ自体すでに相当程度類型化されており、それとの関係で実行行為も一定程度制約されたものであることになる。したがって、実行行為に格別の制約もなく客観的注意義務が必ずしもそれほどにまで類型化されていない……通常の過失致死［傷］罪における過失に比べて、それは、より重い過失であると言うことができる。」いいかえると、「固有の危険性を持った行為との関係でのみ客観的注意義務違反を問題とするところから、行為者に［は］、そのような危険性を基礎づけている諸事情に対する認識がなければならない」点で、「結果的加重犯における過失」は、「全ての類型において、『重過失』として解釈されるべき」ことになる。

　こうして、結果的加重犯の本質・加重処罰を基礎づける「固有の不法内容」の存在を基盤に、その客観的成立要件としての「直接性」、主観的成立要件としての「重過失」が導きだされる。以上が、基本文献の「総論部分の結論」をなす。

▶「結果的加重犯における競合問題」

　故意で重い結果が実現された場合、当該結果的加重犯の成立は認められるのであろうか。この問題を考えるにあたっても、その基礎をなすのは「結果的加重犯の本質」である。すなわち、結果的加重犯を「基本犯と重い結果との単なる複合形態としてとらえるのではなく、その内的連関を重視する立場においては、重い結果の過失的実現と故意的実現はともに結果的加重犯というひとつの概念を構成するものとして把握される」。しかし、基本文献は「故意ある結果的加重犯」——ドイツでは判例・通説が認める「不真正結果的加重犯」——を否定する。わが国の場合、故意ある結果的加重犯を認める立場も、それは、もっぱら240条に関してであり、たとえば181条では態度を異にする。すなわち、当該犯罪類型の「法定刑の軽重」により「故意ある結果的加重犯」の肯否を判断

するといった、いわば「便宜的な方法」がみられるからである。他方、240条には「強盗罪ト殺人罪トノ結合罪」が含まれることを明示した大審院連合部判決以来（大［連］判大正11・12・22刑集1巻815頁）、「故意ある結果的加重犯」ではなく、「強盗殺人罪」という「結合犯」の形で同条後段の成立を認める判例・通説も（団藤・前掲各論595頁など）、強姦殺人罪は否定している（強姦致死罪と殺人罪の観念的競合。たとえば、大判大正4・12・11刑録21輯2088頁、最判昭和31・10・25刑集10巻10号1455頁、団藤・同上495頁など）。基本文献によれば、もっぱら「法定刑の軽重」により、こうした「異なる扱い」を主張する点で、このような判例・通説も、「故意ある結果的加重犯」を肯定する立場と同様の弊を犯すものである。

以上から、基本文献は、本来の結果的加重犯（重い結果の過失による惹起＝ドイツ刑法でいうところの「真正結果的加重犯」）に「純化」して考えるのが妥当である、「重い結果に故意がある場合」は「通常の故意犯の成立を認め」たうえで、基本犯の不法内容が評価し尽くされないときは、「基本犯の部分の犯罪の成立を認め、両者の競合として解決していくべきであると考える。」とする。なるほど、この考えを一貫すれば、240条において典型的に生ずるように、殺傷の故意ある場合のほうが、過失致死傷の場合よりも「軽く処罰」されてしまうという「不均衡」が生ずる。しかし、基本文献によれば、ここでの問題の根源は各結果的加重犯規定と殺傷罪の法定刑との「不調和」にある以上、結果的加重犯の競合問題は「立法に委ねるべき問題である。」ここでは、立法論として、「真正結果的加重犯」にふさわしい法定刑の引き下げを実現せよ、という主張が暗示されている（改正刑法草案327条後段、328条を参照。なお、当該結果的加重犯と殺人罪の観念的競合を認める立場には、上記「不均衡」は生じないが、死の結果の二重評価のほか、結果的加重犯は「真正結果的加重犯」にのみ限られるとする前提に立ちながらも、殺意のある場合にも結果的加重犯の成立を認める点で「致命的とも言うべき欠陥」があるとされる）。

▶「結果的加重犯の未遂」

以上のように、「故意ある結果的加重犯」を否定する基本文献の立場からすれば、このテーマの主たる論点をなすのは「基本犯が未遂」の場合である。たしかに、理論上は認められる「過失犯の未遂」を結果的加重犯にも及ぼすなら

ば、「真正結果的加重犯」を前提とする基本文献の立場からも、「重い結果が不発生の場合」における「結果的加重犯の未遂」も考えられる。しかし、結果的加重犯の本質が「基本犯に内在する固有の危険」の「重い結果への実現」にある以上、後者が欠ける場合に「未遂」としてではあれ、「結果的加重犯の成立」を認めることはできない。これが、基本文献の結論である。したがって、このテーマに関する議論は、結論的に、重い結果が発生した場合における「基本犯の未遂」を「結果的加重犯の未遂」として把握することが妥当か否かに収れんすることになる。

たとえば強姦「未遂」致死傷罪や不同意堕胎「未遂」致死傷罪の場合である。しかし、この場合、明文上、その結果的加重犯の成立（既遂）が認められている（181条2項、216条）。ゆえに、未遂を認める余地はない。だが、「危険性説」を基礎にするなら、当該事案において、①発生した重い結果が「基本犯に内在する特殊な危険」の「実現」といえるのか、がまず問われる。と同時に、そういえる場合であっても、②それを結果的加重犯の「未遂と見るべきか既遂と見るべきか」の検討を要する。これが基本文献の立脚点をなす。①に関しては、基本文献も指摘するように、「結果的加重犯の成立要件としての『直接性』……に関わるもの」であり、ドイツでは今日においても、とくに傷害致死罪に関して激しく争われている（Vgl.Schönke/Schröder,StGB.,29.Aufl.,2014, §18 Rn. 9 [Sternberg-Lieben/Schuster] und §227 Rn. 8 [Stree/ Sternberg-Lieben]）。

基本文献がとくに中心に置くのは、「強盗致死傷罪」である。その理由は以下にある。すなわち、同罪にとって重い結果発生の固有の危険を基礎づけるのは、財物強取それ自体ではなく、その手段たる暴行であるがゆえ、「危険性説」の立場からは、現にその危険実現として重い結果が発生した場合、同罪の既遂を認めるのが一貫する。しかし、上記②の点が看過されてはならない。すなわち、「危険性説の立場は、重い結果発生の固有の危険性が実現した場合を結果的加重犯の事案とすることは主張しうるが（上記①は充たされる〔筆者挿入〕）、それを結果的加重犯の既遂として取り扱わなければならないとすることまでをも主張しうるものではない。」からである（強盗「未遂」致死傷罪に関して243条の適用を認める見解として、平野龍一『刑法総論Ⅱ』〔有斐閣、1975年〕309頁、曽根威彦『刑法各論〔第5版〕』〔成文堂、2012年〕140頁など）。以上から、既述のとおり、その

未遂が排除されている181条、216条に関しても、「立法論」としては、「結果的加重犯の未遂を認める余地を残しておくことが考えられてよいであろう。」とされる。

▶「結果的加重犯の共犯」

　ドイツ刑法18条によれば、発生した重い結果に対して「少なくとも過失」が認められない限り、「正犯（Täter）」も「共犯（Teilnehmer）」も成立しない。同法26条、27条1項は「故意の正犯」に対する「故意による教唆」「故意による幇助」を規定するにもかかわらず、この18条により、「結果的加重犯の共同正犯・共犯」ともに認められるとするのが、判例・通説の立場である（故意行為により過失で特別な結果が惹起された場合でも、「本法の意味においては故意によるものである。」とするドイツ刑法11条2項が援用されることもある）。このような総則規定のないわが国において、とくに、重い結果に過失を要求する通説の立場から結果的加重犯を捉えた場合、「結果的加重犯に対する（広義の）共犯」は認められるのであろうか。

　この点、わが国の判例のように、理論上、重い結果に過失は不要とするならば、ことは単純である。「過失犯の共犯の成否」をことさら問うことまでもなく、問題の事案が「結果的加重犯である以上」、（広義の）共犯が成立することも「当然視」されるからである。しかし、このような立場は否定される。その「過失不要説」が不当な点に加え、結果的加重犯の共犯の成立を認める根拠が、何ら示されていないからである。他方、もっぱら自己の拠って立つ共犯論の観点から問題解決を図ろうとする立場（たとえば「（ハードな）犯罪共同説」あるいは「行為共同説」の観点からのみ、この問題を解決しようとする見解）も、否定される。ここでの問題を検討するにあたっても、「結果的加重犯の固有の不法内容が共犯の成否についてどのような影響を与えるのか、という側面からのアプローチが必要」である。このような観点に立ち、わが国の判例・学説、ドイツのそれを詳細に検討した後、基本文献の見解が展開される。以下のとおりである。

　結果的加重犯の構造に関する「危険性説」の立場からは、結果的加重犯の基本犯と重い結果を任意に分断することはできない。結果的加重犯は「統一のある独自の実質を有する犯罪類型」である。以上の構造把握に、重い結果に対する「過失」を要する「過失説」を加味していえば、結果的加重犯の「基本犯を

実行することが同時に重い結果との関係では客観的注意義務違反でもある」、いいかえると「基本犯を実現する故意行為と表裏一体をなす過失行為から重い結果が発生する犯罪類型」が結果的加重犯である。以上から、「基本犯について共同正犯が成立し、しかも固有の危険性を持つ行為それ自体も共同実行されていた事案に関しては、ほとんど問題がない。」これに対して、「固有の危険性を有する行為自体は実行しなかった場合」はどうか（以下、ケース１）。ＸとＹは強盗の共同実行を計画し、Ｙは財物奪取を行う一方、Ｘが加えた暴行から被害者の死が発生したような場合である。このような場合でも、Ｘの「行為が重い結果を発生させる危険性を持つものであることの認識の存在、および当該行為を［Ｘ］が実行することについての認容の存在が認められ」るならば、「重い結果の発生を阻止するべく［Ｘ］に働きかけなかったという形での客観的注意義務違反」をＹにも肯定できる。つまり、重い結果発生に関する「客観的注意義務違反の共同」が認められるので、Ｙにも強盗致死罪の共同正犯を肯定することが可能である。

　同様の理は、「狭義の共犯」にも当てはまる。「なぜなら、基本犯との関係では狭義の共犯としてしか評価されない者であっても、重い結果との関係では、自己が関与することによって促進された正犯の実行行為との関係で、認識・予見した当該結果の発生を阻止すべく行動する義務を負う場合」があることは、上記ケース１と同じだからである。以上から基本文献は、「基本犯との関係で共同実行の事実が存在しない狭義の共犯についても、重い結果発生との関係では客観的注意義務違反を肯定することが可能であるという観点から、例外的に、結果的加重犯全体に対する狭義の共犯を構成すると考えるのである。」と結論づける。もっとも、「狭義の共犯においては、基本犯の共同実行や厳密な意味での客観的注意義務違反の共同ということはありえない」とされる。そこで、基本文献が要求する、「固有の危険性を持つ行為を正犯が実行することについての認容と当該行為の性質に対する認識」という要件は「厳格に認定されなければならない」、たとえば、「現実に死傷を発生させた正犯の行為を認識・認容」せず「漠然と強盗を教唆した者は、……強盗罪の教唆として処断されるにとどまる。」とされる。

4 残された課題

　基本文献が「危険性説」の立場を前提に、それを結果的加重犯に関する「すべての諸問題に一貫して適用」してみせた、まさに「結果的加重犯論」を検討する際の「必読の書」であることは疑いがない（たとえば「結果的加重犯の共犯」に関する、橋本正博「結果的加重犯の共同正犯——「行為支配論」の観点から」一橋論叢101巻1号〔1989年〕20頁、同「結果的加重犯の共犯」阿部純二ほか編『刑法基本講座　第4巻〔未遂／共犯／罪数論〕』〔法学書院、1992年〕153頁以下を参照）。この点を前提としつつ、以下、2、3の検討を要すると思われる点をあげてみたい。

▶結果的加重犯の不法内容と成立要件

　基本文献は「相当因果関係説」（以下、相当説）と「危険性説」の親和性を指摘しつつも、後説の主張にかかる結果的加重犯の「独自性」を「立法時にすでに事前的に類型性判断と蓋然性判断とがなされている」点にみいだしている。この点を筆者なりに解釈すれば、以下のような主張と解される。

　現実に発生した「具体的経過」が、行為者の行為を起点に事前に想定される経過に包摂可能か否かを問う場合、相当説は、まさに「当該行為」に発する因果経過を構想するのに対して（それゆえ、強要致死にも相当因果自体は認めうる）、危険性説は、「事前に想定される経過」に「すでに制約」があることを主張するものであり、この点に違いがあるのだ、と。こうした理解に誤解がないとして、しかし、このような「制約」を正当化する要因、いいかえると結果的加重犯の「立法根拠をなす基本犯の危険性の内実」は具体的にどのようなものなのか。この点は、必ずしも明らかではないように思われる。そして、上記「危険性」は結果的加重犯の「加重処罰」を正当化するものである。「正当化するものは、同時に、限界づけるもの」である以上、基本犯に内在する危険の内実の提示は、この危険の実現を意味する「直接性」の内容規定にも直結する。基本文献が「若干の結論めいたもの」という指摘に留めている「直接性法理の具体化」——その前提をなす上記「〔各〕基本犯の危険の内実」の探究——は、筆者自身を含め、危険性説信奉者にとって、まさに「残された課題」であるといえよう。

主観的成立要件はどうか。基本文献は危険性説を基盤に、結果的加重犯の重い結果に要求される過失には、そのすべてに「重過失」が必要だとする。結果的加重犯には「固有の不法内容」が認められるなら、それは当然、主観的成立要件にも反映されなければならない。基本文献の立脚点は正当である。ただ、結果的加重犯の基本犯が「それ自体可罰的な犯罪」であることもあり、この「重過失」の「肯否」の具体的な判断基準に関しては、さらなる検討が必要であろう（詳細は、井田良「結果的加重犯における結果帰属の限界についての覚書——強盗致死傷罪を中心として」法学研究60巻2号〔1987年〕252頁以下、同「強盗致死傷罪」阿部純二ほか編『刑法基本講座　第5巻〔財産犯論〕』〔法学書院、1993年〕135頁以下を参照）。

▶結果的加重犯の個別問題

　「結果的加重犯における競合問題」に関して、結果的加重犯を「真正結果的加重犯」に限定する基本文献の立場からは、とくに240条に関して、大正11年の大審院連合部判決以来、「結合犯」も含むとする判例・通説との対立が鮮明になる。この点、同条のきわめて重い法定刑、およびその沿革からして、筆者は判例・通説の立場を妥当と考える（同条の沿革については、神山敏雄「強盗致死傷罪」中山研一ほか編『現代刑法講座　第4巻〔刑法各論の諸問題〕』〔成文堂、1982年〕270頁以下参照）。しかし、だからこそ、基本文献の指摘のとおり、強盗致死罪にも「死刑又は無期懲役」を規定する現行法は、その改正を含めて再検討を要するであろう。関連して、結果的加重犯と結合犯の構造は明らかに異なる以上（神山・同上277-278頁参照）、結合犯には適合的な解釈とはいえても（機会説。神山・同上289頁参照）、それが結果的加重犯にも及ぼされることには問題があると思われる。「機会説に否定的」な基本文献の結論には賛成したい。

　他方、「結果的加重犯の未遂」に関して、「基本犯に特殊な危険の重い結果への実現」を認めつつも、この点と43条の適否とを別異に解する基本文献の立場には、43条を念頭においた「外在的制約」を認める点で「危険性説の一貫性が後退」している感を受けるとともに、「真正結果的加重犯」しか認めない基本文献の立場からは、たとえば強盗「未遂」致死にのみ認められる同罪の未遂と、これに対する「中止犯」の成否——基本文献は肯定的であるが——に関して検討を要するであろう。

「結果的加重犯の共犯」に関する考察と結論は、危険性説を基礎とした基本文献において最もインパクトのあるものと思われる。たしかに、危険性説と同様、結果的加重犯の構造に着目することにより、その（広義の）共犯を肯定する見解はみられた（大塚仁『犯罪論の基本問題』〔有斐閣、1982年〕314頁など）。しかし、基本犯の危険性を強調することによる「客観的注意義務違反の共同」をいうだけでは、結果的加重犯の性質上、これが否定されるのは「例外」という結論に至りうる（大塚仁『刑法概説（総論）〔第4版〕』〔有斐閣、2008年〕339頁、341頁参照）。また、共同正犯に対するのと同様の理由づけで狭義の共犯も認めうるとするだけでは（大塚・前掲『基本問題』359頁参照）、根拠が脆弱なように思われる（前者は肯定しつつ後者は否定する見解として、たとえば、団藤・前掲総論402頁注〔2〕、428頁注〔6〕、橋本・前掲論文〔一橋論叢〕22頁以下、同〔基本講座〕159-160頁）。こうした問題を十分意識し、共同正犯であっても「固有の危険性を有する行為自体は実行しなかった場合」および「狭義の共犯」に関し、その「重い結果に対する客観的注意義務違反」を肯定する要件として「固有の危険性を持つ行為を正犯が実行することの認容と当該行為の性質に対する認識」を要求する基本文献の主張は、注目される。もっとも、上記危険の把握いかんによっては「重い結果の未必の故意」が認められる場合にのみ共犯の成立が限定されることにはならないか、という批判も想起されよう。単独犯に要求される「重過失」に関してと同様、より詳細な具体化が必要なように思われる（なお、今日でもしばしば引用されるBGH JZ 1986, 764は、被教唆者Yが被害者を死の危険もしくは重傷の危険にもたらすことを教唆者Xが認識・認容していた事実は認定できないとして、強盗の教唆に係るYの被害者絞殺に対して、Xに対する強盗致死教唆の成立を否定している）。

5　現代的意義

▶「危険性説」の観点からみた「行為の危険の現実化」

　結果的加重犯は裁判員裁判の対象事件である（裁判員法2条1項）。この点を意識した論稿も公にされている（たとえば、長井秀典・田中伸一・安永武央「強盗罪（下）」判例タイムズ1354号〔2011年〕31頁以下〔240条の成否に関して〕）。「裁判員に対する説明のあり方」を研究することは、もちろん大切なことであろう。しか

し、その際、当該犯罪の実体を度外視することが許されてよいことにはなるまい。こうした観点から、最近の最高裁の動向をうかがうとき、そこに結果的加重犯の本質・不法内容に着目した態度がみられるかといえば、答えは「否」である。

　たとえば、「高速道路進入事件」(最決平成15・7・16刑集57巻7号950頁)において、「結果に実現」した「危険」は、さらなる執拗な暴行をおそれた被害者の「心理的作用に基づく危険」であろう。筆者は、こうした危険をも、それが重い結果に実現した場合に加重処罰を基礎づける「傷害に固有の危険」ということには躊躇を覚える(内田浩『結果的加重犯の構造』〔信山社、2005年〕129頁、143-144頁、169頁以下。さらに、曽根威彦『刑法における結果帰属の理論』〔成文堂、2012年〕130頁、松原芳博「身体に対する罪・その1」法学セミナー685号〔2012年〕108-109頁、杉本一敏「被害者の行為の介入と因果関係(2)──高速道路進入事件」成瀬幸典・安田拓人編『判例プラクティス刑法Ⅰ　総論』〔信山社、2010年〕66頁を参照)。「トランク監禁致死事件」(最決平成18・3・27刑集60巻3号382頁)に関しても同様である。調査官解説によれば、本件監禁行為は被害者を「交通事故という社会的危険」にさらしたのであり、そのような「正に監禁行為に伴う(社会的)危険が現実化したもの」とされる(多和田隆史「道路上で停車中の普通乗用自動車後部のトランク内に被害者を監禁した行為と同車に後方から走行してきた自動車が追突して生じた被害者の死亡との間に因果関係があるとされた事例」法曹時報61巻8号〔2009年〕2707頁)。しかし、結果に実現した、このような「社会的危険」までもが、場所的移動の自由の剥奪に伴う被害者の生命・身体に対する「固有の危険性」といえるのであろうか(安達光治「自動車のトランク内での監禁と追突事故による被害者死亡結果の間の因果関係」法学セミナー増刊・速報判例解説1号〔2007年〕216頁、杉本一敏「第三者の行為の介入と因果関係(5)──トランク追突事件」前掲『判例プラクティス刑法Ⅰ　総論』74頁参照)。

　「行為の危険の現実化」をいうのであれば、その内容規定が重要なことはもちろん(佐伯仁志『刑法総論の考え方・楽しみ方』〔有斐閣、2013年〕78頁を参照)、結果に現実化した「危険の構成要件関連性」も問われるはずである。「結果的加重犯」の存続に異を唱えないのであれば、「立法時にすでに事前的に類型性判断と蓋然性判断とがなされている」点に「結果的加重犯の独自性」をみいだ

す基本文献の立脚点に、再度、立ち帰って考えるべきではなかろうか。

▶ （粗描）結果的加重犯の共犯と実務の動向

　かつて（裁）判例のなかには、結果的加重犯の共犯（「の過剰」）に関して、発生した結果に対する「因果性」（「共謀の射程」）を問うことなく、共犯の成立を認めるものが散見された（たとえば、最判昭和26・3・27刑集5巻4号686頁。丸山雅夫「強盗致死罪の共同正犯」『刑法判例百選Ⅰ〔第4版〕』〔有斐閣、1997年〕159頁は、正当にも、共謀者「乙以外の者については、逃走の際の乙による殺害が『共謀の範囲内にある』……か否かの問題が、依然として残されている。」と指摘する。また、福岡高判昭和36・8・31高刑集14巻5号341頁は、錯誤論の観点からのみ当該事案の問題を論じている）。しかし、今日、学説の影響もあってか、このような態度はみられなくなったように思われる（たとえば、事後強盗致傷罪の共謀共同正犯を否定した東京高判平成19・2・28高刑速〔平19〕126頁。強盗致死罪の限度で共同正犯を認めた裁判例であるが、大阪地判平成8・2・6判タ921号300頁も参照）。

▶ むすびに代えて

　共犯に関するこうした慎重な考察は、当然、単独犯にも及ぼされなければなるまい。結果的加重犯の加重処罰を肯定すべき要因を探究し、それを同罪の成否が問われるあらゆる場面に適用してみせた基本文献の主張は、裁判員裁判が施行されて5年が経過する今日、ますますその重要性を増していると思われる。「性犯罪」に関する厳罰化傾向に加え、最高裁によると、裁判員裁判が開始された2009年5月から2014年5月末までの「求刑超え判決」は「計49」件に上るという（朝日新聞2014年7月25日朝刊38頁。なお、傷害致死罪に対し求刑の1.5倍にあたる懲役15年の判決を言い渡した第1・2審を破棄自判した最判平成26・7・24裁判所HPを参照）。基本文献が提示する「実体に即した結果的加重犯の成否と量刑」という核心は、基本文献の公刊時にも増して、その重要性が強く意識されるべきであろう。

7 不作為犯論／不真正不作為犯論

●基本文献
堀内捷三
『不作為犯論』
(青林書院新社、1978年)

松尾　誠紀

1　学説・実務状況

▶不真正不作為犯論における作為義務発生根拠論

　犯罪の手段には、作為犯以外にも、期待された行為をしないことで可罰性をもつ不作為犯の場合もある。その不作為犯は真正不作為犯と不真正不作為犯に区別される。真正不作為犯とは、不作為の形式で記述されている構成要件（たとえば運転免許証の不携帯罪）を不作為で実現するものをいい、不真正不作為犯とは、通常は作為により実現される構成要件（たとえば殺人罪）を不作為で実現するものをいう。普通の不作為犯はその実質が命令違反に尽きるとして、それを「真正」な不作為犯としたならば、通常は作為によってなされる結果惹起を不作為によって実現したとされる（命令違反にはとどまらない）不作為犯は「不真正」な不作為犯であるとしてそう形容されたものである（Vgl. Jescheck/Weigend, Lehrbuch des Strafrechts AT, 5. Aufl., 1996, S. 605）。そのため不真正不作為犯は「不作為による作為犯」であるともいわれる。そうするととくに不真正不作為犯では、通常は作為による実現が予定されている犯罪の規定を、いかなる場合に不作為にも適用できるのかが問題となる。

　この点、現在でこそわが国の不真正不作為犯論の中心は、いかなる根拠から作為義務が基礎づけられるのかという作為義務発生根拠論にあるが、その実質的な基礎づけが本格的に始められたのは基本文献が契機である。しかもそこで示された法益に対する排他性の要素は、今なおその根拠として有力である。そ

こで、以下では、第一に、基本文献発表までの不真正不作為犯論の発展過程を振り返ることで、従前の議論に対する基本文献の位置づけを明確にし、第二に、基本文献の作為義務発生根拠論を示し、第三に、基本文献が採るその理解との関係において現在の作為義務発生根拠論を考察し、基本文献の現代的意義を明らかにしたい。

▶作為義務発生根拠論が不真正不作為犯論の中心となるまで
(1) 因果関係

作為犯の処罰を予定した規定を不作為に適用する可能性を論じるとき、その議論の当初では、「無から有は生じない」とされる不作為が結果との因果関係をもつことができるのかが問題とされた。しかしこれについては、不作為犯は何もしないことではなく、法が期待する一定の行為をしないことであるから、その不作為がなかったならば、つまり期待された作為が行われていれば、その結果は発生しなかったであろうという関係が認められれば、不作為も結果との間に因果関係をもつとされた。こうして不作為犯にも因果関係が肯定されるに至った。

(2) 構成要件該当性

他方、その因果関係が認められたとしても、作為犯の形式で何をしてはいけないかを示す構成要件には、何をすべきかが示されていないことから、不真正不作為犯の場合には構成要件の該当性が必ずしも違法性を基礎づけないとされ、それゆえに不真正不作為犯の作為義務をめぐる問題は、構成要件ではなく違法性の問題として位置づけられた。しかしこれを転換して、結果の発生を防止する特別な任務をもつ保障人の不作為のみが構成要件に該当するとし、そうした作為義務を基礎づける保障人的地位を構成要件の問題として位置づけたのが、ナーグラーの保障人説である（Johannes Nagler, Die Problematik der Begehung durch Unterlassung, GS 111, 1938, S. 51 ff. 本説については、中森喜彦「保障人説について」法学論叢84巻4号〔1969年〕1頁、松宮孝明「『保障人』説について」刑法雑誌36巻1号〔1996年〕165頁、同「『不真正不作為犯』について」同『刑事立法と犯罪体系』〔成文堂、2003年〕84頁参照）。保障人的地位を構成要件の問題とするこの理解が現在の通説的理解となる。

(3) 罪刑法定主義

 その後、ドイツにおいては、目的的行為論に従って不作為の因果力を否定する見地から、作為犯と不作為犯は存在構造が異なり、作為犯は禁止規範に違反するが、不作為犯は命令規範に違反するものであるとし、それゆえに作為犯の構成要件によって不真正不作為犯を処罰することはできず、不真正不作為犯は、不作為による結果発生の不防止が作為による構成要件実現と同価値である場合に、作為犯の構成要件を類推して処罰されるものであるとする見解が主張された（Armin Kaufmann, Die Dogmatik der Unterlassungsdelikte, 1959, S. 282 ff.）。このような理解が浸透し、そのままでは不真正不作為犯の処罰が罪刑法定主義に反することから、ドイツでは不真正不作為犯処罰の総則規定が新設された（ドイツ刑法13条）。

 わが国においても同様に、不真正不作為犯処罰の罪刑法定主義違反を主張する見解も見られた（金沢文雄「不真正不作為犯の問題性」佐伯千仭博士還暦祝賀『犯罪と刑罰(上)』〔有斐閣、1968年〕228頁以下）。しかしわが国においては、たとえば殺人罪にいう「人を殺した者」には禁止規範も命令規範も含まれるので、不真正不作為犯の処罰は必ずしも類推解釈ではないとする理解が有力であった（たとえば、平野龍一『刑法総論Ⅰ』〔有斐閣、1972年〕148頁以下。これに従えば、不真正不作為犯をとくに「不作為による作為犯」という必要はない）。

(4) 作為義務発生根拠論へ

 このようにして、不真正不作為犯は（作為犯と同様に）因果関係を有し、構成要件該当性の問題に位置するものとされ、また、その罪刑法定主義違反の疑念についても一応の解決を見た。これにより問題は保障人的地位（作為義務）が認められる範囲如何に集約されることとなった（ここまでの発展過程については、団藤重光編『注釈刑法(2)のⅠ』〔有斐閣、1968年〕31頁以下〔内藤謙〕が参考となる〔以下、「団藤・注釈刑法〔内藤〕」とする〕）。

▶基本文献発表以前におけるわが国の作為義務発生根拠論

(1) 判　例

 判例は、不作為者の地位、保護の引受けおよび先行行為の有無、不作為時の状況等を考慮し作為義務の存否を判断する。たとえば、(ⅰ)殺人罪に関し、「法律ニ因ルト将契約ニ因ルトヲ問ハス養育ノ義務ヲ負フ者」が殺人の故意で「被

養育者ノ生存ニ必要ナル食物ヲ給与セスシテ」死亡させた場合に殺人罪を認めたもの（①大判大正4・2・10刑録21輯90頁）、「自動車運転者が自動車の操縦中過失に因り通行人に意識不明を伴う……重傷を負わせ、これを救護するため一旦自動車の助手席に乗せ〔た〕」ものの、その後変心し、「深夜の寒気厳しい暗い農道上に至り殺害について未必の故意をもって、たやすく人に発見されにくい陸田に右被害者を放置して置き去りにした場合には、右被害者が傷害の程度、遺棄された時間的、場所的状況等から放置しておけば死亡する高度の蓋然性が認められ」、殺人の未必の故意がある限り殺人罪が成立するとしたもの（②浦和地判昭和45・10・22刑月2巻10号1107頁）がある。(ii)放火罪に関し、「自己ノ故意行為ニ帰スヘカラサル原因ニ由リ既ニ叙上物件ニ発火シタル場合ニ於テ之ヲ消止ムヘキ法律上ノ義務ヲ有シ且容易ニ之ヲ消止メ得ル地位ニ在ル者」の不作為に放火罪を認めたもの（③大判大正7・12・18刑録24輯1558頁）、(判例③と同旨の理由を示した上で)「自己ノ所有ニシテ火災保険ニ付サレ而モ自己以外ノ人ノ住居セサル家屋ノ神棚ニ多数ノ神符存在シ其ノ前ニ供セル蝋臺ノ蝋受カ不完全ニシテ之ニ点火シテ立テタル蝋燭カ神符ノ方ヘ傾斜セルヲ認識シナカラ」危険防止措置を取らなかった不作為に放火罪を認めたもの（④大判昭和13・3・11刑集17巻237頁）がある。また、放火罪に関してはその主観的要素として「既発ノ危険ヲ利用スル意思」（判例③④）が認められることに特徴がある一方、「既発の火力により右建物が焼燬せられるべきことを認容する意思」を認めて放火罪を肯定したもの（⑤最判昭和33・9・9刑集12巻13号2882頁）もある。

(2) 学　　説

　学説では、ⓐ法令の規定による場合、ⓑ契約・事務管理などの法律行為による場合、さらにⓒ条理または慣習に基づいて認められる場合として、先行行為に基づく場合、管理者としての地位に基づく場合（「支配領域性〔独占的地位〕」がある場合もここに含まれるとされる）に作為義務があるとされた（形式的三分説。団藤・注釈刑法〔内藤〕36頁以下参照）。

2　学説史的意義と位置づけ

▶先行業績

　基本文献発表以前のわが国の学説では、ドイツにおける保障人説および目的的行為論に基づく不真正不作為犯理解の有力化を受けて、また、刑法改正作業に伴う不真正不作為犯の議論の活性化を受けて（内藤謙『刑法改正と犯罪論(下)』〔有斐閣、1976年〕401頁以下参照）、不真正不作為犯論が盛んに論じられた。代表的なものとして、中谷謹子「不真正不作為犯の問題性に関する一考察(1)(2・完)」法学研究30巻4号（1957年）14頁・同12号（1957年）40頁、金沢文雄「不作為の構造(1)(2・完)」政経論叢（広島大学）15巻1号（1965年）43頁・同2号（1965年）1頁、金沢・前掲「不真正不作為犯の問題性」224頁、中森・前掲「保障人説について」1頁、名和鉄郎「ドイツ不作為犯論史(1)(2)(3)(4)」法経研究（静岡大学）20巻2号（1971年）1頁・同22巻1号（1973年）27頁・同22巻3号（1974年）59頁・同25巻3・4号（1977年）203頁、同「不作為論における方法論的問題」法経研究（静岡大学）21巻1号（1972年）17頁がある。

▶基本文献発表以前の判例・学説に対する基本文献の位置づけ

　基本文献は従前のわが国の学説・判例に対し下記の点を指摘して、作為義務発生根拠の検討の必要性を基礎づける。それらの指摘は従前の学説・判例に対する基本文献の位置づけを表している。基本文献は、第一に、「戦後の作為義務論は、この点〔作為義務の内容〕については、従来と同様に、法律、契約、先行行為、条理、慣習等々を作為義務発生事由として求めているにすぎない」（基本文献220頁）とし、わが国では作為義務発生根拠に関する検討が不十分であると指摘する。第二に、「〔アルミン・〕カウフマンの新不作為犯論が木村〔亀二〕らによってわが国に紹介されるや、この理論の影響の下に、不作為犯の犯罪論における体系適合性の有無が議論の対象とされた」。「しかし、作為義務論についていえば、……同価値性の要件を指摘するにとどまり、その要件の分析までは行なわれなかった」（基本文献222頁）とし、わが国ではその体系的問題に議論が集中しがちであったと指摘する。第三に、「不作為犯の問題については、作為義務よりも、『既発ノ火力ヲ利用スル意思』という主観的要件のもつ意義

が指摘されていた」（基本文献223頁）とし、作為義務論よりもそうした主観的要素の検討への偏りを指摘する。他方、わが国の判例が不真正不作為犯の処罰に対し厳格であるとはいえないと指摘する。それが謙抑的に見えるのは、わが国ではドイツと異なり、①不作為的形態をも処罰対象としうる（保護責任者）遺棄（致死傷）罪の存在、②業務上過失致死傷罪の存在、③不作為による共犯をも含みうる共謀共同正犯概念の存在が「不作為犯吸収基盤」（基本文献246頁）として機能するため、判例の問題性が表面化しなかったからにすぎないとする。このようにして基本文献は、不真正不作為犯の可罰範囲の明確化のために作為義務発生根拠の検討の必要性を基礎づける。

　基本文献の発表後、基本文献の理解を中心に検討が重ねられ、わが国の作為義務発生根拠論が発展していく。

3　文献紹介

▶基本文献の構成

　基本文献は序章を含めると全5章から成る。主要な考察内容としては、第一に、「ドイツにおける作為義務論の展開過程」（第1章）の考察、第二に、「わが国における作為義務論の展開過程」（第2章）の考察を経て、第三に、「自説の展開」（第4章）に至る。ドイツおよびわが国の議論状況の考察は、時代を区分して行われ、その時代ごとに判例、学説、立法の考察が行われる。その時代区分は、ドイツに関しては、「プロイセン刑法典下における作為義務論」、「1871年刑法典下における作為義務論」、「ワイマール体制下における作為義務論」、「ナチス体制下における作為義務論」、「戦後西ドイツにおける作為義務論」から成り、わが国に関しては、「旧刑法典下における作為義務論」、「戦前における作為義務論」、「戦後における作為義務論」から成る。

▶基本文献の主張の中核──具体的依存性説

　作為義務発生根拠に関する基本文献の理解は、堀内捷三自身により「具体的依存性説」と名づけられており、その内容の中核を切り取れば、次のとおりである（基本文献249-263頁参照）。

……不作為者の法益に対する密着性〔に〕より作為義務の実体にアプローチすることが妥当であろう。……不作為者の法益に対する密着性とは、刑法上禁止された法益侵害という結果の不発生が不作為者に依存するという関係の発生を意味する。……たとえば、母親の食物不供与による子供の生命という法益の侵害が刑法上禁止されるのは、民法877条により母親が子供に対して扶養義務を負担していることに基づくものではない。母親の食物供与行為に子供の生命の保持が依存していることによる。それゆえ、ここで問題となる依存性は、……単なる不作為者と被害者の関係により生ずるものではない。不作為者と結果との間における依存関係を意味する。このような依存性は、母親の子供に対する食物供与行為の反復・継続性を媒介として成立した食物供与行為の通常性および排他性に基づき発生する。換言すれば、依存性は、母親が子供に対する食物供与行為を引受けているということ、すなわち引受け的行為に基礎を置くといえよう。……作為義務の依存性を基礎づける「引受け的行為」は、従来のように誰れが引受けるべきかという規範が問題となるのではない。誰れが現実に引受けているかという事実が問題である。この意味で、引受け的行為の存在は法的諸関係より形成されるものではなく、事実的諸関係に基礎を置くのである。換言すれば、引受けの契機は、作為義務の判断には重要ではない。……作為義務の実体を「事実上の引受け的行為」に求めるとしても、なおその認定基準が問題となる。……認定基準としては、①結果条件行為〔＝結果の発生を阻害する条件行為——引用者註〕の開始・存在、②〔結果条件〕行為の反復・継続性、③〔法益に対する〕排他性の確保という要件を指摘しうる。

　基本文献が採る具体的依存性説は、従前の不真正不作為犯論の展開を考察した結果として結実したものある。とくにドイツの議論過程が具体的依存性説の基礎づけに影響を与えているので、以下ではまず、基本文献の考察に沿ってドイツでの作為義務発生根拠論の展開過程を描出し、その上で具体的依存性説を見ることとする（なお、基本文献の内容に基づいて堀内捷三「不作為犯論」中山研一ほか編『現代刑法講座(1)』〔成文堂、1977年〕297頁〔以下、「堀内・②論文」とする〕が執筆されており、基本文献の理解の参考となる）。

▶形式的三分説の完成まで
　プロイセン刑法典には不真正不作為犯を処罰する規定は存在しなかったが、その処罰の一般的可能性は肯定されていた。その際、不真正不作為犯成立のためには、フォイエルバッハの理解に従い、「単なる一般的倫理的義務」ではなく、「作為すべき特別な法的義務」の存在が必要であるとされた。他方、こうした

理解が実務にも影響し、プロイセン王立上級法廷は不作為犯の処罰根拠について、「一般的には、単なる不作為だけでは可罰的答責性を示しはしないとしても、何人かが特別な法的根拠、すなわち、法律または契約により行為を要求できる権利を有している場合には、不作為犯は認められる」とした。しかし、当時の「法律」としては一般ラント法が考慮されていたが、それには倫理的義務さえも法律上の義務として規定されていたから、作為義務が倫理義務化する危険性を内包していた（基本文献5頁以下参照）。

　フォイエルバッハ以降の学説は不作為の因果性の解明に取り組んだが、その議論過程においてブーリーは、「よしんば、全く無責にであれ、自己の行為によって結果発生の危険を生ぜしめた者」も、「因果関係に関する一般的な原則により演繹すれば、法律上の義務を生ぜしめる原因としての意味をもつ」として、先行行為に基づいて作為義務が肯定されるとし、その理解はライヒ裁判所にも採用された（RG Rechtspr. 10, 74〔78〕）。これによって、法律、契約、先行行為を作為義務の発生根拠として理解する形式的三分説が完成された（基本文献11頁以下参照）。

▶作為義務発生根拠の実質化による不真正不作為犯の処罰範囲の拡大

　もっとも、1871年刑法典下における判例は、必ずしも法律、契約といった形式的根拠だけに基づいて作為義務の存否を判断しなかった。たとえば判例は、妻の犯罪行為を阻止しない夫の作為義務について、妻に対する夫の民法上の扶養義務とともに、「法において、とくにプロイセン一般ラント法においてもみられるように、婚姻の本質より及びその点に関して夫に与えられている法的地位より……妻が婚姻上の信義の侵害を職業とすることを阻止すべき権利のみならず法的義務が生じてくる」として、「婚姻の本質」、「婚姻共同体」という実質的な要素をも見出して作為義務を肯定した。形式的要素だけでは不十分であるとして実質的要素も考慮するというこの方向性は、契約に基づく場合にも同様に見られた。しかしそうした実質的要素の考慮は、不真正不作為犯の処罰範囲が拡大する契機をはらむ。現にこの時期の判例では、先行行為に基づく不真正不作為犯の成立範囲が拡大された（基本文献18頁以下参照）。

　こうした判例の傾向は、ワイマール体制下においても継続し、「信義則」、「人間性」、「生活慣習」といった実質的要素に基づいて作為義務が基礎づけられた

ことから、法的義務と倫理的義務の限界が不明確となった（基本文献38頁以下参照）。

　ナチス体制下においてライヒ裁判所は、「緊密な生活共同体」概念に基づき作為義務を肯定するに至る。すなわち、Ｘの姉Ａ子が脊髄を患い全身不随となったにもかかわらず、（Ａ子と同居をする）Ｘと（Ｘの要請によりＡ子を世話していた）18歳の娘Ｙ子は必要な保護をＡ子にせず放置し、Ａ子が死亡した事案において、ライヒ裁判所は、Ｙ子の作為義務に関し、「民法1617条から、かつ、父親の要求から引き出される義務とは独立に、父親が世話をしなかった場合には、被告人自ら、できるかぎり病人の世話をしなければならない。相互に責任を分ち合うべきであるとは倫理の命令であり、それゆえ、もっとも広い範囲においては、キリスト教の隣人愛に関する義務より生じ、より狭い領域においては、国民共同体の内部において献身を要求される前線の兵士の戦友精神や国家社会主義から生ずる。きわめて緊密な生活共同体において、団結して外界に対処する人々にとっては、道徳的義務は、法的義務となりうる。家庭または家族共同体の場合がそうである」（RGSt 69, 321）として作為義務を肯定した。この「緊密な生活共同体」概念は不真正不作為犯の成立範囲を拡張する機能を有していた。こうした時期において先述のナーグラーによる保障人説が主張されたが、それは判例に対して十分な規制機能をもたなかった（基本文献49頁以下参照）。

　戦後の判例においても「緊密な生活共同体」概念に基づく作為義務の肯定は継承された。他方、学説では、不作為犯処罰と罪刑法定主義違反の問題に関し、先述のアルミン・カウフマンによる新しい不作為犯論が主張された。カウフマンは不真正不作為犯処罰が罪刑法定主義に反すると解する一方、不作為が作為と「同価値性」を有する範囲での可罰性を肯定した。カウフマンの主張した同価値性の要件は違法性を限定する機能を有するものとして高く評価された（基本文献59頁以下参照）。

　以上のようにして、判例が作為義務発生根拠を実質化することにより不真正不作為犯の処罰範囲を拡張していく中で、その後の学説は、そうした拡張的傾向に対し対処するべく、作為義務の実体解明に取り組んだ。それが基本文献の具体的依存性説に結実する。

▶具体的依存性説の構築

(1) 具体的依存性説の視点

　基本文献は作為義務の実体に関する学説を2つに分類する。第一に、不作為者と被害者との関係により作為義務の実体を解明しようとする見解（たとえば、ヴェルプの依存性説〔基本文献110頁以下〕）、第二に、不作為者と結果との関係を明らかにすることにより実体を解明しようとする見解（たとえば、ルドルフィの統括者説〔基本文献114頁以下〕、シェーネマンの結果原因支配説〔基本文献116頁以下〕）である。作為義務の実体解明に取り組んだ従前の学説史においては前者が有力であった。しかし基本文献は、前者は行為無価値論と親和性をもつと批判する。すなわち、「作為義務のメルクマールを不作為者と被害者との関係により把握するということは、両者の社会関係に基づき作為義務が創設され、違法性が付与されるということを意味する。それゆえ、不作為犯の処罰理由は、この社会的諸関係の保護ないし維持に求められる。さらに、この関係は、最終的には社会倫理、社会的期待あるいは信頼関係のような評価を含む一般的、概括的条項に基礎を置かざるをえない。この意味で、通説が作為義務の発生事由として法律・契約・先行行為と共に、条理、慣習を指摘せざるをえなかったのも、不作為者と被害者の関係に着目したことの当然の帰結であろう。さらに、作為義務をこのような評価的な一般条項より演繹するとすれば不作為犯の問題に倫理が大幅に混入する危険を示すことになり、不作為の成立範囲が不明確となることを阻止しえない」（堀内・②論文307頁。同旨、基本文献249頁以下）と批判する。それゆえ、作為義務の倫理化により招来される不作為犯の処罰範囲の拡大を阻止するためには、「不作為犯の処罰根拠も究極的には刑法による法益保護に求められる以上、この問題解決への糸口は、作為義務の実体を法益との関連において、すなわち、不作為者と結果との関係より解明するというアプローチ」（基本文献250頁）が採られるべきであるとする。

　基本文献は具体的依存説を基礎づけるにあたって身分犯における犯罪主体の特定を手がかりとしており、その見方は本説を理解する上で参考となる。すなわち、「秘密漏泄罪がすべての者による個人の秘密の漏泄を処罰せずに、その主体を『医師、薬剤師、薬種商、産婆、弁護士、弁護人、公証人又は此等の職に在りし者』に限定しているのは、法益保護のためにはこれらの者に限定する

ことで充分であるとする刑法の二次的性格による謙抑主義に基づく政策的判断によるに他ならない。不作為犯の場合も同様に、一定の事例については処罰感情の存在にもかかわらず、処罰を放棄するという政策的判断が必要である、そして、このことによりもたらされる処罰の間隙を回避しようとすれば、それは緊急救助義務違反を処罰する立法によるべきであり、不作為犯の成立範囲の拡張ということで解決すべきではない」(堀内・②論文307頁以下。同旨、基本文献252頁以下、同263頁以下)との問題意識を示す。

(2) 具体的事例への適用

具体的依存性説とは、先述のとおり、作為義務の実体は法益侵害結果の不発生が不作為者に依存しているという関係において存在し、その依存性は「事実上」の引受け行為に基づいて認められるものであり、それは、①(結果の発生を阻害する)結果条件行為の開始、②結果条件行為の反復・継続、③法益に対する排他性の確保という3要件が満たされたときに認められる、とする見解である。

実際の事例に関して本説は、子供に対する母親の食物不供与という典型的事例についてはその母親に作為義務を肯定し、その不履行に不作為の殺人罪の成立を肯定する。また、基本文献は先行行為自体に基づく作為義務を否定する一方、自動車で被害者をはねた後、一度は被害者を病院へ搬送するために自車に引き入れたものの、その後翻意し同車内で被害者が死亡した事案については、被害者に救助の手を差し伸べたことに結果条件行為の開始を認め(基本文献257頁)、その搬送を引き受けた自動車の運転行為に結果条件行為の反復・継続性を認め、また排他性も肯定しうるとして(基本文献259頁以下)、不作為による殺人罪を認める。

他方、結果条件行為の反復・継続という要件と、排他性の確保という要件は重畳的関係にあるとして、行為を反復・継続して行うことにより排他的関係が成立する一方、排他性が強い場合には反復・継続性も容易に肯定されるとする。この観点から、会社事務員が事務室内の自席の下にあった木製火鉢を炭火がついたままにして同所を離れ、その後事務室内に戻ったところ、その炭火が傍にあったボール箱入原符に引火し、木机に燃え移っているのを発見しながら延焼防止措置を取らなかった事例(前掲・最決昭和33・9・9)について、「被告人は

残業職員として火気について継続的関係に立ち、火気のある部屋について事実上の排他性を確保していた」ので、「不作為による放火罪の成立を肯定した判決の結論は是認」できるとする（基本文献260頁以下）。

4　残された課題

　基本文献発表後の作為義務発生根拠論は、具体的依存性説の個々の要件には批判しつつもそれと同様に、作為義務を実質的に一元的に理解する方向で発展する。

　第一に、作為犯には原因力があるが不作為犯にはそれがないことを前提に、不真正不作為犯がその存在構造上のギャップを乗り越えて作為犯と構成要件的に等価値（同価値）であるとされるためには、「不作為者が当該不作為をなす以前に、法益侵害に向かう因果の流れを自ら設定している場合でなければならない」（日髙義博『不真正不作為犯の理論』〔慶應通信、1979年〕155頁）とし、そのような場合に作為義務が肯定されその不履行に不真正不作為犯が成立するとする。本説はこの理解に従って、ひき逃げの事例について、殺人の未必の故意があり、かつ過失の先行行為によって被害者の死に対する因果の流れの設定がなされている場合には、不作為による殺人罪が成立するとする（なお、本説は先行行為説として紹介されることもあるが、母親がわが子に故意に授乳せず死亡させる事例についても、不作為者が故意に法益侵害に向かう因果の流れを設定した事例として理解し、母親に不作為による殺人罪を肯定する〔日髙・同157頁〕）。

　第二に、基本文献のいう結果条件行為の開始、その反復・継続という要件には批判しつつも、基本文献が示した排他性の要件について、なぜそれが必要かを基礎づけるかたちで、次の見解が主張された。すなわち、作為犯の特徴は行為者が自己の意思に基づいて法益侵害結果へと向かう因果の流れを設定したことにあるのに対し、不作為犯はすでにある結果への因果の流れを阻止しないという消極的態度であるとの理解を前提に、「そのような不作為が作為と同価値であるためには、不作為者が結果へと向かう因果の流れを掌中に収めていたこと、すなわち、因果経過を具体的・現実的に支配していたことが必要」（西田典之「不作為犯論」芝原邦爾ほか編『刑法理論の現代的展開　総論Ⅰ』〔日本評論社、

1988年〕90頁）であるとして、まず、①不作為者が自己の意思に基づいて排他的支配を有しまたは設定した場合に作為義務が認められるとし、他方、②自己の意思に基づかずに排他的支配が生じた場合には、それに加えて、不作為者こそが作為すべきであったという規範的要素がある場合（たとえば、身分関係、社会的地位に基づき社会生活上継続的に保護・管理義務を負う場合）に作為義務があるとする見解である（西田・同90頁以下）。

　第三に、第二の見解と同様に、結果条件行為の開始、反復・継続の要件を批判しつつも、基本文献の理解の実質をさらに基礎づけるかたちで、①排他的支配に加えて、②不作為者が危険を創出（ないし増大）させた場合に作為義務があるとする見解である（佐伯仁志「保障人的地位の発生根拠について」香川達夫博士古稀祝賀『刑事法学の課題と展望』〔成文堂、1996年〕108頁以下〔以下、「佐伯・前掲論文」とする〕。本説については、同『刑法総論の考え方・楽しみ方』〔有斐閣、2013年〕89頁以下〔以下、「佐伯・前掲書」とする〕も参照）。この際、①排他的支配の必要性は、第二の見解と同様に、不作為者が因果の経過を掌中に収めているときに作為との同価値性が認められることを根拠とし、②危険創出行為の必要性は、積極的に法益に危険を与える行為をしなければ処罰されることはないという「自由主義に基礎を置く刑法の大原則」からの要請としてそれを求める。本説は、②の観点から、先行行為に基づく作為義務を肯定する点で、第二の見解と異なる（先行行為に故意ないし過失を求めない点で第一の見解とも異なる〔佐伯・前掲論文111頁、同・前掲書90頁以下〕）。

　以上が基本文献発表後の代表的な3つの見解である。とくに第二、第三の見解は、基本文献が作為義務発生の要件として挙げた「排他性」について、その必要性をさらに実質的に基礎づけようとしたものである。他方、これら3つの見解においては、作為義務発生根拠を事実的に認めようとする点、作為犯と類似する要素を見出しそれを根拠に作為義務を基礎づける点に共通した特徴がある。

5　現代的意義

▶近時の作為義務発生根拠論

　基本文献および基本文献発表後の学説は、作為義務の発生根拠を事実的に認めようとするものであったが、近時においてはその規範化が特徴的である（塩見淳「作為義務の成立根拠」法学教室381号〔2012年〕62頁以下参照）。その傾向は二つに分けられる。

　第一に、作為義務発生根拠としての排他的支配は、従前の学説では事実的・空間的なものとされていたが、近時においては、法令に基づく権限、情報等に従って規範的な意味で認められる支配、すなわち（当初の理解と比較すれば）間接的な支配も想定され、それに基づく作為義務が認められる場合がある。こうした「支配」の拡張的理解はとくに、製品出荷後の回収義務違反に基づく過失不作為犯（業務上過失致死傷罪）の成否（たとえば、薬害エイズ事件ミドリ十字ルート〔大阪高判平成14・8・21判時1804号146頁〕、薬害エイズ事件厚生省ルート〔最決平成20・3・3刑集62巻4号567頁〕、三菱自動車車輪脱落事件〔最決平成24・2・8刑集66巻4号200頁〕）の検討に際して採られるようになった（本問題については、岩間康夫『製造物責任と不作為犯論』〔成文堂、2010年〕、稲垣悠一『欠陥製品に関する刑事過失責任と不作為犯論』〔専修大学出版局、2014年〕参照）。たとえば、危険源の引受けに基づく監視義務に関し、「その際には必ずしも物を物理的に掌中に収めている必要はないが、支配の有無の判断では管理支配の実態が重視され、とくに法令や行政指導等により製品の品質管理システムが構築されて事実上運用がなされている場合又は製造業者が製販ルートを掌握し、あるいは販売後も販売店を通じて顧客管理を徹底して製品等の管理を行っている場合には、当該製品になお事実上の支配が及んでいる」（北川佳世子「薬害エイズ３判決における刑事過失論」法学教室258号〔2002年〕48頁）として作為義務を認める見解が挙げられる（同「欠陥製品回収義務と刑事責任」『神山敏雄先生古稀祝賀論文集(1)』〔成文堂、2006年〕197頁以下、林幹人「国家公務員の刑法上の作為義務」同『判例刑法』〔東京大学出版会、2011年〕21頁以下、岡部雅人「刑事製造物責任における回収義務の発生根拠」刑事法ジャーナル37号〔2013年〕15頁以下も参照。佐伯・前掲書91頁は、特別の知識に

基づく排他的支配を認める)。

　第二に、近時は、事実的な排他的支配を作為義務発生根拠とは理解しない見解も主張される。たとえば、①同価値性を担保するために排他的支配を導出することに疑問を呈し、法益が危殆化された状況下で結果回避可能性を等しく有する者の中から、結果回避命令を遵守するために負担するコストが最も小さい者（効率的な主体）に作為義務が認められるとする見解（鎮目征樹「刑事製造物責任における不作為犯論の意義と展開」本郷法政紀要 8 号〔1999年〕352頁以下）、②排他的支配を単独正犯性の要件とし、物理的危険創出行為をなしたか、法益ないし危険源に対する意識的引き受けがある場合に作為義務が認められるとする見解（島田聡一郎「不作為犯」法学教室263号〔2002年〕116頁以下）、③作為犯では「排他性」ほどの強固な支配は求められないとの観点から排他的支配に基づく作為義務を否定し、事務管理や契約を含む法規範によってのみ作為義務が基礎づけられるとする見解（髙山佳奈子「不真正不作為犯」山口厚編著『クローズアップ刑法総論』〔成文堂、2003年〕67頁以下）がある。

▶作為義務発生根拠の規範化について

　製品出荷後の回収義務に関してなされた「排他的支配」の規範的・拡張的理解は、過失不作為犯も不真正不作為犯であるため、そこでの作為義務発生根拠から回収義務を基礎づけようとした結果と思われる。しかしそうして希薄化された「支配」はすでに「当該の者が法益の保証者・保護者、危険源の管理者である（／になる）ことと同義」（塩見・前掲64頁）であるとも指摘される。結論に合わせてその基準を拡大して理解したことで、結果的にその基準自体の意義が薄まったともいえる（山中敬一「刑事製造物責任論における作為義務の根拠」法学論集〔関西大学〕60巻 5 号〔2011年〕30頁）。だとすれば、むしろその場合には、上記第二の見解のように排他的支配に固執しない方が、より実質的で制限的な作為義務発生根拠を構築できると思われる。

　基本文献発表後、作為犯とは存在構造が異なる不作為犯がいかなる場合に作為犯と同視しうるかという作為類似性（相違に基づく埋め合わせ）の観点から、事実的な排他的支配が作為義務発生根拠として基礎づけられた。しかし不真正不作為犯の成立がその範囲だけに限られるとすれば、それは過失不作為犯の成立範囲において妥当な結論を得られない。そこで、作為義務が必ずしも作為類

似性から基礎づけられるものでないとすれば（鎮目・前掲348頁以下参照）、作為義務者は結果回避可能性を有する者の中から規範的に選別される一方、その発生根拠が一元的である必要はない（樋口亮介「注意義務の内容確定基準」刑事法ジャーナル39号〔2014年〕54頁、同「注意義務の内容確定基準」『山口厚先生献呈論文集』〔成文堂、2014年〕214頁。吉田敏雄『不真正不作為犯の体系と構造』〔成文堂、2010年〕43頁以下も参照）。しかしそれは事実的基礎が不要であることを意味しない。作為が規範的に期待される場合でも、それは漠然とした一般的期待ではなく、現実の制度・状況等に鑑みて事実的基礎を認定し、その上で法益保護の観点から規範的な期待の存否が評価されるものでなければならないからである（塩見・前掲64頁、同「瑕疵ある製造物を回収する義務について」刑法雑誌42巻3号〔2003年〕370頁以下参照。中森喜彦「保障人説」現代刑事法41号〔2002年〕6頁は、「法が社会関係を対象とする以上、人の社会的役割の違いが重要な意味を持つのは当然」とし、同7頁は、「他人のための作為の要求がいつ処罰を根拠づけうるほど強度のものになるかという問題が決定的であるとすれば、支配と規範的要素とを併置するのではなく、支配の観点自体を規範的に観察することを厭うべきではない」とする）。

基本文献自身は、排他的支配を（埋め合わせの観点に基づく）作為類似性を確保する要素としてではなく、作為義務の倫理化を排除するために、身分犯の主体限定論理を参考に、それを基礎づける事実的要素のひとつとして提示していた。だとすれば、基本文献はすでに結果回避可能性をもつ者の中から作為義務者を選別する視点を示すものであった。事実的要素を基礎に作為義務の存否を考察する基本文献の視点は、現在でもなお有効である。

▶過失不作為犯と故意不作為犯

他方、排他的支配のそうした拡張的理解、それに伴う不真正不作為犯の可罰範囲の拡大は、製品の回収義務違反に関する過失不作為犯についてなされたものであるから、それが直ちに故意不作為犯の成立範囲の拡大には至らない（堀内捷三「製造物の欠陥と刑事責任」研修546号〔1993年〕8頁以下はその回収義務違反に関し、基本文献の具体的依存性説に従って故意不作為犯の成立を否定しつつ、過失犯は成立しうるとする）。たしかに過失不作為犯も故意不作為犯も共にその成立には作為義務とその違反を必要とする（林・前掲16頁）。しかし共に作為義務を必要としてもそれがいかなる場合に認められるかは両者で異なるので、過失不作

為犯での作為義務発生根拠が直ちに故意不作為犯でのそれとは限らないからである。たとえば、故意不作為犯の作為義務が（危険の認識の必要性とも相まって）主に危険顕在化後の結果発生阻止義務として現れるのに対し、過失不作為犯では危険潜在状況での予防措置義務も作為義務として認められ、そこで期待される作為の内容も故意不作為犯の場合とは異なるから、結果的にそれが作為義務発生根拠の相違としても現れる。その意味で作為義務発生根拠は両者の間で相対化しうるのである。

　作為義務発生根拠に関する基本文献の理解は故意不作為犯について基礎づけられたものであるから、過失不作為犯に関してなされる近時の拡張的理解によって基本文献の理解が直ちに否定されるものではない。刑法書においてはひとつの不真正不作為犯論が論じられるが、作為義務発生根拠自体は、故意犯および過失犯、ひいては各罪に応じて論じられるべきものである（団藤・注釈刑法〔内藤〕35頁）。

8 因果関係論／客観的帰属論

●基本文献
山中敬一
『刑法における因果関係と帰属』
(成文堂、1984年)

山本 高子

1 学説・実務状況

▶はじめに

　まず、日本における学説と実務の流れを概観する。日本においては、条件説と相当因果関係説の対立という状況にあったのに対し、実務は、特定の立場を採用することなく判断を示してきたが、主流は条件説によると評価されることが多かった。

(1) 条件説

　条件説は、行為と結果との間に「あれなければこれなし」という条件関係 (Conditio sine qua non：Conditio 公式) が認められる場合、因果関係を肯定する立場である。条件説は、オーストリアのユリウス・グラーザーにより主張され、ドイツのライヒ裁判所の判事であった v. ブーリによって完成されたといわれる。条件説は、すべての条件を等価値とするため、広範にわたり際限なく因果関係が認められると批判される。これに対し、限定を図るために因果関係中断論や遡及禁止論が主張されたが、責任段階で帰責を限定することが一般的である。また、条件説は構成要件論を採らない論者が主張することが多いとされている。

(2) 原因説

　条件説によると、因果関係が広範に認められるという批判に対し、因果関係を限定するために主張されたのが、原因説である。条件を選択する基準として、

時間的にみて結果に対する最終の条件とする最終条件説、結果に対して最も有効な条件とする最有効条件説他が主張されたが、基準が不明確との批判をうけ、現在支持者は存在しない。

(3) 相当因果関係説

相当因果関係説は、行為と結果との間に条件関係が認められる場合に、その条件関係が経験則上一般的であり、相当であるかを問う理論である。相当因果関係説は、医師であったクリースの確率研究に端を発し、日本において幅広い支持を得て、通説となった。相当性の有無を判断するにあたり、いかなる事情を基礎とするかにつき、以下の3説が主張される。

まず、行為者が行為当時認識していた事情および認識しえた事情を基礎として判断する主観説がある。次に、行為当時客観的に存在した事情およびその事情から予測可能であった事情すべてを考慮する客観説がある。最後に、行為当時一般人に認識可能であった事情および行為者がとくに認識していた事情を基礎とする折衷説がある。主観説に対しては、行為者が認識していなかった事情はすべて除外されるため、因果関係が認められる範囲が狭すぎるとの批判、客観説に対しては、客観的に存在した事情がすべて考慮の対象とされるため、因果関係が広範に認められるとの批判があり、折衷説に対しては、行為者の主観を考慮することに対して、客観的帰責である因果関係の性格に反するとの批判が呈される。

▶判　例

このような学説の状況に対して、判例は、1914年頃は相当因果関係説を採っていたとされるが、1918年頃からは、若干の例外を除いて（その例外として浜口雄幸首相暗殺事件が著名）、条件説を採っていると評価されてきた。第三者の行為が介入した場合や、被害者が逃走する過程で生じた加重結果、脳梅毒など被害者の特異体質が結果に寄与した場合であっても、条件説により因果関係を認めてきた。その傾向に変化が表れたと評価されたのが、米兵ひき逃げ事件（最決昭和42・10・24刑集21巻8号1116頁）である。この事例において最高裁は、同乗者が走行中の自動車の屋根から被害者をさかさまに引きずり落とし、道路上に転落させるということは「経験上、普通予想しえられるところではな」く、「被告人の前記過失行為から被害者の前記死の結果の発生することが、われわれの

経験則上当然予想しえられるところであるとは到底いえない」と判示し、相当因果関係説の口吻を使用して、因果関係を否定した。本決定は、最高裁が相当因果関係説に親和的であるとの評価をもたらしたが、その後も被害者に重篤な心臓疾患が存在した事例（最判昭和46・6・17刑集25巻4号567頁）において、条件説の立場から因果関係を肯定し、判例の立場は変化していないと評価されていた。

2　学説史的意義と位置づけ

　上述の状況下で、山中敬一の『刑法における因果関係と帰属』（成文堂、1984年）は公刊された。基本文献において、山中は、過失犯における義務違反と結果との関係、ならびに幇助の因果関係を題材とし、因果関係と帰属の問題を論じている。一見すると、過失犯と幇助という限定的な領域におけるものと思われるが、ドイツにおいて客観的帰属論が有力化する契機となったのが過失犯における義務違反と結果の関係の問題であり、また、客観的帰属論が、その適用領域として包摂を試みていた問題が幇助であった。山中は、これらの問題を取り上げることにより、日本において客観的帰属論を主張するための礎を築いたものといえよう。基本文献では、これまでの因果関係に関する学説を批判的に検討し、当時ドイツにおいて支持を得つつあった客観的帰属論の考え方の一類型である危険増加原理を示すことによって、日本における客観的帰属論の萌芽を示したものと評価できる。

　その後、山中敬一は『刑法における客観的帰属の理論』（成文堂、1997年）を公刊された。この文献は、柔道整復師事件（最決昭和63・5・11刑集42巻5号807頁）、大阪南港事件（最決平成2・11・20刑集44巻8号837頁）、夜間潜水事件（最決平成4・12・17刑集46巻9号683頁）といった一連の判例とその判例に起因する相当因果関係説の危機をうけて、相当因果関係説の限界を示すことを試み、相当因果関係説の歴史を辿り、諸外国の客観的帰属論の歴史的考察を通じて、日本においても客観的帰属論が支持されるべきことを主張するものである。それまでも客観的帰属論に関する著作は散見されたものの（斉藤誠二「いわゆる客観的な帰属の理論をめぐって」警察研究49巻8号〔1978年〕3頁以下）、客観的帰属論の全体像

を本格的に示したものはこの文献が初めてと思われ、山中の構想する客観的帰属論が余すところなく示されており、客観的帰属論を研究する際のバイブルであるといっても過言ではないであろう。

このような因果関係を規範化する試みに一石を投じたのが、林陽一の『刑法における因果関係理論』（成文堂、2000年）である。林は、判例に端を発した相当因果関係説の危機やそれをうけての相当因果関係説の修正の試みが、因果関係を規範化するものであると批判し、さらに、因果関係を規範的な判断とする客観的帰属論が支持を拡大していることに警鐘を鳴らし、因果関係をあくまでも事実的側面から確定する方法を呈示しようとしたものとして評価されるものと思われる。

3 文献紹介

▶山中敬一『刑法における因果関係と帰属』（成文堂、1984年）

基本文献は3編から構成される。第1編では過失犯における義務違反と結果との関係、第2編においては幇助の因果関係、第3編において因果関係と帰属をめぐる最近の学説がまとめられている。

(1) 過失犯における義務違反と結果の関係

第1編において、過失犯における義務違反と結果との関係が論じられる。まず、義務違反と結果の間に何らかの関係が存在しない場合には、その義務違反は注意義務違反ではないとの命題が示されるが、この関係の意味と実質的内容が問題とされる。

(2) 合義務的態度の代置

第1章においては、合義務的態度の代置の問題が検討される。ここでは、ドイツにおける著名な判例（薬剤師事件、コカインあるいはノヴォカイン事件、山羊の毛事件、トレーラー事件）が挙げられ、学説における解決法が検討される。因果関係による解決（Conditio公式）、不作為による解決（行為者の義務違反的態度を不作為とする）、関連説（メッガーの重要説やエーラーの客観的目的可能性説、ランペの因果関係と作用連関としての論理的結合を区別する立場）、バウマン（回避可能でない結果は違法性阻却）、アルトゥール・カウフマン（仮定的な結果の原因は、結果反

価値が欠如）、カールス（自然科学的因果関係と法律的結果帰属を区別し、法律的結果帰属は回避可能性原理である）、ウルゼンハイマー（目的的な回避可能性、注意義務の保護作用を考慮）、ロクシン（危険増加原理）等の見解がそれぞれ検討される。これらの見解の考察から、侵害された義務と結果の間に特別な関係が必要であるとの結論へ至る。山中は、ロクシンの危険増加原理を基礎にして、「結果発生の実質的で許されない危険」がある場合にのみ過失犯の成立を認め、義務違反と結果とは、危険の実現というメルクマールを媒介として結合されることが必要であるとされる。

(3) 規範の保護範囲の理論

第２章において規範の保護範囲の理論が検討される。ドイツ損害賠償法やドイツ刑法における状況が示された後、わが国の判例が参照される。わが国の判例は、義務違反行為と結果の間の関係を条件的な因果関係の問題として取扱っており、故意行為と結果との間の関係と同じであると評価されるが、規範の保護範囲の理論を正面から適用した判例の存在を指摘する。最後に、規範の保護範囲の理論を客観的帰属論の一基準とすることを提案する。本編における山中の主張は、次の言葉にまとめられる（57–58頁）。

> 行為が違法だと看做されるのは、一定の法益との係わりにおいて一定の危険を高めた場合であるということを認識することから出発せねばならない。すなわち、危険の「程度」は保護された法益の状況に依拠しているのである。……ここにおいて、合義務的態度の代置の問題、むしろ義務違反と結果との関係の問題は、侵害された規範に照準を合せれば、当該規範の保護の及びうる範囲という面からこれを捉えうることが理解され得よう。すなわち、結果が「規範の保護範囲」（Schutzbereich der Norm）あるいは「規範目的」（Normzweck）に含まれているか否かの判断が重要になるのである。前述のように、一般的抽象的には、法令上の義務と注意義務の関係を論じる場合、必ず規範の目的の相違ということが論拠とされるのであるが、この規範の目的は、個々具体的な状況においても義務違反と結果の問題に対し決定的な役割を果すことが理解されねばならない。つまり、結果が義務違反の「現実化」である為には、結果は、具体的意味において侵害された規範の保護範囲の枠内にあることが必要なのである。

なお、体系的地位や相当因果関係説との関係については、態度を留保され、その機能は、構成要件論や違法論、過失論、刑事政策との連関において変容するとされる。

(4) 幇助の因果関係

　第2編において、幇助の因果関係が取扱われる。通説は、正犯結果と正犯者の行為の間に因果関係が存在する場合、当該結果は正犯者に帰属されるとするため、共犯にあっても正犯結果と共犯者の行為の間に因果関係が存在することを要求する。ただ、幇助と正犯結果との間に条件関係が現実に存在するかに関しては、困難な問題を孕むとする（序章）。

　そこで、前提的考察として、条件関係の歴史をさかのぼり、問題点（仮定的因果経過、択一的競合、合義務的態度の代置）や法的重要性の判断を介入させる必要性を指摘し、共犯の処罰根拠から惹起説の命題を堅持すべきであるとされる（第1章）。

　続いて、幇助未遂の規定をめぐる1933年以前からナチス時代、戦後までのドイツにおける立法過程に言及され、従来の学説が幇助と正犯結果との間に少なくとも因果関係を必要としていたのに対し、判例は、促進公式により因果関係の存在を不要とする立場を採っていたことが示される（第2章）。

　その上で、西ドイツにおける最近の学説が参照され（第3章）、心理的幇助、因果関係概念修正説、ザムゾンの立場、抽象的危険犯説、危険増加原理が検討される。なお、西ドイツにおいても、危険判断の際に、事後に判明した事情を判断基底に含めて考える立場が台頭していることを挙げ、相当性判断においても事後的判断が決定的な役割を果たし、介在事情については、判断基底の制限は不用であるとされる。

　最後に、幇助の因果関係は条件関係の問題であるが、法規範の側からの何らかの評価を必要とせざるをえないとし、それゆえ事後的判断としての危険増加原理が適用され、客観的帰属の問題であると結論づけられる（終章）。

(5) 因果関係と帰属をめぐる最近の学説

　第3編では、因果関係と帰属をめぐる最近の学説が示される。まず、因果関係論が取り上げられ（第1章）、町野説、プッペ、シュモラー、ヴァルダーらの因果概念が検討される。また、因果公式の諸問題として、Conditio 公式の問題点や択一的競合、結果の規定（具体的結果観と抽象的結果観）が考察される。

　続いて、義務違反と結果の関係が再論され（第2章）、とりわけ、第1編では言及されなかった過失構造論と客観的帰属論の関連が注目される。山中による

と、過失は主観的注意義務違反であり、責任論にとどまるものであるが、客観的行動準則違反の存在が必要とされ、それが肯定されると危険の創出や危険の実現、規範の保護目的に包摂されるかが検討される。このとき、危険の創出がなければ、準則違反は単なる義務違反にすぎず、危険の実現に包摂される危険増加論は、因果関係の存在を前提とし、結果の発生に現実化した危険に対する責任と理解され、事後的に判断される。この危険増加理論を不作為犯へ適用することに関しては、消極に解される。

▶山中敬一『刑法における客観的帰属の理論』(成文堂、1997年)

　山中は、『刑法における因果関係と帰属』を公刊した約10年後に、客観的帰属論の壮大な構想を示した著書を発表した。この文献は、上述したように、客観的帰属論の歴史と相当因果関係説の限界をふまえて、独自の立場を提唱するものである。この文献は8章から構成される。

　序章は、客観的帰属論へのアプローチと題され、客観的帰属論に対する山中の考え方が披瀝される。条件説は、無限に遡及し、結果の帰属を限定することができないという批判に逢着し、相当因果関係説へと進化する。その後、客観的帰属論へと展開することになるが、客観的帰属論は、規範目的論ないしエンギッシュに由来する「危険創出」と「危険実現」の思想と結びつく。この理論は、結果を行為に帰属するための基準を求めるさまざまな理論の総称であり、1つの方法論を呈示するものである。日本においては、相当因果関係説の危機が叫ばれているが、それは米兵ひき逃げ事件に端を発し、すでに試みられているさまざまな主張は、相当性を基準とするものでなく、介入事象の因果的意味の評価へ移っており、相当因果関係説の内容に含まれるのか疑問であるとする。また、判例も柔道整復師事件や夜間潜水事件は、行為の危険性や危険の実現を問題としており、相当因果関係説と訣別し、客観的帰属論の思考方法であると分析される。日本においては、1970年代から客観的帰属論を支持する論文が散見されたが、徐々に教科書レベルでも取り上げられ、支持者が増えているとしつつ、基本的に行為のもつ危険に着目すべきであるとの主張がされる。

(1) 相当因果関係説と客観的帰属論の歴史

　第1章は、わが国における相当因果関係説の批判的検討と題され、通説である相当因果関係説の歴史を紐とき、相当因果関係説の危機を検証し、限界を指

摘する。相当因果関係説の危機により、論者による差異が生じ、相当性の基準の不明確さが自覚されている。この相当因果関係説が日本において主張されたのは、泉二新熊にさかのぼるとされる。当初は、相当性を判断するものとされていた立場が、牧野英一により判断基底説として主張されたため、通説化の道を歩むことになった。その後、判断基底の問題について学説が分化し、それに基づいて相当性判断がなされることになる。それにより、経験上の通常性を問うことが主体となり、「因果経過の相当性」を順次検討していくものと理解する側面が強調されたため、行為のもっている「危険性」の判断を捨象することとなり、クリースらの相当説とは異なる道を歩むことになった。また、相当因果関係説を因果関係論として捉える見解が多いため、帰属論の一種であるとの認識がないことも指摘される。判例においては、条件説を基調としながら、相当因果関係の思考を用いた事案は多数にのぼるが、判断基底に関する言及は少なく、新たな結果帰属の基準を示すものである。これらの判例をうけて、相当因果関係説ではさまざまな修正（広義の相当性と狭義の相当性、実質的基準の呈示）が試みられるものの、いずれも因果関係の限定理論であるにすぎないことが忘れ去られ、異質な要素が含まれていると批判する。これらは「経験上通常」の判断にとどまりえず、客観的帰属論の包括的な枠組みの中でのみ何らかの意義をもつものであるとまとめられる。

　第2章では、相当因果関係説の生成と限界が示される。相当因果関係説の発展に多大な功績をもたらしたクリース、リューメリン、トレーガーの相当因果関係説が検討され、ここでの相当因果関係説は、危険思考を内含し、保護目的論と共通項をもつものであることが指摘される。最後にドイツ民事法にも言及され、以前は相当因果関係説に与していたものの、規範の保護目的を加味するようになっていることが看取される。

　第3章は、保護目的論の生成と展開である。保護目的論の起源は、プロイセン一般ラント法にさかのぼり、オーストリア民法やアメリカ法、オランダ法などを経由して発展してきたとされる。また、学説として、保護目的理論の先駆けであるルドルフ・メルケルの見解に言及され、カール・トルプ、アウグスト・ミリチュカ、モーリッツ・リープマン、M・L・ミュラーの立場が挙げられる。さらに、保護目的連関の発展に多大な寄与をなしたオーストリア民法学が参照

され、そこでは違法な行為に基づく禁止規範の保護目的に含まれる損害に対してのみ負責されることが示される。このような考え方はドイツ民法に継受され、相当説と規範目的説が並列的に用いられることとなり、ドイツ刑法においても民法同様、相当因果関係説が好意的に迎えられたが、限界に達し、刑法学では客観的帰属論が、民法学では保護目的論が通説となった。山中は、民法における事例類型や判例が、刑法における帰属基準の展開にも影響を与えていると分析される。なお、日本の民法における通説は、保護目的論となっていることが示される。

第4章は、客観的帰属論の理論史的考察である。客観的帰属論は、多様な源流をもち、それぞれの主唱者の刑法規範に対する構想の中に位置づけられる、生成中のダイナミックな理論であると評価される。これは、アリストテレスの人間の意思に基づく態度が出発点になっている。ドイツ刑法においては、19世紀のプーフェンドルフにさかのぼり、ここでは、自由意思的行為の作用が行為者に属するものであったことが看取される。この立場は、フォイエルバッハやヘーゲル、ヘーゲリアナーへと受け継がれ、ラーレンツに至る。ラーレンツの立場を推進したのがホーニッヒであるが、ホーニッヒも目的的に設定されたと考えられうる結果が帰属可能であるとし、その立場はH・マイヤーやハルトヴィッヒ、エンギッシュらへと発展する。また、オーストリア刑法においては、1956年判決で違法性連関が採用され、危険連関に概念変更された後、故意犯や過失犯、結果的加重犯にも適用されている。その後、客観的帰属論は、ドイツにおいて1970年代に大きな変貌を遂げる。その立役者であるロクシンは、危険を中核とした包括的な帰属論を構想し、刑事政策を意識した危険思考と規範目的論によって帰属基準を分析し、問題思考と類型論の適用の下に、具体的で類型的な帰属の下位基準を展開した。本章ではさらに、シューネマンやルシュカ、ヤコブスの立場も参照され、客観的帰属論は、歴史的にも地理的にも大きな広がりをもった理論であるとまとめられる。

(2) 危険創出連関

第5章は、危険創出連関論である。本章において重要なのは規範論であり、ルードルフィやフリッシュ、ラミレス等の論者が挙げられ、危険創出連関論と行為無価値論とが一致するとの評価に言及される。山中によると、結果犯に

あっては、結果が発生した場合に、結果発生防止のための評価規範に違反することとなり、結果無価値が生じるが、客観的帰属は、この結果をもたらした行為の範囲を確定するためのものである。行為規範は行為の制御に直接働きかけ、行為規範違反が危険創出に至った場合には、行為無価値が存在するが、評価規範が事前判断で無価値判断を行うことになり、これを危険無価値という。そして、創出された危険が結果に実現した場合、事後的に評価規範が無価値判断をなし、結果無価値が帰属される。それゆえ、結果無価値論からも客観的帰属論を主張することが可能となる。危険無価値概念を導入し、結果無価値論の陣営からも客観的帰属論を主張することが可能であることを示した点は、特筆に値しよう。

　この危険創出連関における危険創出行為は、構成要件の抽象的な結果を惹起するために典型的な行為である必要があるため、通常の危険をこえた危険をもつ行為であるとされる。これは２つに類型化され、その行為自体から典型的に法益侵害的な結果が生じる直接的危険創出行為と、それ自体が直接の危険をもつわけではないが、それが別の介在事情、とくに第三者の介入行為を誘発し、危険な状況を創り出す危険状況創出行為に区分される。この危険創出行為は、故意犯と過失犯に共通のものである。

(3)　危険実現連関

　第６章は、危険実現連関論の理論的基礎である。危険創出連関が肯定されると、危険実現連関が問題となるが、危険実現連関で問題になる「危険」は創出された危険を意味する。危険創出連関は、事前予防的な行為規範に対応し、法益侵害を回避するための行動の指針を与えるものであるのに対し、危険実現連関は、行為者によって創出された第１次的危険が実現したかどうかを判断することによって、その事態の発生に対する責任の所在を明確にし、それに対して責任を負う者の危険な行為を含めた「評価規範違反状態」に対して違法判断を行う基礎を確定するものである。この危険実現連関の基礎視座は、危険創出連関の肯定された第１次的危険がどのように生成し、どのような消長をたどったか、その消長過程のどの段階で第２次的危険が介入したか、どのような形態で第２次的危険が介入するかに着目して、第２次的危険の類型化が行われる。このとき、危険概念に一定程度規範性が付与され、介在事情を法秩序はどのよう

に考えるかが問題とされる。

　第7章では、危険実現連関論の諸類型が示される。危険実現連関は、直接的危険への介入類型、間接的危険への介入類型、状況的危険への介入類型、規範的・自己答責的行動介入類型に区分され、介入する危険の種類として自然的・社会的事象、人の有意的行動、潜在的危険源が想定される。危険実現連関への言及により、客観的帰属論の構想の全容が明らかになる（なお、山中敬一『刑法総論〔第2版〕』〔成文堂、2008年〕279頁以下に客観的帰属論の構想が簡潔にまとめられているので、まず基本書で全体像を把握してから本文献を読むと一層理解が深まるであろう）。

(4)　ま と め

　最後に、客観的帰属論は、目的合理主義的・機能論的犯罪体系において最もよく機能するものであり、犯罪体系の目的・機能からどのように構想すれば、合理的であるかを指針として体系化するものであるとされる。この客観的帰属論は構成要件論に位置づけられるが、構成要件が違法類型である限り、違法評価とまったく切り離すわけにはいかず、違法評価の対象となる「結果と行為との関係」についてその対象を限定する理論である。危険創出連関論の役割は、国民に対する自由の保障機能を明確にし、罪刑法定主義の行為規範的側面を強調するものであるのに対し、危険実現連関論は、刑法が制裁の必要性と範囲の観点を指針として、生じた結果に対する答責性をどのように配分するのが妥当かという規範的問題を取り扱うものであるとされる。

▶林陽一『刑法における因果関係理論』（成文堂、2000年）

　この文献は、基礎的考察（第1章）、条件関係（第2章）、帰責限定の理論（第3章）、因果関係理論の再構成（第4章）の4章から構成され、附論として、「相当因果関係論の再構成――最近の判例理論をめぐって」が所収されている。

(1)　基礎的考察

　第1章において、林は、相当因果関係説に立ち、条件関係と因果関係の相当性を問題としてきた通説に対し、判例は、相当説の実用性に対する疑念から条件説に立ってきたと分析される。また、客観的帰責理論は、あまりに多くの判断要素をひとつの要件に取り込み、全体としての明瞭さを欠くと批判される。そこで、刑法において因果関係が要件とされる根拠、それが事実的因果関係た

るべきであるとされる理由にさかのぼって検討を加え、新たな因果判断の基準を考察することがその試みとして示される。因果関係は、外界における法則性、恒常的な継起関係をその中心的要素とし、人はこの法則性を利用して、結果を伴うような働きかけを外界に対して行うため、自然科学的法則を基礎においた因果概念を用いることが、刑法の適用の客観性を担保するためにも、また、外界の規範的統制のメカニズムに適合している点からも妥当であるとする。さらに、基本概念と事例が示される。

(2) 条件関係と帰責限定の理論

第2章では、条件関係について検討され、Conditio 公式と合法則的条件公式が比較される。まず、Conditio 公式についてその歴史と内容が示された上で、問題点として、in dubio pro reo（疑わしきは被告人の利益に）違反、仮定的因果関係、択一的因果関係、発見公式性への疑問が呈される。また、規範的帰責基準として、Conditio 公式を適用する町野説が示されるが、事実的関係をどのように判断するかに曖昧な点が存在すると批判される。

合法則的条件公式に関しては、エンギッシュの定義が示される。この合法則的条件公式に対しては、刑事責任の根拠づけを行う能力の欠如、定義にすぎない、条件関係が否定される場合が存在するのかといった批判が呈される。これに対して、漠然とした法則知識は適用してはならず、事実を正確に把握することを通じて、合法則的条件公式を帰責の基礎として用いることが基本的に妥当であると反論されている。

第3章においては、帰責限定の理論として、条件説、相当因果関係説、客観的帰責理論が検討され、各説の内容と批判が示される。条件説に関しては、因果関係中断論や遡及禁止論が主張されたこと、相当因果関係説に関しては、クリースの立場へさかのぼり、現在の日本における相当因果関係説の危機から、因果経過の相当性を問う立場（町野説、山口説、井田説、前田説、井上〔祐〕説）が示される。最後に、客観的帰責理論として山中教授の見解が検討されるが、違法性判断とは区別されるべきであり、恣意の介入が大きいと批判される。さらに、安定した判断が可能であるかについての疑念、体系的原理の不明確性、規範的理論構成に対する疑問といった批判も併せて呈されている。

(3) 因果関係理論の再構成

第4章において、林が構想される事実的レベルにとどまる因果関係の判断方法が示される。まず、行為と結果が規定され、この間に因果関係が存在するかが検討される。因果関係は利用可能な法則性として理解されなければならず、このことは当該行為と当該結果の間に、客観的に、人の支配可能性を基礎づける法則性が存在するかという命題に集約される。法則性があっても利用可能性がなければならず、このときの利用可能性とは人間一般の利用可能性であり、法則により区別される。その上で、「行為と結果の間に外界支配のために利用可能な法則性が存在するか」という命題のもと、①行為と結果の間に合法則的条件関係が存在するか（合法則的条件判断）、②行為から結果に至る具体的経過において、A）単独でも結果を発生させ得る程度に危険な事情が介在し、かつ、B）その要素がもつ危険性に対して行為が影響を与えないようなものであるか（一般的危険介在判断）が検討されることになる。

　なお、この文献には附論として、「相当因果関係論の再構成──最近の判例理論をめぐって」が所収されている。これは、相当因果関係説をめぐる議論が、米兵ひき逃げ事件以降、判断基底をめぐるものであったのが、現在は、相当因果関係説の生き残りにかかわるものであることを指摘し、最近の判例理論を分析するものである。

4　残された課題

▶相当因果関係説からの反論

　判例による相当因果関係説の実用性に対する疑問、それに伴う客観的帰属論を支持する論者の増加、および因果関係を事実的観点から捉えようとする動きは、当時通説的地位にあった相当因果関係説を動揺させるものであったため、相当因果関係説の論者から反論が試みられた。曽根威彦は、体系論的・方法論的に客観的帰属論を批判する。客観的帰属論は、一般的には構成要件に位置づけられているが、そこで扱われている問題は、構成要件をはるかに超えるものであると批判し、因果関係論をはじめとする犯罪論上のきわめて雑多な議論がとり込まれていると指摘する（曽根威彦「客観的帰属論の体系論的考察──ロクシンの見解を中心に」『西原春天先生古稀祝賀論文集　第1巻』〔成文堂、1998年〕132頁

以下：同『刑法における結果帰属の理論』〔成文堂、2012年〕131頁以下所収）。また、あまりにも細分化された類型は煩瑣にすぎるため、実務において帰属基準としての使用に耐えうるか疑問であり、類型化自体の基準も多種多様なものが考えられており、論者によってその内容が異なることも十分に予想されるとする（曽根威彦「客観的帰属論の類型論的考察――山中教授の危険実現連関論を中心として」『宮澤浩一先生古稀祝賀論文集　第2巻』〔成文堂、2000年〕203頁：同『刑法における結果帰属の理論』〔成文堂、2012年〕185頁以下所収）。

▶相当因果関係説の危機克服の試み

　判例により相当因果関係説の危機に陥った相当因果関係説を実務の要請に答えるものにするため、さまざまな立場が構想された。因果経過に介在した行為後の事情の性質を考慮し、介在事情が当初の行為の効果を中性化ないし凌駕したか、あるいは行為後の事情と行為が結合することによって行為の危険性を増大、促進させたかを判断する曽根説や、第三者や被害者の行為が介在したことにより結果が発生した場合、①実行行為の危険性（広義の相当性）、②介在事情の異常性、③介在事情の結果への寄与度を総合して判断すべきであるとされる前田説（なお前田雅英は、後に客観的帰属論と相違ないことを認めている）、因果の流れに異常な事態が介入した場合の解決方法について、因果経過および結果発生の態様をある程度まで抽象化し、その限りで具体的な介在事情を度外視した上で、その経験的通常性が判断されるとする井田説等が主張されたが、前述したように、いずれの試みも、もはや相当因果関係説に包括されるものではないと批判されている。

5　現代的意義

▶現代的意義

　山中敬一の『刑法における因果関係と帰属』（成文堂、1984年）は、客観的帰属論が主張される端緒となった義務違反と結果との関係を詳細に論じており、客観的帰属論の歴史や西ドイツにおける論者の立場を紐とく著作である。近年注目される中立的行為による幇助へとつながる幇助の因果関係に客観的帰属論の応用を企図した著作でもあり、現代でも重要な意義を有している。また、山

中敬一の『刑法における客観的帰属の理論』(成文堂、1997年) は、日本における客観的帰属論の本格的かつ先駆的な著作であり、客観的帰属論を正確に理解し、本格的に研究する場合には、必ずこの文献を手に取り検討する必要があろう。林陽一の『刑法における因果関係理論』(成文堂、2000年) は、因果関係論を検討する上で、事実的側面を重視することを強調するものであり、合法則的因果関係を理解するために重要な著作といえよう。

▶近年の判例と学説の流れ

近年、最高裁は、被害者の行為が介入した場合や第三者の行為が介入した場合であっても、因果関係を認めている (最決平成15・7・16刑集57巻7号950頁、最決平成16・2・17刑集58巻2号169頁、最決平成16・10・19刑集58巻7号645頁、最決平成18・3・27刑集60巻3号382頁)。そして、この判例の流れは、「危険の現実化」を基準とするものであり、客観的帰属論の考え方と一致するとの評価がなされ、支持する立場も増えている (山口厚『刑法総論〔第2版〕』〔有斐閣、2007年〕60頁、高橋則夫『刑法総論〔第2版〕』〔成文堂、2013年〕132頁)。このような実務の動きや客観的帰属論に関する議論が深化するに伴い、各論者の構成要件論や違法論の考え方の相違から、客観的帰属論にも立場の相違が生じており (杉本一敏「相当因果関係と結果回避可能性 (6・完)」早稲田大学大学院法研論集106号〔2003年〕409頁等)、百家争鳴の様相を呈している。このような状況にあって、行為後の介在事情を判断するために、ドイツで主張されている客観的帰属論を日本へ応用することが必ずしも実務家の要請に答えるものとはいえないとし、客観的帰属論の適用範囲を過失犯における義務違反と結果の関係に関する問題と、第三者の答責的な態度が介在する場合に限定するべきであると主張する立場もある (安達光治「客観的帰属論の展開とその課題㈠」立命館法学268号〔1999年〕1389頁)。また、林の問題提起をうけて、相当因果関係説を合法則的条件関係として再構成する立場として、小林憲太郎『因果関係と客観的帰属』(弘文堂、2003年) がある。

さらに、客観的帰属論は、共犯論への応用も期待されている折から、この分野では、豊田兼彦『共犯の処罰根拠と客観的帰属』(成文堂、2009年) が注目される。

9 故意論／錯誤論

●基本文献
不破武夫
『刑事責任論』
（弘文堂、1948年）

玄　守道

1　学説・実務の状況

　基本文献は、『刑事責任論』と題して、不破武夫の遺稿を、学位請求論文「未必の故意」を中心に、不破の弟子である井上正治が纏め、公刊したものである。井上による基本文献の「あとがき」によれば、不破が生前に公表した刑事責任に関する7つの論文と未定稿の「故意概念」に関する論文を、発表年別に羅列するのではなく、章、節をつけ、不破の刑事責任論の全貌が明らかになるように構成したものとされる。なお、基本文献に収録された論文は、昭和10年から20年にかけて公表されたものであるが、その大半は昭和10年代後半のものである。

　ここでは、以下で紹介する基本文献の内容との関連で、当時の学説・実務の状況を簡単に確認しておこう。当時の責任をめぐる学説の状況は、責任の本質に関して、小野清一郎などのいわゆる意思自由論を前提とした道義的責任論（小野清一郎『全訂　刑法講義』〔有斐閣、1944年〕145頁以下）と、牧野英一などの意思決定論を前提とした社会的責任論（牧野英一『増訂日本刑法　全〔第31版〕』〔有斐閣、1928年〕47頁以下、110頁以下）が対立している状況にあった。さらには、佐伯千仭などに端を発する期待可能性の思想の紹介により、責任の判断において適法行為の期待可能性をも考慮する見解が有力化していた（佐伯千仭『刑法総論』〔弘文堂、1944年〕205頁以下、260頁以下など）。

　次に、故意論においては、まず、故意と違法性の認識との関係につき、主た

る判例と当時の通説ないし多数説が違法性の認識は故意の要件ではないとしていたのに対して、道義的責任論、または規範的責任論の台頭により、違法性の認識もまた故意の要件であるとする見解が有力に主張されていた（瀧川幸辰「違法の認識」団藤重光ほか編『瀧川幸辰刑法著作集　第4巻』〔世界思想社、1981年〕79頁以下、小野・前掲書166頁以下など）。また、未必の故意と認識ある過失の区別基準に関しては、現行刑法制定当初は認識説が圧倒的であったのに対して、昭和期に入って認容説が有力化していた（小野・前掲書164頁以下）。この点に関する判例の態度は明らかではないが、認識説に従っているようであると学説からは評価されている（佐伯・前掲書228頁）。

　最後に、過失論においては、学説は主として過失（注意義務違反）の判断基準に関して議論し、主観説と客観説が対立している状況にあった（たとえば、小野・前掲書186頁、牧野・前掲書158頁以下、宮本英脩『宮本英脩著作集　第4巻――刑法講義』〔成文堂、1987年〕108頁以下など）。

2　学説史的意義と位置づけ

　以上のような学説・実務の状況の中で、不破は、道義的責任論の立場に立ちつつ、意思自由の問題は責任判断と無関係であるとし（不破武夫・井上正治『刑法總論』〔酒井書店、1955年〕119頁）、決定論の立場に立つ。すなわち、人間の行為は人格によって裏打ちされたものであることから、道義的非難の対象もまた行為者の人格であるとし（井上正治によれば、不破武夫が「人格責任論」を比較的早くから主張していたことを指摘している。不破・井上・前掲書1頁）、この観点から、責任概念を規定したのである。このように、意志決定論の立場に立っても、道義的非難を問題に出来ることを理論的に明らかにした点で、不破の見解は学説史的に大きな意義を有するものと思われる。

　加えて学説史上重要と思われるのは、上述の責任の本質に関する観点から一貫して、故意・過失の内容をも規定した点である。とりわけ、法律の錯誤に関して、上述の観点から、法律の錯誤につき過失のある場合に故意犯に準じて扱うとする立場に理論的根拠を与え、また、未必の故意と認識ある過失の区別基準に関しては、内外の学説を詳細に検討し、未必の故意概念を明確化した上で、

当時有力化していた認容説に対して理論的根拠を与え、そのうえで限界基準を明らかにした点もまた重要である。

　過失犯においても同様に、自己の責任に関する基本的な考えから過失の本質を規定し、さらに、ドイツにおける重要な学説を参照の下、注意概念を詳細に分析し、注意義務の懈怠の内容がその主観的・内部的なものにとどまらず、外部的側面をも有すること、そしてそれは行為の違法性にかかわるものであることを明確に指摘した点が重要である。この不破の過失犯論が井上正治に受け継がれ、後の学説に多大な影響を与えることになったのである（松宮孝明『刑事過失論の研究』〔成文堂、1989年〕209頁参照）。

3　文献紹介

▶基本文献の構成

　基本文献は、3つの章と2つの論文からなっており、第1章が「刑事責任の基調」、第2章が「故意論」、第3章が「過失論」であり、さらに「罪刑法定主義」、「宣誓違反の罪」と題する論文が収録されている。井上正治によれば、後二者の論文もまた、刑事責任論に無関係ではなく、その各論的部分であることから収録したとする。もっとも、以下の紹介において、「罪刑法定主義」「宣誓違反の罪」については紙幅の関係上、省略する。

▶刑事責任論の基調

　第1章は、刑事責任論の基調として、不破自身の刑事責任に関する基本的な考え方が示される。不破は、まず、議論の出発点として、犯罪を「強き道義的非難に値する重大なる社会秩序違反の行為（3頁：以下の頁数は基本文献のものである）」と定義し、このような犯罪行為に刑罰を科す理由は、その行為につき行為者に対して最も峻厳な非難を加えるからにほかならないとする。

　もっとも、このように刑罰を科す根拠が行為者に対する道義的非難にあるとする場合、なぜそのような非難を行為者に科すことができるのかが問題となる。この点につき、不破は、以下のように述べる。ここに不破の刑事責任に関する根本的な考え方が示されているので、適宜省略しつつ、原文を引用する（7-8頁、11頁）。

> 惟ふに、吾々人間の行為は、意思と行動との綜合的な統一である。而して、人の意思も行為も因果律と充足理由の外に立つものではない。因果律が汎く承認せられる如く、思惟の範疇であり、吾々の悟性の從はざるべからざる觀察と思考の形式であるならば、人間の行為に關してのみ無原因性を認めることは、吾々の悟性活動の統一性を拋棄することに外ならない。卽ち、人の意思は、先天的並びに後天的な所與の極めて複雜な組み合わせによってきまって來るもの、と考えざるを得ないのであって、其の行爲者に對し、決定的な瞬間に於いてなほ他の行爲を期待し得べしとなすことは、私の解するところによれば、其れはまったく他の人格を期待することに外ならぬのである。……
> 　人間の行爲が、斯くの如く必然的なるものに規定せられるに拘らず、而も吾々が行爲につき行爲者を非難し得る所以は、實に、行爲者が倫理的實踐の主體であり、生きた自由なる人格たるが故に外ならない。吾々は、必然的なるものに規定せられながら、なほ自律的に行爲し、生活を自覺的に形成し、其れによって環境を決定し、同時に自己の人格を規整しつつ涵養しつつ、自らの運命を開拓して行くのである。……
> 　同じ極度に貧窮な境遇に遂ひつめられた場合にも、これに對處する人の態度は決して一樣ではないのであって、比處に問題を解決すべき契機が存する。人がまさに其の置かれたる地位にあって如何に行爲するかは、專ら、平常から其の人が如何に考へ且つ行爲に當っていかなる心構へにあったか、という點に關係するのであって、一言にしてこれをつくせば、懸って全體としてその人格に依存するもの、といふことが出來るのである。吾々は行爲者人格と行爲との間の斯くの如く密接不離なる聯關を考ふるからこそ、善行を稱讚し、惡行を叱斥し、絶えずみづから修養し、人を教育する意味を見出すのである。
> 　犯罪が行はれた場合、吾々が其の行爲につき行爲者を咎むることを得る所以は、彼がまさに其の行爲をなしたが故に外ならない。卽ち、「その行爲はその人にとって偶然ではない。その行爲はその人格の必然的なほとばしりである。」と考へられるのである。……其の行爲者の人格と深く結びつき、其の人格の顯現たる點に於いて、はじめて刑法的評價の對象となる意味を持つこととなるのである。（7-8頁）
> 　……要約すれば、刑法上の責任判斷の直接の對象となるものは、あくまでも犯された各個の行爲である。然し、其の行爲は一人前の社會人として取扱ふ値打のある人格を背景とした、其の人格との聯關において考えられたる行爲たることを要する、ということになるのである。（11頁）

　刑事責任の基調をこのように理解する場合、不破によれば、故意・過失に共通する要素もまた行爲者の人格の中に見出すことができるとする。すなわち、「利己心に滿ち、他人や社會生活の平穩に氣を掛けることなく、法秩序を尊重

しないという意識、無意識の心構え (bewusstes und unbewusstes Eingestelltsein)、そのもののうちに存する」とし、このことから「典型的な故意は、具體的事實を認識し且つその違法性を意識しつつ構成要件に該當する事實を實現する意思」と規定され、そしてこの場合に強い道義的非難に値するのは、「斯くの如き悪いことを悪いと知りながら敢てする場合には、其の行為者の心情は甚だしく法秩序を蔑視したもの」であるからとする。

それに対して、「過失は、注意義務の懈怠により構成要件に該当する結果を發生せしめた場合」に認められ、「不注意」を骨子とするものであるが、この場合の非難の根拠は、「行為者は他人の生命其の他を尊重すべき所以を十分に銘刻していなかった。もし彼が義務尊重に関し平素より十分な反省があったならば斯くの如き結果を発生せしむることはなかったであろう（以上、14-15頁）。」と解される点に見出されるのである。以上のように、不破は刑事責任の対象を行為者人格に見出し、このことから故意・過失を統一的に把握することを試みているのである。

▶故 意 論

以上の刑事責任に関する基本的な考え方の下に、第2章第1節では、故意の要素に関して検討される。ここでは、まず、故意の定義を上述の通りに確認した上、故意の要素として、認識的要素とともに意思的要素をもまた必要であること、このことから故意の本質に関しては、意思主義が妥当であること、などが指摘される。

次いで、不破は故意の認識的要素につき、事実の認識と違法性の認識とに区別したうえで、まず故意にとって必要な事実の認識について概観・検討し、さらに意思的要素においては犯罪結果を意図する場合と随伴的に意思する場合の2つの場合があることが指摘される。

第2節においては違法性の認識が検討される。不破はまず、違法性の認識は故意の内容ではないとする見解と、違法性の認識は故意にとって必要であるとする見解のふたつを詳細に検討したうえで退け、以下のように自説を展開する。

不破によれば、典型的な故意は犯罪事実を認識し、かつそのことが違法であることをも認識しつつ行為する場合で、この場合は悪いことを悪いと知りながら行っている以上、とくに強い道義的な非難に値するのであり、この点に関し

ては、いかなる立場であっても争いはないとする。

　次いで不破は、では、犯罪事実を知りながら、たまたま違法性の認識に欠ける場合にも故意犯としての非難に値しないのかと問題を提起する。そして、不破は、上記で確認した自己の刑事責任の本質とそこから導き出された過失非難の根拠を参照すれば、違法性の認識が可能であったにもかかわらず、認識しなかった場合もまた故意犯としての強い非難に値しうるとする。つまり、過失の本質は法益を十分に尊重する意識状態になかった点に見出されるが、この場合、たしかに、責任非難の程度は、一般的には故意犯よりも軽い。しかし常に故意犯よりも軽いというわけではなく、場合によっては故意犯よりも重い責任非難に値することもある。このことからすれば、違法性に関する過失も場合によっては重大な道義的非難に値するものであるので、犯罪事実を認識しながら過失によって違法性の認識を欠く場合を、認識のある場合に準じて扱うことは少しも不当ではないとするのである。すなわち、故意犯の核心は、犯罪事実を認識しつつ敢て行為する点にあるので、違法性の認識に過失がある場合であっても、これは故意犯そのものであり、ただ典型的な故意犯ではないというに過ぎないとするのである。このようにして、不破は過失によって違法性の認識を欠く場合も故意犯に準じて扱う立場を基礎づけるのである。

　続いて、第3節では、故意の限界づけ、未必の故意と認識ある過失の区別に関する考察がなされる。あらかじめ、結論から言えば、いわゆる認容説に属する見解を主張するものの、重点は、「結果の認容という事柄の意味内容は、……行為者の全人格を背景とした行為時に於ける行為者の意識構造の在り方を当に考慮に入れることなくば、到底正当なる帰結に到達することは得ない（48頁）」という点にあるとしたうえで、不破はまずはこの問題に関する歴史的経緯を概観する。

　不破によれば、未必の故意（dolus eventualis）概念は、間接故意（dolus indirectus）の理論に由来するもので、とくにドイツ普通法時代に誕生したものであるとし、その変遷を跡付ける。

　そもそも、羅馬法における故意（dolus）とは、「結果を発生せしむる意図」を意味していた。このように故意を規定する場合、①処罰範囲が過度に限定されること、②立証の困難という2つの問題が存在し、これらの問題を克服する

ことが故意論の課題だった。この課題克服のために主張された主要な学説が、① Doctorina Bartori、②概括的故意（dolus in genere）、③間接故意（dolus indirectus）であった。

そして、これらの学説が、15-6世紀のドイツにおいてイタリア法学が広範囲に継受される中で、当時の有力な学者であり裁判官でもあったカルプツォフによって取り入れられた。すなわち、カルプツォフにおいては、「殺人罪における直接故意の立証は甚だ困難であることから、殺害の意図ある場合のみならず、故意による傷害の結果必然的に被害者を死に至らしむるが如き場合にも、通常刑を科する必要（55頁）」があるとの確信を有しており、このことを理論的に基礎づけるために上述の学説が取り入れられたのであった。

その後、ライザーが間接故意において「結果発生の認容（Einwilligung）」を問題とし、そして、ベーマーがこれを未必の故意へと発展させた。すなわち、ベーマーは間接故意を「意図せられざりし結果を未必的に認容（eventuelle Einwilligung）する場合」とし、ここに間接故意は、実質的に未必の故意を意味することとなったのである。もっとも、ここにいう「認容」とは、「結果発生の可能性を予見したる場合は、直ちにこれを以て結果を未必的に認容したものと解する（60頁）」点で、心理的事実として「認容」を求めるものではなかった。

間接故意論は、その後、その内容については争いあるものの、その概念自体は一般に支持されたが、啓蒙時代に至り、厳しい批判にさらされることになる。というのも、間接故意論が支持されたのは、もっぱら証明の困難を救済するためであったからとされる。それゆえ、その後の学説は間接故意を否定し、フォイエルバッハにおいてそれは頂点に達する。

フォイエルバッハによれば、未必の故意とは、行為者が相手方に発砲するがその相手方が死のうが、傷害にとどまろうがいずれの結果でもよいとしている場合とした上で、間接故意とは「故意によって規定せられた過失（Culpa dolo determinata）」を内容とするもので、間接故意は考えられないとしたのである。

以上のように啓蒙思潮の洗礼を経て、間接故意概念は完全に否定されることになった。

もっともその後、ヴェーバーは、フォイエルバッハから未必の故意概念を受け継ぎつつ、未必の故意の内容を、「行為者は、第一に若くは主として、軽き

可罰的な結果を追及するに當り重き結果の容易に發生する可能性を豫見しながら、主たる目的のために其の發生を認容する場合である（69頁）」とし、さらにヴェヒターが、それまでの学説が行為者の主たる目的が違法な目的であることを要求していたのに対して、適法な目的を追及する場合であっても、未必の故意が存在することを指摘して、今日の未必の故意概念が形成されるに至ったのである。このような未必の故意概念を否定する見解、あるいは内容を修正する見解も有力に主張されたが、しかし未必の故意概念は、1870年（ママ）ドイツ刑法典以来、通説・判例において支持されるに至った。

　以上のことを前提に、次にこの点に関する日本の学説が検討される。不破によれば、当時の学説・判例において未必の故意概念自体が認められることに異論はなく、争いがあるのは、いかなる場合に未必の故意があるといえるのか、とりわけ認識ある過失との区別基準であった。

　不破によれば、未必の故意概念が問題とされた当初、学説において認識主義が圧倒的多数を占め、判例もこれに追随する傾向にあったとし、佐伯千仭はこのことを、判例、通説共にむしろ認識ある過失の範疇を否定するために認識説を徹底させている観さえあったとする。

　もっとも、その後、大場茂馬が意思主義から未必の故意の限界を論じ、その後、昭和期にはいり、小野清一郎が意思主義の立場から未必の故意を論じ、日本においても意思説が有力化していった。さらに、意思主義と認識主義との対立を止揚するものとして、瀧川幸辰が『犯罪論序説』において動機主義を主張するに至った。以上のように当時の主たる学説を概観した上で、不破は自説を展開する。

　不破は故意における認識的要素と意思的要素に関する自説を再度確認したうえで、行為者の意識構造の態様について、次の3つの場合があるとする。

　第一に、行為者が犯罪の実現を意図する場合で、これを不破は第一種の故意という。

　第二は、いわゆる随伴的意欲（Mitwollen）と称せられる場合で、すなわち、行為者は犯罪の実現を目的として行為するのではないが、その手段もしくは結果として本来目的とする行為と不可分の関係にあり、それにもかかわらず、あえて所期の目的を達成しようとして行為する場合である。これを第二種の故意

という。これらが確定的故意の場合で、故意が認められることについて争いはない。

　以上のほかに、「本来目的とする行為に随伴して必然的にではなく可能的に發生することあるべき犯罪事実を認識しつつ敢て行為する場合（89頁）」もまた考えられるのであり、これがまさに未必の故意の場合であるとする。

　そのうえで、不破は、未必の故意の限界基準に関する、先に概観した主たる学説を、蓋然性説と意思説（認容説）に区別し、蓋然性説の問題点を次によう に指摘する。すなわち、蓋然性説は蓋然性の多少といういわば量の多寡によって故意か過失かという質の問題を解決しようとする点に根本的な欠陥があるとするのである。

　次いで意思説（認容説）を検討する。不破によれば、意思説の根本的な欠陥は、意思概念が不明確な点にある。そのうえで、不破は故意の実体は結果発生を認識しつつ行為するに当たり、行為者の態度そのものに緊密な関係があるとしたうえで、意思主義の論者が「故意は犯罪事実の實現を意思するもの」と説明する場合、その意思とは、「熟慮と選擇とを經て判斷にまで達する甚だ高度の知的作用と感情作用との錯綜せる複雑なる精神活動を指稱する」ものと考えるべきであるとする。このことからすれば、故意行為が重い責任非難の対象となるのも、「積極的に、法秩序を蹂躙しながら敢て意に介せざるが如き行為者の反道義的なる態度によってうらづけせられている點に、見出される」のであり、未必の故意と認識ある過失の区別もまたこの態度のうちに見出されるべきとする。すなわち「未必の故意の基調をなすのは、道義を蔑視し社會秩序を無視する利己心であるのに反し、認識ある過失の実體を形作るものは、軽率と冒険心である」とするのである。この意味において、結果の発生を認容するか否かという認容説に従うとし、ここでいう認容とは、「違法なる結果の発生を肯定し是認すること」、「自己の行為に基づいて犯罪事実が発生するも差支えないものとして承認すること（以上、97-98頁）」であるとする。

　もっとも、不破は、結果発生を認容するという場合、次の3つの点に注意する必要があるとする。ひとつは、結果発生を認容するということは、行為者が結果の発生は構わない、差支えないとして行為した場合とともに、結果の発生を認識したければ、意に介することなく行為した場合の双方を含むという点で

ある。後者は消極的に認容する場合といえるとする。次に、結果発生の認容は結果発生の蓋然性の如何とは論理上何の関係もないという点であり、最後は、結果発生を認容する場合に未必の故意が認められる根拠は、それが法秩序に敵対する行為者人格の顕現として評価されることが重要という点である。それゆえ、行為者が犯罪事実の発生を積極的に認容していなくとも、法秩序に敵対する行為者人格が顕現している場合には、犯罪事実の発生を消極的に認容したものとして故意を認めてよいのである。

さらに、不破は、未必の故意を3つの類型に区別し、認容の有無をいかに認定するのかについても検討している。もっとも、その後の著作で、不破は「フランクの公式」（不破によれば、「フランクの公式」とは、「可能なりと表象せられた結果が確実に発生するものと仮定したら本人はいかに行為したであろうか」と問い、それでもやったであろうという心情であれば未必の故意とするものとする）を用いて、未必の故意の有無を判断するとの結論に至っている（不破・井上・前掲書145頁）。

不破は未必の故意概念とその限界基準を以上のように明らかにしたうえ、次いで、日本とドイツにおける重要な判例を検討し、自身の見解をより明確化することを試みる。そして、最後に、未必の故意を立法において規定することを試みている例を紹介・検討し、立法上解決するならば、犯罪となる結果発生の可能性を認識しながら行為するにあたっては、その結果を認容する場合に故意ありとする趣旨の規定を置くことが正当であると結論づけるのである。

▶過失論

第3章では過失が扱われる。まず不破は、刑法上の過失が故意と並ぶ責任条件として、より上位の責任概念に包摂されること、ならびに過失の根幹は不注意すなわち注意義務の懈怠である点では争いがないので、このことを前提に、過失の本質が何であるのか、注意義務の懈怠の意味について以下で検討するとする。

不破は第3章第1節において、過失概念の沿革について、ヨーロッパ、中国、日本について簡単に概観し、過失犯もまた古くから処罰されてきたものであることを確認する。

次いで、第2節においては、ドイツにおける過失に関する重要な学説、すなわちフォイエルバッハ、ビンディング、エクスナーの過失論を挙げ、詳細に検

討している。

　その後、不破はドイツにおける主たる学説の検討を踏まえてもう一度自身の刑事責任に関する基本的な考えを示し、過失を上述のように再度、規定する。そのうえで、過失において問題となるのは、「通常要求せられる義務を懈怠」した点にあるとして、「通常要求される注意義務」の内容の検討に移るのである。

　第3節において、不破は、まず注意概念の心理学的な意味内容を示す。すなわち、注意とは一方では集中作用であり、他方では禁止作用であって、これは通常意思活動と考えられている。このような注意概念を、刑法上の注意概念として規定する場合には、注意とは、「法益侵害の危険を避けるための意識・無意識の状態に於ける意志（ママ）の緊張（177頁）」と規定できるとする。

　注意概念をこのように規定する場合、次に問われるのは、注意義務の懈怠とはいかなる場合であるかである。このことを検討するうえで、不破は3つのことを区別しなければならないとする。

　　①命じられた一定内容の注意義務の不遵守が存すること（客観的要件1）、
　　②命じられた注意義務を遵守することが可能であること（主観的要件1）、
　　　なおこの可能性には、生理的・心理的意味と倫理的意味の両方を含む。
　　③注意すれば結果の発生を予見しえたこと（主観的要件2）、
　　　これらの3つのことに加えて、過失が認められるためには、
　　④懈怠がなければ結果は発生しなかったであろうと考えられること（客観的要件2）、

がさらに必要となるとする。以上のように区別したうえで、まず①の命じられた一定の具体的な内容を有する注意義務の不遵守から検討する。不破はまず、この要件を行為の違法性に関するものとして位置づけたうえで、問題は、注意義務の内容が何によって決まるのか、であるとする。この点、不破は「其れは各生活領域において法規・慣習ならびに條理によって、客観的に而して極めて具體的に定まる（181頁）」とする。ここでいう「客観的に定まる」とは、同一の具体的事情の下にある者に対しては一般的に決まるという意味であり、「具體的に定まる」というのは、たとえば、医師の診断に対する注意、自動車運転上の注意など生活領域ごとに区別され、さらに医師の診断の注意であれば、各

疾病の具体的状況につきそれぞれ注意義務の標準が定まるということである。このような注意義務の標準は通常は成文法規に定められているところであるが、しかしそれは、場合によっては具体的状況に応じた注意義務の内容としては不十分である。それゆえ、その内容は最終的には法規や慣習を通しさらにそれを越えた条理に帰着するとするのである。

　次に主観的要件である注意義務の遵守可能性について検討する。この可能性は生理的・心理的意味と倫理的意味の両方を含むもので、両者の意味において義務の遵守が不可能であれば当該行為者に道義的非難を加えることができず、過失責任を認めることはできない。

　まず、生理的・心理的意味において義務遵守できない場合とは、肉体的な欠陥や知識や教養の不足、心神喪失に至らない程度の精神低格などである。また、たとえば疲労、不快、狼狽など一時的な精神低格状態については、そのような状態に陥ったことについて責任のない限りにおいて、注意義務を遵守できず過失はない。もっとも、注意すべきは、注意義務を遵守できなかったことが本人のどうしようもない事情に基づくものでありながら、さらにさかのぼって検討すると、別の意味における本人の注意如何によって結果発生を避けることができたとして非難を加えられる場合があるということである。たとえば、強度の近視眼でありながら狩猟に出かけ誤って人に発砲してしまった場合、そもそも近視眼でありながら狩猟に出かけたこと自体が非難されるとする。

　次に、倫理的意味における可能性についてであるが、これはいわゆる期待可能性のことである。期待可能性がない場合、通常人としての行為者に対し、その具体的な事情の下では、一般に要求せられる注意義務の遵守を期待しえないがために人格的非難を加えられないのである。この場合を生理的・心理的可能性と区別するのは、とくに期待可能性が問題となる場合においては聡明なる裁判官の具体的事情に即したきわめて高度な評価作用を必要とするからと不破はする。

　次いで、要件③の予見可能性についてである。不破によれば、行為者が結果の発生を予見しなかった場合であっても、「本人が現實にあった如く怠惰、輕率等共同態の一員として課せられている義務に不忠實でなかったならば、其の置かれている環境や生來の肉體的知能的な能力乃至經驗をもってしても、事故

發生の可能性を發見し得べかりし筈であった（200頁）」と解せる場合には当該行為者に道義的非難を加えることができるのであり、このことがまさに注意したならば事故の発生を予見できた場合なのである。

　このことを前提とすると、予見可能性は、予見しなかったことの原因を3つに場合分けしたうえで、怠惰、軽率など本人の平素の心構えやその人格と密接な関連をもつ事情に由来する場合にのみ肯定されるとする。もっとも、本人の人格評価と関係のない近視・難聴などに基づく場合に、さらにさかのぼれば別の点で不注意がとがめられる場合にはなお過失を肯定しうるとする。

　最後に追加的に加えられた④の客観的要件は、いわゆる因果関係の問題であるが、これは故意犯において同様に問題となるものとする。

　不破によれば、因果関係の問題は、事実関係たる原因連関（Ursachenzusammenhang）の有無の確定のみにかかわるものである。そして、ここでいう原因連関とは、「先行事実があるため後行事実が生じた、先行事実がなければ後行事実が生じなかったであろう（206頁）」という先行事実と後行事実の関係のことであり、これはいわゆる条件説であるとして、条件説を支持する。なお、ここにいう先行事実には作為・不作為両方とも含まれる。

　その上で、過失犯における原因（条件）関係は、「注意義務の懈怠あると評價せらるべき先行事実（不作為）があったが故にこそその事故が発生したと考えられる場合（207頁）」に認められるとする。もっとも、過失犯において、注意義務の懈怠ありと評価されるべき不作為と事故発生との間の因果関係は、事実により厳密な正確性を要求することができない性質のものであるため、最高度の蓋然性を以て満足しなければならない場合があるとする。

　以上のように各要件について詳細に検討した結果、最後に不破は過失犯もまた行為者人格との関連で理解されるべきものならば、過失犯において非常に情状の悪い場合については、非難の程度は同情すべき故意犯と比べれば、重いのであって、それゆえ、とりわけ当時の過失致死に関する規定が罰金刑のみの対応であったことを批判し、上限について引き上げることを提起し、本論を終えるのである。

4　残された課題

　以上のように、不破の議論は、その主張の骨格は現代でも十分に通用するものであるが、しかし、なお問題も残されている。ここでは紙幅の関係上、未必の故意論における課題にのみ言及しよう。未必の故意と認識ある過失の区別基準に関して、現在、認容説が通説ないし多数説とされており、不破もまた、上述の通り、この立場にたっている。しかし、不破の尽力にもかかわらず、認容説は一貫したものとして未だ示されていない。すなわち、不破は、故意の処罰根拠を法秩序に対する積極的な蔑視、利己心の表れに見出し、「積極的認容」のみならず、いわゆる「消極的認容」もまたその現象形式として認めるのであるが、しかし、「消極的認容」という心理状態が果たして、その処罰根拠と合致するものなのか、さらには「認容」という文言の可能な意味範囲の中に含まれるのかは疑わしい。現在の認容説もまた、この点につき、とくにその根拠を明らかにすることもなく当然のように「消極的認容」をも「認容」に含めており疑問である。

　さらに、認容説は、「認容」があれば結果発生の可能性が低い場合であっても故意を認めるが、しかしこのことの不当性は、次のような場合を考えれば明らかである。すなわち、素手で相手方を殴打する際、当該行為者が場合によっては死の結果が生じるかもしれないことを認容していれば、すでに殺人未遂が成立することになってしまうのである。このような不当な結論に至るのは、客観的であるべき基準を行為者自身の心理状態に依存させている点にある。以上のように、認容説は不破の尽力にもかかわらず種々の問題点を抱えており、それゆえ再検討の必要がある。

5　現代的意義

　以上が不破の刑事責任論の全貌であるが、以上の紹介からもわかる通り、個々には古いものも当然であるにしても、その主張の骨格は現代でも十分に通用する内容になっている。このように、基本文献が現代でも十分に通用する内容に

なっている要因は、不破の方法論にあるように思われる。すなわち、設定された課題を、歴史的・比較法的に詳細に検討することで、概念理解の正確さ、問題の所在の正確な把握を可能にし、この検討を踏まえて自説を展開することによって、議論の妥当な方向性を導き出すことに成功しているのである。

　さらに基本文献が現代においても十分に通用するものになっている要因は、人間と行為に関する深い洞察から、「行為者人格」に着目し、このような原理的な考察から一貫して、責任の本質とその要件を体系的に規定した、その手法にあると思われる。近時の議論では、個別のテーマが非常に細分化・精緻化され、全体との関連が見えにくい状況にある中で、このような不破の原理的な考察と体系化の手法は、基本文献の内容以上に、現代において重要な意義を有するものと思われる。

10 過失論

●基本文献
藤木英雄編著
『過失犯――新旧過失論争』
(学陽書房、1975年)

山本 紘之

1　学説・実務状況

　基本文献が出版された1970年代においては、新過失論と旧過失論の論争が活発になされていた。まずは、当時の学説と実務の状況を概観したい。
▶学説の状況
　新過失論とは、一口に言えば、結果回避義務という行為の客観的側面に着目する見解のことである。これに対して旧過失論とは、結果予見可能性を中心に考える従来からの理論を指す。旧過失論のようにもっぱら心理的な要素に着目する場合、たとえば死の危険もある手術を相当の措置を講じた上で実施する場合でも、患者が死亡してしまえば過失責任を問われることになってしまい不都合であるとして、新過失論が主張されてきた。
　新過失論は行為の有用性も取り込んだ利益衡量を背景にして判断することになるが、それは、以下のような考慮による。まず、たとえば危険を発生させてはならないという注意義務を認定するにあたっては、何が発生させてはならない危険に当たるかが問われることになる。その危険性判断にあたって、許された危険とされるかどうかが意義をもつのである（井上正治『過失犯の構造』〔有斐閣、1958年〕68頁以下、藤木英雄『過失犯の理論』〔有信堂、1969年〕33頁以下）。このような許された危険の法理は、信頼の原則とも結びつく。信頼の原則が適用されて他者の行動への信頼が許され、結果発生に対する過失が否定される場合においては、たとえその行為自体が危険を含んでいたとしても、それは許された

危険として、適法と解されるからである（西原春夫『交通事故と信頼の原則』〔成文堂、1969年〕37頁以下）。

　しかし、このように行為の社会的効用を援用して過失責任を否定することについては、強い批判もあった。すなわち、そうした考え方に基づけば、能力の劣った交通関与者を犠牲にすることになるという批判である。

▶実務の状況

　信頼の原則は、第Ⅱ編で述べられているように、1966年に交通事故についてはじめて最高裁によって適用された。判例における信頼の原則の適用は、その後も拡大されていく。

　もっとも、このように信頼の原則が判例において確立するまでは、過失行為は厳しく罰せられてきた。その背景には交通事故の増加があり、戦後までの裁判例の中には、運転者に苛酷な注意義務を課したものもあると評されている（井上・前掲書33頁）。その後、1955年頃から、交通事故を起こした自動車運転者に対する無罪判決が目立つようになり、最終的には信頼の原則が最高裁によっても受け入れられる。また、基本文献出版当時は、個人が惹起した交通事故だけでなく、森永ミルク砒素中毒事件のような企業による災害に対する刑事罰が問題となっていたことも重要である。森永ミルク砒素中毒事件差戻審判決（徳島地判昭和48・11・28判時721号7頁）のように、予見可能性を緩和する危惧感説の立場から、処罰範囲を拡張した裁判例が登場するのも、この時期なのである。

　基本文献はこうした、信頼の原則による処罰の限定と企業に対する厳格な処罰の志向のせめぎあいの中で、論争的角度からの問題検討を意図して公刊されたものである。

2　学説史的意義と位置づけ

▶学説史的意義

　新過失論や信頼の原則は、叙上のように基本文献以前にも見受けられた。新過失論に関する先駆的業績として、井上・前掲書や、基本文献でもたびたび取り上げられる、エンギッシュ『刑法における故意・過失の研究』などを挙げることができる。しかし、予見可能性を緩和する危惧感説の主張や、企業組織体

過失論が明らかになったのは、基本文献によってである（なお、それ以前のもとして、藤木英雄「森永ミルク事件と過失犯論」警察研究45巻3号〔1974年〕12頁）。危惧感説は新過失論を推し進めたひとつの形と評しうるし、行為者の落度という客観面を持ち出す新過失論は、企業組織体過失論の導きの糸とも言える。これらの、新過失論の展開が基本文献によって明らかにされたという点に、基本文献のひとつの意義があると言えよう。

また、基本文献の副題は、「新旧過失論争」である。基本文献のもうひとつの大きな意義は、この論争の対立点を明確にした点にある。基本文献第Ⅰ編において藤木英雄によって示された過失概念に対して、第Ⅱ編では信頼の原則による処罰の限定の当否、範囲について検討が加えられる。この信頼の原則の検討によって、旧過失論と新過失論をめぐる論点が明らかにされる。第Ⅲ編では、危惧感説が批判的に検討されるが、それを通じて、従来の見解と危惧感説の分岐点が示されている。第Ⅳ編では、新過失論の適用場面のひとつとして、企業組織体の過失論が展開される。詳細は次章に譲るが、これらの論争を通じて、先述のように錯綜した新旧過失論争の論点が明確された。

▶藤木英雄の研究過程における位置づけ

基本文献の編者である藤木は、基本文献以前にすでに新過失論の立場を示していたが、基本文献においては、それをさらに推し進め、危惧感説の立場を明らかにした。

予見可能性に関しては、藤木は基本文献以前には、具体的な因果経過の予見可能性が必要だとして、今日に言う具体的予見可能性説に依拠していた。しかし基本文献においては、後に検討するように、危惧感説の立場が明らかにされている（この変遷に関する先行研究として、松宮孝明『刑事過失論の研究〔補正版〕』〔成文堂、2004年〕248頁以下）。

また、企業組織体の過失についても、大きな変化が見られる。かつて藤木は、企業内の監督者の責任を問うことに慎重な姿勢を示していた（藤木英雄「公害と刑法の役割」ジュリスト420号〔1969年〕99頁）が、基本文献において、監督者の過失を問うことに前向きな立場を打ち出したのである（この変遷に関する先行研究として、樋口亮介「刑事判例にみる注意義務の負担主体としての法人」北大法学論集60巻4号〔2009年〕1066頁以下）。

3　文献紹介

▶基本文献の構成

　基本文献は、藤木による総括的解説に続いて、信頼の原則、予見可能性、企業組織体の過失というトピックがそれぞれの論者によって検討される。これらのトピックはいずれも、以下のように新旧過失論争の対立軸として取り上げられている。すなわち、信頼の原則においては利益衡量を過失判断に取り入れるか否か、予見可能性においては結果回避義務との関連を重視するか否か、企業組織体の過失は、個人責任の配分にあたって全一体として企業活動を捉えるか否かが、それぞれ新旧過失論争の対立軸となるのである。

▶基本文献の主張の中核

　全体の紹介に入る前に、基本文献の主張の中核を示しておきたい。藤木は、新旧過失論を以下のように対比した上で新過失論を支持し、予見可能性については危惧感説が妥当だとする（基本文献38-39頁）。

　　事故を惹き起こしたとしても、行為当時の状況に照らし、落度がなく妥当であるといわれる場合には責任を負わされなくてもよい、という保障がなければ、社会生活はなりたたない。許された危険の法理がこのような問題を解決するための一つの原則として登場したわけであるが、旧来の過失論は、そのままでは、新しい事態に対処することができないのである。これに対し、新しい過失論では、結果の予見が可能であっても、その結果を回避するために当然にその危険から遠ざかる措置、すなわちその行為をやめることが注意義務の内容をなすものではない。結果回避の確実性という面から見れば、次善、三善にとどまる行為が、注意義務の基準となることがあるのである。このようにして、結果回避義務ということにより、過失による刑事責任の範囲を合理的に限定し、社会的に有益な市民活動の法的干渉を受けない範囲を明確にするというのが、新しい過失論の一つの重要な役割をなしているのである。

　　他方、旧来の過失論では、科学技術上全く未開拓の分野において無謀な行為をし、被害を生ぜしめた場合においても、当時誰にも予想できなかったことであるから、責任を負わされなくてもよい、という結論を導くことになり、また、一回同種の事故が起こっていれば、前に述べたのと同様に、当然過失責任を問われる、という、一度目は無罪、二度目は有罪という結局結果責任論的な構成に終わってしまう。しかし、一度も人間が経験したことのなかった、当時誰にも予想できなかったことであるにして

も、何が起こるかわからない、という不安感の存在する状況下において、無謀に行われた行為から惹き起こされる予想外の被害に対し、そのような被害惹起に歯止めをかけ、国民一般の安心感を確保する上で、旧来の過失理論は、十分な対処をなしえないのである。

　基本文献は、こうした藤木の問題提起をめぐって、新旧過失論両者の立場から検討を加えるものである。以下、基本文献の構成にしたがって概観したい。
▶第Ⅰ編　総論（藤木英雄）
⑴　新過失論の概要
　第Ⅰ編では、従来の議論が整理された後、藤木の過失犯の構想が示される。
　序章では、社会における過失犯規定の役割の変遷が確認される。かつては事故におけるメカニズムが比較的単純であったため、過失の定義も犯罪事実の不認識という単純な定義で事足り、刑法理論上も関心がさほど払われてこなかった。しかしその後、とくに高速度交通機関の発達に伴う事故の頻発によって、過失犯が量的にも重要性を増すようになる。しかもそれらの事故を惹起する行為は、一方においては社会的有用性も認められるだけに、理論的にも従来と異なる対応が必要だとされるのである。
　続いて第一章では、藤木の「新過失論」の骨子が示される。ただしそれは、予見可能性を緩和した、現在で言う危惧感説である。
　藤木は、過失を構成要件該当性ないし違法性の問題として考える。これは、過失は責任形式に尽きるとしてきた、旧来の見解と決定的に異なる。すなわち、一定の危害が生じたという結果の害悪性の側面だけではなく、それを惹起した行動にも着目する点に、藤木の見解の特色がある。その行動が、法的な基準が満たされた落度のないものとして評されるのであれば、それを合法なものとして認めることになる。そして、結果発生を防止するための相当な行動、すなわち結果回避義務が採られていれば、それは落度のない行為とされる。藤木の説く結果回避義務は、結果予見義務を過失犯の注意義務としてきた旧来の見解とは、行為の客観的側面に着目する点で異なっている。
　こうした結果回避義務中心の過失論は、エンギッシュにならったものである。エンギッシュは注意義務を、①危険から遠ざかる義務、②危険な状態のもとに

おいて慎重な態度をとる義務、③情報収集義務の３つに分類した。①危険から遠ざかる義務は、結果発生が予見可能であり、かつ、行為者の行為が社会的に無価値であるか、若干の価値があったとしても予想される危害が取り返しのつかないものである場合に課される。具体的には、人の往来の激しい道路上で球技をする場合は、その行為の公益性の低さゆえに、そうした行為をしないということが結果回避義務の内容をなすという具合である。②危険な状態のもとにおいて慎重な態度を取る義務とは、結果発生が予見可能な状況下で、危険な行為そのものをやめる必要はないが、その行為をするにあたって、危害が実現しないように適切な結果防止措置をとるということをその内容とする。これは、許された危険や信頼の原則が妥当する領域における義務であって、そのために最善の措置をとる必要まではなく、次善もしくは三善の措置で足りる場合だと説かれる。具体的には、自動車で自転車を追い越す際、上記①の義務によれば、追いついたところでいったん停止し確実に回避させてから発進することになろうが、自動車交通の能率や自転車搭乗者側の能力等も考慮の上、自動車運転を継続したまま接触事故を防止する措置が運転者に課されるといった具合である。③情報収集義務は、一般的には何らかの危険が懸念されるが、具体的にはどのような危険が起こるかは判然としない場合において、どのような措置をとるべきかについての情報を探知する義務である。藤木は、この義務の現代的意義を強調する。たとえば副作用の情報を確認しないまま新薬を発売し、有害な副作用を生じたという場合に、その副作用そのものは予想外のことであったとしても、過失責任を免れるべきではないとするのである。

　藤木はその上で、具体的な結果が予見不可能でも、何らかの不安感がある場合には、上記②または③の義務を課すことも合理的だとする。なぜなら、そうした措置によって、無意識的にせよ結果発生が回避されている場合もありうるからである。このようにして藤木は、予見可能性は危険発生について危惧感があれば足りるとして、危惧感説を提唱する。

　第二章で藤木は、刑事過失をめぐる議論の歴史を概観する。かつては過失が意思責任であるか、悟性責任ないし感情責任さらには人格責任であるかという議論に関心が注がれていたものの、規範的責任論が支配的となってからは、それほど重視されなくなってきた。藤木の関心も過失における違法性の問題に向

いている。

　過失の違法性を最初に取り上げたのは、心理的責任論を徹底して過失における規範的要素を責任から放逐したラートブルフにはじまる。その後、注意義務を違法性の要素としたエクスナーによって、許された危険や社会生活上必要な注意という概念がもたらされたことが指摘される。こうした結果の回避のための注意という構想が、エンギッシュによる上記の注意義務の三分類につながった。わが国の学説史においては、宮本英脩が「反対行為義務」を説き、その後不破武夫が結果回避義務違反を指摘している点がとくに重要だとされる。

(2)　危惧感説について

　しかし藤木は、エクスナー、エンギッシュの議論を掘り下げたのは、ドイツに先んじて、井上正治であるとする。井上は、エンギッシュの見解を基礎としつつ、ヴェルツェルらの展開した目的的行為論による犯罪論体系を念頭に置きながら、結果回避義務を重視した過失構造の道筋を示したものと評されている。藤木の見解も、結果回避義務を重視する点では井上と共通するが、予見可能性の理解について決定的な差がある。藤木は先述の通り、危惧感説を支持しており、具体的な因果経過、たとえば森永ミルク砒素中毒事件においては不良品が業界に出回っていることが予見可能でなければならないとする井上の見解と異なるのである。

　このように予見可能性を緩和することは、藤木によれば責任主義には反しない。結果の回避は、結果発生の危険を帯びた行為をする者の合理的な動作によって、具体的なその結果発生の意識なしに回避されることも一般的だからである。また藤木は、企業活動における個人責任を割り出すには、まずシステムとして何をすべきであるかを考え、そのシステムが落度なく動くことができるようにするために何かをできる権限のあった者が責任者として割り出される、という思考が合理的だとする。こうした発想は、個人の予見可能性という視点からは採り得ないとして、信頼の原則を含めた個々の問題点を次編以降に委ねるのである。

▶第Ⅱ編　信頼の原則（大谷實）

(1)　信頼の原則の概要

　第Ⅱ編のテーマたる信頼の原則は、まさに「1学説・実務状況　▶実務の状

況」で述べたような、交通事故に対する処罰の拡大を背景とする、1960年頃に始まる処罰の限定を志向するものである。最高裁によって信頼の原則の適用が認められた例としては、最判昭和41・6・14刑集20巻5号449頁や最判昭和41・12・20刑集20巻10号1212頁が挙げられている。大谷によれば、こうした信頼の原則による処罰の限定は、許された危険の法理の下で、行為の有用性を考慮することによって進められてきた。藤木は、行為無価値論の観点から、そうした有用性を取り込んできたとされるのである。

　それでは、結果無価値論からは、信頼の原則はどのように理解されたのか。平野龍一は、過失行為の危険性を過失犯の成立要件とし、その危険性は結果の客観的予見可能性であるとしたが、その立場からは、信頼の原則は、予見可能性を認定するひとつの基準としての意味にとどまるとされたのである。さらには、井上祐司のように、信頼の原則を明確に否定する立場も現れてくる。実務において信頼の原則が「金科玉条」のものとされつつあり、具体的な個別性が考慮されていない事案も散見されることも、当時すでに指摘されていた。本編で大谷は、結果無価値論の立場から、信頼の原則のメリットとデメリットを検討していく。

　最高裁によって昭和41年に下された先述の2つの判決は、自動車事故に関する下級審判例の流れを汲むものだとされる。最高裁はさらにその後、運転者が交通規則に違反していたとしても、信頼の原則が適用できる旨を示している（最判昭和42・10・13刑集21巻8号1097頁、最判昭和45・11・17刑集24巻12号1622頁など）。大谷はこれらの判例の動向から、信頼の原則を、自動車運転者としては、特別な事情がない限り、他の交通関与者が交通法規を守り、衝突を回避するため適切な行動に出ることを信頼して運転すれば足り、仮に結果が発生しても過失犯を構成しない、と定義づける。

　もっとも、最高裁が、予見義務違反と結果回避義務違反のいずれを否定しているかは断定しえないとする。ただし、少なからぬ下級審判例が、予見義務違反を否定している旨も指摘する。学説においては、①結果回避義務を否定する基準とするもの、②予見可能性が認められても、予見義務が課されない場合、すなわち予見義務の範囲を画するための規範的基準とするもの、③事実上の予見可能性と刑法上の注意義務を課される程度の予見可能性とを区別した上で、

刑法上の予見可能性を画する場合の認定基準とするものの三者が主張されている。その上で、③説は結果として危惧感説に接近すること、②説は実質的には①説に合流する旨が指摘されている。

(2) 信頼の原則の機能

大谷は、信頼の原則の適用範囲を考慮するにあたり、刑事過失の機能を確認する。過失犯も法益侵害を抑止するための手段のひとつたりうるが、過失犯においては、結果の発生に関して偶然の要素が介入しやすいことも確かである。そこでたとえば平野が、客観的な行為の危険性がなければならないとしたことに着目する。行為の危険性は構成要件レベルで論じられる事柄であって、違法性のレベルで論じられる行為の有用性とは区別されると言うのである。

平野は、この危険性を、客観的な予見可能性と同じだとした。しかし大谷は、内田文昭の見解も援用しつつ、それに疑問を呈する。平野の見解によれば、未知の危険のような予知できない危険が、刑罰の対象から外れることになってしまうからである。大谷はその上で、危険性は可能性、蓋然性、確実性といったように段階を付けうるのであって、信頼の原則は、その危険判断のための基準だとするのである。基準行為に合致していれば相手を信頼して手を抜いてよいというのではなく、相互に危険回避措置を分担しあうことによって、危険が分配されて、減少するのだと大谷は指摘する。大谷はこのようにして、信頼の原則を行為の有用性を引き合いに出す許された危険ではなく、結果回避義務の基準として理解する。

信頼の原則はこのように危険回避措置の相互分担を前提とするから、交通法規違反が稀とは言えない現状に照らせば、交通事故における信頼の原則の過度の適用には留意すべきだとされる。判例が、被害者側の交通違反にウェイトを置き、「あえて交通法規に違反し……」と述べてきたことについて、大谷は疑問を呈する。

そうした機械的適用ではなく、実態に即して考えるべきとするのが、大谷の提言である。もし被害者側に過失があったとしても、その一事をもって加害者を免責するのは不当だとするのである。そうではなく、たとえば飛び出し事故のように、被害者が過失により危険状態に陥り、もはや事故が回避不能な状況であったか否かが重要だと大谷は説く。さらに、その危険状態が予見可能だっ

たかも問われるべきである。こうしてみると、信頼の原則は、抽象的に予測されるにすぎない危険を排除するための原則として理解される。

最後に大谷は、信頼の原則を組織モデルに拡張することができるかという問題提起を行う。組織における個人の注意義務を確定するにあたっては、①分担事務の確立およびそれを前提とする信頼の保護の必要性と、②分業は指揮命令者と現場従業員の関係を前提とする点に留意すべきだというのである。とはいえ、交通事故で述べた信頼の原則の内容を修正する必要はないとされる。なぜなら、組織では分業が必須の要素である以上、危険分配の原則（およびそれによる危険減少）は同じように妥当するからである。

以上をまとめると、大谷は、結果無価値論を前提に、国家・社会の有用性を重視する許された危険の法理、ひいては信頼の原則に対する疑問を示す。その上で、事案の個別性を無視した機械的判断に陥ることを批判するのである。

▶第Ⅲ編　予見可能性（三井誠）

過失犯において行為無価値論を徹底させていくと、予見可能性が結果回避義務認定の基礎という位置づけにとどまることになる。すなわち結果回避義務だけが過失犯の成立要件であって、予見可能性はその下位基準にとどまるのである。実際に藤木は、新過失論のもつ行為無価値の性格を前面に押し出し、予見可能性を結果回避義務の存否判断の一材料にすぎないとした。行為者が危惧感を抱いたにすぎない場合は、次善、三善の回避措置を採れば足りるといった具合である。

(1)　危惧感説の特徴と問題点

三井によれば、危惧感説は以下の3つの特徴を有する。すなわち、①危惧感説は薬害などの新しい類型との関係で展開してきたこと、②危惧感説は新過失論を推し進めた結果として登場したこと、③危惧感説によってはじめて、企業災害における個人責任の割り出しが容易になると藤木によって指摘されているという三点である。

こうした特徴を有する危惧感説の問題点を、三井は以下のように指摘する。まず、①予見可能性の内容が危惧感という形に大幅に抽象化されることによって、英米法にいう厳格責任に接近し、責任主義との矛盾ないし大幅な後退につながるという点である。次いで、②危惧感説が結果回避義務の内容によって責

任主義との調和を図っている点については、以下の2つの問題が指摘される。第一に、個々の交通法規等によって回避義務が認定されることになり、事案の個別性が捨象されるおそれである。第二の問題点は、危惧感説が、エンギッシュのいう情報収集義務との関連で主張されてきたことと関連する。三井によれば、この情報収集義務は、他二者と性質が異なり、結果回避義務の前提であっても回避義務そのものではない。結果回避義務を主軸に考えた場合、調査義務は回避措置を採る前提として位置づけられるべきだというのである。すなわち、調査した上で、どのような回避措置を採ったかが重要だとされる。したがって、調査しなかったから過失責任があるというのは、危惧感説の主張とは異なるはずだと三井は述べるのである。その上で、このように危惧感説が予見可能性を緩和していくと、民事責任と変わりないこととなるばかりか、企業活動においても、単なる企業統括上の責任が刑法上の責任に転化することになってしまうとされる。

　三井によれば、叙上のように、危惧感説は個人の過失責任の場面では問題を残している。それでは、企業自体を処罰する理論としてはどうであろうか。行政上の事前規制だけですべての問題が解決するわけではなく、三井も、公害罪法3条のような具体的危険犯に関しては、企業自体の刑事責任には肯定的である。しかし、結果犯についてまで法人の刑事責任を認めるのは、一般の過失に及ぼす影響も考え、立法論としても消極的な姿勢を示している。

(2)　危惧感説の諸形態について

　危惧感説は、その他の論者によっても主張されている。まず、自動車事故の場面などの市民対市民レベルの事態に対応する場合は従来通りの基準を用い、企業災害追求の場合についてだけ危惧感説で対応する板倉の見解が取り上げられる。しかし三井は、そのように結果回避義務の前提としての予見可能性の程度に差が設けられてしまうと、判断の適正さを保障できなくなると批判する。企業代表者の処罰を強調する石堂の見解についても、彼の強調する責任主義との関係が問題視されている。植松も危惧感説に好意的であるが、上位者の責任については限定的であった。これに対しては、現場の者へのしわよせが懸念されている。沢登佳人は、危惧感程度の低い危険の事実認識に基づくことにより、過失の認定が客観的になると指摘していた。これに対しては、刑事過失の拡大

が疑問視されている。

このように危惧感説を批判する三井は、事前の観点において行為が実質的かつ許されない危険と言えるか否かによって過失を検討していくべきだとする。それこそが、行為と結果との因果関係では足りないという、近時の過失論の視点に一致すると言うのである。そうした観点からは、許された危険の法理や信頼の原則において社会的有用性を過失判断に取り込むことは否定される。

本編の最後に、残された課題が示される。第一に「ある程度高度の予見可能性」と「実質的かつ許されない危険」が同一であるかという点については、いずれも程度を付しうる概念である以上、両者が異なることはありうるとされる。第二に、行為の危険性によって過失処罰を限定する場合、相当因果関係における広義の相当性と重なりあう可能性が指摘される。第三に、過失「責任」の重要性が指摘される。第四の指摘は、新過失論と過失段階説、旧過失論と過失並存説の結びつきである。

▶第Ⅳ編　企業組織体の過失（板倉宏）

(1) 企業組織体の過失論の内実とその実益

先述の通り、基本文献の出版当時は、森永ミルク砒素中毒事件のような企業組織体活動における刑事責任がまさに問題となっていた。刑法典には法人処罰規定はなく、個人行為者の過失責任を追及することになるが、各人の行為を個別的に捉えるのではなく、組織体の活動を、組織体の活動自体として全一体的に捉える視点が第Ⅳ編で示されるのである。

板倉は、前掲森永ミルク砒素中毒事件差戻審判決が「会社全体として添加物についての厳格な管理体制に欠けていた」などと述べていることから、同判決は実質的には企業自体の違法行為であることを明らかにしたものだと述べる。この判決後、被害者救済の途が開けたことからも明らかなように、企業責任を明確にできる点に、組織体過失論の実益があるとされる。さらに、たとえば組織体活動分担者が交代したが、前任者と後任者の間に意思連絡がなく、個人責任を問えない場合でも、企業責任を追及することが可能だと言うのである。

第二章では、典型的な重大事故とともに、企業過失の実態が示される。たとえばニッサン・エコー欠陥車事件は、刑事責任を問えるほどの過失があったと認める証拠はないとして不起訴に終わったのであるが、板倉の提唱する新しい

解決方式によれば、会社幹部の刑事責任の追及は容易であったとされる。すなわち、事故の具体的予見可能性はないとしても、危惧感が認められるから、日産自動車の企業組織体活動に落ち度があり、設計担当者に可罰的過失があるとするのである。このように、板倉が企業組織体過失を述べる際、企業活動を全一的に捉えるだけでなく、危惧感説の立場も前提とされていることに注意する必要があろう。その他の重大事故においても、危惧感が認められる以上、組織に落ち度は認められ、トップ・マネジメントの責任も認められるとしている。組織体過失論は、このように現場で単純ミスを犯した企業組織の末端だけでなく、そうしたミスによる被害を防止する措置を講じなかった経営陣の刑責責任を追及することもねらいとしている。

　企業体過失論は、法人処罰にとっても有益だと説かれる。なぜなら、従業者責任なければ事業主責任なし、という従来の考え方からの脱却を可能にするからである。たしかに、両罰規定によれば「代表者、その他の従業者が」「業務に関して」「違反行為」をした場合でなければ事業主を処罰できない。しかし、板倉によれば、客観的に従業者等の違反行為と、それに対する「緩やかな過失」があればよい。というのは、信頼の原則は、個人行為者に対する刑事制裁の行き過ぎを抑制するための原理であって、企業という「社会的強者」に適用する必要はなく、企業において高い地位を占める者の不作為は違法性も高いと言いうるからである。また、企業内における個人責任者を割り出す際に、企業内における職務分配の関係は参考にはなるが、絶対ではない。職務分配は生産性の合理性追求のためのものであって、消費者の安全保護のためのものとは限らないからである。もっとも、個人責任の追及である以上、信頼の原則も適用され、結果回避義務も適切な範囲内でしか認められないことは、板倉も自認する。だからこそ、組織体自体の犯罪行為を認めるべきだと言うのである。

(2)　批判と反論

　こうした企業組織体過失の理論に対しては、企業についてだけ過失概念を広げることへの疑問が投げかけられている。それに対しては、人的・物的組織を備える社会的強者としての企業に要求する基準が別であっても構わないと反論が述べられる。また、危惧感説が責任主義に反するという批判に関しては、信頼の原則や許された危険の適用によって、調整が可能だとされる。自動車運転

の際に課される結果回避義務が企業活動におけるそれより緩和されているのも、許された危険の法理によるものだと説かれる。

4　残された課題

　第Ⅱ編では信頼の原則が取り上げられたが、歴史的考察は省かれていた。しかし歴史的経緯はすでに詳細な研究がなされていたし（西原・前掲書79頁以下）、その後の発展も見受けられる（松宮・前掲書47頁以下。英米不法行為法の影響という観点からのものとして、樋口亮介「刑事過失と信頼の原則の系譜的考察とその現代的意義」東京大学法科大学院ローレビュー4号〔2009年〕172頁以下）。

　第Ⅲ編のテーマである予見可能性については、問題が数多く残されている。まず、危惧感説が具体的な予見可能性を不要とする点において責任主義に反するという批判は、決定的とは言えないという指摘がある。両者において責任主義の理解が異なるからである（古川伸彦『刑事過失論序説』〔成文堂、2007年〕170頁以下）。近時、危惧感説が再評価されつつあるのは（井田良『講義刑法学・総論』〔有斐閣、2008年〕208頁以下、高橋則夫『刑法総論〔第2版〕』〔成文堂、2013年〕212頁）、同説に一定程度の合理性があることを示している。そのため、危惧感説に依拠しえないとしても、その決定的な理由はどこにあるのか、内在的な批判を検討することは、今後の課題のひとつである。

　内在的な批判のひとつとして、基本文献でもすでに、情報収集義務との関連が述べられている。すなわち、情報収集義務違反が直ちに過失責任と結びつくことはないという批判である。もっとも、予見の「可能性」を仔細に検討するとき、危惧感説にも正しい主張が含まれているという指摘も無視しえない。第Ⅲ編でも取り上げられている沢登の見解（沢登佳人「すべての過失は認識ある過失である」植松博士還暦祝賀『刑法と科学　法律編』〔有斐閣、1971年〕321頁）に顕著に表れているように、予見「可能」と言いうるためには行為者に現実の危惧感が必要だとするのが危惧感説の主張だとすれば、同説は正しい指摘を行っているとする評価もありうるからである（松宮・前掲書306頁以下）。近時は欠陥品の回収義務との関連で情報収集義務が取り上げられるなど（樋口亮介「判批」論究ジュリスト6号〔2013年〕170頁）、議論が蓄積しつつある（さらに、日下和人「情報

収集義務と予見可能性」早稲田法学会誌60巻1号〔2009年〕261頁)。基本文献で指摘された過失犯における情報収集義務の位置づけも、大きな問題のひとつと言えよう。

また、三井は新過失論と段階的過失論、旧過失論と過失並存説のつながりを指摘していたが、近年、このつながりは必然とまではされていない（仲道祐樹『行為概念の再定位』〔成文堂、2013年〕188頁以下）。

第Ⅳ編では、企業自体の過失を問う見解が披瀝された。この見解が現代においても意義を有することは次節で述べる通りである。しかし現在においても、監督過失や過失の競合に代表される、共同作業における過失責任の問い方は論争の的でありつづけている。これは、個人責任も未だ重要性を失っていないことを意味する。過失の競合事案における個人責任の画定との関連では、過失犯における正犯性の問題（松宮孝明『過失犯論の現代的課題』〔成文堂、2004年〕265頁以下)も重要な残された課題の1つに数えられよう。

基本文献全体のテーマである新旧過失論争によって、新旧過失論の対立軸が示された。しかし一方では、過失犯で用いられる危険や可能性といった概念は幅のある要素であって、新旧過失論争という過失「構造論」で決まる問題かは疑わしいという指摘がなされている（小田直樹「過失の『問い方』について」神戸法学雑誌63巻2号〔2013年〕1頁）。他方で、新旧過失論の違いを強調する見解も、今なお見受けられる。論者によれば、新過失論の予見可能性は結果回避義務と関連性をもつ「結果回避措置の必要性の予見可能性」であるが、旧過失論のそれは、「結果の予見可能性」や、その前提条件となる「情報収集措置の必要性の予見可能性」に及んでいると言うのである（高橋則夫ほか『理論刑法学入門』〔日本評論社、2014年〕4頁以下〔杉本一敏〕)。さらには、結果回避可能性との関連で、新旧過失論の差異を見出す見解もある。すなわち、「適法な態度に出ていた場合に結果は回避しえたか否か」を問うにあたり、旧過失論は単に「その行為をしなかった」という不作為しか措定しえないが、結果回避義務を強調する新過失論は、「危険を減少させて行為に出ていれば」という仮定を可能にするという指摘である（古川・前掲書147頁以下）。このように、新旧過失論が何をめぐる対立であるのかについての理解は一様ではなく、今後の課題として残されている。

第Ⅰ編第二章では、かつて責任の問題とされていた過失犯論が、違法性の問題に押し上げられた。それこそが藤木の主張の中核であったと思われるが、その一方で、第Ⅲ編第三章で三井が指摘しているように、責任レベルの問題がなおざりになっていたきらいもある。換言すれば、過失論は、「なぜ処罰できるか」という問いを未解決のままにして、「いかなる場合に処罰すべきか」という議論に移ってしまったという懸念である。信頼の原則や許された危険の基礎にある政策的な過失処罰範囲の変動も、その背景にあるとされている（松宮・前掲『刑事過失論の研究』42頁）。その後、責任主義と過失犯論の関係も意識されてきたが（甲斐克則『責任原理と過失犯論』〔成文堂、2005年〕）、違法性と責任の両者を意識して過失犯論を展開させる必要があろう。

5　現代的意義

危惧感説が理論・実務にインパクトを与えたことは確かであろう（米田泰邦『医療行為と刑法』〔一粒社、1985年〕65頁以下）。基本文献は藤木が第Ⅰ編においてその危惧感説の立場を明快に披瀝し（たとえば古川・前掲書165頁以下は、危惧感説を参照するにあたり基本文献第Ⅰ編を引用する）、さらにそれに対する批判が示されたものであり、危惧感説が再評価されている現在、大きな意義を有する。

さらに、第Ⅲ編で述べられた危惧感説に対する批判に関するもののうち、情報収集義務との関連を述べる部分は、きわめて重要である。情報収集義務は、上記のように予見の「可能性」と大きくかかわるだけに、危惧感説の指摘の正しさにもつながる一方で、三井が示したように、それを回避義務そのものとしてよいかも、疑問たりえよう。危惧感説を検討する上で、この三井の指摘を避けて通ることはできない。

近時は、信頼の原則はメタ理論にとどまるとする理解が増えつつあり（小林憲太郎『刑法的帰責』〔弘文堂、2007年〕164頁）、信頼の原則を直接に適用するというケースは少ない。しかし、第Ⅱ編で信頼の原則との関連で示された、安易な利益衡量論への批判は、今日なお参照されるべきであろう。生命侵害の可能性があるにもかかわらず、信頼の原則によってその行為を継続することが許される場合が認められるのは、ごくまれにしかないというのが、その後の多くの

見解が認めるところである。

　第Ⅳ編で取り上げられた企業組織体過失論において、「まず企業が何をすべきであったかを捉え、次に組織において誰が注意義務を負っていたかを考える」という藤木・板倉の主張は、その後最高裁においても採用されるに至った（樋口・前掲「刑事判例にみる注意義務の負担主体としての法人」1064頁。さらに、原田國男「判解」『最高裁判所判例解説刑事篇　平成2年度』255頁も参照）。

　また、第Ⅳ編の主たる問題関心は個人責任の分配に向けられているが、企業組織体活動の落度という着眼点は、その後の法人処罰論においても取り上げられることがある（それらの議論の展開については、伊東研祐『組織体刑事責任論』〔成文堂、2012年〕107頁以下が詳しい）。

　企業組織内における責任の分配は今なお具体化を要しているが、同編の示した思考枠組みは、上記のように今なお意義をもち続けている。

11 法益論／不法本質論

●基本文献
伊東研祐
『**法益概念史研究**』
(成文堂、1984年)

嘉門　優

1　学説・実務状況

▶刑法学における法益論の役割

　法益（Rechtsgut）概念は、1900年ごろにドイツ刑法学から日本に導入され、当初は解釈上の概念として日本刑法学に定着したという経緯を有する。いわゆる「学派の争い」期には、現行刑法における優位性を獲得するために、新旧両派ともに、現行刑法が保護する利益としての「法益」と、犯罪の実質についての両派の理解との関係を説明することは避けられなかった。それまで「法の保護する利益」として理解されていた法益は、学派の争いのなかで、それぞれの立場から独自の内容が与えられることとなる。つまり、旧派の大場説では、法益を「法の保護すべき利益」と定義して、人の利益を保護するという法律の目的、つまり、世道風教、法律秩序、および生活利益の保護から理解されることとなる。新派の牧野説では、法益は、「刑法の各本条から理解される」として実定法上の概念として理解される一方、その法益に対する侵害・危険は、行為の属性として、行為が公の秩序および善良の風俗に反することだと理解された。

　しかし、その後、この両派が刑罰法規の解釈を看過し、むしろその内容に属する犯罪および刑罰を専らその対象と考えてきたことに対する問題性が指摘されるようになる。そこで、法益概念は、目的論的解釈方法が主流となる中で、実定法上の概念として、「個々の刑罰法規が保護しようとする利益」であると位置づけられるようになる。これによって、法益概念は、実定法と犯罪の実質

に関する理解とをつなぐ役割を果たすようになるのである。

　このようにして、各則は法益を目標として目的論的に解釈されることが定着し、さらに、「法益侵害・危険」が犯罪の本質を示すものとの理解が通説となる。このような通説化の背景のひとつとして、第二次世界大戦後、義務侵害の観点を前面に押し出した、全体主義的なナチス刑法理論に対する反省から、いわゆる法益侵害説の自由主義的性格が評価されたことが挙げられる。たとえば、団藤重光は、法益思想が罪刑法定主義と結びつくものとして現代的意義を認めるべきだとし、ナチ思想がいかに法益保護思想を排撃して、義務思想をもってこれに代えようしたかを想起すれば、法益侵害性を基礎づけとするべきと述べている。

▶自由主義的法益論の隆盛

　1960年代以降、法益論は、刑法改正の基礎とされた国家主義的権威主義的性格、倫理主義理論に対抗する理論として位置づけられることとなる。また、1966年から1967年にかけて内藤謙による「法益概念の歴史的展開」と題した論文が公表され、いわゆる自由主義的法益論が展開される。本論文では、とくにドイツのジィーナの論考の影響を受けて、法益概念の元となったビルンバウムの「法的財」概念が、啓蒙後期自然法思想と権利侵害論を継受しており、犯罪概念を体系的に限定しようとする傾向をもっていると評価された（法益概念のいわゆる歴史的・自由主義的性格）。さらに、改正刑法草案批判の流れの中で、1973年には、内藤により「保護法益、性質・分類・順序」と題する論文が公表された。本論文では、実質的・限定的内容をもつ立法論的法益概念が提案され、「『憲法の趣旨から見て刑法によって保護されるべき重要な利益ないし価値』という意味での憲法的・実質的法益概念をうちたてることが必要」があるとされた。このような自由主義的法益論は、結果無価値論の基盤とされ、その後の結果無価値論の有力化につながった（以上の論文は、内藤謙『刑法理論の史的展開』〔有斐閣、2007年〕に収録されている）。

　以上のような自由主義的法益論の第一の特徴は、「道徳　対　法益」という対立構図を形成し、立法者に対して批判を試みた点である。たとえば、平野龍一は、刑法の目的について、通説が、「国民の人倫的文化秩序及び道義秩序維持」・「道徳規範の維持」と理解するのに対して、「刑法は、社会倫理を維持す

るためのものであるのか、それとも、法益の保護を任務とするものであるのか」という対立構図を示し、草案の過度のモラリズムに対抗することを試みた。そして、実際上の帰結として、「被害者なき犯罪の非犯罪化」、とくに、わいせつ物頒布罪、賭博、麻薬の自己施用の非犯罪化が論じられることとなった。

第二の特徴は、法益の限界づけのメルクマールとして「個人・人間」を挙げることである。このような見解を採るものとして、M・マルクスの「国家や法秩序、経済秩序などが奉仕しうる目的は人間（Mensch）であり、それらは人間に奉仕する場合にのみ法益の性質をもちうる」という主張や、前述のハッセマーの人格的法益論が挙げられる。日本においてもこのような見解は有力であり、とくにこれを徹底した形で個人的法益への「還元論」が主張された（原田保『刑法における超個人的法益の保護』〔成文堂、1991年〕）。

2　学説史的意義と位置づけ

▶基本文献の意義

1960年代後半からの、違法の実質に関する結果無価値論か行為無価値論かという争いを受けて、法益論もその対立枠組みの中で議論がなされる傾向にあった。つまり、以上のような自由主義的法益論が前提とする、法益概念のいわゆる「歴史的・自由主義的な性格」は、とくに、法益侵害・危殆化を違法の実質と考える結果無価値論にとって、その「プラス・イメージ」を支える重要な論拠とされたのである。

そして、1984年になり、本稿が対象とする基本文献である伊東研祐『法益概念史研究』（以下、「基本文献」と称する）が公刊される。基本文献は、法益概念史に関する「資料」として、ドイツでの研究を凌ぐほどの、刑法学説史に残る価値ある著作であることに加えて、単なる法益概念「史」研究にとどまらない意義を有している。詳細は後述するが、基本文献の意義の1つとして、ドイツにおける法益概念史の総合的な検討を踏まえて、当時、当然とみられていた法益概念の自由主義的な理解に対する疑問を提起したことが挙げられる。とくにこの指摘は、不法の本質に関する結果無価値論と行為無価値論との間の争いを意識して行われたものだった。法益概念の自由主義的性格を前提として展開さ

れ、客観的な対象たる物に生じた結果事態を問題とするという意味において物的不法論として位置づけられる結果無価値論からは、抽象的なもの、たとえば、善良な性的秩序などは、刑法の問題とすべき範囲外に存することになる。そのため、歴史的に見れば、不法の範囲を批判的、ないし、いわば制限的にとらえる機能・傾向があるとされてきた。しかし、基本文献によれば、ここで前提とされている法益概念の自由主義的性格は当然のものとはいいがたく、法益概念史から見れば、むしろ、法益概念自体の刑事政策的中立性・無関係性が導かれるべきだという。そして、法益概念の確定によっていわば内在的に示される立法規制原理・機能への期待は望み薄であるというのである。また、基本文献によれば、法益概念の内実は、前実定的に与えられるものではなく、その内容は論者によってさまざまなものが与えられてきた。法益のとらえ方によっては、結果無価値論と自称しても内容のおよそ異質のものも存在しうる。法益を外部的な事態ではなく（社会倫理的）価値としてとらえ、その価値から発せられる客観的・一般的な尊重要求、すなわち（社会倫理）規範に違反することが違法性であると考えるときにはその実質は行為無価値論と変わらない。したがって、結果無価値論と行為無価値論の対立は相対化するのである。

　以上のように、基本文献は、自由主義的性格をもつとして、いわば「マジック・ワード」となっていた法益概念に対する疑問を提起することによって、これからの刑事不法論が本来解決すべき課題を指し示したという重要な意義を有するのである。

3　文献紹介

▶基本文献の主張の中核

　基本文献の主張の中核的内容は、伊東の以下の記述に端的に表現されている（基本文献414頁以下）。

> 「法益とは、国家として憲法に従って構成される（べき）社会の内における当該社会構成員の共同生活の存立の為に必要不可欠な条件であって、且つ、純粋規範によって保護されている（べき）因果的に変更可能な対象である。」……フォイエルバッハ以来の法益概念史を辿り、その中から、単に歴史的意義を有するのみならず、現代にお

> ける法益概念の再定義に資すると思われるところを抽出してきた本書が辿り着いた法益概念の一応の定義は……或る意味で、極めて虚しいものであったといい得るであろう。それは、結局は、ヴェルツェルによって既に1939年時点において展開され、戦前から現在に至るフライブルク学派の見解によって逆の側面から検証された法益概念を巡る理論学的構造に、初期刑事政策的法益概念構想による試行錯誤を経て獲得されたところの、立法者の……価値判断を規制或いは修正する"社会構成員の共同生活の為に必要不可欠な条件"といういわば法益概念に外在する……要件を結び付けなければならない、ということの強調的提示に過ぎない。然し、翻って考えれば、その"虚しさ"と形容した感覚は、一般的にいって法益概念を全能化・神格化してしまっていた、少なくとも、そうしようとしていた刑事不法論が故のものである。筆者の概念規定によって法益概念は黄昏れ、全能の神から悩み多き人間へと捉え直されよう。刑罰発動の限界に関する要件は、法益概念自体からは導出することが出来ない。……他方、筆者の法益概念規定がもたらすものは"虚しさ"ばかりではない。従来、規範目的などの関連においても余りに無作為に措定されてきた刑（罰）法各本条の法益を、社会的諸関係の現状に照らしつつ、"因果的に変更可能な対象"という属性等から一つ一つ捉え直してゆくとき、そこには刑（罰）法各論の新たなる構成・解釈論への問題の提起が当然生じてこなければならない。

▶法益概念の自由主義的性格に対する疑問

　前出の内藤は以下のように述べて、法益の原型としてのビルンバウムによる法的財が自由主義的な性格を有していることを主張していた。つまり、ビルンバウムの法的財説は、歴史的に見て、啓蒙後期自然法思想を背景とするフォイエルバッハの「権利侵害説」の自由主義的側面——犯罪の客体を実質的に限定することによって、国家権力から市民的自由を確保しようとした——を継受しているというのである。また、ビルンバウムは、「財」概念を前実定的・実質的に把握していたと理解する。つまり、「財」の中に「人間」に「自然からあたえられた」ものがあることを認め、また、「人間」の「社会的発展」と「市民的結合」の結果としての「財」についても、それを立法者によって生みだされるものとのみには理解していなかったというのである。

　そのような理解に対して、基本文献は、法益概念の歴史的な検討を踏まえ、ビルンバウムの国家刑罰目的論・財侵害説はきわめて中核的領域において権利侵害説から後退したといわざるを得ないと評する。まず、ビルンバウムの自説の展開にあたっての方法論は、権利侵害説のものとは異なり、歴史法学派の影

響を強く受けた穏健な実証主義的傾向のものと解するのが妥当だと評価する。次に、法的財説が社会契約説・権利侵害説の"人間の共存の為の諸条件の保護"というような理論的基礎付けを放棄したことによって、とくに1870年以降の法実証主義のもとで顕著になるように、"評価主体の（政治的）価値判断"を法益概念要素に取り込むための途を開いたとする。そのため、この実証主義への連続性という点において、財侵害説を位置づけるべきだという。

▶「法益概念の精神化」に対する批判

　基本文献の公刊以前は、リストは、法益の内実を前実定的な人間の生活利益としてとらえようとしている点で、自由主義的法益論の先駆者として位置づけられていた。それに対して、基本文献は、リストの法益論の理論学的・解釈学的意義は過大評価されてはならないと批判する。第一に、リストの法益論も、何が生活条件・生活利益なのか、いかなる前提条件のもとに国家共同体はその生活条件を具体的に刑法秩序の中で定義するのか、すべての保護法益が法的にも生活条件であるのか否か、については何の説明もないままに留まっていると批判する。そして、動物虐待の罪や鳥類保護に対する罪など、きわめて雑多な犯罪類型を包含せしめられたリストの"国家行政に対する罪"を見るとき、利益概念の不明確性・無制約性という問題点はもとより、リストにとって実定刑罰法各本条に示される行為はすべて社会的に有害な法益侵害なのではないかという疑念さえ禁じ得ないとする。

　第二に、基本文献は、リストの見解における「法益概念の精神化」を問題視する。リストは、法益（＝保護客体）と行為客体は、因果法則の支配する世界に属するものと属さないものという点で区別するに至った。しかし、基本文献は、このようなリストによる、その独特の法益概念の精神化は、現代にいたるまでの弊害をもたらしたと評する。なぜなら、法益を因果法則の支配領域から排除する場合、法益の侵害・危殆化の把握は、とくにいわゆる行為客体が存しないと解される場合においては、きわめて不可思議なものとなるからだというのである。また、行為という因果連鎖との可能的連接点として法益を据えることなくして、いかにして因果経過に関する蓋然性判断たる危険判断が可能なのであろうかと疑問を提起するのである。そして、私見として、法益もまた因果法則の支配領域に存するものとすることが、素朴な、しかしおそらく本来的な

意味での"法益保護"の理論に適合することのように思われるとする。

▶目的論的法益概念批判

　1920年ごろのホーニッヒやシュヴィンゲにより主張された目的論的法益概念においては、法益とは個々の法規の保護目的、あるいは立法目的と理解される。しかし、価値の選択を立法者の手に完全にゆだね、しかも、選択された価値の当否判断を刑法学の任務としなかった本説は、その後の国家社会主義刑法学・刑事立法への抵抗力を有さず、むしろ、それに適合化していったという歴史的事実から、基本文献では厳しく非難される。このような認識から、伊東は、法益概念について内容空虚なものであってはならず、法益概念のより精密な内実規定を追求し続けるべきだとする。また、目的論的法益概念では、保護客体としての法益はもはや現実的犯罪行為の対象としてはとらえられず、行為という因果連鎖の連接点としてはもっぱら行為客体が考えられることになる。このような法益に対する非物質的な発想に対し、基本文献では重ねて疑問が示され、非実在的で行為によって変更されえないものを犯罪行為から保護する必要はないとされる。

▶キール学派の批判と法益概念の変質

　キール学派によれば、法益侵害としての犯罪という見解は、自然法的・啓蒙主義的見解の変形以外の何物でもなく、古典的自由主義の国家イデオロギーの特徴的な産物だと理解される。しかし、前述のように、このような理解は、基本文献によれば妥当ではなく、皮肉なことに、この誤解が、戦後の法益論に、法益概念の自由主義的内実というテーゼを生じさせることとなったという。

　また、従来のわが国においては、国家社会主義刑法学は、（目的論的）法益概念・法益保護思想の否定としての義務概念・意思ないし心情刑法思想とオーバーラップさせられてイメージされてきた。そして、このイメージに、目的的行為論により提示された人的不法論・行為無価値論の批判も多大な影響を受けてきた。しかしながら、伊東の分析によれば、国家社会主義刑法学における不法論は、法益概念・法益保護思想の（否定ではなく）新展開・政治的状況への適合化の上に成立しているという。その証左として、第一に、キール学派により直接的に批判対象とされた、シュヴィンゲによる法益概念の内実の国家社会主義への（積極的）適合化は、1936年の軍事刑法典において明らかになるとする。

つまり、シュヴィンゲは軍事刑法の指導理念を「〔軍〕紀律の維持及びそれによる軍隊の内面的団結、戦闘力、戦闘に対する心構えの確保」とし、これを「軍事刑法の一般的保護客体」としたのである。このように、目的論的法益概念は、元来、価値関係性を要素としつつ、その関係価値の内実について限定基準を有さない。この法益概念の政治的色調は自由に変化させうるのである。
　第二に、1935年になって有力化する「共同体関係的法益概念」が挙げられる。クレーによれば、意思刑法は、「民族共同体の生活条件の可能な限り実効性ある保護は、犯罪者に対して処罰する国家の防御線が、犯罪的意思の明白な外化という段階・侵害的結果の未だ発生させられていない時点へと『前進』させられる場合にのみ保障される」ところにこそ基礎があるという。そして、この意思刑法は、法益の側面から見れば、「危殆化刑法」と位置づけられることになり、犯罪とはその本質上民族の生活条件、その意味での「利益」および「財」の侵害であるという心理をその視野から失うものでは決してないとする。このように、法益保護思想も、国家社会主義刑事政策の論理的支柱として積極的に支持され、「法益保護の手段としての意思刑法」というシェーマが確立されることとなったのである。ここでの法益概念は、今日、個人主義的内容とは別の、すなわち、政治的な「共同体関係的」内容を有することとなる。このように、基本文献によれば、「共同体関係的法益概念」は、キール学派に法益概念の不可欠性を承認させ、目的論的法益概念を吸収したという点において、通説的立場を占めたというのである。

▶ヴェルツェルによる物質的法益概念

　目的論的法益概念が、1933年の国家社会主義政権樹立を背景としつつ、キール学派を中心とする激しい批判の中で変容・空虚化していったのに対し、この時代の批判をほとんどまったく逃れ、今日の非物質的法益概念の基礎を形成するに至ったのがフライブルク学派の法益概念である。フライブルク学派は、客観的不法論・法益侵害説を採りながらも、「変遷する社会倫理と社会理念から規定される諸々の価値」という法益概念を採るがゆえに、その内実は、義務侵害説とほとんど異ならない刑法の倫理化傾向を有していたとされる。そして、フライブルク学派の不法論全体が、法益を最上位の国家理念の意味において承認され・法秩序の保護を与えられた社会倫理的ないし人倫価値により構成さ

れる文化財と定義しつつ、かつ、現実的立法者の考える国家理念・社会倫理に拘束されざるを得ないとする内在的傾向を有していた。この点は、戦後のフライブルク学派も変わることはなく、制裁により保護された"制度（＝社会倫理的価値・規範の妥当状態）としての法益"概念であり、そこにおいては、法益侵害は行為無価値を意味することになる。

このように、法益を「非物質的なもの」としてとらえるフライブルク学派に対して、物質的な法益概念を主張したのがヴェルツェルである。ヴェルツェルは、法の２つの機能として、構成（あるいは秩序）機能と保護（あるいは保証）機能とを区別する。前者は「法的に是認された状態」を指し、この"状態"は、当然、あらゆる任意の事実により紊乱されうる。後者は、この法的に是認された状態を囲む非実在的保護であり、たとえば、突風が私の物を隣人の土地へ吹き飛ばした場合に私がその物の回復を為すことを許すという当為・義務を土地占有者に課すこと（民法867条）の中に存するとされる。すなわち、突風は、私と私の物との間の占有という特殊な所持関係を失わしめることにおいて、法の秩序機能に矛盾する状態を惹起しうるが、法の保護機能に対する侵害をなしえないのである。それを為し得るのは土地占有者のみであるという。

ヴェルツェルは、これらの法の２つの機能の区別に対応して、それらの一方が他方の基礎付けを形成する２つのまったく相異なる価値領域が区別されなければならないとする。第一の領域は、法的に秩序付けられた状態に関係するものであり、その諸々の価値は、この状態が否定されたときには、それがいかなる事実に基づくかを問わず侵害される。これに対して、第二の価値領域は、保護秩序の侵害、すなわち、法的当為の侵害に関係する。それゆえ、それはある特定的性質の行態によってのみ、すなわち、当為によって指定されている者のみによって侵害されうる。人間の意思的行為のみによって侵害されうる価値態様と、自然現象によっても侵害されうる価値態様とは、それぞれの前提とする客体あるいは存在的対象においてすでに区別されなければならない。このように、ヴェルツェルは、規範の妥当状態を構成する行態と、秩序付けられた人的および物的な存在事態としての状態とに、それを見出しているのである。

そして、ヴェルツェルは、「法の構成機能によって秩序付けられた人的及び物的存在事態」を法益と解し、さらに、この法益を、刑罰効果と結び付けられ

ていない法的当為規範・純粋規範によって保護されるものと観念した。それに対して、メッツガーのように、保護思想と法益思想とを直接結びつけ、"すべての刑罰規定は法益を保護する" という見解をとるときには、「法益とは凡そ刑罰によって保護されるもの総てでなければならず、それ故、その遵守が刑罰制裁により確保される全規範並びに全法秩序一般も法益でなければならない。そのとき、法益概念は総てを呑み込み、それによって理論学上の個別要素としては利用不可能なものとなる」とヴェルツェルは批判する。したがって、刑罰によって保護されるべきものではなく、すなわち、法的命令または禁止により保護されるべきもののみを法益と規定するときに、およそはじめて、利用可能な法益概念に至るというのである。

▶**法益侵害と刑法的不法**

その上で、ヴェルツェルは、法益概念の見直しという観点から、不当に拡張された法益概念を用いた法益侵害説を批判する。メッツガーは、刑罰構成要件の定立の段階における不法評価には、法益侵害状態に加え、身体的態度・行為態様が構成的ファクターとして含まれることを認めている。法益侵害説を維持したメッツガーは、このファクターを、法益侵害状態といわば同一次元にあるものと解し、法益概念要素として取りこんだことにより、法益概念を拡張させたのである。ヴェルツェルは、この法益概念の拡張傾向こそ、法実証主義的立場（実定法的財概念）、精神化或いは非物質化と並び、或いはそれら以上に、不法論の展開を妨げたという意味で問題とされるべきだと批判する。そして、行為態様の価値の法益概念中への包含が問題であり、法益概念内実を結果事態に限定することが本来の語義（Rechts-Gut）に適うという。

以上を踏まえて、ヴェルツェル説における次なる問いは、メッツガー説のような法益概念の不当な拡張を避ければ当然問われることになる、「さらなる問題」、すなわち、純粋な結果事態（法益侵害）に付け加わり、いわゆる「刑法的不法」を形成する "より以上のもの" はどこに存在するのかということである。基本文献は、これこそが、ヴェルツェルによる行為無価値概念導入へのイントロダクションだと位置づける。ヴェルツェルは、第一に、これまでの法益侵害説の根本的誤謬は、それが法益を現実的・社会的生活環境においてではなく、ある死せる無機能な世界において理解していることであるという。生命・健

康・自由・財産等々は、単に「そこにある」のではなく、その存在は In-Funktions-Sein、すなわち、社会的結びつきにおいて作用を与え・作用を受けるものである。したがって、法益は、それが「機能」の中に存する場合にかつその限りで存在すると理解する。

次に、法がすべての法益侵害を客観的不法として禁止すれば、あらゆる社会生活を即刻中止しなければならなくなってしまうことが問題となる。法益および法益の規範による保護は刑法に限らず全法領域について述べられており、一定の程度を超える法益侵害が（"何らかの人間に関係する" 作用により）生じたことだけでは、法秩序一般に共通の不法ないし違法性は認められても、法的効果として刑罰を選択する根拠とはなりえない。すなわち、刑法的不法を形成するために結果事態（法益侵害）に付け加えられねばならないのである。そこで要求される「より以上のもの」とは、ヴェルツェルによれば、主として目的的行為であり、例外的に回避不能な〔結果事態の〕惹起も含まれるのだという。したがって、目的性という要素は、惹起の特別の態様として刑法上の不法に必ず属するとされるのである。つまり、刑法の主たる対象は行為無価値であるが、それは主要な場合、事態無価値をともに含んでいると理解される（結果犯において）。

以上のようなヴェルツェルの法益理解について、日本では、従来「犯罪論における法益侵害の絶対化の否定」という結論のみをとりあげたうえで、違法判断がもっぱら行為無価値のみによって行われるとしたら、違法性の判断を倫理化し、構成要件を軟化させ、被告人の人権を危うくすると批判する向きが強かった。しかし、基本文献では、ヴェルツェルは、法（刑法に限られない）の構成機能により評価された状態（法益）の侵害だけでは刑事不法ということはできず、刑事不法と非刑事不法とを区別するという意味で本質的な要素として、行為無価値を提示しているに過ぎないと肯定的に評価される。そして、その論理過程で結果事態（＝法益侵害）と規範の妥当状態とを区別し、メッツガーらの見解における法益の不当な拡張を超えて刑法理論学の進展をもたらしたと評価するのである。ただし、法益の保護対象化の選択基準として、ヴェルツェルが、規範に "社会倫理" 規範という性格を要求したことの現代的当否判断のみが残されるとして留保している。

▶法益論の閉塞状況

　その後の法益概念に関する議論は、法益概念の新展開とよぶに足るものはきわめて少ない状況にあったなかで、基本文献は、目的論的行為論を巡る論争、人的不法観・行為無価値論の批判的検討の陰で、"法益"という語はいつの間にかマジック・ワード化され、あたかも確固たる内容規定を伴ったもののように用いられるにさえ至って、その閉塞状況は一層激化されてしまったと評する。そのようななか、1962年のジィーナによる法益論は、以降の法益ないし不法論に与えた政策学的インパクト・資料的価値はきわめて大きいものであった。ジィーナは、法益概念は啓蒙主義の自由思想から自由主義的内実が与えられており、1933年以降の国家社会主義思想により批判されることにより、人々は改めて法益概念の自由主義的内実を認識したとする。しかし、基本文献によれば、法益概念に固有の内実というものはなく、定義する者の意図に応じて、極論すれば、法益概念はいくらでも反自由主義的・反個人主義的内実を付与されうるのである。法益概念自体が歴史的・自由主義的内実をもつことの理論史学的立証、あるいはそのような命題の証明は、はじめから不可能なのである。可能なのは、かつての諸学説が各々の定義した法益概念に自由主義的内実を与えてきた、少なくとも反自由主義的内実を与えてこなかった、ということの立証か、法益概念に自由主義的内実を与えようという主張を為すことにすぎない。前者の立証が成功しえないことは、国家社会主義支配下におけるいくつかの法益概念の存在にのみ徴しても明らかであり、ジィーナは後者についての積極的な根拠づけを欠いているというのである。

▶自説の展開

　以上の検討を踏まえて、基本文献では、自説が基本的にヴェルツェル説に基づいて展開される。まず、法益概念は、特殊刑法学的なものとして生まれたものではなく、一般法論上の概念としてはじめて明確に構築され、現在も全法学領域にわたり用いられていることから、法益概念規定中に直接"刑罰"的保護等の法的効果の要素を取り入れることは妥当ではないという。次に、学説史的に見ても、法益概念は実定的ないし実証主義的起源・展開過程を示したことから、立法者の価値判断に基づく規範的保護の付与の存在をも概念規定から排除しようとする、法益の前実定的規定は疑問視されなければならないという。刑

罰予告に依拠しないいわゆる純粋規範に関して侵害を禁じられ・保護されるものがまず一般的に、法益の基体として観念されなければならないとする。ただし、もちろん、いわゆる純粋規範に関して保護されるものを法益の一般的基体としてまず観念するということは、その規範の定立を立法者の完全な恣意に委ねることを意味してはいないとする。立法者には、当然ながら、その権限にいわば内在的な限界があり、法制定権限の最外縁は"国家として憲法に従って構成される（べき）社会の内における当該社会構成員の共同生活の存立の為に必要不可欠な諸条件の確保"であり、この観点は法益の概念規定中に導入されなければならないという。そして、その"社会構成員の共同生活の存立の為に必要不可欠な条件"というものの中には、各種行政法令においてしばしば見受けられるように、これまで法益とされてきた生命・身体・財物等の対象に直接的関連を有さず、むしろ、その妥当状態が"条件"と解されるべき（純粋）規範も含まれるという。しかし、そのような規範（の妥当状態）をも"法益"とよぶとき、法益概念からは因果連鎖たる行態の現実的ないし可能的連接点としての機能や、規範の妥当状態の侵害と規範違反を超えて効果の生じたところの事態＝結果事態との区別を担う機能は失われてしまう。そこで、伊東は、ヴェルツェル説に従い、"純粋規範に・よ・っ・て・保・護・さ・れ・る・実・在・ないし因・果・的・に・変・更・可・能・な・対・象・"という属性が法益概念の要件として取り入れられなければならないとする。

　以上をまとめて、伊東は、法益概念規定について「国家として憲法に従って構成される（べき）社会の内における当該社会構成員の共同生活の存立の為に必要不可欠な条件であって、且つ、純粋規範によって保護されている（べき）因果的に変更可能な対象」であると定義する。

4　残された課題

▶不法本質論の課題

　基本文献は、以上のような法益概念を示したことにより、これまでのわが国の結果無価値・行為無価値論争の中心的課題である「刑罰発動の限界づけ」は、法益概念からではなく、社会的必要性という現実的基盤、それを反映して憲法秩序内で定立される刑事政策的諸原理等から導かれるべきものだということが

立証できたとする。したがって、基本文献の残された課題として、いわゆる刑事不法論の前提として、まず、法益の一般的基体として（も）とらえられるべき法的ないし純粋規範的保護対象、すなわち、"社会構成員の共同生活の為に必要不可欠な条件" とはどのようなものなのか、いかにして把握されるべきかという問題に取り組まなければならないとする。そして、法的保護対象である "社会構成員の共同生活の為に必要不可欠な条件" として具体的にとらえられるであろうものには、伊東のいう意味での "法益" と "規範の妥当状態" 自体とが含まれ、そのいずれの侵害に対しても場合によっては刑罰という制裁が結び付けられる。この点は結果無価値であるか、行為無価値であるかではなく、いつ刑罰の発動が許され・必要・適切なのか等という基準の定立、刑事政策的諸原理・原則の一層の精密化が、これからの刑事不法論の実践的課題なのだという。

▶規範の妥当状態の保護

　法益概念の属性について、基本文献では、前述のように、「因果的変更可能性」を要求する。それに対する批判として、法益概念の価値的構成の排除には基本的に同意しつつも、それは法益そのものが因果的構造をもつべきであるということにはつながらないとし、因果的構造をもちえない「もの」もまた法益として実在するものであって、それゆえ、因果的な侵害の対象になりうるとの主張がなされた（宗岡嗣郎「刑事法における環境保護とその形成的機能」久留米大学法学 9 = 10合併号〔1991年〕239頁）。これに対して、伊東は、たしかに「価値的・精神的なもの」も「実在的なもの」として現実に存在しうるが、その場合でも、「因果的に変更可能」とまではいえないのではないかとしている（伊東研祐「刑法における法益概念」阿部純二ほか編『刑法基本講座　第1巻』〔法学書院、1992年〕39頁以下）。

　このように因果的変更可能性の意味するところについては争いがあるものの、基本文献が結論として、この属性を法益概念に要求することにより、法益概念の精神化を避けようとする点については支持する見解が多いところである。ただし、伊東は、前述のように、法益保護以外の刑罰根拠を認めることに対して肯定的な態度を示している点に注意が必要である。たとえば、臓器売買罪・同斡旋罪については、法益とよぶべきではない、「人体やその部分を金銭

的な取引対象にしてはならない」という社会倫理規範の妥当ということ自体を保護しているというのである（伊東研祐「生命倫理関連刑罰法規範の正統性と社会的効果」渥美東洋ほか編『刑事法学の現実と展開——齊藤誠二先生古稀祝賀論文集』〔信山社、2003年〕510頁以下）。

　前述のように、従来、法益論の自由主義的性格を認め、刑法の機能を法益保護に限定すべきと主張する見解からは、このような基本文献の結論には強い抵抗がなされる。しかし、たとえば、ヒト・クローニング罪（クローン技術等規制法16条、3条）の場合、伝統的な法益概念では包摂されえないはずの、「人間の尊厳」や「人類のアイデンティティー」をも法益だと肯定する場合、法益概念の弛緩を招き、結局のところ、法益概念は、刑法的な介入を限定する機能を有さないことにならざるをえない。それに対して、基本文献は、法益概念の無限定な拡張を避け、法益とは異なる「規範の妥当状態」自体を刑法で保護することの妥当性を直接的に問う方が、理論的には望ましいと考えているようである。つまり、そこでは、そのような倫理規範が本当にわが国の法社会に存在しているのか否か、存在しているとして、それを保護することが妥当なのか、といった点の検討がなされるべきこととなる。

5　現代的意義

　以上のような基本文献の指摘は、現代の刑法学においても、数多くの重要な意義を有している。まず、基本文献は、行為無価値・結果無価値論争を含めた刑事不法論のより一層の展開のための基礎の整理として、さらに、理論体系の随所できわめて重要な意味を与えてきた長い歴史を有する刑法理論学の内容的再検討・充実のための基礎として、法益概念のより精密な内実規定を追求し続けるべきだと強調する点である。いまだに、法益概念について各論者によって異なる理解・位置づけのもと、刑事不法論があいまいに展開されている現状において、基本文献の指摘は現代において再認識されるべきだと考える。

　次に、法益概念の内実把握についてであるが、1990年代の日本では、刑事立法が積極化したことから、以前にもまして、刑法学上、立法論が重要なテーマと位置づけられることとなった。前述のように、1960年代に有力化した自由主

義的法益論のもとでは、「国家からの個人の保護」、「道徳　対　法益」等といった観点のもと、法益概念による刑事立法の批判的検討が試みられた。しかし、複雑化した現代社会においては、伝統的な個人的法益の保護だけでは、国民の保護としては不十分といわざるをえない。基本文献は、前述のように、ヴェルツェル説を踏まえて、法益を「そこにある」ものではなく、In-Funktions-Sein、すなわち、社会的結びつきにおいて作用を与え・作用を受けるものであると理解した。このような基本文献の指摘に従い、社会的な観点から、法的保護対象を「動的に」把握することが、利益関係の複雑化した現代社会にはふさわしいと考えられており（ただし、いかなる機能を「因果的変更可能性」を有する法益だと認めうるかは論点となる）、その内実のより詳細な検討が今後の課題となる。

　さらに、刑罰発動の限界づけについて、基本文献は、法益概念からではなく、社会的必要性という現実的基盤、それを反映して憲法秩序内で定立される刑事政策的諸原理等から導かれるべきとした点も重要な意義を有する。ドイツでも、最近になって連邦憲法裁判所が、民主主義的な憲法国家において、可罰性を限界づける機能は刑法上の法益論ではなく、憲法にあると述べているところであり（BVerfGE 120, 224）、そのような理解が有力化している。たしかに、基本文献が述べるように、それまで、法益概念が「マジック・ワード」化されていた状況は問題視されるべきであるが、刑事立法を限界づける基準は見出されていない現状にある中、法益概念とは言えない「規範の妥当状態」をも、刑法による保護を無制限に認めることには懸念があるといわざるをえない。さらに、あいまいな法益概念が認められることによって、法益に対する「侵害・危険」の実質的な把握が困難になることは避けられなければならない。法益論による限定機能は今後も模索されるべきだと思われる。基本文献は、また、「刑事政策的諸原理・原則の一層の精密化」が必要とだとしており、今後の刑法学において、「いかにして刑法を限界づけるのか」という視点がより一層厳格に要求されなければならないだろう。

12 違法性阻却原理論

●基本文献
曽根威彦
『刑事違法論の研究』
(成文堂、1998年)

橋爪　隆

1　学説・実務状況

▶違法論における結果無価値論・行為無価値論

　戦後の刑法学の違法論においては、行為無価値論と結果無価値論の対立が重要な争点として位置づけられてきた(詳細については、内藤謙「戦後刑法学における行為無価値論と結果無価値論の展開」同『刑法理論の史的展開』〔有斐閣、2007年〕189頁以下などを参照)。伝統的な刑法学は、刑法の違法性を法益侵害またはその危険の惹起に求めており、このような理解が結果無価値論とよばれてきた。これに対して行為無価値論は、行為態様が行為規範から逸脱している点に刑法上の違法性の本質を認める。行為無価値論が主張された背景としては、ヴェルツェルによる目的的行為論がわが国においても紹介され、当時の学説に大きな影響を及ぼしたことが挙げられる。目的的行為論の理解によれば、(結果無価値論の背景にある)因果的行為論は「人間の意思が因果的事象を被覆形成するものであること、すなわち統制しみちびくものであることを看過」していることになる。そして、刑法の評価となる行為が人間の目的的な活動・事象であることから、違法性は結果惹起に尽きるわけではなく、「行為は一定の行為者のしわざ(Werk)としてのみ違法」と評価されることになる。したがって、行為者の目的設定、認識・動機、行為者に課された義務内容などの事情が「生ずるかも知れない法益侵害とともに、行為の不法を決定するのである」(ハンス・ヴェルツェル［福田平・大塚仁訳］『目的的行為論序説』〔有斐閣、1965年〕10頁、40頁などを参照)。

わが国の刑法学においては、目的的行為論の前提が完全に受容されたわけではないが、刑法的評価の対象となる行為が主観面と客観面の統合体であるという理解は当時の学説に広く支持されるにいたり、これが伝統的な通説を形成したといってもよい（たとえば団藤重光『刑法綱要総論〔第3版〕』〔創文社、1990年〕114頁以下、132頁以下などを参照）。そこでは刑法の機能は社会倫理規範の維持にあるという観点が強調され、刑法上の違法性の意義についても、それは単なる法益侵害・危険に尽きるわけではなく、社会倫理規範に違反した法益侵害・危険であるという理解が一般的になったのである。

結果無価値論と行為無価値論は、まさに刑法に関する基本的な理解の対立として、学説において激しい論争が繰り広げられた。違法性阻却の場面についていえば、たとえば正当防衛の要件としての防衛意思の要否など、主観的正当化要素（あるいは主観的違法要素）をそもそも、また、いかなる限度で認めることができるかが、両説の対立点として重視されてきた。

▶可罰的違法性論

違法性阻却をめぐる戦後の議論において、重要な意義を有したのが可罰的違法性をめぐる議論であった。可罰的違法性論とは、形式的には構成要件に該当し、法定の違法性阻却事由に該当しない場合であっても、刑罰を科するに値する程度の違法性の質または量が認められない場合には、実質的観点から処罰を否定する理論である。法益侵害の程度が極端に軽微である類型（絶対的軽微型）については、既に戦前から、構成要件を限定解釈することによって、構成要件該当性を否定し、不可罰とする理解が判例・通説に受け入れられていたといってよい（たとえば大判明治43・10・11刑録16輯1620頁、最判昭和32・3・28刑集11巻3号1275頁など）。戦後の刑法学において、とりわけ活発に議論されたのは違法性の「質」をめぐる問題である。すなわち、公務員の争議行為など労働法上は禁止され、違法と評価された争議行為に伴って（建造物侵入罪、暴行罪などの）構成要件に該当する行為が行われた場合に、刑法独自の観点から可罰的違法性を阻却する余地が認められるかが判例・学説において重要な関心事とされたのである。学説においては客観的な法益侵害の程度や性質を重視して、刑罰による干渉に適しない場合に可罰的違法性を阻却する見解（佐伯千仭『刑法における違法性の理論』〔有斐閣、1974年〕16頁以下などを参照）、それに加えて行為者の主観

的要素や社会一般の処罰感情を重視し、社会的相当性を欠く場合に可罰的違法性を否定する見解（藤木英雄『可罰的違法性』〔学陽書房、1975年〕94頁以下などを参照）などが主張されたが、刑罰を科すためには、処罰に値する違法性が必要であるという理解は、現在の学説一般に共有されているといってよい（さらに前田雅英『可罰的違法性論の研究』〔東京大学出版会、1982年〕431頁以下も参照）。判例も、可罰的違法性の欠如に基づく違法性阻却について厳格な判断を示しているが、理論上は、違法性阻却の余地を認めていると解される（最大判昭和48・4・25刑集27巻3号418頁などを参照）。

▶判例における違法性阻却の判断

判例における違法性阻却の判断については、正当防衛の要件として防衛の意思を要求するなど（大判昭和11・12・7刑集15巻1561頁、最判昭和50・11・28刑集29巻10号983頁など）、行為者の主観的事情を重視した判断を下す場合が多く、これは伝統的通説の立場と親和的であると解される。さらに判例においては社会倫理規範の保護を重視する傾向がみられる。いわゆる外務省機密漏洩事件（最決昭和53・5・31刑集32巻3号457頁）においては、肉体関係を利用して公務員から秘密文書の持ち出しをさせた行為について、「取材対象者の個人としての人格の尊厳を著しく蹂躙する等法秩序全体の精神に照らし社会観念上是認することのできない態様のもの」であり「正当な取材活動の範囲を逸脱しているものというべきである」と判示している。また、同意傷害の違法性阻却についても、判例（最決昭和55・11・13刑集34巻6号396頁）は、「単に承諾が存在するという事実だけではなく、右承諾を得た動機、目的、身体傷害の手段、方法、損傷の部位、程度など諸般の事情を照らし合わせて決すべき」として、保険金詐取目的での同意傷害について違法性阻却を否定している。このように判例においては、当該構成要件が保護する法益に関係しない事情についても幅広く判断対象に含めて、違法性阻却の可否を決する立場が確立しているということができる。

2　学説史意義と位置づけ

▶徹底した結果無価値論

このように学説においては、結果無価値論と行為無価値論が厳しく対立する

状況が続いていたが、結果無価値論・行為無価値論といっても、違法性論の具体的内容は論者によってさまざまである。たとえば行為無価値論の中でも、刑法による社会倫理規範の保護を強調する理解もあれば、法益保護に関連するかたちで行為規範の内容を理解する見解も主張されている。また、結果無価値論を前提とする学説においても、法益侵害の危険性を判断する上で主観的違法要素を幅広く考慮する見解も有力に主張されている（たとえば平野龍一『刑法の機能的考察』〔有斐閣、1984年〕30頁以下などを参照）。これに対して、基本文献の立場は、まさに徹底した結果無価値論とでも評すべきものであり、客観的違法性論・法益侵害説の立場から、主観的違法要素が（原則として）全面的に否定されている。このような主観的違法要素を全面的に否定する立場は、関西の刑法学において有力に主張されてきた立場（たとえば中山研一『口述刑法総論〔補訂第2版〕』〔成文堂、2007年〕112頁以下、浅田和茂『刑法総論〔補正版〕』〔成文堂、2007年〕124頁以下など）とも親和的な立場であるということができる。

▶曽根刑法学における違法性論

　曽根威彦の違法性論に関する研究は、『刑法における正当化の理論』（成文堂、1980年）、『刑事違法論の研究』（基本文献・1998年）、『刑事違法論の展開』（成文堂、2013年）の3冊にまとめられている（いわば曽根刑法学における違法論3部作ということができる。前掲『刑事違法論の展開』のはしがきを参照）。第1論文集である『刑法における正当化の理論』では、違法性阻却の一般原理の考察を踏まえて、正当防衛、緊急避難などの違法性阻却事由の本質が検討されているのに対して、基本文献『刑事違法論の研究』では違法性の基礎理論が検討され、さらにその知見を踏まえた構成要件解釈などが展開されている。さらに、『刑事違法論の展開』においては、刑事違法論に関する理論史や現代的課題が取り扱われ、さらに民法や刑法とのかかわりが論じられている。

　このように基本文献は、違法論3部作のうち、第2作として、曽根刑法学における違法性論の原理と論理を明快に示すものであり、主観的違法要素全面的否定説、やわらかな違法一元論などの主張が強く打ち出されている。

3　文献紹介

▶基本文献の構成

　基本文献は曽根が90年代（1991年～1998年）に公表された違法論に関係する論稿を収録したものであり、その取り上げるテーマに応じて、3部構成とされている。第1部「基礎理論」では、曽根の違法性に関する基本的な理解が示され、第2部「構成要件と正当化事由」では、構成要件や実行行為の概念、さらに正当防衛など正当化事由の解釈が検討される。さらに、第3部「未遂と共犯」では、未遂犯における不法内容や共犯における違法性の判断が取り扱われている。以下では、基本文献の重要な主張を順番に紹介することにしたい。

▶人的不法論と犯罪結果の意義

　第1部「基礎理論」の中では、まず人的不法論に関する批判的分析が加えられる。すなわち曽根によれば、人的不法論に共通する特徴は、刑法を決定規範ないし命令として把握する点にある。そして、刑法が禁止または命令するのは「人間の支配可能・回避可能な行動」であり、結果事態ではないことから、一元的人的不法論の立場からは、行為者によって志向された結果惹起は行為無価値の内容として評価されるが、現実の結果惹起それ自体は不法内容を構成せず、既遂犯の客観的処罰条件として把握されることになる。このような一元的人的不法論の立場からは、実行未遂（終了未遂）と既遂犯は違法内容において異なるところはない、ということになる。

　これに対して曽根は、刑法の事後制裁的機能や不法の限界付け機能にかんがみれば、犯罪行為が被害者や社会ともかかわりをもつ社会的事情であることは度外視し得ないとする。そして、結果惹起を不法内容から放逐した一元的人的不法論は、「被害者に発生した法益侵害結果」が不法を高める機能を有していることを看過するものであり、妥当ではない。したがって、既遂犯における結果惹起は不法要素であり、当然ながら、故意・過失の認識・予見対象であると結論づけるのである（「1　一元的人的不法論とその問題点」）。

　わが国において有力な人的不法論は、行為無価値の観点から一元的に不法内容を把握するのではなく、あわせて結果無価値の惹起を違法要素と解している。

もっとも、人的不法論は刑法を行為規範・決定規範として理解しているところ、事後的に発生する結果の内容が不法内容に組み込まれることを正当化することは実は困難である。ドイツの学説においては、違法論において命令規範（態度規範）のほかに「保護規範」「配分規範」を認める考え方があり、これによれば被害者を保護する必要性が「保護規範」の内容に組み込まれることになり、結果が規範違反の内容に組み込まれることになる（ヴォルターの見解など）。しかし、曽根によれば、このような立場は性質が異なる規範内容を並列的に接ぎ木したものにすぎず、人的不法論の立場で「結果」が不法要素であることの論証に成功しているものとはいいがたい。その意味では、人的不法論を前提とする場合、むしろ一元的人的不法論の立場が論理的に一貫しているということができる。そして、筆者は不法全体を判断する統一基準として、刑法規範のもつ評価機能（評価規範）のみを考慮すれば足りると解すべきであるとして、物的不法論を支持する（「２　二元的人的不法論と犯罪結果」）。

　このように物的不法論を徹底し、もっぱら結果惹起（法益侵害およびその危険の惹起）を不法内容とする筆者の立場からは、いわゆる客観的処罰条件も不法要素に含められることになる。すなわち事前収賄罪における「公務員となった場合」（刑法197条２項）、詐欺破産罪における「破産手続開始の決定が確定したとき」（破産法265条１項など）の要件は行為の違法・責任とは関係せず、政策的な理由から処罰条件として要求されていると一般に解されている。しかし曽根によれば、犯罪結果と処罰条件の違いは、因果経過後に発生した最終結果か、それとも因果の過程で生じた中間結果かの違いにすぎない。したがって処罰条件も、それに当たる事実の発生によって違法性の程度を高めるという意味において違法要素と解すべきであり、したがって、それに関する認識・予見が要求されるべきである（「３　『処罰条件』の不法構成機能」）。

▶主観的違法要素の全面否認

　いわゆる結果無価値論の立場からも、既に述べたように、主観的違法要素を全面的に否認する立場と例外的にこれを是認する見解の対立があり、この点については中山研一と中義勝との間で活発な論争がなされてきた。この論争に関連して、曽根の立場を示すのが「４　主観的違法要素——中・中山論争に寄せて」である。検討の対象はとりわけ対立の厳しい「目的犯における目的」と「未遂

犯における故意」に絞られている。

　目的犯における目的を主観的違法要素と解する立場からは、たとえば通貨偽造罪（刑法148条）において、偽造通貨が行使される可能性が「行使の目的」によって高められるように、目的の存在が違法性を加重することになる。しかしながら曽根によれば、あくまでも法益侵害性を直接的に基礎づけるのは客観的な偽造行為であり、行使される危険性のある偽造行為か否かについても、基本的には客観的な偽造行為の態様によって判断されるべきである（たとえば行使の目的があっても、客観的には行使される危険性の乏しい偽造行為も考えられる）。このような理解からは、通貨偽造罪における「行使の目的」は違法性とは無関係の独立の主観的構成要件要素として把握されることになる。

　未遂犯の故意についても問題は同様である。実行未遂の類型においては、まさに客観的な実行行為それ自体が法益侵害の危険を意味することになる。また、着手未遂の類型についても、たとえばピストルの向きや相手との距離などの客観的な事実によって法益侵害の危険性が判断されるべきであり、行為者の主観面によって危険性が左右されるわけではない。もっとも、未遂犯としての可罰性を認めるためには、自分の行為の危険性を認識しているだけでは不十分であり、既遂結果惹起の認識・予見が必要である。このような意味において、未遂犯の故意は主観的超過要素であり、責任要素として機能することになる。

▶**違法性の統一性・相対性**

　違法一元論・違法多元論をめぐる問題について、曽根はやわらかな違法一元論の立場を採用する。すなわち刑法上の違法性は刑罰を科するに相応しい質と量を備えたものである必要があるから、「可罰的違法性」を要求する必要がある。しかし、違法多元論の立場から、統一的な違法概念を放棄して、「可罰的違法性」を刑法上の違法性に解消させるべきではない。あくまでも、法秩序全体を通しての一般規範としての違法性（規範的違法性）を観念すべきであり、刑法上の違法性と他の法領域の違法性は「一般的違法」という上位概念のもとに包摂されるべきである。このような理解からは、一般的違法性を帯びるが可罰的違法性のない行為は、刑法上処罰されないが、一般的には違法な行為であることから、正当防衛による対抗が認められることになる。緊急避難についても、刑法と民法では要件が異なることから、両法領域で共通して緊急避難が認められる

類型は完全に適法行為として取り扱われるが、民事上は違法だが、刑法上は緊急避難が成立して不可罰になる行為は、可罰的違法性が阻却されるにすぎない場合であるため、正当防衛による対抗が許されることになる。

このように法秩序の統一性を重視する立場からは、民事上保護されない不法な利益は刑法上も違法であり、財産犯としても保護されないことになる。また、財産犯の保護法益についても、実体的な権利に基づかない占有を民事上保護する必要はないという観点から、本権説が支持される。さらに公務執行妨害罪における職務の適法性要件についても、適法性要件については行政法・訴訟法との一元的・統一的な理解が図られる（「5 違法の統一性と相対性」）。続く「6 刑法における危険概念をめぐる問題点」では因果関係論、過失犯論、未遂犯論、共犯論などにおける危険判断の構造・方法に関する問題提起がなされている。

▶構成要件の解釈

第2部「構成要件と正当化事由」では、構成要件、正当化事由の個別解釈が検討の対象とされる。まず構成要件の問題としては、「7 行為類型としての構成要件」において、構成要件を違法性および責任から截然と分離して、これを形式的、価値中立的な行為類型として評価する曽根の構成要件論が展開される。このような価値中立的な構成要件概念については、構成要件概念があまりに形式的にすぎるという批判があるが、曽根によれば、構成要件の独自性を維持しようとする限り、違法性との異質性を強調する必要があることになる。このような価値中立的な理解を前提とする以上、構成要件には責任推定機能はもちろん、違法推定機能も認められないことになる。このような筆者の立場によれば、違法性の段階では単に違法性阻却の判断をするだけではなく、積極的に「違法な行為」を確認する必要があることになるが、これによって、違法性の程度・強弱を論ずることが可能となるとされる。

このような曽根の構成要件概念には保障機能、故意規制機能（客観的構成要件に限る）、犯罪個別化機能が認められることになる。そして、構成要件の犯罪個別化機能を重視する立場から、曽根は構成要件的故意・過失を主観的構成要件要素として位置づけることになる。すなわち構成要件的故意・過失は故意構成要件と過失構成要件を分かつだけではなく、故意・過失のない行為を構成要件から排除する機能を有することになる。もっとも、この構成要件的故意・過

失は客観的構成要件の主権面への反映にすぎず、違法要素を構成するわけではない。

「8 西原刑法学と犯罪実行行為論」は西原春夫『犯罪実行行為論』（成文堂、1998年）の解題として書かれた論稿であり、西原刑法学の犯罪理論について検討を加えたものである。曽根によれば、西原刑法学においては、「構成要件の中核たる行為」である実行行為が重要な意義を占めているが、実行行為概念は犯罪論の場面ごとに異なった様相を示している。その出発点は構成要件該当行為としての形式的な実行行為概念であるが、西原説では構成要件それ自体が価値的・規範的概念である違法性と一体的に把握されることから、実行行為概念がさまざまな局面で実質化するのである。①過失犯や不作為犯の場面においては実行行為の内容に規範的な義務違反が内在すること、②未遂犯においては行為者の主観面を判断資料にしつつ、具体的な危険が切迫する段階で「実行の着手」が認められていること、③形式的な実行行為の分担がなくても、共同意思主体としての関与に正犯的特徴が示されれば共謀共同正犯が認められることなどがその具体例として検討されている。西原刑法学それ自体の分析は本稿の射程を超えるが、曽根による分析の軸においても、構成要件の形式的限定を重視する曽根の立場が色濃く示されているといえよう。

さらに「9 過失犯における危険の引受け」では、いわゆるダートトライアル事件（千葉地判平成7・12・13判時1565号144頁）を契機として、被害者による危険の引受けの意義について検討が加えられる。検討においては、まず被害者の承諾と危険の引受けの関係が明らかにされる。被害者の承諾は結果惹起に対する認識および認容的甘受によって違法性が阻却されるのであって（詳細は、曽根・前掲『刑法における正当化の理論』105頁以下参照）、結果発生に対する承諾が欠けている危険の引受けとは区別される。また、いわば違法性阻却の上位概念として社会的相当性を想定し、被害者の承諾と危険の引受けをその中に包摂させる試みも適切なものとはいえない。学説で有力に主張されている被害者の自己答責性の理論についても、あたかも行為者と被害者を対等の資格で対置させる点に問題があり、あくまでも行為者の罪責が問題とされている以上、行為者の行為の評価に関連する限度で、被害者の認識や関与を考慮すべきであるとする。さらに客観的帰属論の立場から「合意による他者危殆化」が自己危殆化

の類型と同視しうる場合に構成要件の保護射程を否定する見解に対しても、そもそも「合意による他者危殆化」と自己危殆化を同一視することの当否が問題とされることになる。曽根はこのような検討を経て、危険の引受けそれ自体を根拠として不可罰性を導くことは困難であり、むしろ結果発生の予見可能性（主観的な注意義務違反）の存否を問題にすべきとする。

▶正当防衛の解釈

　第2部の後半部分では、正当防衛に関係する論稿がまとめられている。「10『偶然防衛』再論」では、偶然防衛に関する曽根の立場が明確に示された上で、批判に対する反論がなされている。曽根の偶然防衛論の特徴は、防衛行為者が第三者の利益を防衛する類型（第三者防衛型）と自己の利益を防衛する類型（自己防衛型）を区別する点である。すなわち、XがYに向けて銃を発射し、同人を殺害したが、実はYもZを殺害しようとして銃を構えており、Xは認識しないうちにZの生命を防衛した事例については、Xの主観面を問わず、Y－Z間において正(Z)対不正(Y)の対立関係が存在しており、XがZの正当な利益を保護していることから、Xに正当防衛状況の認識を欠いていても、その行為は正当な行為であり、正当防衛が成立する（未遂犯も成立しない）。これに対して、AがBを射殺したところ、実はBもAを銃で狙っていたという自己防衛型の事例については、そもそもB殺害の意思で銃を構えていたAの利益状況は正当なものといいがたいため、利益対立状況はいわば「不正」対「不正」であり、正当防衛の成立が排除される（もっとも、Bの法益も不正であることから、未遂犯の限度で処罰される）。曽根によれば、両者の類型で取扱いを異にするのは、自己防衛型の類型に限って、行為者の主観面がその利益の要保護性の判断に影響を及ぼすからである。主観的違法要素を（原則的に）否定する曽根の立場からは、例外的に行為者の主観面が違法判断を左右する類型ということになろう。

　「11 誤想過剰防衛と刑の減免」では、いわゆる誤想過剰防衛に関する議論の整理が試みられる。すなわち、誤想過剰防衛に関して故意犯の成立を認めるべきかという問題と、36条2項の適用（または準用）による刑の減免を認めるべきかを区別して論ずる必要性が明確に指摘された上で、前者については、防衛行為の過剰性を基礎づける事実の認識があったか否かによって、故意犯の成否が区別される立場が示される。また、後者の問題については、過剰防衛の法的

性質に関して違法・責任減少説に立ちつつ、急迫不正の侵害を欠く誤想過剰防衛については、36条2項の適用または準用を認めるべきではないとする立場が示される（行為者が異常な心理状態にあったことは責任評価のレベルで考慮されることになる）。ここでは、過剰防衛について違法・責任減少説の立場に立ちつつも、違法性の減少を36条2項の不可欠の前提要件と解する立場から、不正の侵害が現実に存在することを厳格に要求する立場が示されている。

「12 盗犯等防止法1条1項と防衛行為の相当性」においては、最決平成6・6・30（刑集48巻4号21頁）を契機として、盗犯等防止法1条1項によって正当化される防衛行為の範囲について検討が進められる。そして曽根は、同法1条1項における防衛行為についても緩和された意味での「相当性」が要求されるべきであるが、法秩序の統一性の観点から、刑法上は違法だが盗犯等防止法上は適法という事態を認めるべきではないことから、正当防衛の一般原理にさかのぼった検討によって、刑法36条1項における「やむを得ずにした行為」の内容も盗犯等防止法において理解される程度の範囲まで緩和されるべきであるとする。この分析からも、法秩序の統一性が筆者の違法論においてきわめて重要な役割を果たしていることが窺われる。

▶未遂犯における不法

第3部「未遂と共犯」では、未遂犯論、共犯論の領域について、違法論と関連する問題点に関する検討が加えられる。未遂犯については、まず「13 未遂犯における不法」の項目で、未遂犯における実行の着手と不能犯の領域の関連性を契機としつつ、未遂犯の構造に関する分析が進められる。結果無価値論の立場からは未遂犯処罰のためには法益侵害の切迫した具体的危険が必要であるが、構成要件要素として実行行為を形式的に要求する必要もある。このような前提から、「行為の危険性」は未遂犯の構成要件該当性の問題であり、形式的に実行行為の開始が「実行の着手」を画することになるが、未遂犯の違法性として「結果としての危険」が要求されることにより、法益侵害の具体的危険が現実に発生していることが未遂犯の違法要素として要求されることになる。曽根のこのような立場からは、結局のところ、「結果としての危険」が発生する時点が未遂犯の処罰時期を画すことになり、また不能犯の議論においても、「結果としての危険」の存否が重要ということになろう。

「14 中止犯における違法と責任」においては、中止犯における客観的要件・主観的要件が違法性と責任の区別に即応するかたちで論じられる。すなわち、既遂犯と比較して違法性の減少を認めるためには、中止行為によって結果不発生に至ったことが必要であり、結果無価値論の立場からは、中止行為によって結果発生の危険性が現実に減少したことが要求されることになる。これに対して、中止犯における任意性の要件は、結果惹起が可能であったにもかかわらず、あえて適法行為（中止行為）を選択したことによる責任非難の減少を具体化したものであり、まさに中止未遂の責任要素として位置づけられる。そして、道義的責任ではなく、法的責任の減少を問題にする立場からは、結果防止のための真摯な努力までは要求されないことになる。曽根の理解からは、違法性の減少は未遂犯一般に妥当することから、まさしく責任の減少が中止犯の本質をなすことになる。

▶共犯における違法性

最後に、共犯論における違法性が検討課題とされる。「15 共犯と違法の相対性」では、共犯の処罰根拠との関係で違法評価の在り方が検討される。検討の前提として、因果的共犯論の立場からは、共犯は正犯を介して違法な結果（法益侵害）を惹起すると理解されることから、正犯と共犯の間には違法性の量的相違が認められるとしても、法益侵害の惹起という観点からは本質的相違はなく、違法性の相対性は原則として否定されることになる。そして、因果共犯論の内部において、①正犯行為の構成要件該当性・違法性を共犯処罰の前提とすべきこと、さらに②正犯が違法であれば常に共犯も違法であると解すべきではないことから、共犯の違法性は共犯行為それ自体の違法性と正犯行為の違法性の両者に基づくとする混合惹起説の立場が支持されることになる。この立場からは、法益侵害・危険というレベルでは関与者間で違法評価が連帯することになるが、違法性阻却の場面においては、個々の具体的事情が考慮されることにより、例外的に違法性阻却の判断が相対化・属人化してくることになる。最後の「16 共同正犯における過剰防衛の成否」では、最決平成4・6・5（刑集46巻4号245頁）を契機として、共同正犯者間における正当防衛、過剰防衛の判断の在り方が検討される。平成4年判例が積極的加害意思に基づく急迫性概念の相対化によって、共同正犯者間で過剰防衛の成否が異なりうることを判示し

たのに対し、曽根の立場からは、正当防衛の客観的要件は実行行為を担当する者を基準に統一的に判断されることになる。これに対して、責任判断としての過剰性の認識の存否については、関与者間で異なりうることは十分に想定される。過剰防衛についても、違法性減少の観点は関与者間に連帯的に作用するが、責任減少の観点は個別的に作用することになる。

▶共通する問題意識

　以上が基本文献の具体的内容である。曽根の違法性判断に関する基本的な問題意識は、個別の問題領域の検討においても一貫して示されている。すなわち、①結果無価値論を徹底する立場から、主観的違法要素を原則的に否定し、客観面が違法性の問題、主観面が責任の問題という区別が（基本的に）貫徹されている。また、②法秩序の統一性を重視し、他の法領域における法的評価との整合的な問題解決を志向する立場も強く示されている。さらに、③構成要件レベルで形式的な限定を重視したうえで、違法性の段階では実質的な観点からの要件を要求する点も曽根刑法学の特徴といえよう（これらの分析については、松原芳博「曽根威彦教授の刑法理論」『曽根威彦先生・田口守一先生古稀祝賀論文集　上巻』〔成文堂、2014年〕922頁以下も参照）。このような問題意識は、たとえば下記のような叙述に端的に示されている（基本文献55頁、78頁）。

> 筆者は、「違法は客観的に、責任は主観的に」という犯罪論における古典的テーゼを妥当なものと解し、故意・過失はもとより、狭義の主観的違法要素についてもこれを認める必要はないと考えているので、基本的に中山教授と同様、主観的違法要素（全面的）否認論に立っている。ただ、主観的違法要素は認めないものの、構成要件を行為類型と解し、責任との関連で主観的構成要件を認める見地から、故意・過失を含めて主観的構成要件要素はこれを認めてもよいのではないかと考えている。

> 刑法上の違法性と他の法領域における違法性との差異も「（一般的）違法」という共通の上位概念の種差として捉えることにより、その区別をより明確にし得るとともに、相互の内的関係を明らかにすることが可能となるのである。また、一般的違法性を帯びるが可罰的違法性のない行為は、犯罪として成立しないにしても、これに対しては正当防衛が可能であるという意味で、そのようなカテゴリーを設定することに解釈論上の実益も認められないわけではない。

4 残された課題

▶個別の違法性阻却事由の解釈

　曽根の違法性判断に関する態度は、既に示したように、一貫した問題意識に支えられている。しかし同時に曽根は、個別の違法性阻却事由ごとのきめ細かい議論の必要性を強調されていた。たとえば正当防衛においては法確証の利益を優越的利益原理の枠内で考慮する立場を提唱されており、また、被害者の同意の正当化の根拠も、自己決定の利益（自律の原理）が侵害法益に優越する点に求められている（曽根・前掲『刑法における正当化の理論』97頁以下、149頁以下などを参照）。このように曽根の違法性阻却論においては、結果無価値論という前提から形式的・統一的な解決を強調する一方で、実は、正当防衛、被害者の同意など個別の違法性阻却事由の特徴に応じた検討の必要性が重視されていたと評することができる。この両者の絶妙なバランス感覚がまさしく曽根違法論の特徴であったといっても過言ではない。

　いわば違法性に関する総論的な視点と、個別の違法性阻却事由の特殊性の考慮という観点を調和させることは（評者自身も含めて）必ずしも容易な作業ではない。この点は、たとえば統一的な違法性阻却原理を前提に議論をする必要があるのか、それとも個別の違法性阻却事由ごとの正当化原理を探究すればたりるのか、という問題にも波及してくる（この点に関連して、小林憲太郎「違法性とその阻却」千葉大学法学論集23巻1号〔2008年〕328頁以下も参照）。これらの点は今後に残された課題といえよう。

　なお、個別の違法性阻却事由ごとの検討を重視した場合、主観的違法要素の要否・内容について統一的な解決が可能かという点についても、さらに検討が必要であろう（この点に関する検討として、深町晋也「主観的正当化要素について」刑法雑誌44巻3号〔2005年〕19頁以下などを参照）。まさに曽根自身も、主観的違法要素を全面的に否認する立場を強調しつつも、偶然防衛の局面においては、自己防衛型に限って、正当防衛状況の認識を主観的正当化要素として位置づけているのである。主観的要素の位置づけに限らず、違法性阻却の局面ごとの個別的検討は、今後、なおさら重要になってくると思われる（なお、評者自身の問題

意識については、橋爪隆「違法論」法律時報81巻6号〔2009年〕19頁以下を参照）。

5　現代的意義

▶実質的違法性阻却の判断の在り方について

　違法性阻却をめぐる問題としては、もちろん正当防衛、緊急避難などの個別の違法性阻却事由の解釈が重要であるが、これらの問題については本書の該当箇所に譲ることにしたい。違法性阻却一般としては、最近の判例における（実質的）違法性阻却の判断が重要であろう。基本文献の問題意識と関連する範囲で、最後にこの問題について取り上げておくことにしたい。

　最近の判例においては、比較的広い範囲で構成要件該当性を認めた上で、実質的な観点から違法性阻却の可否を論ずるものが散見される。たとえば最決平成17・12・6（刑集59巻10号1901頁）は、被告人が、別居中で離婚係争中の妻Aが養育している2歳の実子Bを、Aの母親Cが保育園の送り迎えをしている際に無理矢理に連れ去った事件について、本件行為について「そのような行動に出ることにつき、Bの監護養育上それが現に必要とされるような特段の事情は認められないから、その行為は、親権者によるものであるとしても、正当なものということはできない」、「家族間における行為として社会通念上許容され得る枠内にとどまるものと評することもできない」などとして、違法性阻却を否定し、未成年者略取罪の成立を肯定している。本決定は、実質的違法性の判断によって処罰の限界を画したものとして評価することができる（たとえば前田巌「判解」最判解刑事篇平成17年度693頁参照）。問題は実質的違法性阻却の基準および限界である。本決定においては、違法性の判断に関係する具体的な事実関係が列挙されているものの、これらの事情がそもそも、また、いかなる意味において違法性阻却の判断において考慮されるべきかについては、さらに検討が必要である。たとえば（Bではない）Cに対して暴力的な手段に出たことが違法性阻却の判断に影響を有するか、被告人の動機・目的が違法性判断において意味を有するか、などの問題については、理論的な検討が必要であろう。

　さらに本決定のような事案については、刑事裁判の役割をめぐる問題も顕在化することになる。かりに本件において、被告人が、その近親者の支援などを

得ており、Bを連れ去った後も同人を養育するにたりる十分な環境を整備していた場合、裁判所は本件拐取行為の違法性判断において、このような事情をどのように考慮すべきなのだろうか。実母との生活、実父との生活、どちらの環境が子どもの保護に資するかを具体的に判断する必要があるのだろうか。それとも、いずれにせよ現在の安定した状況を適正な手続を経ずに変更する行為を違法と評価すればたりるのだろうか。あるいは逆に、保護環境が不良に変更されることが明白な場合に限って実質的違法性が認められることになるのだろうか。このような問題意識は、実は刑法と他の法領域との関係をめぐる問題ともかかわってくることになる。たとえば民法で保護される利益に限って刑法上も保護されるとする立場を貫徹した場合、刑事裁判所が民事上の法的紛争について具体的な判断を示す必要があることになる。基本文献で示された「法秩序の統一性」に関する理解も、まさにこのような問題の解決において、一定の示唆をもたらすことになろう。

13 正当防衛論

●基本文献
山中敬一
『正当防衛の限界』
(成文堂、1985年)

葛原 力三

1 学説・実務状況

　基本文献は正当防衛の理論的研究としてはわが国におけるパイオニアワークであるといえる。基本文献が直接のテーマとする「正当防衛の社会倫理的制限」に限っても、基本文献の元になった論稿の初出連載（関西大学法学論集、1983年）に相前後していくつかの論稿が公表されているだけである。いずれも1970年代後半にドイツ（当時西ドイツ）でこのテーマに関する活発な議論が行われたことを受けて発表されたものであるが、基本文献は他のいずれの論稿に比較してもとくにドイツでの議論に関して遙かに網羅的で詳細である。そもそも正当防衛の理論的検討は、当時にいたるまで、緊急避難に比較すれば、閑却されていたと言っても過言ではない。違法性論一般については、佐伯千仭『刑法における違法性の理論』（有斐閣、1974年）、高橋敏雄『違法性論の諸問題』（有斐閣、1983年）（『違法性の研究』〔有斐閣、1963年〕として初出）が、緊急避難に関しては、森下忠『緊急避難の研究』（有斐閣、1960年）、同『緊急避難の比較法的考察』（有信堂、1962年）、米田泰邦『緊急避難における相当性の研究』司法研究報告書第19輯第2号（1967年）があるが、正当防衛のみを扱うモノグラフィーとしては基本文献が最初であろう（正当化事由一般を扱うものとしては、既に曽根威彦『刑法における正当化の理論』〔成文堂、1980年〕がある）。

　理論的にはつまり、正当防衛の制限以前にその積極的根拠付けの検討すら十分になされていなかったと言える。他方、わが国の実務は、「いわば過剰防衛

に逃避する傾向」（平野龍一『刑法　総論Ⅱ』〔有斐閣、1975年〕240頁）があると評される程に正当防衛を認めるに制限的で、とくに傷害致死罪や殺人既遂罪など重大な結果が発生した場合について正当防衛を認めた判例はわずかしかない。このような実務の状況に鑑みれば、ドイツにおける議論のように、「正は不正に譲歩する必要はない」というスローガンの下に拡がりすぎた果断な防衛行為が許容される範囲を、さまざまな考慮によって（「社会倫理的に」）制限するという視点から正当防衛を理論的に検討する動機となる実践的な要請はなかった。

　むしろ問題とされていたのは、正当防衛が制限される場合があることを自明の前提とした上での制限の基準と限界であった。具体的には、判例が伝統的に認めてきた喧嘩の場合の正当防衛の包括的制限の可否、あるいは、当時既に判例において始められていた、「喧嘩と正当防衛」から自ら招いたないしは予測された侵害に対する正当防衛への問題設定の組み替えと刑法36条の要件との関係、そしてその場合の正当防衛の制限の基準と限界、さらにこれも伝統的な、著しく不均衡な防衛行為の除外の事例群において、結果の不均衡を考慮するのか、行為の不均衡のみで決するのかという問題である。これらの問題について、基本文献が言うように、わが国においては、「相当性」要件による包括的制限が無反省に原則となっており、相当性の具体的内容および制限原理についての詳細な検討はなされていなかった。

　基本文献が扱う事例群のうち、責任なき攻撃と保障関係内的攻撃に関しては、少なくともそれぞれ共通の問題を含む事例群としてまとめることについては、意識すらほとんどされて来なかったと言える。

2　学説史的意義と位置づけ

　「正当防衛の制限」というテーマに限定すれば、基本文献は、その広く詳細な学説、実務の検討と厳密な考察において空前絶後の業績であると言える。同じテーマを扱うものとしては、基本文献とほぼ同時期に津田重憲『正当防衛の研究』（時潮社、1985年）が、やや遅れて斎藤誠二『正当防衛権の根拠と展開』（多賀出版、1991年）が現れているが、いずれも少なくとも批判的検討の対象としたドイツ学説の範囲と詳細において基本文献に大きく引き離されており、こと

ドイツにおける議論状況の基礎研究としては、基本文献を凌駕し、あるいは基本文献の研究をさらに発展させる研究はその後も現れていない。
　わが国の学説においては、その後、議論の重点が、過剰防衛の過剰性の判定基準に、さらに、正当防衛の際の第三者侵害に、そして最近では正当防衛状況の継続限界（量的過剰防衛）に遷移したために、社会倫理的制限という括りにおける議論は下火になり、学説全体としては基本文献以降それほどの議論の伸展を見たとは言いがたい。また、判例は積極的加害意思による急迫性の否定という転倒した理屈を平然と維持している（最近の下級審判例としては、神戸地判平成21・2・9, LEX/DB25440853 裁判所ウェブサイト、高松高判平成14・7・25, LEX/DB28075687 裁判所ウェブサイトなど）など、実務に与えた影響にも顕著なものはない。
　山中敬一の研究過程においては、基本文献で扱われた事例群に限れば本書の段階でほぼ理論的な完成を見ており、その後、山中敬一『刑法総論〔第2版〕』（成文堂、2008年）においても、判例の追加とそれにかかわる分析は見られるものの理論的な基本線に大きな変更・深化は見られない。右のように、ある意味では「正当防衛の社会倫理的制限」を巡るわが国の個別具体的な議論は基本文献を以て完結したと言ってもよい状況にある。
　基本文献がその後の理論の発展に対して果たした重要な役割は、具体的事例群の処理の精密化にではなく、法確証原理の定着にある。法確証原理は、今日、違法論の基本的な考え方の違いによって優越的利益原則の内部に位置づけるか独立の原理と捉えるかの違いはあっても、正当防衛を巡るさまざまな議論において考慮に入れられ、あるいは批判的に検討することが必須となる対象とされており、その思考自体は、学界の共有財産となっていると言ってよい。この概念と考え方が一般的に承認されたのは、基本文献をはじめとする1980年代末から90年代にかけての社会倫理的制限を巡る議論以降のことであり、この状況は、基本文献独りの功績とまでは言えないとしても、少なくとも基本文献の寄与するところ大であった。

3　文献紹介

▶基本文献の構成

　全九章からなる基本文献は、次のような構成をとる。第一章「問題の所在」で、日独の問題状況が略述された後、第二章「制限の歴史的展開」では主としてドイツにおける議論の生成、展開の過程が、第三章「制限の思想的背景」でその背後にあった正当防衛の理念が語られた後、第四章「制限の法的基礎」において主として制定法上の要件との関係が罪刑法定主義の観点から分析される。そして第五章以下で、責任なき攻撃、挑発に基づく攻撃、軽微な攻撃、保障関係内攻撃の4つの事例群毎に固有の問題も含めた日独の議論が詳細に紹介、分析された後、第九章「試論」においてここまでの議論をまとめた上で山中自身の結論が示される。

▶基本文献の中核的主張　結論

　基本文献の主張の中核は、正当防衛権の限界は法確証原理と個人保全原理という正当防衛の基本思想の均衡の上で決され、これらの原理は制定法上の正当防衛規定の個別要件のいずれかに化体されているわけではなく規定全体に内在するものと考えられる、という点にある。山中自身の表現によれば、以下の通りである（基本文献299、300頁）。

> 正当防衛の基本原理は、法確証原理と個人保全原理である。このうち、法確証原理は、防衛の必要があるときに、つねに、防衛行為に出ることを許すのではなく、法確証の必要性があり、法秩序の擁護者として振る舞いうる場合にのみ許すのである。法確証の必要性は、責任なき攻撃の場合のように、確証の対象によって、あるいは、軽微な攻撃の場合のように、反動・制裁の必要ある攻撃だったかどうかによって決定されるのである。軽微な攻撃は個人保全の必要性をも低減させるであろう。また、法確証原理は、クリーン・ハンドの原則を要求する。みずから、意図的に違法な行為によって攻撃を挑発したものは、法秩序の擁護者として完全な防衛権を主張しえず、攻撃から退避しうる場合には退避しなければならないのである。退避不可能な場合であっても、攻撃者に対する最小限度危害性や、さらには受忍義務が認められることも事情によってはありえよう。このように、正当防衛というものの本質に内在する制約によって、正当防衛が制限されるのである。

具体的な解釈論的結論としては以下のものが導かれる。①わが国で優勢な相当性要件による制限は疑問があり、刑法36条の「已ムコトヲ得サルニ出タル行為」という文言（当時）は必要性の意味にのみ理解するべきである。②責任なき攻撃の事例群においては、攻撃者が責任無能力または限定責任能力状態にある場合で防衛者がその事実を知っており、容易に退避が可能な場合には正当防衛を行うことはできない。③挑発に基づく攻撃の事例群においては、違法な挑発があり、その挑発が攻撃の危険を具体的に著しく増加させるものであったこと（挑発と攻撃の時間的連続性＋場所的接近性）、相手の攻撃を利用し相手を侵害する意図があったことが制限の要件となる。④軽微な攻撃の事例群においては、攻撃（不正の侵害）が軽微である場合、他の手段がある場合は退避すべきで、反撃が唯一の手段であってもできるだけ穏健な手段を選択すべし。攻撃と防衛行為に著しい不均衡がある場合は、当該防衛行為が唯一の手段であれば制限されない。⑤保障関係内的攻撃の事例群については正当防衛を制限すべき根拠はない。

▶問題の所在

　基本文献刊行当時において「正当防衛の社会倫理的制限」という用語はわが国の刑法学に定着しているわけではないが、基本文献が対象とするのは、「正は不正に譲歩することを要しない」という命題に基づく峻厳・果断な正当防衛に対する制限の問題であって、これはわが国でも古くから取り扱われてきたが未解決の問題であるとの認識から、基本文献の考察は出発する。わが国においては、ドイツの「社会倫理的制限」論の枠組みで扱われてきた問題のうち、軽微な攻撃、責任能力なき攻撃、自招の攻撃の事例群が、それが刑法36条の「已ムコトヲ得サルニ出タル行為」という文言から導かれるか否かについて争いはあるものの、ほぼ一致して「相当性」という制限要件の問題として議論されてきたという。

　ただ、この相当性要件は、侵害利益と防衛利益の比較衡量と防衛行為の態様性質という２つの内容をもつ。後者の意味においては、正当防衛の正当化根拠のひとつとされることもある法益衡量説とは相容れない。そこで、正当化事由の基本原理と相当性要件ないし正当防衛の制限との関係の解明という課題が設定される。そして第二の課題として設定されるのは、正当防衛が制限されるべ

き事例の類型化とその特徴および正当防衛制限の実際的具体的根拠の探求である。

そして、この段階で、わが国では穏当な防衛行為のみが許されるという基本的な正当防衛感に基づいて一般条項として相当性要件がいちはやく確立され幅広く承認されてきた一方で、その概念内容の詳細な吟味はなされてこなかったのに対して、ドイツでは、峻厳な正当防衛観を基礎に穏当化は個別問題毎に遅々たる歩みを示したが、制限の実際的具体的根拠は事例群毎に細分化され、論者毎に一致を見ないという問題状況の相違に注意が喚起される。

▶歴史的展開

第二章では、ドイツにおける問題史が、正当防衛権を知っていたか否かについて争いのあるゲルマン法にさかのぼって概ね次のような流れにおいて素描される。正当防衛の歴史は、中世に入ってゲルマン法上の血讐などの制度が否定されるところから始まったと考えられる。カロリーナ刑法典は生命身体を守るための殺人を免責する規定、財産保護のための緊急救助を許容する規定を置いていたが、啓蒙期において防衛財と侵害財の一般化を経て総則への位置づけがなされるようになり、プロイセン一般ラント法は正当防衛を殺人罪と切り離して一般的正当化事由として規定した。プロイセン一般ラント法が同時に均衡性要件を設けていたのに対して、19世紀後半には、均衡性や官権による救助の補充性要件、そしてカズイスティッシュな規定形式も放棄され、ベルナーの「正は不正に譲歩することを要しない」というテーゼに代表される峻厳な正当防衛原理が立法においても承認されるようになって行く。これに対して、19世紀末には正当防衛の制限を主張する論稿が増え、20世紀初頭には各種刑法草案に反映されたが、ナチスの影響が色濃い1936年草案における「健全な民族感情」による制限も含めて、立法化されることはなかったし、判例はこれに慎重な態度を示していた。しかし、第二次大戦後には判例も正当防衛の限定を実行し始めた。

19世紀後半までの立法において、正当防衛の制限要件が外されてゆく過程は、「峻烈・果断な正当防衛権が承認されたということは、まさに、絶対的官僚国家に対する個人優位の勝利を表すものであるとされている。」「正当化事由の歴史は、国家権力の後退の歴史である」という命題は正当防衛につき最も妥当す

るものであると整理される。

▶思想的背景

　こうした歴史の中での制限論には、20世紀前半のドイツ判例が立脚したナイーヴな自然法理念からの超法規的論証、権利濫用論からの論証だけではなく、正当防衛の基本理念から演繹されるものがある。正当防衛の基本理念としては、カントにさかのぼる個人保全の原理とヘーゲルに由来する法確証の原理とがあるが、山中は、これを個人保全の原理からは正当防衛は限定的だが固定的に理解され社会倫理的制限は導かれず、法確証の原理からは正当防衛は可塑的・柔軟に理解され、法確証の必要がない場合には制限されることになるという対向関係に位置づける。第三章ではこれに加えて、正当防衛が法確証を目的とするならば刑罰と類似の機能を果たすことは否めず、刑罰的性格自体は否定されているとしても犯罪予防機能は未だ否定されず、社会倫理的制限を行うか否かの態度決定の背後には、「一般予防の観点からの刑事政策的配慮が隠されて」おり、問題を個人主義か超個人主義かにまとめてしまうことはできないとの認識が示される。

▶法的基礎

　制限の法的基礎に関しては、第五章において、正当防衛規定にも罪刑法定主義が妥当するか、妥当するとしても社会倫理的制限が罪刑法定主義の原則に反するかという問題が立てられ、ドイツ基本法103条2項を巡る議論が批判的に検討された上、超法規的根拠による制限は103条2項に反し、期待可能性、均衡性原則、権利濫用論といった一般法原理による制限は一般条項的で不明確であるとして斥けられ、正当防衛の規定に内在する基本原理に基づく制限と考えれば、罪刑法定主義には抵触しないとの結論が導かれる。問題はいかなる場合にいかなる根拠から内在的制限を受けるのかを正当に論証できるかにある、という。

▶責任なき攻撃

　第六章以下は個別の事例群における従来の議論の分析に当てられる。まず第六章では責任無能力者による攻撃に対する正当防衛が許容されるかという問題が検討され、責任が違法の前提であるとする主観的違法論から攻撃の違法性を否定するアプローチ、倫理的観点から例外的に正当防衛を否定する見解、客観

的違法論の内部において有力な命令説に基づく「違法な」攻撃不存在説、違法な「攻撃」不存在説、権利濫用説・被要請性否定説・基本思想援用説等が詳細な分析の対象とされる。このうち、主観的違法論は現在では支持できず、また攻撃の違法性を否定する見解は主観的違法論の亡霊であると斥けられる。責任なき者の攻撃は法秩序の経験的妥当を動揺させず、法確証原理からは法が「攻撃」にさらされていない場合には正当防衛は認められないとする「攻撃」不存在説に対しては、「正当防衛をもっぱら法確証原理から理解しようとする出発点」に対する疑問が提示される。権利濫用説・被要請性否定説は、内容不明確であって実質的根拠がないが、個人保全原理も考慮する基本思想援用説には根本的批判がないとする。

　本章では、わが国の判例・学説も分析の俎上に登り、主観的違法論による違法性否定論、準正当防衛説「違法」「不正」区別説、相当性否定説、「最近の」法確証説などが紹介されるが、攻撃者の責任は考慮しないとするのが通説であり、判例も攻撃者酩酊の場合、急迫性ないし相当性に影響するとしたものがあるが、刑事未成年者の攻撃を扱う裁判例はなく、全体として詳しい議論は行われていないことが確認される。

▶挑発に基づく攻撃

　学説のバリエーションがきわめて多彩なこの挑発に基づく攻撃の事例類型を扱う第七章では、フォイエルバッハらの19世紀の議論にまでさかのぼって日独の学説判例がそれぞれに対する批判も含めて詳細に紹介分析され、ドイツにおいて制限が認められるさらに詳細な事例類型ないし制限要件と、制限の根拠とが綿密な分析に付される。

　要件については、意図的挑発の事例群においては、少なくとも社会倫理的に否認されるべき挑発行為ないし違法な挑発がなされたか否か、攻撃の回避可能性、挑発と攻撃との因果関係、そして制限の程度を巡る争いがあるとされる。また、故意による挑発に過ぎない場合は制限されないとするのが通説であり、回避可能である場合について異論が見られる、さらに、過失その他責任のある挑発についても判例は広く制限を認めるが学説は分かれると整理される。

　制限の根拠については、とくに権利濫用説が、意図的挑発以外の場合には使えないし、正当防衛権は存在するかしないかであって濫用ということはあり得

ず、基準も不明確だと批判される。

　さらに、詳細な批判的検討を受けるのが原因において違法な行為の理論である。わが国にも見られるこの理論は、先行する挑発行為をして既に後の防衛行為を手段として構成要件を実現する行為と言えるかが問題であり、被挑発者が攻撃に出ることが明白だとしても、退避が可能であるかぎり挑発者の反撃の決意は変更可能であるから挑発の時点に実行の着手を認めることはできないし、個別的に見て違法でないものが全体として突然違法になるという論理には説得力がなく、行為無価値一元論に立たない限り成り立ち得ないと批判される。

　また、この事例群について主張される基本思想援用説のひとつである、個人保全原理からは挑発者が望んだことに対して正当防衛による保護を与える必要はないとするロクシンの見解も、挑発者は侵害されることは望んでいないと批判される。

▶軽微な攻撃

　この事例群においては、攻撃を受けた法益と守られた法益との間に極端な不均衡があるときは正当防衛は制限されるとするわが国の判例通説によれば、正当防衛は認められない場合があるが、ドイツでは、元来正当防衛においては法益権衡は問題にならず、法確証原理が利益衡量に優位するとされ、利益衡量ないし均衡性の原則は原則として正当防衛においては考慮されないというのが現在に至るまでの一貫した通説である、という議論状況の整理から第八章の検討は始まる。

　軽微な攻撃については正当防衛を制限する見解が既に通説となってはいるが、その理由として利益衡量の観点を導入することには根強い抵抗があり、判例も法益権衡要件を否定するものが多く、判例上の正当防衛の制限は、健全な民族感情、健全な法感情、権利濫用、必要性の否定等から導かれているという。

　そうした学説状況のなか、迷惑防衛説、ヨーロッパ人権協定説、一般法原理援用説（権利濫用説、均衡性原理適用説）、クライの「重大な」攻撃説、シュミットホイザーの制限否定説が批判的に紹介・検討され、排斥される。レンクナーの利益衡量説には特別な注意が払われるが、やはり、利益衡量がすべての正当化事由の基本原理として承認されるとしても正当防衛においてはより具体的に個人保全原理と法確証原理が基本思想となるべきであるとして退けられる。

ここでも好意的に紹介されるのは、基本思想援用説であり、イェシェックの自己保全の利益が減少する結果法確証の利益が否定されるという見解、そしてロクシンの軽微な攻撃の場合は予防の要請が減弱するから法確証の利益も低下するとする見解に対しては限界づけの問題以外にこれといった批判が対置されない。

　わが国については、旧刑法時代にさかのぼる学説の検討がなされるが、とくにこの事例群における相当性要件による正当防衛の制限が詳細な批判の対象とされる。当初、必要性要件の枠内で処理されていた軽微攻撃の事例につき相当性による解決が主張されるようになっても、「已ムコトヲ得サル」要件は必要性のみを内容とし、相当性は、文理解釈からは離れた別の制限原理と解されていた。戦後の学説も当初は、均衡性の意味における相当性は超法規的な要件と理解していたという経緯も併せて、相当性概念の登場過程や立法者意思から見て「已ムコトヲ得サル」という文言に一般条項が含まれていると解することには重大な疑義がある、と結論される。また、そもそも軽微な攻撃の問題が相当性という要件と不可分なものなのかどうかをも解明せねばならないであろう、という。

▶保障関係内的攻撃

　第九章で扱われるこの事例群においては、とくに夫婦間の正当防衛の制限が問題となるが、わが国でこの点が議論されたのは、ドイツでの議論にならう最近の学説を除いて、旧刑法の立法過程においてのみであったという。判例が「同一生活権の、敵意を抱いていない人々」の間に生じた正当防衛状況においては被攻撃者に特別の配慮義務を認め正当防衛の成立を制限してきたドイツでも1960年代までは、理論的根拠を与える論証はほとんどなかった。そうした中で、山中は、制限の理論的根拠は保障義務の存在のみと言ってよいが、このような義務を認め得るかどうかが疑問であり、一方の者が保障義務を破って攻撃してきたのに、防衛者側になぜ保障義務が課せられるのかを説明できず、「保障関係は、攻撃者の側から破綻させられているのであり、これを根拠に被攻撃者の自己防衛権を奪うことは許されないというべきであろう。」「緊急は義務をも課さない」と結論する。

▶試　論

　最終章では、これまでの検討の結論がまとめられると共に具体的な基準の定立が試みられる。基準についての結論は、「基本文献の中核的主張　結論」で既に列挙した。
　相当性要件を排除する根拠としては次の諸点が確認される。(1)「已ムコトヲ得サルニ出タル」の解釈としては必要性のみであるとする方が、文理解釈、立法者意思に合致するのみならず正当防衛の基本理念上も妥当である。(2)わが国では必要性がある場合になお制限されるのはいかなる事情があるときかが分析されず、恣意的に相当性が判断されていた。ある程度厳密に合理的に判断される必要に鑑みれば相当性概念は有害である。(3)相当性が「已ムコトヲ得サルニ出タル行為」要件の外にある、違法阻却の一般原理その他から導かれるのであれば、「相当性」である必要はない。(4)わが国の判例は正当防衛を制限しすぎであり、正当防衛の権利性とその制限を調和させるためには、制限を別の根拠から認める方が合目的的である。
　「基本文献の中核的主張　結論」で引用した文は、本章に置かれているが、これは、基本文献でなされた、制限の根拠としては基本思想援用説以外に採りうる考え方はないといういわば消去法的な確認を積極的な形で表現したものであると言える。
　そこから、「已ムコトヲ得サルニ出タル行為」が必要性のみを意味するとすると、制限の根拠を刑法36条の文言に求めることはできず、正当防衛という正当化事由に内在する制限として刑法36条の目的から解釈されうるものと解さざるを得ないという結論が導かれる。軽微な攻撃に対する重大な反撃は、過剰防衛規定から正当防衛とはならないことは明かであることもその根拠とされる。このような解釈の利点は、一般条項ではなく、刑法36条の趣旨からのみ制限が許されるとするので制限の拡大に対する歯止めがあるという点にもあるとされる。理論的にも「正当防衛の基本思想という指導理念の下に、現実的に、事例を類型化することによって具体的な下位基準を設定して、内容の具体化をはかり、正当防衛の制限根拠と制限の範囲を明確化してゆくという方法は、方法論的にも極めて生産的であり、合理的である」。
　責任なき攻撃の場合の制限は、責任無能力者に対しては法確証の意義は低減

することから根拠づけられる。当該の攻撃者に対して、その法を確証すること、すなわち、攻撃者が反撃によって法侵害に対するアンチテーゼを知らしめられることは、攻撃者が責任無能力、限定責任能力であることによって、その効果が期待し得ず、法確証の意義はきわめて低減するというのである。挑発に基づく攻撃に対する防衛が制限される根拠は、法秩序の侵害に対する重大な原因を与えたものは、法秩序の擁護者として振る舞い得ない（攻撃者への確証の主体的制限）という点に求められる。軽微な攻撃に対する防衛の事例群においては、法確証原理から、法確証は法違反者の法侵害と著しく均衡を失してはならないという要請が、個人保全原理から、軽微な攻撃に対しては個人保全を認める根拠はないというテーゼが導かれ、正当防衛が制限されることになる。

4　残された課題

　基本文献とこれに相前後して発表されたこの問題に関する諸論稿は、正当防衛論においてはなんらかの形で法確証原理が考慮されるという学説の方向を決定づけた。しかし、これを優越的利益原則の内部に位置づけるか否かについてのみならず、その内容の詳細についてもいまだ一致した理解があるとは考えられない。わが国の学説全体にとって残された第一の課題は、法確証原理の内容的精密化であろう。

　また、基本文献の内部においても法確証の内容には二義が認められる。一方では、一般予防的、刑事政策的意味において一般人を名宛人とする法確証が語られ、他方では責任なき攻撃の事例類型における制限根拠において扱われているように不正の侵害者を名宛人とするものとされる。この両者がそもそも並立し得るものか否かが既にひとつの論点を構成するであろう。またいずれか一方だとすれば、法確証原理自体の内容特定にも少なくとも修正ないし精密化が施される必要がある。

　この点とも関連するが、さらに、基本文献において正当防衛の刑罰的機能は否定されながら、一般予防の意味における刑事政策的機能は肯定されていることの理論的意味もさらなる明確化が望まれる点である。加えて、法確証が一般人に対して国家に代わって法と正義を宣言することと理解されるならば、所謂

積極的一般予防論おいて一般人の法の妥当への信頼の確保および強化と理解される刑罰そのものの機能と内容的に著しく近接することになり、刑罰的機能の否定との整合性が再度問われることになる。確証の名宛人が不正の侵害者個人であるとするならば、こちらでは、応報刑ないし特別予防との関係が明らかにされなければならない。

また、基本文献の構想によれば、法確証の必要がないとき、あるいは法確証が許されないときは個人保全が許されない場合もあることになる。とすれば、結局は刑罰ではないにせよ、国家ないし法秩序の要請が決定的となる。それが個人に優先するのは何故かについては、歴史的な議論の発展経過による説明しか与えられていない。

法確証原理の内容的精密化は、実践的な観点からも、これが正当防衛の制限の有効な基準を導き得るために必要とされるであろう。具体的基準との合理的な結びつきを説明できなければ、相当性に代わる別の融通無碍な一般条項を導入したにとどまってしまう。とくに、挑発に対応してなされた攻撃が反撃を呼びこれがさらに攻撃を誘発するというように攻撃と反撃とが交互に繰り返される事例群においては、どの時点から法確証が許されなくなるのかを特定しなければ、ただ、法確証の利益を有する側が正当防衛となる、とするだけでは、正しい者が正しいと言うに等しくなるからである。最初に違法な領域に足を踏み入れた者には法確証は許されないという特定では、軽い侮辱による挑発者にも正当防衛は許されなくなるし、最初の有形力行使者が不正の侵害者であるとするならば、挑発防衛の問題を正しく捉えたことにはならない。また意図的挑発のみが正当防衛を制限するという主観的限定と法確証原理との理論的関係も今ひとつ明らかではない。

5　現代的意義

以上のような基本文献において残された諸課題は、現在、多数を占めると思われる、法確証原理を正当防衛のすくなくともひとつの正当化根拠として承認する学説によっても十分に解決されたとは言いがたい。その意味で、基本文献は、自身に欠ける部分においてすら、なお現在の学説に反省を迫っていると言

うことができる。また、法確証原理を拒絶する立場にとっては、いまもなお克服すべき対象の基盤を形成した研究として、根本的な批判的検討を怠ることができない、いわば自説の試金石たるの意義を有する。

▶近時の注目すべき文献

　今日、法確証原理を受け容れない立場の代表と目しうるのが橋爪隆『正当防衛論の基礎』（有斐閣、2007年）である。この研究は、相互闘争状況における正当防衛の制限がいかなる根拠から導かれるのかという、基本文献が対象とする挑発による攻撃の事例群と重なり合う部分のある事例群に関する問題を設定する。そして、正当防衛の場合は原則として被侵害者に「現場に滞留する利益」が認められるためにほぼ常に防衛行為の側に優越的利益が認められることが刑法36条に害の均衡要件が置かれていない理由であるという理解を前提として、例外的に「現場に滞留する利益」に要保護性が認められない場合が正当防衛が制限されるべき場合である、と主張する。現場に滞留する行為に要保護性が認められない場合には、正当防衛独自の違法阻却根拠が否定され、対抗行為の正当化の範囲は緊急避難と同等のものに限られる（76頁）というのである。

　法確証原理は、違法な攻撃によって法秩序の規範的妥当性が侵害される場合と、違法な攻撃があっても侵害されない場合があることを合理的に区別することは困難であり（39頁）、「法確証利益の内実が結局のところ不明確なままであり、具体的事案においてそれが認められるか否かは、論者の価値観によって異なってくる」（57頁）という理由で拒絶される。

　法確証原理に対するこのような批判は法確証原理に残された上述の課題を指摘するものであり、一面の真理を言い当てている。しかし、内容の具体化、精密化の可能性がないことを論じ尽くした後でなければ、全面的に拒絶する理由としては不十分であろう。

　他方、「現場滞留の利益」は、現場に滞留すること自体が不法な場合には要保護性を失い（82頁）、現場に滞留する利益の要保護性の存否は侵害を被った場所的状況と行為者の目的認識等から判断され（86頁）、たとえば、路上での口論がエスカレートして相手の暴行を招いたような場合には、「被侵害者はそれ以降、現場で喧嘩するためだけに、その場に滞留していると評価することができ」るから、現場にとどまることの利益性が否定され、被侵害者は退避義務

を負うことになるという (83頁)。つまり、現場に滞留する利益が認められるのは、結局、不正でないからであり、不正でないのは、あくまでも先行した不正の侵害者との相対的関係における「評価」においてに過ぎない。だとすれば現状の法確証原理に対しても、その概念内容の明確性とトートロジーを免れている程度において優位を主張できるとは思えない。実際に考慮されている事実的状況もほとんど変わらないのではなかろうか。

　そもそも、現場に滞留する利益によって優越的利益の原則を前提としつつ正当防衛規定から害の均衡要件が省かれている理由を説明するためには、この利益に「生命身体に比肩するような重要な価値が認められる」(347頁) ことが必要となろうが、現行法秩序がこの利益にそれほどの価値を認めている実定法上の根拠は提示されていない。この利益に認められるのは、せいぜい住居侵入罪の保護法益と同等の価値ではなかろうか。そうだとすれば、生じた結果が防衛された財と著しい不均衡に至らなくても過剰防衛とされてしまう可能性は大きい。また、逆にそれほど大きいものだとすれば、正当防衛が制限される場合は、行為者の意図等主観面をそうとう重視しなければ、ほとんどないことになり、また、緊急避難の場合にも、「生じた害」の方に常に危難を転嫁される者が有する現場に滞留する利益が加算されることになるから、緊急避難が認められる範囲も著しく狭められることになる。

　橋爪の研究は、喧嘩と正当防衛という事例群における問題解決を一歩進めるに有効なひとつの視点を提示するものと評価することはできるが、基本文献に対する十分な対案を提示し得たものとは言えないであろう。

14 緊急避難論

●基本文献
森下忠
『緊急避難の研究』
(有斐閣、1960年)

森永 真綱

1 学説・実務状況

▶はじめに

　基本文献は、刑法における緊急避難論について、比較法的、史的かつ理論的に総合的な検討を加えた名著である。このテーマに関する本格的な書物は、日本では最初のものといってよい。森下忠は、基本文献のほかにも、『緊急避難の比較法的考察』(有信堂、1962年)、「対物防衛と違法状態」岡山大学法経学会雑誌5号 (1954年) 27頁以下をはじめとして、緊急避難論に関する論文を多数執筆している。緊急避難の本質に関する森下の見解の骨子、森下に対する批判への再反論が、「緊急避難の法的性質」中義勝編『論争刑法』(世界思想社、1976年) 70頁以下において述べられているので、これも読むことで、森下の見解の全貌がよりクリアになると思われる。

　緊急避難の法的性質をめぐっては、今日でも争われており、なお決着を見ない。基本文献が執筆された当時より、違法性阻却一元説が有力で、現在でもなお通説ともいわれる。しかし、森下をはじめとする諸家の論駁により、その牙城は揺らぎつつあり、違法性阻却・責任阻却二分説が有力化しているという現状にある。

▶ドイツの状況の概観

　基本文献が執筆された当時、現行の34条 (正当化的緊急避難)、35条 (免責的緊急避難) (1975年施行) は存在せず、改正前の旧規定の時代であり、53条 (正当防

衛）をはさむ形で、緊急避難に関し、52条（強制状態）と54条（緊急避難）の2つの規定が置かれていた。前者の52条は、暴力あるいは自己・親族の生命・身体に対する危難によって強制された行為は可罰的行為でないと規定されていた。これはいわゆる強制による緊急避難に関する規定である。これに対し、緊急避難に関する54条では、現在の危難を避けるために行った法益侵害は可罰的行為ではないとされていたが、保全法益はあくまでも生命・身体に限られ、しかも自己または親族の生命・身体に限定されていたため、緊急避難の成立範囲はきわめて狭いものであった。

　こうした狭さは、民法（1900年施行）の緊急避難規定の228条、904条の援用により一部補完されていた。228条では、物から危険が生じている場合、「危険回避のために必要であり、かつ損害が危険と不均衡でない」ときは、その危険な物の損壊・破壊が許されると規定されている。これに対し904条においては、危難に陥っている者が他人の物を損壊する場合、「侵害が現在の危険を回避するために必要であり、かつ差し迫った損害が、侵害により所有者に生ずる損害に比していちじるしく大きい」とき、所有者はこれを受忍しなければならないと規定されている。ドイツでは、前者の反撃型を防御的緊急避難、後者の転嫁型を攻撃的緊急避難と一般によぶ。1930年代頃までには、52条、54条は責任阻却事由、民法228条、904条は違法性阻却事由として認識されるようになった。

　さらに旧規定の間隙を埋め合わせるべく登場したのが、超法規的緊急避難論である。これは、親族でない医師らが母親の生命を救うために行った妊娠中絶の当否が問題となった判例の事案をめぐって議論が展開された。学説においては、自己・親族に限定する54条が適用不可能であることについて一致していたが、犯罪不成立の根拠については一致を見なかった。帝国裁判所は、1920年代の2つの判決を通じ、超法規的緊急避難として違法性が阻却されうることを明言した（現行刑法では218条a以下に特別規定が設けられ立法的にほぼ解決されている）。

　同様の問題意識から、規範的責任論を展開した期待可能性の理論に基づき、超法規的責任阻却事由の存在を認める見解が一時期有力化した。しかし、ワイマール期には否定説が有力になり、帝国裁判所も、故意作為犯については否定する見解に立った。第二次世界大戦後にエバハルト・シュミットが再生を試みたが支持を得られず、今日に至るまで責任阻却事由としての超法規的緊急避難

1　学説・実務状況

は一般的に否定されている。
▶日本の状況の概観
　1880年に制定された旧刑法の時代には、75条において、1項「抗拒ス可カラサル強制ニ遇ヒ其意ニ非サルノ所為ハ其罪ヲ論セス」、2項「天災又ハ意外ノ変ニ因リ避ク可カラサル危難ニ遇ヒ自己若クハ親属ノ身体ヲ防衛スルニ出タル所為亦同シ」と規定され、ドイツ刑法旧52条、旧54条に類似した限定的な規定であった。

　もっとも1907年（明治40年）に制定された現行の日本の刑法典においては、旧75条のような規定は削除された。不処罰の範囲を比較的広く認める37条が規定され、1995年に現代用語化されたが、その内容については今日に至るまで変更は加えられていない（松宮孝明「日本刑法三七条の緊急避難規定について」立命館法学262号〔1998年〕1036頁以下参照）。

2　学説史的意義と位置づけ

　後述するように、森下は緊急避難を責任阻却事由であるとしながら、保全法益にいちじるしい優越が認められる場合に限り例外的に違法性阻却事由であるという立場に立っている。これは森下の指導教授である瀧川幸辰が唱えていた責任阻却事由説に原則的意義を認めつつも、ドイツにおける議論を入念に検討し、とくにヘンケルの著書（Henkel, Die Rechtsnatur des Notstandes, 1927）に依拠する形で、修正を加えたものであるといえる（森下忠『ある刑法学者の旅路』〔成文堂、2014年〕79頁以下参照）。責任阻却を裏づける期待可能性の理論の援用は、佐伯千仭の影響が色濃く見られる（森下・前掲書60頁以下も参照）。

　森下の緊急避難研究が画期的で学会において当時より脚光を浴びていたことはいうまでもないが、森下独自の二分説は支持者を見いだせず長らく少数説にとどまっていた。しかし近年では、保全法益のいちじるしい優越性という基準を用いる有力な論者が見られるようになっている（井田良『講義刑法学・総論』〔有斐閣、2008年〕301頁以下、井上宜裕『緊急行為論』〔成文堂、2007年〕66頁以下など）。また避難行為の相手方の保護、功利主義と個人の保護といった森下の視点は、近年、ますます多くの論者によって明確な形で意識されるようになっている。

3　文献紹介

▶基本文献の構成

　基本文献には、「古代および中世における緊急避難論」、「近世における緊急避難論」、「近代における緊急避難論」、「緊急避難の本質」、「強制状態と緊急避難」という5つの論文が収録されており、前三者の学説史的考察と後二者の理論的研究の2つのパートに大別される。

▶基本文献の主張の中核

　森下の主張は「緊急避難の本質」と「強制状態と緊急避難」の二論文に集約されているが、とりわけ前者の論文の最後のほうの箇所で、比較的明確に述べられている（基本文献238-241頁）。

　　残る途は、責任阻却説の検討にある。緊急避難のすべてのばあいを期待不可能性に因る責任阻却事由と解する立場は、滝川博士・植松教授・高橋教授の採られるところである。この説は、緊急避難行為は正当な第三者の法益を侵害するものであるから違法ではあるが、適法行為の期待可能性を欠くために責任が阻却されると解するのであつて、緊急避難の本質を最も正しく把握したものである。わたくしも原則的にはこの立場に賛成である。ただ、問題は、この立場がわが刑法の解釈とどのように調和するかである。
　　……わたくしは、刑法第三七条における「已むことを得ざるに出でたる」という要件を、その避難行為に出るよりほかに途がなかつた、いいかえると、他の適法行為の期待可能性がなかつたと解することにより、この問題を解決しうるのではないかと考える。
　　……しかし、問題はこれによつてすべて解決したわけではない。緊急避難の全部を責任阻却事由と解するときは、既述の事例における道に迷つた登山者の緊急窃盗や、機械にはさまれた息子を救うためのベルト切断行為までも違法だということになり、これに対する正当防衛を許すことになつて不当である。ここでもわたくしは、ドイツ刑法解釈にあたつて述べたのと同一の理論構成によつて、いちじるしく大きい法益を救うための緊急避難行為は他に方法のないことを条件として超法規的に違法性を阻却する、と解したい。責任阻却一元説の論者は、避難行為の相手方の保護を強調するあまり、「明らかな、社会倫理的にたえがたい不正義」を招来する例外的なばあいのあることを見過ごしている。同様の批判は、違法阻却説の論者に対しても向けることができるであろう。責任阻却一元説も違法阻却説も、避難行為の相手方に忍受義務を負

> わせる緊急避難の例外的場合が存在することを承認しなければならない。他方、刑法三七条の要件を充たさないでも、期待可能性を欠くことによって超法規的に責任の阻却されるばあいがありうる。具体的には、生命・身体・自由・財産以外の法益を救うための避難行為と均衡性の程度を超えたばあいにおいて刑を免除されるときの避難行為（過剰避難）とが、これに属する。

▶古代および中世における緊急避難論

　第一論文では、はしがき㈠のあと、インド法、ユダヤ法、ギリシャ法㈡、ローマ法㈢、教会法㈣、中世期のドイツ法㈤、聖トマスの法㈥の紹介・検討がなされている。

　インド最古の法典といわれるマヌ法典においては、飢えを理由に他人の食料を盗む、いわゆる緊急窃盗に関する規定が存在した。また、緊急偽証の規定も存在した。

　ユダヤ法においても、聖典タルムード、聖書、旧約聖書、新約聖書において、緊急窃盗に関する記述が見られる。聖書の記述について、アザンによれば、緊急権は仁愛の精神に基づくものとされた。律法には、飢えている者は道ばたの実をとってもよいとの定めが存在し、古い時代の聖書注釈家の中には、不可罰性の根拠を財産の原初共有体に求めた者もいた。ユダヤ法の思想は、キリスト教理論に取り入れられて、教会法学者によって展開され、またローマ法の緊急避難の根本思想になったとされる。

　ギリシャでは、緊急避難の観念は、とくに哲学者と歴史家によって認められていた。いわゆる「カルネアデスの板」の事例で有名なカルネアデスはギリシャの哲学者であるが、この事例はキケロが採り上げることで脚光を浴びた。リクルグスの法律では、緊急の場合に奴隷、動物、他人の食料を処分してもよいことが定められるなど、実定法上の規定も見られた。

　ローマ法では、緊急避難に関する明確な概念は見られず、個々の場合が個別的・列挙的に取り扱われていた。コルネリア法では、生命の危険に際し、第三者を殺害しても訴追されない旨が規定されていた。難船の際に他人の積み荷を海中に投じて自分の積み荷を救う場合、強制・畏怖ゆえに犯罪を行った場合、火事に際して隣家を破壊した場合など、種々の諸事例について言及されていた。総括的にいえば、自分の法益を救うために他人の法益を侵害しても、可罰性や

損害賠償義務は発生しないことが認められていた。補充性、さらには保全法益の優越性、法益権衡といった要件も考慮されていた。もっとも法効果の理由は深く考慮されることなく、「自然の道理」が根拠とされ、自明のこととされていた。その例として、ガイウスの「危険に対しては、自然の通りが自己防衛を許す」、ウルピアヌスの「自己を護ろうとして他の手段をもたない者は、不法を犯していない」という法格言が挙げられる。

各地において6世紀頃より、カトリック教会によって贖罪規定書が作られ、市民法秩序にも影響を及ぼしていた。教会法は体系化・整備されたが、贖罪規定書の緊急避難の定めは、教会法典で採用されることもしばしばであった。教会法では、一般観念として、「緊急は法をもたない」、「法上正当でないものを緊急は正当にする」といった、緊急行為は常に不可罰で、刑罰法規の適用を受けないとする簡潔な法格言が存在した。教会法の諸規定の中には、緊急偽証を許す規定が見られた。緊急窃盗は贖罪の対象とされていたが、解釈によって適用範囲は限定されていた。緊急の場合には、生命・身体を救うために他人を殺害しても不可罰であるとされていた。危難の現在性、補充性が要件とされていた。前述のローマ法に比して、緊急避難の成立範囲は限定的であったとされる。

中世期のドイツ法では、幾多の法源において、緊急避難に関する一般原則は表現されていない。しかし、「緊急は命令を知らない」などの法格言や、法源の中に、緊急避難の諸事例も見られた。緊急窃盗、飢餓に瀕した際に老人などを殺害する場合などが挙げられている。

トマス・アクィナスは『神学大全』において、教会法の代表事例である緊急窃盗を論じている。トマスは、危難が非常に明白かつ急迫であって、それを避ける他の方法がない場合に緊急窃盗は許されるとしていたが、特徴的なのは、他人のための避難行為も認めていたこと、避難行為の犠牲になる者は物を豊富にもつ者に限られていた点である。加えて、緊急強盗も許容されるとしていたようである。こうした緊急権は、トマスによれば、自然法によって根拠づけられる。すべての共同体は神の理性よって支配され、万物はすべて神の摂理に服し、永久法に参与するが、理性を備えた人間の永久法への参与が自然法なのである。自然法の規定は多くあるが、それらはすべて善を求めなければならないところ、自己保存の本能は、すべての生物に共通の自然な善であり、生存権は

自然法に属するというのである。

▶近世における緊急避難論

　第二論文では、カロリナ法典㈠、啓蒙期における学説の発展㈡、18世紀の立法に現れた緊急避難㈢の紹介・検討がなされている。

　1532年に成立したカロリナ法典においては、緊急避難の一般規定はなく、166条および175条で飢餓緊急による窃盗に関する規定が存在したにすぎない。これは教会法の緊急窃盗の規定に議論が集中していたからだとされる。もっとも同法典には、立法者も意識していなかった第三の緊急避難が存在していたとされる。それは、正当防衛が第三者に及んだ場合の規定である（145条）。生命対生命の緊急避難規定であり、大きな重要性をもつとされる。学説では、カルプツォフが、条文の文言を超えて、緊急窃盗の客体を食料以外に、被救助者の人的範囲を自己、妻、子供以外にも拡張すべきだと述べるなど、緊急避難の範囲を広げるべきだという主張も見られ、徐々に有力化した。緊急避難が権利の行使か否かという不処罰の根拠についても争われていたとされる。

　啓蒙期になると、自然法の哲学的観点から緊急避難論を考察したグロティウスによれば、私有権は物の共有状態に源を発することから、自然的衡平の見地より、緊急の場合には原初的な物の使用権が共有状態のごとく復活するとされる。これは緊急避難を自然法上の権利行為とする説であり、教会法と近親性を有し、トマス・アクィナスの理論を基礎とするものである。さらに、人間の弱さゆえに避けえない外的行為を罰することはできないことが第二の根拠とされ、全体として折衷的な見解が唱えられた。成立要件として補充性が挙げられ、可能な場合は使用した物の返還義務があるとされた。この見解を受け継いだプーフェンドルフは、緊急避難行為は自己維持本能によって実定法の外に立つものとした上で、カルネアデスの板の事例を挙げて、生命対生命の場合にも緊急避難は許されると説き、緊急避難の範囲を大幅に拡張した。さらに、キケロに倣って緊急概念を分類した上で、行為がより重要な法益を尊重するという感情によって命ぜられた場合は適法だが、より小さい価値の法益を救うのは不適法だとしているのは、法益衡量の考えの導入であり、学説史的に大きな進歩をもたらしたとされる。この見解はトマジウスによって受け継がれた。彼らの見解は18世紀には多くの学者の賛同を得るに至り、そのバリエーションともいう

べき種々の見解が唱えられた。

　自然法論とは異なる見解として、緊急避難の本質を自由意思や故意の不存在に求める見解も唱えられた。ガンディーノらイタリアの実務家、フランス人のティラコーらが挙げられる。森下が「変り種」と評するオランダ人のマテウスは、行為者に「道義的可責性」は認められるが、緊急ゆえに刑罰が免除されると主張した。有責だが処罰されない根拠の解明によって、いわゆる精神的強制の理論が生まれ、近代フランス刑法学における有力な理論に成長した。クイストルプは、ドイツにおいて責任無能力説をはじめて主張し、その後フォイエルバッハによる強力な支持を得たとされる。

　18世紀の立法には啓蒙期の影響が顕著に表れた。1751年のバイエルン刑法典、1768年のマリア・テレジア刑事法典では、強制や緊急が責任阻却事由として規定され、緊急窃盗に限定されなかった。同様の規定はその後のオーストリアの刑事立法でも見られるようになる。森下は、規定の形式に大きな進歩が見られると評するが、後述の各ラント法の緊急避難規定とはほとんど関連性は見いだせないとされる。1794年に成立したプロイセンの一般ラント法では、第2編第20章にいくつか諸規定が存在したが、緊急窃盗は不可罰ではなく恩赦事由にすぎなかった（1115条）。脅迫による恐怖から行った避難行為は不処罰とされていたが（19条～21条）、これはフォイエルバッハの心理強制説に由来するものだとされる。

▶近代における緊急避難論

　第三論文では、フランス刑法における緊急避難論㈠、19世紀ドイツの各ラント法における緊急避難規定㈡、ドイツ刑法典制定以前の諸学説㈢㈣の紹介・検討がなされている。

　フランスにおいては、1994年に新刑法典が施行される以前、旧刑法典（1810年制定・公布）に緊急避難の一般規定は存在せず、刑法典および特別法において、若干の個別規定が設けられているにすぎなかった（フランスの状況については、井上・前掲書27頁以下）。こうした欠缺は、強制に関する64条の類推解釈によるなど、判例・学説に委ねられていた。19世紀初頭はドイツの立法に影響力をもっていたが、同世紀末頃には、むしろドイツの議論に触発されて、緊急避難論は発展を遂げる形となった。森下は、当時のフランスの議論は途上段階にあるこ

とから、むしろドイツの議論に主眼を置くとされる。

　ドイツでは19世紀になると各ラントで緊急避難の一般規定が設けられるようになるが、とくに影響力が強かったのはバイエルン刑法典およびその諸草案である。1813年の刑法典では、フォイエルバッハやフランス刑法64条の影響を受けて、暴力や脅迫による犯罪行為の強要の場合における不処罰が規定されたが（121条）、暴力・脅迫によらない緊急状態については、窃盗に限って刑罰減軽事由であるとされていた（93条3号）。その後、諸草案において後者の規定の拡大が繰り返し試みられ、1861年の同法典では、暴力・脅迫の場合に加えて、その他の緊急状態に関する一般規定が制定された（67条）。しかし各ラント法に強い影響を与えたのは、1822年のバイエルン刑法草案であり、1813年の刑法典121条に倣った規定とは別に、自己または他人の生命に対する危険を避ける行為の不処罰が謳われた（85条）。この規定の仕方は、適用範囲など詳細に違いが存するものの、各ラントの刑法典で導入され、ドイツ統一刑法典（1871年）の緊急避難規定の礎が作られた。統一刑法典はプロイセン刑法典に源流を有するといわれるが、緊急避難については、かように異なる沿革を有しているとされる。

　緊急避難の本質をめぐる主要な諸学説は、すでに19世紀には見られ、後世の論者に多大な影響を与えた。各論者の見解の解釈をめぐって今日でも争われているが、生命の危難にさらされた者の恐怖は刑罰による威嚇に優ると主張したカントの説は刑罰阻却説であり、またフィヒテは放任行為説を提唱したとされる。フォイエルバッハは、彼の心理強制説の立場から責任能力を威嚇可能性と捉えた上で、緊急避難の不処罰の理由を、緊急状況では刑罰による威嚇が働かないことに求めた（責任無能力説）。ヘーゲルは、緊急状況では生命が財産に優位するとし、避難者に権利としての緊急権を認めているが、これは適法行為説であり、また優越的利益の原則を謳ったものだとされる。

　ヘーゲルの見解は、ヘーゲリアーナーによって継受されたが、彼らの緊急避難論は、ヘーゲル説拡大の歴史であるとされる。ケストリンは、他人の生命を救うための緊急救助を認め、また生命救助のために、財産のみならず「相対的人格権」を侵害する権利を認めた点で、ヘーゲル説を拡大した。ヘルシュナーは、優越的利益の原則を法益同価値の場合にまで妥当させ、緊急権を認めたと

される。ベルナーは、ヘーゲルおよびそれまでのヘーゲリアーナーと異なり、生命の危難に限らず、どのような種類でも、より大きい法益を救うためにより小さい法益を侵害するすべての場合について緊急権を認め、法益同価値の場合には、違法だが情況により責任が阻却されると説いた。これは二分説（差別説）の初期の主張であるとされる。

▶緊急避難の本質

第四論文では、はしがき㈠のあと、緊急避難の意義㈡、一元説㈢、二分説㈣、三分説・四分説㈤、超法規的緊急避難論㈥、わが刑法における緊急避難の本質㈦について、紹介・検討がなされている。

まず緊急避難の意義について言及される。ベルナーの言い回しに倣って、正当防衛との差異を明らかにする限りでは、「緊急状況」を「正対正」と捉えることは正しい。しかし、「緊急避難行為」は無関係な第三者の法益を侵害する損害転嫁行為であることから、むしろ緊急避難は原則的には「不正対正」の関係にあるとされる。こうした前提からすると、正当防衛行為が同時に第三者の法益侵害をともなう事例は緊急避難、対物防衛の事例は正当防衛に属するとする。ドイツ、日本の刑法学では正当防衛の概念を厳格に絞り、それ以外をすべて緊急避難に含める見解が有力だが、「とりわけ緊急避難の構造を見誤つたもの」と断じている。

次に森下は「二者択一の可能性」が緊急状態の本質をなすものだとされる。たとえば、一本のザイルで身体を結び合った二人の登山者ＡおよびＢのうち、Ｂが足を踏み外して奈落の底に転落しようとしているので、Ａが共に転落するのを防ぐためにザイルを切断して難を逃れる場合（森下は「不真正の危難共同体」とよぶ）、Ｂの生命の喪失は確実であることから、二者択一の可能性はなく、Ａの行為は適法行為であって、これに対する正当防衛は認められないとしている。これに対しミニョネット号事件の場合は、「真正の危難共同体」であり緊急避難に属するとする。同様に「二者択一の可能性」がないとして、義務衝突も緊急避難には属さないとされる。

さらに、違法とは法の客観的評価規範違反であるという立場から、違法な攻撃には、物が惹起した違法状態も含まれるとする。ドイツ民法228条は正当防衛の一場合の規定ということになる。動物の侵害も、人の故意・過失により惹

起されたか否かを問わず、違法であり、同法228条は、正当防衛に関する同法227条、ドイツ刑法旧53条と重複し、実質的には「ほとんど無意義な規定」とされる。責任無能力者の攻撃や反射運動による攻撃に対しても正当防衛が可能だとしている。これに対し、ドイツ民法904条は、優越的利益の原則を条件を付けて承認し、あまりにも狭すぎる刑法の緊急避難の欠陥を補ったものであり、同条の「いちじるしく大きい」という要件に重大な意義が認められるとする。

　以上を踏まえ、まず一元説について検討を加えている。緊急避難は適法でも不適法でもないとする放任行為説は、自然法思想に源を発する見解であるが、理論からの逃避、根本理念の究明の放棄であると断じている。適法行為説は、さらにいくつかの見解に分かれるが、より大きい利益を救う行為は適法であることを根拠とする法益衡量説（ヘルシュナー、シュタムラーなど）について、より小さい利益だというだけで他人に損害転嫁を受忍させるのは無理があり、法益同価値の場合に説明に窮すると批判する。フォイエルバッハを主唱者とする責任無能力説は、とくに刑罰論における心理強制説の不当性が妥当し、また、とくに他人の法益が危難に陥っている場合など、常に責任無能力というかは疑問であるとされる。刑罰阻却説（フィンガー、ベーリングなど）は、結局のところ可罰性が阻却される理由を何も説明していないとされる。以上の見解に対し、森下は、期待不可能性に基づく責任阻却説（M・E・マイヤー）について、規範的責任論に基づいた「緊急避難の本質をもつとも正しく把握したもの」とされる。しかし、M・E・マイヤーの民法の緊急避難規定に関する解釈は誤りであり、殊に、904条の場合まで違法とすることは妥当でないとしている。

　次に、二分説について検討を加えているが、放任行為、責任無能力、刑罰阻却事由のいずれかと緊急権とに区別する諸見解については、すでに前者の点に問題があることは示されたとして、違法阻却と責任阻却の二分説のみを検討対象としている。この説は、法益衡量の妥当する限りで違法阻却を認め、それ以外を責任阻却とする差別説（ベルナーなど）、民法上の緊急避難のみを適法とし、その他すべてを責任阻却とする結合説（ゴルトシュミット）とに分かれる。これらのうち、前者の見解は、違法阻却について、功利主義を唯一の観点とすることは是認できないとされる。そこで、残された後者の結合説が妥当であるとする。この見解は緊急避難の本質を責任阻却とする説であり、正当な他人の法益

侵害は、法に規定のない限り違法であるという理論的根拠に基づくものだとされる。三分説・四分説について言及しているが、いずれもこれまでに挙げた見解のバリエーションであり、すでに各見解に対して行った批判が妥当するとされる。

さらに、超法規的緊急避難について検討を加えている。森下によれば、法的安定性の見地からは超法規的違法性阻却は否定されるべきかもしれないが、正義と公共の福祉にいちじるしく反する場合には、法的安定性という要素は後退し、実質的違法論の観点から違法性阻却の余地を認めるべきであるとする。「法」と「法規」とは区別されるところ、法規の欠缺補充は法を超越しないことから、この理論の可能性は裏づけられると説く。緊急窃盗の事例、機械にはさまれた職工長の息子の生命を助けるため機械のベルトを切断する事例において、財物奪取や器物損壊を違法とし、所有者の受忍義務を否定すれば、正当防衛権を認めることになるため、「あまりにも『不衡平で、健全な法感情に反したもの』」とされる。ドイツ法では、民法904条によって解決される事案であるが、こうした規定をもたない日本法でも、保全法益がいちじるしく大きい場合には、超法規的緊急避難として違法性阻却を認めるべきだというのである。もっとも、衝突する法益の差が「いちじるしく大きい」という基準からすると、帝国裁判所の判例で問題となった人工妊娠中絶の事例では、違法性阻却は認められない。しかし、森下は、超法規的違法性阻却は認めながら、超法規的責任阻却を認めないのは論理一貫せず、また過失犯について正しいことは故意犯についても正しいはずだと説く。そして、ドイツの判例・通説が自己庇護などの場合に故意犯の場合にも超法規的責任阻却事由を認めたことは、故意犯においても期待可能性が責任条件であるのを暗黙に認めたものだとする。これらの理由から、ドイツ刑法54条以外の場合にも、異常な精神的強制状況を緊急状態が引き起こしたときは、超法規的責任阻却事由としての緊急避難の存在を認めるべきだとされる。

最後に、日本の法制にどの程度あてはまるか検討している。当時の通説である違法性阻却説について、「避難行為の相手方はどうなるか」という視点から検討を加えている。放任行為説（牧野英一、江家義男）について、違法・適法の中間はない、放任行為に優越的利益の原則は妥当しないなどと批判する。次に、

緊急避難は適法行為であり、その相手方は緊急避難で対抗できるとする説（勝本勘三郎、団藤重光、植田重正など）は、緊急避難が責任阻却事由に過ぎず違法だとすれば、相手方は正当防衛によって避難行為者の殺害すら許容され不都合であることを主たる根拠とする。しかし正当防衛の一般要件として補充性と相当性を要求する森下の立場からは、この場合正当防衛が認められるのは、避難行為者が重大な傷害を加えようとする場合に限られるから、不都合は生じないとする。「強者の権」、「万人の万人に対する闘争」を承認する見解には与しえないとされる。二分説はいくつかバリエーションがあるが、保全法益が侵害法益に優位する場合には違法性阻却事由であり、同価値の場合には責任阻却事由であるとする見解（佐伯千仭）に対しては、保全法益が優位する限り適法であることの理由が定かでないという法益衡量説に対する批判がそのままあてはまり、また法益同価値の場合、他人のための緊急避難行為が常に期待可能性を欠くのか説明できないなどと批判する。生命対生命、身体対身体の場合に限り責任阻却事由だが、その他は違法性阻却事由であるとする見解（木村亀二）に対しては、他人のための避難行為が常に期待可能性なしということができない、身体の傷害には程度の差があるため、生命衝突の場合と同列に論じることはできない、違法性阻却事由の緊急避難の場合、避難行為の相手方が受忍義務を負うのか明らかにされていないなどと批判する。以上に対し、瀧川幸辰、植松正、高橋敏雄が提唱する責任阻却説は、緊急避難行為は正当な第三者の法益を侵害する違法行為であるが、期待可能性を欠くために責任が阻却されると解するものであり、緊急避難の本質を最も正しく把握したものだとする。もっとも、刑法37条1項の「やむを得ずにした」という要件を補充性の意味に解するときには、他人のための緊急避難は、期待可能性の有無を問わず成立することになるため、違法性阻却説に根拠を与えることになる。そこで、この要件を「他の適法行為の期待可能性がなかったこと」を意味すると解釈することで、日本の条文との整合性を保つことができるとされる。こうした解釈も日常の語義に反しないし、ドイツ旧刑法54条の「他の方法をもっては排除することのできない」という要件と同一に解釈する必要はないというのである。さらに、法益均衡の要件は責任阻却説と相容れないという反論があり、この反論は論理的解釈としては正当であるとされる。しかし、この要件は、立法者によれば、現行法が他

人の財産にまで緊急避難を拡大したため、その成立範囲の限定を目的とした一種の緩和策であり、立法論としては、均衡性の要件は捨てるのが論理的でもあり実際的でもあるとする。もっとも、ドイツの大多数の学者が主張しているように、責任阻却事由としての緊急避難にあってもある程度の均衡性は必要なので、均衡性の要件は期待可能性の思想と矛盾するわけではないとされる。なお、均衡性の程度を越えたが期待可能性がない場合が残るが、この場合には、超法規的緊急避難として責任阻却すべきだとする。これに属する場合として、生命・身体・自由・財産以外の法益を救うための避難行為、法益均衡を逸した場合に刑が免除されるときの避難行為（過剰避難）が挙げられている。しかしながら、前出の登山者による緊急窃盗やベルトの切断行為までも違法とすることは、これに対する正当防衛を認めることになり不当であることから、保全法益が侵害法益よりいちじるしく大きいときには、他に方法がないことを条件として超法規的に違法性が阻却されるべきだとする。避難の相手方の保護を強調するあまり、「明らかな、社会倫理的にたえがたい不正義」を招来する例外的な場合のあることを看過してはならないからであるとされる。

▶強制状態と緊急避難

　ドイツ旧刑法において52条（強制状態）と54条（緊急避難）とに分離されていたことは前述の通りであるが、かように別個に取り扱うことの当否について、最後の論文で検討を加えている。

　まず、ドイツ旧刑法の文言における成立要件の差異は、「危難の無責性 (Unverschuldetheit)」が強制状態には要求されず、緊急避難にのみ要求されている点である。この「危難の無責性」要件の解釈をめぐって争いがあったが、森下は、行為者が他の法益の侵害の必要性を予見しつつ危難を故意的に惹起したことを意味し、そのような場合、犯罪は不成立とならないという当然のことを掲げたにすぎないとされる。この「危難の無責性」は強制状態についても解釈上要求されるべきものであるから、結局において、成立要件の差異は存しないとされる。また、不可罰性の根拠について、ドイツでは、緊急避難と強制状態との間で区別する説は少数説であるところ、この説は、いずれの状況も危難を受忍するか他の法益を侵害するかという二者択一の緊急状況である点を見過ごしているとされる。

こうして、「第52条は総則のうちで最も誤った規定」であり、両者を単一の緊急避難規定に解消・融合しようとする諸立法や諸草案は妥当であると結論づけている。

4　残された課題

▶37条１項本文の一元的理解
　基本文献において、原則として違法性阻却事由と理解する通説を批判した点は評価されるべきである。しかし、超法規的違法性阻却事由としての緊急避難を認める構成をとるべきだったのであろうか。この点につき、立法の段階では緊急避難の一元的理解は意図されていなかったという指摘もなされている（松宮・前掲論文）。

▶保全法益のいちじるしい優越性
　森下は避難行為の相手方の保護という観点から、こうした厳格な要件を満たす場合に限り違法性阻却されるとしている。たしかに、かかる問題意識は方向性としては正当である。しかしたとえば、人命救助のためとはいえ強制的に臓器摘出したり採血を行うこと、あるいは雨に濡れないために高価な服を着ている人が粗末な服を着ている人の雨傘を奪うことが許されないとすれば、単なる法益比較を超えた判断を要することがわかる。これは避難行為の相当性の問題として議論されている。

▶対物防衛など
　森下は客観的違法論を徹底し、いわゆる防御的緊急避難というカテゴリーは無用であるとしている。しかし、森下が挙げる諸事例では、足を踏み外した登山者や息子をはさんだ機械は危険源ともいえるのに、正当防衛でないのはなぜかという疑問も生じる。そもそも危険源とは何かについて、さらなる議論の深化が求められよう。

▶失われることが確実な生命
　森下は登山者の事例について、緊急避難の事例ではないが、ザイルの切断行為は適法行為であるとしている（法的構成は定かでない）。その理由づけの中で、足を踏み外した登山者の生命が失われることは確実であることが挙げられてい

るが、「いずれにせよ失われる生命は保護に値しない」というロジックは一般化すべきでないだろう。

▶強制状態の規定の削除

　森下によれば、強制状態は緊急避難に解消・融合されるべき問題のため、独立の規定は不要であると断言している。しかし、37条1項本文の緊急避難は少なくとも原則的には違法性阻却事由であるとするのが通説であり、また一般的な期待可能性の理論に基づいて超法規的に責任阻却することについて謙抑的な判例実務の態度に鑑みれば、現在の立法状況が望ましいか否かは、なお検討の余地があるかもしれない（井上・前掲書266頁以下）。

5　現代的意義

　判例実務上、従来より道路交通における緊急避難は問題となってきたし、とくに近年では、強制による緊急避難がトピックとなっている。さらに、ハイジャックした航空機による攻撃、人質をとった立てこもり、政治的動機による拐取など、緊急避難が問題となりうる現代的事例は枚挙にいとまがない。その他、ホームレスをはじめとする困窮者による食料の窃盗は緊急避難であろうか。貧しい者が、幼い子供に心臓の手術を受けさせるために、富豪のどら息子が乗り回しているフェラーリを盗んで換金することは緊急避難であろうか。補充性がない、あるいは相当性がないと説明されるかもしれないが、なかなか難しい問題である。基本文献のはしがきで、「地球とともに古いといわれる緊急避難論」であるが、「社会生活のあるところ、つねに新しい課題を提供してきたこの問題は、人間相克のきびしい現実下にある最近の世界において、いつそうその重要性を認識されつつある」と述べられているが、今日でもあてはまるように思われる。

15 被害者の承諾

●基本文献
町野朔
『患者の自己決定権と法』
(東京大学出版会、1986年)

佐藤 陽子

1 学説・実務状況

▶治療行為と患者の自己決定権

　適法な治療行為のために原則として患者の承諾が必要であること、その帰結として医師の説明義務が重要であることは、1965年に唄孝一が『契約法大系(7)補巻』(有斐閣)にて、「治療行為における患者の意思と医師の説明——西ドイツにおける判例・学説」(同『医事法学への歩み』〔岩波書店、1970年〕3頁以下所収)を発表して以来、わが国の民事法学説において広く認められるようになった。単なる診療契約に各々の侵襲への承諾は含まれず、医師は各々の治療行為について承諾を得なければならないとの理解は、すぐに民事判例にも受け入れられ、とりわけ、治療行為が医学上必要であり、患者の拒絶が生命・健康の維持、増進という医学上の立場からは不合理であるとしても、患者が治療を拒絶していることが明らかな場合には手術を思いとどまらなければならないとした、いわゆる舌癌事件(秋田地大曲支判昭和48・3・27下民24巻1-4号154頁)などがその好例となった。

　民事法領域における患者の自己決定権論の嚆矢となった上述の唄論文は、患者の自己決定権に関する西ドイツの刑事判例および学説を紹介することからその論述が始まる。そこでは、西ドイツの判例が、治療行為を傷害罪に該当するものと理解しており、その傷害の違法性を阻却する原因の有力な1つとして被侵襲者の承諾を挙げていること、また多くの学説も、治療行為が傷害罪の構成

228

要件に該当することには反対するものの、承諾を欠く医的侵襲行為を不可罰であるとは考えず、その構成要件として少なくとも監禁罪や強要罪をあげることが紹介されていた。

　ドイツ刑法学の影響の強いわが国の刑事法においては、唄論文が発表される以前から、この問題は専断的治療行為の問題として論じられてきた。専断的治療行為とは、医学的適応性・医術的正当性はあるが、患者の承諾を欠いた治療行為のことである。そして、上述した民事法領域における患者の自己決定権論の発展により、専断的治療行為の問題は、より現実的なものとなって刑法学者の前に現れ、民法学者および医療従事者を含む実務家を交えての研究の中で多くの成果が得られていったのである。基本文献はまさにこの流れを汲む著作である。

▶被害者の承諾の議論状況

　ところで、基本文献が刊行された1980年代は、被害者の承諾に関する議論が多くなされた時期でもあった。それは、まさにこの時期に、最高裁が保険金騙取目的における被害者の承諾の有効性を否定する決定を下したからである（最決昭和55・11・13刑集34巻6号396頁）。しかし、それ以前にも被害者の承諾をめぐる論稿は多く発表されており（たとえば、須之内克彦「刑法における被害者の同意——その序論的一考察1・2」法学論叢93巻1号〔1973年〕66頁以下、94巻1号〔1973年〕26頁以下［同『刑法における被害者の同意』（成文堂、2004年）23頁以下所収］、曽根威彦「被害者の承諾1——『被害者の承諾』の違法阻却根拠」、「被害者の承諾2——『被害者の承諾』と犯罪論体系」早稲田法学50巻3号〔1975年〕299頁以下、53巻1・2号〔1977年〕67頁以下［同『刑法における正当化の理論』〔成文堂、1980年〕105頁以下、225頁以下所収］、川原広美「刑法における被害者の同意1・2——自律性原理の確認」北大法学論集31巻1号〔1980年〕209頁以下、31巻2号〔1980年〕757頁以下などがある）、そこでは被害者の承諾の体系的地位や犯罪阻却根拠、要件論が熱心に論じられていた。

2　学説史的意義と位置づけ

▶治療行為と患者の承諾をめぐる先行研究

基本文献刊行以前からわが国の刑事法においては、治療行為の要件として、医学的適応性・医術的正当性に加えて、患者の承諾が主張されていた。医師の業務は、「治療行為であること」を理由として単純に違法阻却することはできないと解されていたのである。しかし、当然のようにその例外もあわせて主張される傾向にあった。すなわち、場合によっては患者の意思に反しても、患者のために適切な処置を行いうると解されていたのである。
　他方、専断的治療行為に関する議論の中では、多くの論者が本人の健康回復に不可欠であっても治療の強制は許されないと解していた。しかし、そこからただちに、専断的治療行為は傷害罪を構成するとの帰結に至るわけではなく、たとえば、医学準則に従った治療行為は健康を損なう行為（＝傷害）としての定型性をもっていないという治療行為非傷害説の主張もなされていた（大谷実『医療行為と法』〔弘文堂、1980年〕77頁。金澤文雄「医療と刑法──専断的治療行為をめぐって」中山研一ほか編『現代刑法講座2』〔成文堂、1979年〕138頁以下も参照）。
　これに対して、治療行為は傷害罪の構成要件に該当するという見解も多くみられた（たとえば、西山雅明「治療行為と刑法」西南学院大学法学論集2巻3号〔1969年〕29頁以下）。これらの見解は、治療行為の正当化（もしくは構成要件阻却）のためには被害者の承諾もしくは推定的承諾が必要であるとしつつ、被害者の承諾や推定的承諾の要件を通常のそれよりも緩く解そうとする傾向にあった。たとえば、説明義務を限定的に解すること、治療行為の拒絶の意思が明らかでないときに患者の承諾や推定的承諾を認めること、本人の承諾が得られないときに親族等の承諾で満足することである。これらは、治療行為が本人の利益になることを実質的な根拠とするが、その理論的根拠は明らかではなかった。

▶基本文献の著者と専断的治療行為論
　そして、町野朔自身、当初は後者の学説のひとつであった。町野は、基本文献所収の「刑法解釈論からみた治療行為（1・2）」法学協会雑誌87巻4号〔1970年〕29頁以下、88巻9・10号（1971年）1頁以下において、専断的治療行為に関するドイツの学説をその歴史的背景も含めて詳細に紹介・検討したのち、治療行為傷害説を支持した。そして、治療行為が患者の身体利益を守るものであることを指摘し、治療行為の正当化の問題は被害者の承諾の観点においてのみ考察されるべきものではないことを主張、その後、第5回医事法学会の報告を

おこした、「患者の自己決定権（医師と患者の関係をめぐって）」ジュリスト568号（1974年）44頁で、治療行為の正当化要素として被害者の承諾と推定的承諾をあげたのである。

　一方、第5回医事法学会の質疑応答の中では、被害者の承諾や推定的承諾による解決の限界も見えてくる。ここで得られた問題意識は、その後、同じく基本文献所収の「治療行為における患者の意思──刑法上の違法阻却論との関連において1・2」上智法学論集22巻2号（1979年）65頁以下、24巻2号（1981年）41頁以下において結実し、町野は、治療行為における患者の承諾を通常の被害者の承諾と同じものとして扱わず、治療行為は、「それが患者の現実的あるいは推定的意思に反しないと認められるばあいのみ、正当化される」として、治療行為の意義を十二分に踏まえた新たなテーゼにたどり着くことになった。この定義により、町野は患者の承諾の要件を被害者の承諾のそれよりも緩和したものとして構成する理論的根拠を明確に示すことに成功したのである。

　そして、上記の論文に多くの知見を取り込み、加筆・修正したものが基本文献である（なお、基本文献に所収されたもの以外は、町野朔『生と死、そして法律学』〔信山社、2014年〕も参照）。基本文献は、刑事法のみを対象としていたこれまでの論稿に対し、民事法領域への提言が含まれている点でも特徴的である。これは、町野が多くの民事法学者や実務家との議論を経て、問題の根本的解決へと視野を広げた結果であろう。

　基本文献は、著者の豊富な知識と広い視野でもって、専断的治療行為の問題、ひいては患者の自己決定権の問題に取り組み、学説と実務とに架橋した名著である。

3　文献紹介

▶基本文献の構成

　基本文献は緒論および6つの章からなる。緒論では、基本文献の目的および基本文献の検討の対象となる「治療行為」の概念が明確に示される。そして、第1章では、日本の刑法学説における治療行為論、また民事判例などにおける専断的治療行為の処理の概要およびその問題点が示され、それに基づいて基本

文献の問題提起がなされる。第2章では、1894年5月31日のライヒ裁判所骨癌判決（RGSt 25, 375）に端を発する、患者の自己決定権確立の過程が詳細に紹介され、第3章では、治療行為における患者の自己決定権の本質を明らかにするために、治療行為により侵害される患者の利益とは何かが、治療行為非傷害説と治療行為傷害説の対立構造の中で検討される。第4章では、治療行為の正当化根拠が論じられる。その後、第5章では、治療行為を正当化する際に患者の意思がどのような役割を果たすのかが詳細に検討され、それを受けて、終章となる第6章では、医師の説明義務の範囲の画定が試みられる。

▶基本文献の主張の中核

　緒論によれば、基本文献の検討対象は、過誤なく行われた治療行為の適法性の要件である。そして、法的な制裁を受けるべき「専断的治療行為」の範囲、法的に保護を受けるべき「患者の自己決定権」の意義を明らかにすることが基本文献の目的である。

　基本文献の主張の中核は以下にある（基本文献235-236頁、括弧内は省略）。

　①治療行為は患者の身体利益を侵害する行為であるから、刑法上の暴行、傷害、そしてときには死の結果を構成要件要素とする犯罪になりうる。民法上も、生命・身体に関する患者の「権利」を侵害する不法行為たりうる。「患者の自己決定権」は彼の身体・生命に関する決定権として理解すべきであり、単に治療を受けるか否かを決定する権利ではないから、その侵害たる「専断的治療行為」は、刑法上は強要罪等の意思決定の自由を侵害する罪、民法上は一般的人格権の侵害としての不法行為になるにとどまるものではない。

　②だが、治療行為は単なる身体利益の侵害にとどまるものではなく、それによって患者の身体利益全体を客観的に維持・増進する傾向を持つ行為である。従って、右のような患者の利益侵害行為たる治療行為は、それが患者の現実的意思に合致する場合ばかりでなく、その推定的意思に合致する場合にも違法とはならない。この観点からも違法な治療行為が「専断的治療行為」なのであり、刑法上も致死傷罪として処罰されることになる。

　③医療における「患者の自己決定権」の刑法的保護は以上の限度にとどまるべきである。立法論としても、これを超えて一般的・抽象的な患者の決意の自由までをも法的保護の対象とすべきではない。

▶基本文献の視座

　上記の主張を導く前提として、第1章ではまず、わが国の治療行為に関する学説の態度が概観される。そこでは、治療行為が人の死亡・傷害を結果とする犯罪との関係で問題とされていること、それが刑法35条で正当化されると解されていることが示されている。そして後者については、主にその「業務性」に根拠が求められるのではなく（いわゆる「業務権説」）、実質的違法阻却の一般理論の適用として論じられていることも明らかにされている。また、基本文献のメインテーマである専断的治療行為については、学説上それが違法であるとの共通認識はあるが、わが国の刑事判例には正面からこのことを認めたものはないこと、学説の中には、当該行為が単に意思に反する行為にすぎないことをもって、自由に対する罪しか成立しないと解するものがあることを紹介している。さらに、わが国の民事法およびアメリカやドイツにおける専断的治療行為に関する現状を概観した後、専断的治療行為に「刑法が介入することを一律に否定すべきではないが、我々はその限界付けについては慎重でなければならない」（26頁）とする謙抑的な基本文献の立場が表明され、この問題を検討するにふさわしい視座として、「結果無価値」の原則が示されることになる。

▶患者の自己決定権の確立の過程

　第2章では、さらなる議論の前提として、患者の自己決定権がドイツにおいてどのように確立したのかが詳細に紹介される。そこでは、上述の骨癌判決をきっかけに、判例の立場として、治療行為が医学上正しく行われ、かつ成功して治癒の結果をもたらした場合であっても、傷害罪の構成要件を満たし、その違法性が阻却されるためには原則として患者またはその法定代理人等の同意が必要であるという、いわゆる「同意説」が定着したことが示される。さらに、学説については、ビンディングなどの主張する業務権説の概要とそれが衰退する過程が示され、そして、専断的治療行為を自由に対する罪として構成する治療行為非傷害説と、治療行為傷害説を前提とする目的説（同意説も）との対立が示される。しかし、基本文献が常に強調しているように、いずれの見解も患者の自己決定権を尊重しようとしている点は重要である。業務権説や目的説ですら、決して医師の業務であることや目的が正当であることのみで治療行為の正当化を認めているわけではない。これらの説では、患者の意思は正当化の重

要な要素（承諾の存在を要求するのではなく、反対の意思がないことを要求するという点で、患者の意思は正当化のための「柵」と表現される）としての役割を果たしているのである。

そして、ドイツにおける自己決定権の確立をさらに決定づけたのは、ナチス政権下におけるその軽視である。ナチス政権崩壊後、自己決定権は、判例によれば、基本法2条2項1文の生命・身体不可侵の権利として、治療行為非傷害説に従う刑法改正草案によれば、同項2文の人身の自由不可侵の権利として保障されるものとなった。

ドイツにおいて自己決定権の尊重が定着した頃、議論の中心は次第に説明義務の範囲に移行する。ここでは基本文献によって、説明義務が、一旦は拡大したものの、次第に限定的になっていく様子が述べられている。しかし、それにもかかわらず、なお医師がどの範囲まで説明義務を負うのかきわめて不確かな状態に置かれていること、説明義務の細目化・多様化の現象が起きていることを基本文献は指摘する。そして基本文献は、その原因が、説明義務の範囲が議論の中心とされ、構成要件論が棚上げされたまま事態が進展する過程で、治療行為非傷害説と治療行為傷害説の考え方の重要な相違が看過されるようになり、自己決定権の内容の抽象化がそれに伴って進行したことにあったと分析する。

以上のような考察から、基本文献は、治療行為の侵害する患者の利益の内実を検討することが重要であるとし、古くからある治療行為非傷害説と治療行為傷害説との争いに立ち返るのである。

▶治療行為非傷害説と治療行為傷害説

第3章では、上述①の中で表明された、患者の自己決定権が、単なる自由の権利ではなく、身体不可侵の権利であるとの主張を裏づけるため、治療行為傷害説の正当性が検討される。

ここではまず、成功した治療行為を念頭におき、治療的侵襲によって惹起された患者の身体利益の侵害が、終局的に生じたより大きな身体利益の維持によって帳消しになるという「差し引き残高」の理念を基礎とした、ベーリングの治療行為非傷害説が紹介される。このような理解を、町野は、「治療行為によって一時的にもせよもたらされた身体状態の悪化が、時間的に後に生じた身体利

益増進の結果によって無視しうるとすることはできないはずである」（93頁）と批判する。これは、同様に「差し引き残高」の理念を基礎とするエンギッシュの治療行為非傷害説などにも妥当する。続いて、治療行為の「社会的意味」を理由として治療行為の傷害構成要件該当性を否定するヴェルツェルやシュミットの理論も、紹介・検討される。ここでは、とりわけ、治療行為の「社会的意味」に重要な意味を認めること、一般条項的な概念をな̇ま̇のまま持ち込む理論構成そのものの妥当性に疑問が呈されている。

その上で、基本文献は治療行為傷害説への検討へと移行するのだが、その際に、まず、治療行為傷害説をとりつつ、専断的治療行為は傷害罪としての違法性を欠くという、団藤重光などの主張したわが国の学説についての批判的検討を行っている。

そして、「療法の選択は医師の権限に委ねられるべきであるとしても、患者の身体・生命をどのようにするかを決定する権限まで医師にあるものではない」（129頁）とする基本文献の核心が述べられる。「専断的治療行為をすべて不可罰とすることは、医療の専断の前で患者の生命・身体の刑法的保護を放棄することであ」り、他方で「患者の医療に関する意思決定の自由を保護するため、医師に広範な説明義務を課し、患者の意思形成に助力しない行為すべてを処罰する必要があるとは思われない」。そのため、「『患者の自己決定権』はその身体利益の処分権として、そしてそのようなものとしてのみ刑法上保護されるべき」（130頁）というのである。

一方で、基本文献は、治療行為に患者の生命・身体に関して客観的な優越利益を維持するという固有の正当化要素がすでに含まれていることを指摘し、それゆえ、治療行為は、「法益主体の法益放棄の意思以外に何らの正当化要素を持たない行為、被害者の承諾による行為とは異なるものである」（133頁）と主張する。また、患者の承諾を違法性の段階に位置づけることの重要性も強調される。それを構成要件要素と解するなら、「専断的治療行為は優越利益の原理を充足するものとして、常に違法性が阻却されるということにならざるをえない」からである。「優越利益の判断は患者の意思と無関係になされてはならない」（136頁）のである。

▶治療行為の正当化根拠

　第4章では、治療行為の正当化根拠が詳細に検討される。それはまさに、違法阻却の一般原理の問題としてである。

　違法阻却の一般原理として古くから主張されてきたのは、目的説と優越利益説である。基本文献は、このうち違法判断の主観化・倫理化を招く危険性のある目的説を排斥し、優越利益説を支持する。そこで次に問題になるのが、その衡量の基準である。基本文献は、「衡量にあたって問題とされるべきものはその具体的状況下における当該利益についての価値であって、真空状態のもとに置かれ抽象的に考えられた、生命、身体、財産などの法益価値ではない」（147－148頁）とする。これまでわが国でも内藤謙や曽根威彦などが主張してきたように、利益衡量のためには具体的状況が重要であり、治療行為の正当化根拠も健康状態の維持・回復という治療行為の効果だけでは根拠づけられないというのである。

　また、ここでの衡量において重要なのは客観的な利益であり、治療目的、治療行為の主体、治療行為の適応性を慎重に検討すべき義務の違反といった治療行為遂行の態様（いわば、行為無価値的な側面）はその合法性の判断に影響を与えないこともあわせて主張されている。

▶患者の意思の重要性

　これに対して、第5章によれば、患者の意思はその優越利益判断のための重要な要素となる。

　このことを裏づけるために、基本文献は、治療行為の有する患者の客観的利益を維持するという傾向が、患者の意思と無関係に治療行為のもたらした結果を正当化しないことを明らかにする。ここでは、通常の緊急避難の場合においても、救助されるべき利益主体の当該利益に対する意思的態度が考慮されなくてはならない場合があることが指摘される。たとえば、法益所有者が自らの法益の救助行為を拒絶した場合である。Aが侵害を甘受したA所有の猟犬を救助するためにB所有の安価な猟犬を侵害する行為、あるいは妊婦の生命・健康を保全するためにその意思に反して堕胎する行為は、当該行為が他の利益を侵害し、その結果が優越利益の原理によって正当化されないために、違法である。「優越利益の原理が基本的には社会的な功利主義に基づくとはいっても、

それは、両立しえない二つの利益がそれぞれの存立を主張しているときについて、その存続の方が社会にとってプラスである一方の利益の保護のみで満足しなければならないという、衝突状態解消の原理にすぎない。片方の利益が放棄されているときには利益衝突が存在しないともいえるのである」。そしてまた、「衝突する二つの利益の主体が同一であるときには、客観的功利主義の妥当範囲はさらに限られることになる」(166頁)。ここでは異なった利益主体の意思は存在せず、利益主体の衝突解消の意思が優先されるべきだからであり、基本文献によれば、成功した治療行為がまさにこれにあたる。

　他方で、失敗した治療行為の場合には、以上で述べたことは直接にはあてはまらない。しかし、「医学的適応性を有し、医術的に正当に行なわれ、不幸にも失敗した治療行為は、事前的に見るなら成功する蓋然性が失敗する可能性を上まわる行為である」(168頁)。事前的な客観的優越利益性を満たし、患者の選択にも合致した治療行為は、違法結果発生の危険性を意味する「先取りされた結果無価値」としての行為無価値が欠缺するために結果無価値が帰責しえないと基本文献は主張している。

▶「柵」としての患者の意思

　しかし、基本文献は、上述のことから治療行為の違法阻却がもっぱら被害者の承諾として理解されるべきことを意味するものではないと解する。治療行為における患者の承諾と被害者の承諾が同一の原則に従うという考え方は、「治療行為が患者の身体利益を客観的にせよ優越的に維持する行為であることを考慮せず、単純な法益侵害・危殆行為と同一視するものであり不当」(173-174頁)だからである。「患者の意思は医学の専断を抑制するという役割を果たすものであり、患者の個人的選択に反する治療行為に限って違法であると考えるべき」である。「治療行為においては、患者の意思はその正当性の『事由』(Grund)ないしは『基礎』(Fundament)ではなく、その『柵』(Schranke)」(173頁)なのである。

　患者の承諾が被害者の承諾ではない例として、基本文献は、小学生程度の子どもや精神障害者の承諾、治療額について患者に錯誤があったときなどの錯誤に基づく承諾、重大な傷害結果をもたらす行為への承諾の例をあげる。これらの場合、被害者の承諾の法理に従うことは、患者にとって、不当な帰結へと至

ることになる。

　さらに、治療行為においては患者が侵襲結果のすべてについて現実に承諾を与えていることはむしろ稀である。患者は、手術のプロセスにおける個々の侵襲を具体的には認識していないのが通例であるし、手術に伴う個々の危険についても同じことがいえる。これらの場合に、あくまでも被害者の承諾によってその適法性を説明しようとするなら、現実的な承諾の存在を擬制するか、あるいは推定的承諾の存在を肯定するしかない。しかし、被害者の承諾の法理からはこのような考えは導きえない。このことから基本文献は、可罰的な専断的治療行為は、患者の承諾や推定的承諾のある行為ではなく、患者の現実的な意思もしくはその推定的な意思に反する行為であると解するのである。

▶患者の同意の要件

　第5章ではさらに、患者の同意および拒絶の意思の具体的な要件が示される。細かい内容は紙幅の関係で割愛するが、ここでは、常に、治療行為の医学的適応性が考慮されていることに注意しなければならない。すなわち、治療行為は、一方で身体への侵襲であり、他方で、身体の健康を維持・回復する行為である。その固有の価値ゆえ、医学的適応性の高い治療行為への同意は緩やかな要件で認められ、拒絶の意思は厳格な要件の下で認められる。逆に、医学的適応性の低い行為については、同意の要件は厳格に、拒絶の要件は緩やかになる。それは、たとえば、結果に対する意的要素（侵害の認容）の程度や、同意・拒絶の能力、錯誤に基づく同意・拒絶の有効性、通常の被害者の承諾であればその有効性が否定されるような死の危険あるいは重大な傷害結果に対する同意の有効性について妥当する。

　このことは基本文献の帰結にとって重要である。つまり、基本文献によれば、患者の自己決定権の法律的な意義はまず第一次的に「柵」としての患者の治療拒絶権にあるのだが、この「柵」は、拒絶意思が有効な場合にしか認められない。そして、医学的適応性の高い治療行為への拒絶は容易には認められないのである。たとえば基本文献は、舌の潰瘍部分を焼きとるだけの手術だと告げて、その切除を頑強に拒絶していた患者の承諾を得、実際には舌の3分の1を切り取ったという舌癌事件（上掲）において、舌を切除することに関する患者の拒絶の意思を、当該治療行為の医学的適応性がきわめて高いことを根拠に無効と

する。また、基本文献によれば、生命を救う治療行為の拒絶は基本的に無効である。これは、自らを殺すことに関する被害者の承諾が無効であることと同じである。そして、患者の推定的意思に基づく治療行為としてその合法性を肯定する途が残されるのである。

▶治療行為と推定的承諾

　また、基本文献において、推定的承諾が果たす役割は重要である。「患者が当該状況を正しく認識したとするなら治療的侵襲の結果・危険に対して同意を与えることを拒絶しなかったであろうと認められる場合には、患者の現実的な同意が存在せず、あるいはそれが無効であったとしても、結果の発生は合法となる」（199頁）からである。このような理解を、基本文献は、推定的承諾の補充性の原則を否定することで可能にする。すなわち、被害者の現実的承諾を得る可能性がある場合であっても、推定的承諾の余地を認めるのである。「要は行為時における被害者の意思方向についての客観的な判断であり、行為が法益主体の意思に合致する蓋然性が十分に高度であれば、その現実的承諾を得るまでもなく、推定的承諾による行為の合法性を認めることは許される」（201頁）という。そして、「自己の優越した利益を守るために、客観的に劣位の利益を侵害する行為に承諾を与えるであろうことの推定が許されるのは、むしろ通例である。そこでは、被害者が反対の意思決定をするであろうという明確な根拠が存在していない以上、推定的承諾を認めるべきなのが原則となる」（203頁）。

　そのため、手術の拡大・変更が行われ、それが患者の事前に了解し同意を与えていた範囲を超えていた場合についても、具体的に行われた治療行為が患者の推定的意思に反するものであったか否かによって、その合法性が決定される。また、「遅れると危険」（Gefahr im Verzug）とよばれる緊急治療行為の事案においては、その認定に特別な考慮が行われる。すなわち、その結論の妥当性を根拠に、基本文献は、「緊急治療行為においては、『合理的な患者』の推定的意思を患者本人の推定的意思とすることが許されることになるのであり、それが彼の『真の意思』と一致しないという危険もこのような状況下では『許された危険』となる」（219頁）と解するのである。さらに、基本文献によれば、一般的に承諾の代行者とされる患者の両親等の意見は推定的意思を認定するための資料にすぎないことになる。それゆえ、これらの者が治療行為に反対したからと

いって、それに反して断行された治療行為がただちに専断的であり処罰されるというわけではない。

▶医師の説明義務

そして終章となる第6章では、これまでの議論に基づいて説明義務に関する2つの重大なルールが導かれる。すなわち、第一に、医師の説明義務は、患者が治療行為のもたらす身体的不利益を引き受けるべきか否かに関係する事項に限定されることであり、第二に、具体的に説明義務が存在するのは、治療行為に対する患者の推定的承諾が認められない場合のみであることである。

第一のルールに基づき説明義務の範囲が法益関係的なものに絞られることになるのだが、より重要なのは第二のルールである。つまり、基本文献における推定的承諾には補充性の要件が不要であり、また、「合理的な患者」を基準にその意思の推定ができることをかなりの範囲で許容しているため、多くの場合、医学的適応性の高い行為であれば、第一のルールに該当する危険の説明や診断の説明も不要となる。説明義務の存否は、予測される侵害結果の重大性、結果の発生頻度の大きさを治療行為の医学的適応性の高低との関係において考慮して、判断されることになるのである。

また、治療行為の危険の説明は、説明されなかった危険が現実化したときのみ問題となることも指摘されている。これも治療行為の有する価値ゆえである。それ以外でも、基本文献では、説明義務違反の因果関係（義務違反がなくても承諾していたであろうような場合）の問題が推定的承諾により解決される。このように推定的承諾を広く認めることにより、説明義務の範囲を限定的なものとする点に、基本文献の特徴が認められるのである。

4　残された課題

▶治療行為傷害説の妥当性

当時の（現在でも）通説的理解によれば、専断的治療行為は傷害罪の構成要件に該当する。これは、基本文献が丁寧に導き出した結論のひとつである。しかし、現在まで専断的治療行為が刑事裁判の俎上にのったことはない。これは、実務が少なくとも治療行為を可罰的なものとは考えていないことを示すように

思われる。基本文献が指摘しているとおり、治療行為は患者の健康を改善するための行為であり、場合によっては、患者の拒絶は実質的に自傷の意思と同視しうる。このような場合に、拒絶を無視して治療行為を行った者に刑事責任を科すことには、実務上の抵抗があるのであろう。基本文献でも、多くの場合に、客観的優越利益性を根拠に患者の実際の意思より「推定的意思」を優先して、治療行為の正当性を導いている。ここでいう優越利益が明らかに治療行為のもたらす最終結果（またはその蓋然性）であることに鑑みれば、その限りにおいて、基本文献も「差し引き残高」の考え方に従っていることになる（佐久間基「専断的治療行為と傷害罪（三・完）」法学58巻 2 号〔1994年〕377頁以下を参照）。そうであれば、治療行為固有の価値が構成要件の段階で効果を発揮する可能性もなお検討の余地があるであろう。実際、近年になって治療行為非傷害説および中間説が有力になってきている事実も見過ごすことはできない（佐伯仁志「違法論における自律と自己決定」刑法雑誌41巻 2 号〔2002年〕188頁以下、辰井聡子「治療行為の正当化」中谷陽二編集代表『精神科医療と法』〔弘文堂、2008年〕347頁以下、岡上雅美「治療行為と患者の承諾について、再論——救急治療を題材にした一試論」高橋則夫ほか編『曽根威彦先生・田口守一先生古稀祝賀論文集(上)』〔成文堂、2014年〕323頁）。

▶利益衡量方法の妥当性

　また、利益衡量の方法にも疑問が生じうる。基本文献の利益衡量は、法益所有者の自己決定も加味して行われる。しかし、これは自明のことではない。基本文献でも触れられた緊急避難を例にあげれば、たしかに侵害法益の主体が侵害に承諾していた場合、当該法益侵害の違法性は（被害者の承諾に基づくか、緊急避難に基づくかは別として）阻却されうる。一方で、保全法益の主体が保全された法益の侵害に承諾していた場合、承諾されていなかった方の法益侵害が常に違法であるかは疑問である。保全法益主体の意思に反する緊急避難は認められないとする見解（たとえば、山口厚『問題探究　刑法総論』〔有斐閣、1998年〕100頁を参照）がある一方で、認められるとする見解も有力である（内藤謙『刑法講義総論(中)』〔有斐閣、1986年〕429頁、大塚仁『刑法概説　総論〔第 3 版増補版〕』〔有斐閣、2005年〕387頁）。また、前者も、生命の侵害や重大な傷害を惹起しうる（つまり、被害者の承諾であれば無効になるような）場合にまで、保全法益所有者の意思を尊重すべきとは解さないであろう。たとえ法益所有者が同一であったとしても、

その意思に反して飼い犬を犠牲にし、飼い主の身体を保全した者を器物損壊罪で処罰することは不当であるように思われるのである。

▶推定的承諾における補充性の原則

さらに基本文献の最大の特徴は、患者の拒絶の意思を尊重すること、それがない場面もしくは無効の場面では推定的意思が重視されることである。基本文献は推定的承諾の補充性の原則を否定することでこの結論に至っているが、この法理に法益所有者の意思に反する危険性が内在していることから、補充性の原則を否定する論者はほとんどいないように思われる（川原広美「推定的同意に関する一試論」刑法雑誌25巻1号〔1982年〕107頁以下）。だからこそ、ドイツにおいては、その調整弁として、仮定的承諾の法理が重視されるのである（Lothar Kuhlen, Objektive Zurechnung bei Rechtfertigungsgründen, in : Festschrift für Claus Roxin, 2001, S. 331 ff. などを参照）。また、基本文献における推定的意思の判断基準は、患者の主体性が軽視されることにつながりうるとの批判もなされている（新美育文「文献紹介――町野朔『患者の自己決定権と法』」年報医事法学2号〔1987年〕148頁、松宮孝明「患者の自己決定権と治療拒否権」南山法学11巻3号〔1988年〕100頁を参照）。基本文献における推定的意思のあり方については、なお検討の余地があるであろう。

5　現代的意義

▶専断的治療行為について

現在では治療行為の要件としての患者の承諾が、被害者の承諾あるいは危険の引受けとは何かが異なることを多くの論者が認識している。また、その何かが、治療行為の有する固有の価値にあることも同様である（たとえば、最近では、武藤眞朗「犯罪論における『被害者の意思』の意義」『曽根威彦先生・田口守一先生古稀祝賀論文集(上)』292頁以下がある）。基本文献は、まさにこの点を明確にし、一定の解決を示したものである。

しかし、米村滋人「再論・『患者の自己決定権と法』」岩瀬徹ほか編『刑事法・医事法の新たな展開　下巻』（信山社、2014年）83頁が指摘するように、基本文献が、「刑法学・医事法学等の学説において的確に議論の俎上に載せられてき

たかと言えば、必ずしもそうではない」。変わらず、刑法学においては、患者の（拒絶ではなく）同意の存在をその要件として議論が進められている（甲斐克則「治療行為と刑法」現代刑事法40号〔2002年〕113頁、山中敬一『医事刑法概論Ⅰ序論・医療過誤』〔成文堂、2014年〕107頁以下などを参照）。これは、おそらくわが国の刑法がドイツの刑法理論の影響を強く受けていることに由来するものであろう。ドイツにおいては、患者の承諾が治療行為の要件であり、推定的承諾の適用範囲も限られている。これと大きく離れる基本文献の見解は、容易には理解されがたい状況にあるように思われるのである。

　しかし、民法学および実務家と多くの議論を経て得られた知見に基づく基本文献は、これから益々注目すべきものであろう。少なくとも、治療行為傷害説に立つ限り、基本文献の結論は魅力的である。

▶被害者の承諾について

　被害者の承諾は、治療行為における患者の承諾や危険引受けとの関係性も含めてさらなる発展の望まれるテーマである（後者については、塩谷毅『被害者の承諾と自己答責性』〔法律文化社、2004年〕や小林憲太郎『刑法的帰責――フィナリスムス・客観的帰属論・結果無価値論』〔弘文堂、2007年〕が参考になる）。被害者の承諾は、現在でもなおその体系的地位や違法性阻却根拠が争われるところであり（振津隆行「被害者の承諾（上・下）」法学セミナー389号〔1987年〕78頁以下、390号〔1987年〕56頁以下、上嶌一高「被害者の同意（上・下）」法学教室270号〔2003年〕50頁以下、272号〔2003年〕76頁以下などを参照）、近年では、アルツトの主張した法益関係的錯誤説（Arzt, Willensmängel bei der Einwilligung, 1970）の影響で、錯誤に基づく承諾の有効性に関する論稿が多く見られる（佐伯仁志「被害者の錯誤について」神戸法学年報1号〔1985年〕51頁以下などがある）。いずれのテーマも患者の承諾を考える上で重要な資料となるものであろう。

16 | 未遂犯論／実行の着手論／不能犯論

●基本文献
野村稔
『未遂犯の研究』
(成文堂、1984年)

澁谷 洋平

1 学説・実務状況

▶未遂犯を巡る学説の状況

　現行刑法は、未遂犯について、「犯罪の実行に着手してこれを遂げなかった者は、その刑を減軽することができる。ただし、自己の意思により犯罪を中止したときは、その刑を減軽し、又は免除する」(43条)、「未遂を罰する場合は、各本条で定める」(44条)と規定している。未遂犯は、既遂犯の基本的構成要件を修正して処罰範囲を拡張するものであり、その中心的要素は「実行の着手」である。実行の着手は、原則不可罰の予備と重要犯罪につき広く可罰的となる未遂犯とを区別し、可罰性の限界を画する概念として、重要な意義を有する。また、未遂犯が一定の処罰根拠に基づいて犯罪化されている以上、かかる処罰根拠を欠く場合、明文規定はないものの、「不能犯」として不可罰とすべきことになる。実行の着手は、未遂犯の成立時期を画すると同時に、不可罰とされるべき不能犯を排除する機能をも有する。

　未遂犯論においては、古くは近代学派・主観主義と古典学派・客観主義の主戦場の1つとして、未遂犯の処罰根拠を「行為者の意思・性格の危険性」と「行為の危険性」のいずれとみるかにより、実行の着手については主観説と客観説が、不能犯については主観説および抽象的危険説と客観的危険説および具体的危険説が基本的に対立していた。その後、主観説への趨勢が指摘された時代もあったが(市川秀雄「実行の着手」日本刑法学会編『刑事法講座　第2巻』〔有斐閣、

1952年〕379頁)、客観主義に基づく客観的未遂論が支配的立場となった基本文献刊行時においては、未遂犯の処罰根拠を「法益侵害の危険性」とする共通の土台が形成されていた。しかしながら、実行の着手については形式的客観説と実質的客観説が対立し,不能犯については具体的危険説でほぼ固まりつつも(大沼邦弘「未遂犯の実質的処罰根拠——不能犯論の予備的作業」上智法学論集18巻1号〔1974年〕63頁)、客観的違法論内部における行為無価値論と結果無価値論の対立を反映して、客観的危険説の再評価の有力な機運が生じるなど、なお不安定な様相を呈していた。

▶未遂犯を巡る実務の状況

判例実務においては、実行の着手について、大審院が形式的客観説を基調としつつ、窃盗罪を中心に「事実上の支配を侵すに付き密接なる行為」(大判昭和9・10・19刑集13巻1473頁)で足りるとして着手時期を若干拡張したに止まったのに対して、最高裁は夜間店舗に侵入してなるべく金を盗りたいので煙草売場の方に行きかけた時点に窃盗罪の着手を認め(最決昭和40・3・9刑集19巻2号69頁)、また女性をダンプカーの運転席に引きずり込もうとした時点において「すでに強姦に至る客観的な危険性が明らかに認められる」(最決昭和45・7・28刑集24巻7号585頁)とするなど、各種の犯罪類型において着手時期を早めるに至った(大沼邦弘「実行の着手」西原春夫ほか編『判例刑法研究4——未遂・共犯・罪数』〔有斐閣、1981年〕47-48頁)。

他方、不能犯については、大審院時代、硫黄投与につき「殺害の目的を達するに付き絶対不能」として不能犯を肯定した事案(大判大正6・9・10刑録23輯999頁)がみられたのに対して、最高裁は「不能犯とは犯罪行為の性質上結果発生の危険を絶対に不能ならしめるものを指す」(最判昭和25・8・31刑集4巻9号1593頁)としつつ、空気注射につき「致死量以下であっても被注射者の身体的条件その他の事情の如何によっては死の結果発生の危険が絶対にないとはいえない」(最判昭和37・3・23刑集16巻3号305頁)として殺人未遂を肯定するなど、不能犯を正面から肯定した最高裁判例はない(野村稔「不能犯」西原春夫ほか編・前掲書73-113頁)。

2　学説史的意義と位置づけ

　基本文献は、大学院時代以来、未遂犯の研究を継続してきた野村稔による最初の研究書であり、内容の大部分は、日本刑法学会第56回大会研究報告を中心として、1972年以降、順次公表されてきたものである。基本文献は、比較法的・法制史的研究、理論的研究、事例・判例研究という幅広い手法を用い、かつ違法論や規範論を基礎としながら、未遂犯の諸問題を包括的に検討したものである。基本文献刊行以前、わが国に未遂犯の名を冠する研究書は存在しなかったところであり、新たな主張や問題提起を多く含むものとして、貴重である（浅田和茂「紹介」犯罪と刑罰2号〔1986年〕121頁）。

　基本文献は、未遂犯論を違法性の次元で展開し、実行の着手については折衷説、不能犯については具体的危険説の採用を主張する。とくに折衷説は、客観説と主観説の総合による第三説の提唱との問題意識から、既に野村の師である西原春夫が主張していたところであり（西原春夫『間接正犯の理論』〔成文堂、1962年〕166頁以下）、基本文献は、折衷説を理論的に基礎づけつつ具体的に展開したものである。

　野村は、基本文献刊行以降も、大塚仁・河上和雄・佐藤文哉編『大コンメンタール刑法　第2巻』（青林書院、1989年）908-911頁から、大塚仁ほか編『大コンメンタール刑法　第4巻〔第3版〕』（青林書院、2013年）76-80頁に至るまで、かかる立場を堅持している（間接正犯の着手時期のみ、利用者基準説に改説。野村稔『刑法総論〔補訂版〕』〔成文堂、1998年〕337頁註〔4〕）。

3　文献紹介

▶基本文献の構成

　基本文献は、全3章からなる。第1章は、西欧およびわが国における未遂犯概念の成立過程を辿る。第2章は、未遂犯論の基礎となる違法論を検討する。第3章は、未遂犯の違法性と題し、実行の着手論、不能犯論、中止犯論が展開される。

▶基本文献の主張

　基本文献の主張の中核的内容は、野村による以下の叙述に端的に表現されている（基本文献481-482頁）。

> 　行為自体の違法性と結果の違法性とを分けて論ずる判断形式としての違法二元論によるべきこと、そして行為自体の違法性の判断は行為時における事前のそれであって、行為時に存在する主観的・客観的事情を基礎とした判断であり、結果の違法性の判断は発生した結果についての客観的・事後的判断であることを明らかにし、さらに偶然防衛と名誉毀損罪における事実証明の問題におけるこの違法二元論の適用の諸相を明らかにすることにより、これが刑法の解釈上妥当な帰結をもたらすものであることを論証した。また、……刑法規範は、たんに社会倫理秩序を維持するものではなく、社会生活上重要な利益を保護するためにあるものと考えるべきであるから、行為自体の違法性の実体は行為のもつ法益に対する侵害の危険性であることを明らかにした。
> 　最後に、このような違法二元論を前提として、未遂犯の処罰理由である行為自体の違法性の内容につき、まず、主観的要素、法益侵害の危険性、およびそれと義務違反性との関係につき一般的に考察したうえで、その内容・構造につき具体的に検討し、実行の着手時期については折衷説を、不能犯については具体的危険説をそれぞれ採用することを明らかにし、中止犯については刑法規範の法益保護の動的機能より発生する犯罪実行の中止義務ないし結果発生の防止義務を尽したこと、すなわちこれらの義務違反性が欠けることにその刑の必要的減免の理由を求めた。

▶未遂犯の基礎的考察

(1) 未遂犯概念の成立過程

　第1章第1節では、未遂犯論ではいつ処罰するに足りる法益侵害の危険性が生じ、存在し、消滅するかが問題であり、右判断に際しては行為の主観面、客観面のいずれを重視するかによって見解が異なるところ、一般的未遂概念の成立過程の考察が第一に肝要であるとして、以下の法制史的研究が行われる。

　ローマ法では、公的犯罪の場合、犯罪意思があれば足り、結果発生を犯罪完成に不要とする純主観的把握により、純主観的未遂概念に到達した。対照的に、古代ゲルマン法では、犯罪を侵害の結果の惹起とみる純客観主義的把握と結果責任主義の下、未遂は不可罰とされた。もっとも、ローマ法にも古代ゲルマン法にも未遂概念は存在しなかった。犯罪における主観的見解と客観的見解はローマ法と古代ゲルマン法にさかのぼることができる。

中世初期のフランク時代、未遂は原則不可罰であったが、生命危殆化行為の処罰規定や、殺害の謀議や敢行の処罰規定がみられる点に、未遂概念形成の萌芽を看取できる。中世盛・後期は、予備・未遂犯罪の範囲拡大と犯意重視による未遂の主観化を特徴とし、犯意が犯罪の本質的要素とされた。14、15世紀の未遂概念の出現は、イタリア法学による未遂概念を継受する下地を提供した。中世後期のイタリアの註釈法学者により「犯意、行為、犯罪の完成の全てがある場合（既遂）」と「犯意、行為があり、犯罪の完成がない場合（未遂）」が対置される形で、統一的未遂概念が形成された。中止未遂は不可罰とされ、不能未遂は通常の未遂と同様に処罰された。
　近世初期、ローマ法の継受により、ドイツでは1532年のカロリナ法典178条において、ゲルマン法以来の結果責任を克服し、悪意を未遂の概念要素とする一般的未遂概念が規定され、実行の着手を概念要素とする近代的未遂概念の出発点が形成された。
　一方、わが国の動向として、明治維新直後に暫定的効力をもった御定書100箇条には一般的な未遂規定がないものの、犯意表示、予備、未遂、既遂の段階は明確に意識されていた。明治元年の仮刑律にも一般的な未遂規定はなく、個別・具体的に規定された。不能犯・中止犯規定はないものの、迷信犯の一部を処罰する規定があった。同3年の新律綱領、同6年の改定律例にも一般的な未遂規定はなかった。
　明治9年の日本帝国刑法初案において初めて、実行の着手を概念要素とする近代的未遂概念を基礎とする規定がおかれた。その後、ボアソナードが関与した同年の日本帝国刑法草案、同9〜10年の日本刑法草案を経て、旧刑法102条が「罪を犯さんとして已に其事を行うと雖も犯人意外の障碍若くは舛錯に因り未だ遂げざる時は已に遂げたる者の刑に1等又は2等を減ず」とし、同法103条が重罪の未遂は一般的に、軽罪の未遂は個別的に未遂罪の対象となり、違警罪の未遂は不可罰であることを規定するに至った。ボアソナードの提案に反し、中止犯・不能犯規定はおかれなかった。
　旧刑法の改正過程では、明治24年草案が仏法思想から独法思想への転換、折衷主義から目的主義・社会防衛主義への転換と軌を一にし、同34年、同35年草案において、未遂減軽に関する主観主義と客観主義の論争に発展した。その後、

同40年草案を経て、現行刑法が制定された。

さらに、昭和２年の刑法改正予備草案から同49年の改正刑法草案に至る一連の改正作業では、①未遂の定義規定、②中止犯の態様の区別規定と、結果不発生と因果関係のない中止行為に関する規定、および③不能犯規定の創設が提案された。

(2) 未遂犯の成否の基準

第１章第２節では、未遂犯の処罰根拠を法益侵害に対する客観的危険性に求めつつ、以下の検討がなされる。

未遂処罰は、目的犯・危険犯などとともに、犯罪を未完成段階で処罰する立法技術にほかならず、単に未遂処罰規定がある場合に限らず、実質的に他の方法で未遂形態を処罰しているかをも考慮しなければならない。

まず、法制史的にみて未遂概念が故意を前提とし、過失犯の違法な性質が本質的要素である結果発生によって初めて認識されるものである以上、過失犯・結果的加重犯の未遂は存在しない。かかる理解は、過失処罰と未遂処罰をともに例外とする現行刑法の趣旨にも合致する。

次に、不作為犯の未遂は、作為義務者が可能な作為に出ない時点から始まり、作為義務の遂行が可能な時点まで継続するが、未遂犯の処罰根拠に鑑み、不真正不作為犯については保障者の不作為が法益に対する具体的危険を惹起した場合に可罰的となる。真正不作為犯も同様であるが、未遂犯が結果犯につき生成したものであり、着手未遂は実行未遂よりも可罰性の程度が低い上、挙動犯の未遂処罰は例外的であるべきこと、不解散罪（107条）の未遂規定がないこととの均衡などからみて、不退去罪の未遂（132条）を処罰すべきでない。挙動犯や抽象的危険犯にも未遂の余地はあるが、重大犯罪に限り例外的に未遂処罰を考えるべきである。

▶未遂犯と違法論

(1) 違法論の諸相

第２章第１節では、主観的・客観的混成物である未遂犯も犯罪である以上、違法でなければならず、行為自体のもつ性質または結果発生の危険の観点から未遂行為の違法性が論じられることになるとして、未遂犯に色濃く影を落としている行為無価値論と結果無価値論につき、以下の検討がなされる。

二元的行為無価値論（木村亀二、福田平、藤木英雄、西原春夫）は、行為無価値と結果無価値を独立に把握し、故意を一般的・主観的違法要素とし、結果無価値をも違法要素とし、防衛意思必要説から偶然防衛を既遂犯として処理する点で共通するが、行為無価値を社会倫理秩序違反に求めるのは妥当でないほか、行為無価値と結果無価値の併列的関係が明瞭でなく、不能犯に関する具体的危険説との整合性も疑問である。

　行為無価値論による刑法の倫理化・主観化を回避するため、行為無価値を法益侵害・危険の志向無価値に求め、結果無価値との内部的依存関係を認める総合説（振津隆之）は、行為無価値と結果無価値の関係が明確であり、社会倫理秩序を基礎としない点で妥当であるが、志向無価値が法益侵害の危険性から切断され、抽象的危険を基礎づけるに止まる点で法益保護の観点を十分捉えていないほか、結果無価値の判断構造が未遂と既遂で異なる点が妥当でない。

　また、結果無価値論（佐伯千仭、平野龍一、中山研一）は、違法性を法益侵害・危険と捉え、故意を一般的な主観的違法要素とせず、違法性の事後判断を主張するものであり、違法性を明確に確定し得る点に長所があるが、結果的側面のみで判断するのは一面的にすぎ、行為自体のもつ規範的意味を把握するため故意を主観的違法要素とすべきである。

　志向無価値のみを不法要素とし、結果を客観的処罰条件とする一元的人格的不法論（増田豊）は、行為無価値を法益侵害の危険性から切断する点が妥当でなく、処罰条件に止まるとした結果無価値に未遂処罰限定機能を認めるのは困難である。

　かくして、結果も行為自体と併せて行為の違法評価にかかわるものとして、行為無価値と結果無価値の両者を考える方向を目指すべきである。

(2)　違法二元論の展開

　第2章第2節では、違法本質論および刑法の任務・機能の問題と違法判断の形式の問題とを分けて考察することが妥当であるとし、「人間の行為評価の二元的性質」（H・ウェルツェル、江家義男）が犯罪評価に重要な意味をもつとして、行為自体の違法性と結果の違法性とに分けて考察する「判断形式としての違法二元論」が支持される。そして、かかる違法二元論からは、行為自体の違法性と結果の違法性が肯定される場合に既遂犯、前者のみ肯定される場合に未遂犯

の違法性が肯定され、前者が否定される場合には犯罪としての違法性が基礎づけられないこと、犯罪の実現過程に応じて、行為自体の違法性は行為時の事情を基礎として事前的に、結果の違法性は事後的に判断されること、行為自体の違法性の判断資料として故意が常に主観的違法要素であることが導かれるとした上で、その具体的展開が図られる。

　まず、防衛意思と攻撃意思の併存を認めた判例（最判昭和50・11・28刑集29巻10号983頁）を素材として、以下の検討がなされる。

　防衛意思不要説が偶然防衛において正当防衛を認めるのは、刑法が裁判規範に止まらず行為規範でもあることから考えて妥当でなく、法感情にも反する。また、不要説からの未遂説は論理一貫していない。防衛意思必要説が妥当であるが、防衛意思を動機・意図の次元で把握するのは心情刑法に陥る危険があるため、防衛意思を正当防衛の客観的要件の認識として把握すべきである。偶然防衛は、構成要件的結果が発生しているが結果無価値を欠く点で、構成要件的結果不発生のため結果無価値を欠く未遂に類似するから、未遂規定の準用が考えられる。

　次に、真実性の誤信につき「確実な資料、根拠に照らし相当の理由があるときは、犯罪の故意がな〔い〕」とした判例（最大判昭和44・6・25刑集23巻7号975頁）を契機として、名誉毀損罪における事実の証明（230条の2）の検討がなされる。

　事実の証明に関する処罰阻却事由説は、真実性の誤信を一切考慮しない点で妥当でなく、違法性阻却事由説は、軽率な誤信者が真実性を証明すれば違法性を阻却する点で妥当でない。構成要件該当性阻却事由説は、真実性の証明の機能を無視している。また、本条と正当行為（35条）による解決を図る多くの二元説も、結論の妥当性、現行法との調和、本条の解釈論などの観点から適切でない。

　名誉毀損罪は挙動犯・危険犯であるから行為自体の違法性を処罰するものであり、真実性の証明は結果の違法性を阻却するものであるから本罪の違法性阻却機能を果たし得ず、処罰阻却機能を有するに止まる。したがって、本条は、①行為者が合理的根拠に基づいて摘示した場合、真実性の証明の有無にかかわらず、名誉毀損罪の成立を否定する一方、②行為者が軽率に摘示した場合でも、真実性の証明がなされれば、処罰を免れるとして、処罰阻却事由と違法性阻却

事由を併せもつ規定と解すべきである。
▶未遂犯の違法性
(1) 行為自体の違法性の内容
　第3章第1節では、未遂犯が行為自体の違法性を処罰するものであるとの立場から、まず、かかる違法性の内容に関する野村の見解が示される。
　刑法規範は謙抑的であり、法益保護を任務とするものとみるべきことから、行為自体の違法性は、事前的に判断される①行為のもつ法益侵害の危険性である。かかる危険性を刑法上処罰に値する質と程度の観点から考えるとき、行為の実態を把握するには、未遂・既遂を問わず、②主観的違法要素として、行為者の主観面（故意および所為計画）を考慮しなければならない。その際、行為時に客観的に存在した事情は、一般人が認識し得なくても行為者がとくに認識していれば考慮し、客観的に不存在の事情は、行為者が存在を予見したもののうち一般人も存在を予見するのが合理的と考えられるものに限り考慮すべきである。かかる判断による質的な具体的危険には可能性から高度の蓋然性に至る程度があり、類型的には、何らかの程度の危険を要する抽象的危険犯と、かなり高度の危険を要する具体的危険犯に区別し得る。なお、行為自体の違法性の本質は法益侵害の危険性であるが、これに③義務違反性が加わる場合がある。
　次に、未遂犯論の個別的検討の前提として、事例研究が行われる。まず上記②に関連して、未必の故意を巡る諸説が批判的に検討され、構成要件的結果の実現意思の有無で故意と過失を区別し、しかも責任を担わさず、情緒的要素を排除するものとして、実現意思説が支持された上で、自動車事故における暴行・殺人の故意の有無が論じられる。
　また、上記①との関連では、生命・身体に対する危険犯である保護責任者遺棄罪が質的には具体的危険を必要とし、量的には可能性で足りるとの理解から、「自分の産んだ赤ん坊を養護施設の空きベッドに寝かせて姿を消した」という事例では同罪の成立を否定するとの結論が示される。
　さらに、上記③との関連では、不作為による単純遺棄罪の要件たる作為義務と保護責任者遺棄罪の要件たる保護義務を区別する立場から、「夜間、自動車事故でＢに重傷を負わせ、周囲に人者の通行がないため、道路脇に引きずっていき放置して逃走した」という事例では単純遺棄罪が成立し、殺意がある場

合、過失行為による切迫した危険の発生を根拠に作為義務が肯定されるとき殺人未遂が成立するとの結論などが示される。

(2) 実行の着手

第3章第1節第2款では、実行の着手について考察が加えられる。

まず、西ドイツの新総則22条は、判例における未遂犯の拡張傾向を制約する趣旨から、「所為についての表象に従って構成要件の実現を直接的に開始した者」と規定し、評価の基礎は所為についての表象（決意・犯罪計画）、基準は客観的一般人であり、「構成要件実現の直接的開始」とは「構成要件的行為と密着するため事象経過が妨害されずに進行した場合構成要件の現実化に直接至るはずの行為」を意味している。ここで、「直接的開始」は結果発生の危険の切迫性を要求しないことから、直接的危殆化か因果経過が行為者の勢力範囲から脱したことを要求する学説（C・ロクシン）もあるが、危険が切迫した段階での作為義務違反に着手を認めるべきである。

次に、わが国の状況としては、犯意の遂行的行為、犯意の飛躍的表動などを基準とする主観説、構成要件該当行為または密接行為を基準とする形式的客観説、結果発生の具体的危険の切迫性を基準とする実質的危険説、行為者の主観面と法益侵害の危険性を基準とする折衷説が主張されていたところ、とくに折衷説が俎上に上げられ、以下の分析が加えられる。

折衷説には、主観説からの主観的客観説（シェンケ＝シュレーダー、木村亀二）と客観説からの個別的客観説（H・ウェルツェル）という大きく性格の異なる所説があるほか、①折衷説それ自体は行為者の計画に限定を付さないため、客観的に不存在の事情であって一般人が通常存在しないと思うような事情（レストランのテーブル上の砂糖が青酸カリであること）を計画に入れて犯意実現に及んだ場合にも実行の着手を肯定せざるを得ないが、不能犯に関する具体的危険説との関係で検討を要すること、②危険性判断において行為者の主観を全面的に考慮することに抵抗が強いこと、③犯罪計画の立証が困難であるほか、着手時期が計画によって左右されると、これを知り得ない者による現行犯逮捕の認定が不可能となるなどの問題がある。

その上で、野村の見解が具体的に展開される。すなわち、実行の着手は「行為者の所為計画によれば構成要件の保護客体に対する具体的危険が直接的に切

迫したとき」に肯定され、「所為計画」と「法益危殆化の切迫性」を標準とする（折衷説）。刑法の任務に照らし、あまりに抽象的な危険を処罰する必要はないから、上記①のように不合理な事情は所為計画から排除される結果、実行の着手が否定される。折衷説によれば、外形的に同一の行為であっても所為計画の内容に応じて危険性に差が生じる。たとえば、ダンプカー事件（最決昭和45・7・28刑集24巻7号585頁）は、座席に引きずり込む時点では法益危殆化がなお間接的であり未だ切迫していないから、着手を認めるべきでない。また、結合犯は、手段行為の着手が必要であって、手段行為に接着する行為の開始では足りない（なお、名古屋地判昭和44・6・25判時589号95頁は、所為計画によれば被告人による複数の行為が予定されており、殴打・気絶の時点では法益の危殆化は間接的であって切迫性を欠くから着手を認めるべきでない）。間接正犯の場合、法益危殆化が形式的には間接的であるが、実質的には直接的であるから、原則として利用行為に着手を認め、例外的に、利用行為を先行行為とし、危険切迫時の利用者の不作為に着手を認める構成による。原因において自由な行為の場合、結果行為説に立ち、責任無能力状態の利用の場合、間接正犯と同様に法益危殆化が実質的には直接的といえるが、通常は切迫性がないから原則として結果行為時に、限定責任能力状態の利用の場合、常に結果行為時にそれぞれ着手を認める。

(3) 不能犯

第3章第1節第3款では、不能犯について考察が加えられる。

まず、具体的危険説の創唱者F・v・リストが「新しい客観説」として意思活動の危険性を問題とし、①行為を一般化せず、それに附随する特別な事情をすべて考慮しなければならない（具体的危険性）、②右判断は事後予測として判断者自身が行為の瞬間に立ち戻り、一般に認識できた事情または行為者にのみ知られた事情を考慮すべきであり、行為後の経過により初めて発見された事情は考慮してはならない（事前判断）、③①・②の判断から構成要件要素特に結果発生の実現があり得ないと思われる場合、危険でないとして不可罰になると主張したドイツの状況を概観した上で、わが国における通説とされる具体的危険説（中義勝、西原春夫、植松正、藤木英雄）や定型説（団藤重光）の判断構造との共通性が確認される。

次に、結果無価値を重視する立場による修正的見解として、具体的危険説に

立ちつつ事後判断の余地を残す見解（佐伯千仭、平野龍一）、行為と外部的事情を基礎とした一般人の事前判断と構成要件欠缺論による事後判断を採用する見解（大沼邦弘）、古い客観説に立ちつつ法感情の観点から一般人基準を補充的に採用する見解（内田文昭）が検討される。

さらに、結果無価値論から事後判断を中核とする諸説が有力化している状況に鑑み、①事実の抽象化と②規範的判断の余地の2点から，右諸説が詳しく検討される。①または②の余地を残す客観的危険説（中山研一、大谷實、奥村正雄、曽根威彦）は、結論の妥当性や規範的理解に疑問があるほか、主観面の考慮と結果無価値論が矛盾している。結果発生を可能にする仮定的事実の存在可能性を問うという修正された客観的危険説（山口厚）は、①を肯定するが、これは具体的危険説と同様の事前判断であり、仮定的事実が複数存在する場合の選択基準が不明である。結果不発生が救助因果系列の介入による場合に未遂を認める実在的危険説（宗岡嗣郎）は、①および②を完全に否定するが、そうすると救助的因果系列の介入以外はすべて不能犯となるなど、妥当でない。

以上の検討とともに、違法二元論から、具体的危険説が支持される。ここで、自己物に対する窃盗のような客体の欠缺にも窃盗未遂の余地を認めつつ、主体の欠缺の場合、法益侵害の危険性は肯定されても、義務違反性の欠如により可罰的違法性が阻却され得ることが保留される。

これに加えて、上告趣意中に不能犯の語が初めて使われた大審院判例（大判明治30・6・18刑録3輯6巻57頁）から最高裁判例（最判昭和51・3・16刑集30巻2号146頁）に至る裁判例の総合的研究が行われ、大審院以来、判例は絶対不能・相対不能説によってきたとの見方が強いが、最高裁は具体的危険説に立っているとの観測が示される。

(4) 中　止　犯

第3章第2節では、野村の中止犯論が展開される。刑法規範の法益保護の動的機能から、実行中止または結果発生防止義務を尽くした点で未遂犯と構造的に相違することが中止犯の必要的減免根拠とされ、また「任意性」と「中止」の意義に関する諸説が検討され、前者については、行為者の意思が何らかの形で中止行為に関与していれば足り、後者については、犯罪実行中止または結果発生防止義務の履行が必要との野村の見解が示される。

4　残された課題

▶実行の着手論

　基本文献刊行前後にわたり、折衷説も一時的に台頭したものの（萩原玉味「実行の着手における主観説と客観説」藤木英雄・板倉宏編『刑法の争点〔新版〕』〔有斐閣、1987年〕103-104頁）、学説上、実質的客観説が有力化した。もっとも、同説において、法益侵害の危険性の具体的内容を①行為無価値論の立場から「行為の属性としての危険」（結果発生の確実性）と捉える行為犯説か、結果無価値論の立場からこれを「結果としての危険」（結果発生の切迫性）と捉える結果犯説か、②①の危険性の判断資料として、行為者の主観面をどの程度考慮するかといった点につき、厳しい対立が生じた。

　①に関する理解の対立は、間接正犯や離隔犯における利用行為・発送時説と被利用行為・到達時説という形で先鋭化した。前者が伝統的な多数説であったが、実行の着手を「処罰の段階を画する概念」とし、実行行為（正犯行為）の開始と未遂の成立時期を切り離すなど（平野龍一『犯罪論の諸問題(上)総論』〔有斐閣、1981年〕130頁、山口厚『危険犯の研究』〔東京大学出版会、1982年〕）43条本文との整合性につき一定の課題を抱えつつも結果無価値論を理論的に一貫させる後者が有力化した。さらに、個別化説も主張された。また、②に関しては、行為者の主観面を一切考慮せず純客観的に判断するか、故意の限度で考慮するかで基本的に対立し、さらに進んで犯罪計画をも考慮する説はなお少数であった（中山研一『刑法の論争問題』〔成文堂、1991年〕68-118頁）。

　一方、かかる状況の中、実行の着手が処罰根拠から一貫的に論じられているか、危殆化規準の採用が43条の文言と矛盾しないかという問題提起から、客観説を基礎づけ得る処罰根拠論と危殆化規準に代わる精密な規準の提示を試みる研究が著された（塩見淳「実行の着手について(1)～（3・完）」法学論叢121巻2号〔1987年〕1頁、121巻4号1頁、121巻6号1頁）。この研究は、行為によって惹き起される法の動揺（社会心理的衝撃）を処罰根拠とするドイツの通説（印象説）を採用し、危険性の対象と態様を判断する資料として、故意と犯罪計画を考慮すべきであるとした上で、43条にいう「犯罪」とは各則の構成要件を、「実行」と

は「構成要件中の動詞」を、「着手」とは「行為者の犯罪計画上構成要件行為の直前に位置する行為」を意味するものと解しつつ、「行為経過の自動性」と「時間的近接性」を択一的要件とし、「被害者領域への介入」を追加的要件とすることによって直前行為の範囲の限定と明確化を図ろうとするのである（修正された形式的客観説）。この研究は、法益の危殆化という実質にのみ焦点を当てる実質的客観説に罪刑法定主義的観点から再考を迫るものであった。切迫した危険とともに形式的・時間的限定が必要であるとの指摘は従来からみられたが（平野龍一『刑法総論Ⅱ』〔有斐閣、1975年〕313頁）、近時も形式的基準と実質的基準は相互補完関係にあるとされるなど（山口厚『刑法総論〔第2版〕』〔有斐閣、2007年〕269頁、松原芳博『刑法総論』〔日本評論社、2013年〕288頁）、着手時期の限界設定の必要性が認識されている。

　その後、未遂犯も1つの犯罪である以上、構成要件該当性と責任の検討も必要であるとして、着手時期や未遂犯の故意につき検討を加える研究も示された（大越義久「実行の着手」芝原邦爾ほか編『刑法理論の現代的展開　総論Ⅱ』〔日本評論社、1990年〕140頁）。

▶不能犯論

　不能犯については、危険性の判断基底と判断基準の2点が問題になるところ、基本文献刊行当時、前者を巡る議論が中心であり、野村も支持する具体的危険説が通説であった。しかし、「一般人」概念の不明確さによる危険概念の抽象化という原則的問題のほか、客観的危険概念との不整合、実際の適用上の問題など、多くの厳しい批判が加えられ、客観的危険説が広く有力に主張された。

　たとえば、実在的危険説が事後判断を貫徹する形で全面的に展開された（宗岡嗣郎『客観的未遂論の基本構造』〔成文堂、1990年〕）ほか、「客観的危険説によれば、全ての未遂犯が不能犯となる」との常套的批判に対して、客観的事情に基づく「科学的不確実性の範囲」（村井敏邦「不能犯」芝原邦爾ほか編『刑法理論の現代的展開　総論Ⅱ』〔日本評論社、1990年〕182-183頁）、人間の認識能力・制御能力の及ばない事情について「運を天に任せて」行為したこと（林陽一「不能犯について」『松尾浩也先生古稀祝賀論文集　上巻』〔有斐閣、1998年〕377頁以下）が客観的危険であるなどといった有力な反論が加えられた。とりわけ、修正された客観的危険説は、相当有力化するに至っている（山口厚・前掲書164-174頁のほか、内藤謙『刑

法講義総論（下Ⅱ）』〔有斐閣、2002年〕1273-1276頁、佐伯仁志『刑法総論の考え方・楽しみ方』〔有斐閣、2013年〕350-352頁、佐藤拓磨「不能犯」川端博ほか編『理論刑法学の探究④』〔成文堂、2011年〕63-68頁など）。

他方、具体的危険説もなお有力でありながら、判断基準を科学的一般人とするなど（井田良『刑法総論の理論構造』〔成文堂、2005年〕269-270頁）、修正の試みもみられる。

5　現代的意義

未遂犯については、違法本質論を反映した重要論点の１つとして、現在も激しい議論が続いている（最新の状況については、鈴木左斗志「実行の着手」西田典之ほか編『刑法の争点』〔有斐閣、2007年〕88-89頁、西田典之ほか編『注釈刑法　第１巻　総論』〔有斐閣、2010年〕648-668頁〔和田俊憲〕）。

実行の着手については、実質的客観説を通説としつつ、間接正犯・離隔犯における対立状況が依然として残っているものの（佐藤拓磨「間接正犯・離隔犯の着手時期」刑法雑誌50巻２号〔2011年〕149頁以下、塩見淳「間接正犯における実行の着手時期」川端博ほか編『理論刑法学の探究④』〔成文堂、2011年〕１頁以下など）、主観面の取り扱いに関しては、これを完全に排除する説は次第に減少し（なお、内山良雄「未遂犯における危険判断と故意」『西原春夫先生古稀祝賀論文集　第１巻』〔成文堂、1998年〕451頁）、故意または行為意思から犯罪計画まで考慮する方向へと移行しつつある。他方、判例は独自の展開を続けてきたとの見方もあるところ（伊東研祐「特集・刑法典の百年　未遂犯論」ジュリスト1348号〔2008年〕41頁）、早すぎた構成要件の実現における着手時期が問われた事案につき、犯罪計画を考慮して客観的危険性の有無を判断し、第１行為に殺人の実行の着手を認めた判例（最決平成16・３・22刑集58巻３号187頁）の登場が、とくに注目に値する。このように、基本文献の主張に係る折衷説の思考は、犯罪計画の考慮という形で現在の判例・学説に受容されてきている（もっとも、野村は、規範的障害となる自己の第２行為が予定されているため、結果発生の危険性は間接的であって、第１行為は予備に止まるとして、平成16年決定の結論に批判的である〔大塚仁ほか編・前掲書〔第３版〕113頁〕）。

また、基本文献は、伝統的通説であった具体的危険説を違法二元論の立場から基礎づけるものであり、不能犯論の変遷過程と現在の到達点を正確に理解する上できわめて重要である。

　さらに、基本文献は、未遂犯の解釈論的主張のみならず、過失犯の未遂の余地や抽象的危険犯の未遂処罰の要否から、西欧・日本における立法動向に至るまで、重要な立法論的示唆・提言、比較法的知見を多数含んでいる。解釈論の深化とともに、比較法的研究も進んでいるが（森住信人『未遂処罰の理論的構造』〔専修大学出版局、2007年〕、末道康之『フランス刑法における未遂犯論』〔成文堂、1998年〕、中野正剛『未遂犯論の基礎──学理と政策の史的展開』〔成文堂、2014年〕、奥村正雄『イギリス刑事法の動向』〔成文堂、1996年〕など）、基本文献は、今日の未遂犯研究にとって、まったく重要性を失っていない。

　基本文献を座右におきつつ、違法論や規範論、危険犯論、過失論、行為論、刑罰論などに関する研究成果も十分取り入れた上で、現代の未遂犯論に取り組んでいくことが重要であろう。

17 中止犯論

●基本文献
野澤充
『中止犯の理論的構造』
(成文堂、2012年)

鈴木　一永

1　学説・実務状況

▶減免根拠論に関する学説の状況

　中止犯が必要的に減軽または任意的に免除される理由（減免根拠）について、犯罪の完成を未然に防止する政策的考慮にあるとする刑事政策説と、犯罪の成立要件に関連付けて説明する法律説が主張されてきた。法律説はさらに、違法減少説（たとえば平野龍一『犯罪論の諸問題　上』〔有斐閣、1981年〕144頁以下）と責任減少説（たとえば香川達夫『中止未遂の法的性格』〔有斐閣、1963年〕86頁以下）に分かれる。そして、法律説を基礎に置きつつ、刑事政策説的な考慮も認める併用説が、減免根拠論における通説的な立場にあるといえよう。

▶要件論の動向

　従来、要件論においては、「自己の意思により」中止した、とはいかなる場合かという任意性の問題が中心に論じられる傾向にあった（たとえば香川・前掲書、山中敬一『中止未遂の研究』〔成文堂、2001年〕など）。これは減免根拠論において責任減少説が有力であったことと関連があろう。障害未遂と中止犯との間に違法性の違いはないとする責任減少説は、中止行為をする意思・動機を評価する任意性を責任減少の根拠とするからである。これに対して、近時では「中止した」という中止行為要件を重視した要件論が展開され（塩見淳「中止行為の構造」『中山研一先生古稀祝賀論文集　第3巻』〔成文堂、1997年〕247頁以下。また金澤真理『中止未遂の本質』〔成文堂、2006年〕は「中止行為にこそ中止未遂の本質たる

要素が認められるのではないか」〔同書・はしがき〕と述べる)、「任意性の要件の意義は極めて軽いもの」と扱う論者がみられる（山口厚『刑法総論〔第2版〕』〔有斐閣、2007年〕287頁。また高橋則夫『刑法総論〔第2版〕』〔成文堂、2013年〕403頁参照）。

2　学説史的意義と位置づけ

▶基本文献の意義

中止犯をテーマとする先行業績は上述したようにモノグラフィもいくつか存在し（上に挙げたものの他、黒木忍『中止未遂の諸問題』〔信山社、1989年〕、町田行男『中止未遂の理論』〔現代人文社、2005年〕)、論文はかなりの数が存在する。その中でも基本文献の特徴は、何よりその丹念な歴史研究によって中止犯制度の由来や立法者意思、議論の経緯を明らかにし、それを現行法解釈に結び付けている点にある。

▶野澤充の研究における基本文献の位置づけ

野澤充は後述のように、中止犯制度と（未遂後、既遂後という違いはあるが）事後的行為による法益侵害ないし危殆化の回避行為という点で共通する「行為による悔悟」制度の導入という立法論を検討する必要性を基本文献の「おわりに」において示唆している。

基本文献の中核をなす中止犯制度についての研究（基本文献序論から結論の部分、初出は「中止犯論の歴史的展開——日独の比較法的考察（1～5・完）」立命館法学280号、281号、282号〔2002年〕、288号〔2003年〕、291号〔2004年〕、「日本の中止犯論の問題点とあるべき議論形式について——「刑事政策説」および「法律説」の内容・意義・法的効果に関連して」神奈川法学38巻2＝3号〔2006年〕）は、そのような周辺領域の研究の基礎におかれるものとなろう（現に、「予備罪の中止について——予備罪に対する中止犯規定の類推適用の可否」立命館法学327＝328号〔2010年〕586頁は「補論」として基本文献に収録されている。この他、現在公刊されているものとして、「略取誘拐罪における解放減軽規定（228条の2）について」犯罪と刑罰19号〔2009年〕141頁以下、「ドイツ刑法の量刑規定における新しい王冠証人規定の予備的考察」神奈川法学43巻1号〔2011年〕73頁以下、「ドイツ刑法における王冠証人規定の2013年改正について」犯罪と刑罰23号〔2014年〕177頁以下などが挙げられる）。

3　文献紹介

▶基本文献の構成

　基本文献は、問題意識および基本文献の一番の特徴をなす歴史研究という研究手法の意義を「序論」において示した後に、「第1部　日本における中止犯論の歴史的展開」、「第2部　ドイツにおける中止犯論の歴史的展開」を経て「結論」において検討の結果をまとめ、中止犯論のあるべき方向性を示している。さらに「補論」として予備罪の中止について論じ、「おわりに」において立法論的示唆を示すことで基本文献は閉じられている。

　また、巻末には「参考資料」として日本の刑法典・刑法草案における中止犯規定の変遷、ドイツ・フランスにおける刑法典・刑法草案における未遂犯・中止犯規定の対訳集、参考文献が網羅的にまとめられている。

▶基本文献の研究手法──中止犯論における歴史研究の意義

　序論では、基本文献の特徴である歴史研究という研究手法をとる意義が述べられる。野澤によれば、日本の議論は、ドイツの議論的枠組みだけを形式的に継受し、議論の背景や歴史的意義が無視されてきたため、中止犯制度の存在意義に対する正しい理解が存在しない。そのために、たびたび判例においてみられるような自首制度との混同や、「刑事政策説」と「法律説」を対比して論じ、これを「総合説」として併用するような、条文解釈とは遊離した形での議論が行われることになってしまっているという。

　このような日本の議論状況を整理するために、野澤は基本文献における歴史研究の意義とその進め方を以下のように述べる（基本文献16頁以下）。

> 現在の日本における中止犯論の混乱状況の根本的原因は、中止犯という法律制度の存在由来が日本において正しく認識されていないことにあると言わざるを得ないのである。「そもそも『中止犯制度』とはどのような理論的背景に基づく制度であったのか」、「『中止犯の減免根拠』ないし『法的性格』論は、どのような経緯で議論されるようになってきたのか」、さらには「『刑事政策説』や『法律説』は本来どのような内容をもつものであったのか、それが主張された趣旨はどのような点にあったのか」ということについて、日本、およびその日本の刑法学が多くの刑法上の学問成果を継受したド

イツの中止犯論の、これまでの歴史的展開を振り返って再確認する必要があると考えられるのである。

▶日本における中止犯論の歴史的展開
　第1部ではまず明治13年刑法典と明治40年刑法典の規定の相違を確認した上で（第1章）、明治13年刑法典に関する議論（第2章）、明治40年刑法典に関する議論（第3章）を検討し、日本の議論のまとめがなされている（第4章）。
(1)　明治13年刑法典（旧刑法）に関する議論
　明治10年の「日本刑法草案」は中止犯の成立を「真心悔悟」による場合に限定していた。これはボアソナードによるフランス語草案にはない表現であるが、意図的なものか、単なる誤訳かは明らかではない。結局成立した明治13年刑法典では112条において「罪ヲ犯サントシテ已ニ其事ヲ行フト雖モ犯人意外ノ障礙若クハ舛錯ニ因リ未タ遂ケサル者」として可罰的な未遂犯が定められ、中止犯、すなわち自己の意思による場合は未遂犯にならないことで処罰されないものと解された。このように中止犯を未遂犯の消極的概念要素とする中止犯の規定形式は1810年フランス刑法典と同様のものである。
　明治13年刑法典成立後、学説では任意性の内容を「真心悔悟」のように限定的に捉えるのではなく、単に自発的な中止でさえあればよいという見解が大勢を占めるようになった。そのような見解は、自ら犯罪を止めることを促して社会を保護するという政策的観点を強調するものであった。ここから「刑事政策説」という中止犯の根拠論についての学説が任意性が認められる範囲に影響するものであったことが指摘される。
　この時代においては、中止犯制度の根拠として刑事政策的根拠を挙げる論者が多い。また一部法律的根拠を併用する者もあらわれるが、多くの論者は法律的根拠を「条文解釈論としての根拠」、刑事政策的根拠を「背景理論としての根拠」として次元の異なるものとして扱っていた。これに対して小疇伝は根拠論として単に「法律的根拠」と「刑事政略」を列挙し、両者を相容れることなく対立する学説として扱った。このような理解はまさに現在における法律説と刑事政策説の関係についての理解の端緒である、と野澤は指摘する。
　しかし現在中止犯の根拠論・法的性格論にかかわるものとして議論されてい

る「法律説」は本来的には、中止犯ではないことを可罰的な未遂犯の要件とする明治13年刑法典の法律解釈として、「中止犯であれば未遂犯ですらもない」ために中止犯は不処罰となる、という条文の構造を指摘して文理解釈により中止犯の不可罰性を導き出す「条文解釈論としての根拠」であった。これに対して刑事政策説は「ではなぜ法律がそのように中止犯を不処罰としたのか」という背景理論に基づく不処罰根拠論であり、両者は根拠論としてのアプローチの仕方がまったく異なるものであった。ドイツでは、1871年ライヒ刑法典において未遂犯の成立を前提とした中止犯規定がとられることで、法律説がその行き場を失うことになる一方で、背景理論としての根拠論である刑事政策説が有力に主張されていた。これに対し日本では、このような議論背景を意識せずに理論的継受がなされたために、両者を混同して取り入れてしまった、という。

(2) 明治40年刑法典（現行刑法）に関する議論

現行刑法の制定過程において、未遂犯の一般規定の中に「中止犯にあたらないこと」を要求せず、すべての未遂犯を処罰する形式を選択したことで、中止犯も未遂犯の一部であり、犯罪として成立していることが明確となった。これに伴い、中止犯の内部に既遂に達した犯罪が含まれている「加重的未遂」の場合の法律効果が、内部に含まれた既遂犯罪の処罰から必要的減免に変更されたと考えられるという。そして「現行法においては、加重的未遂の場合に内部に含まれている既遂犯罪として処罰することは解釈としても原則的には排除されている」とする（基本文献63頁）。また、法律効果を必要的減免とすることは裁判官の裁量範囲の拡大を意味し、規範的に好ましくない動機から中止した者を減軽にとどめることを可能にする。このことから、任意性に関して限定主観説を排除する意図が立法者の意図としてあったことが推測されている。

現行刑法制定後の議論を見ると、学説では任意性について、悔悟等を要求し規範的内容に限定することはしない見解が圧倒的多数であったものの、ドイツにおける規範的考察説と同様の目的論的な解釈に基づいて悔悟等を要求する宮本英脩、佐伯千仭、植田重正など少数説も存在した。さらに、表向きは任意性の内容を限定しないとしつつも、一般人基準を用いて任意性を認める範囲を絞ることで、結果として中止犯の成立範囲を狭くする見解が牧野英一らによってとられた（任意性論におけるいわゆる客観説である）。このような動きは、どうし

ても中止犯というものを規範的に限定できるものに限り認めたいという感覚が根強かったことの現れであると推測されている。

　また根拠論においては、当初はドイツ同様に刑事政策説が圧倒的優位にたっていたものの、牧野英一や宮本といった主観主義の論者から、行為者の反社会性の減弱を重視すべきという批判がみられた。さらに戦後になってから、現在議論されている形式での法律説が登場する。これは野澤によれば「突如として現れた」「全く新しい議論形式」（基本文献88頁、93頁）であった。この法律説は、刑事政策説を批判した上で違法減少ないし責任減少を問題とするという議論形式を提示した点で、従来の法律説とは決定的に異なるものである。まず平場安治、平野龍一によって違法減少説が主張され、これに対応する形で香川達夫、団藤重光によって責任減少説が主張されることで、「責任減少説対違法減少説」という中止未遂規定の根拠論に関する現在の日本における議論形式が完成することになった。これに対して①なぜ刑事政策説が否定され、さらに②なぜ本来対立するものではないはずの「法律説」という考え方が持ち出されたのか、という疑問が提示される。野澤は、①の点については、刑事政策説が中止犯の成立を規範的なものに絞ろうとする見解と相容れにくいものであるとの推測を示した上で、②の点について、「違法減少」「責任減少」という体系的位置づけ論は根拠論と次元が異なるものであること、法律説は現行規定の解釈としては困難であることを指摘した上で、体系的位置づけ論を持ち出したことで生じる「共犯問題」を重要な問題点とする。

　共犯問題とは「正犯が中止した場合の、その狭義の共犯の取り扱い」をどうするか、という問題である。明治13年刑法典では中止犯は未遂犯ですらなかった。したがって正犯者が中止すると正犯の未遂行為が存在しないことになり、従属性の観点から狭義の共犯も不処罰となる、という理解が一般的であった。しかし現行の明治40年刑法典になり中止犯が未遂犯の成立を前提とし、刑罰消滅事由ないし刑罰減軽事由と解されることで、中止犯の一身専属性という作用が導かれることになった。さらに要素従属性の議論がドイツで発生することで、（極端従属形式のもとでは）正犯の違法減少ないし責任減少を主張する場合には共犯に中止の効果が及ぶと考えられるようになった。日本でも制限従属性説をとりつつ、違法減少を主張するならば、正犯の中止の効果が中止行為を何も行

わなかった共犯へ及ぶと考えるべきことになったのである。野澤によれば、「中止犯の体系的位置づけに関して議論する意義はまさにこの共犯問題の点にこそあるといってもよい」（基本文献103頁）。ドイツでは共犯問題について一身専属性を確保する見地から、ラング＝ヒンリクセンによる一体化説など、法律説内部において新たな理論構成が模索されることになった。これに対して日本では、違法減少説、責任減少説いずれの論者も共犯問題について明確に論じていない。野澤は、この理由について、共犯問題への意識が弱いこと、法律説のそもそもの定義を理解していないことにあると推測した上で、「『法的性格』論は、このような共犯問題に対してこそ意義をもつのである。中止犯の『法的性格』論とはこのような中止の効果の体系的位置づけ論を示すものであり、それは中止犯の『根拠』論とは区別されるべきものなのである」と批判する（基本文献107頁）。

ここまでの検討を経て野澤は、以下のように日本の中止犯論の問題点をまとめる（基本文献108頁以下）。

> 日本の議論形式の問題点は「法的性格論として違法減少か責任減少かが争われていること」そのものではなくて、「その性格論の議論が根拠論それ自体と同視されていること」なのである。法的性格論とは「その中止犯が法律上どのような性格（性質）を持つのか」を示すものである。これは中止犯の存在を前提とした、いわば中止犯の効果を示すものである。よって中止犯が成立したその法律効果として、共犯にその影響が及ぶかどうかが重要となるのであり、まさにその点で法的性格論（体系的位置づけ論）が意味を持つのである。これに対して、根拠論とは「なぜ中止犯が法律上（通常の未遂犯とは）異なる扱いを受けるか」を示すものである。よってそこで争われるべき学説は、中止犯の成立範囲そのものに影響を与えるべき内実を持つものでなければならないのである。ゆえに、「自止の奨励」という形で中止犯の任意性を広く認めて、結果的に被害者の保護にも役立つことになる「刑事政策説」は、その内容からも根拠論であることになるのである。根拠論と法的性格（体系的位置づけ）論は、根拠論を前提にして中止犯の成立範囲が確定され、それによって成立した中止犯の法的性格（体系的位置づけ）を前提にして、その共犯への影響の有無が確定される、という関係にたつものなのである。

引き続いて日本の判例が検討される。野澤は、中止犯規定の運用状況をみると、上述した立法者の配慮はまったく考慮されていないと言わざるを得ず、法律規定の内容以上に不当に限定されていると評価している。

▶ドイツにおける中止犯論の歴史的展開

　第2部では、時代別に区分してドイツにおける議論が整理されている。
(1)　ローマ古代法時代〜18世紀まで
　ローマ法、ゲルマン法時代は結果刑法の考え方に基づき、未遂概念が存在しなかった。中世イタリア法学のもとで、「結果」と「意思」の両方が存在する形式としての「既遂」概念に対して、「意思」はあるが「結果」のない形式としての「未遂」概念が発生した。これにより、「結果」がなく、また「意思」も失われた状態として「中止犯」概念が想定されるようになった。
　このような未遂概念はドイツ刑法学に導入され、1532年カロリナ刑法典では未遂の一般的概念が法文上最初に明確にされた。ここでは中止は未遂の消極的概念として未遂規定に含まれるという理解が示されていた。
(2)　19世紀、ライヒ刑法典制定まで（領邦国家時代）
　第2部第3章はドイツが領邦国家に分かれていた時代の各領邦の中止犯規定について、いくつかの視点に基づいて立法過程での議論、草案、条文規定が詳細に分析されている。
　まず1813年バイエルン刑法典は、①未遂犯成立を前提とする中止犯概念の規定化、②不処罰という法律効果（ただし警察監視、加重的未遂の処罰）、③任意性における限定を特徴としていた。また1841年ヘッセン刑法典は①未遂犯成立を前提とした中止犯概念の規定化、②未遂としては不処罰という法律効果、③中止の未終了未遂への限定という特徴があった（1855年ザクセン刑法典、1840年ハノーファー刑法典、1845年バーデン刑法典も同様）。さらに、④任意性を任意かつ悔悟に限定するという限定主観説が文言上採用されたことが特筆に値する。
　このような分析を経て、大部分の領邦国家における中止犯規定の一般的な特徴は、①未遂犯の成立を前提とした中止犯規定であること、②中止犯となった場合の法律効果は不処罰であること、③加重的未遂の場合にはその内部に含まれた既遂犯としての処罰の可能性を残していること、にあるとまとめられる。
　ところが1861年バイエルン刑法典においては、1810年フランス刑法典に見られたような、中止犯ではないことを未遂犯の成立要件とする規定形式が採用された。これに伴い、中止犯に関する事実の立証責任が被告人側から検察側へ移行し、任意性の内容に関する限定も消滅したことで、中止犯の成立範囲は著し

く拡大したと考えられる。このようなフランス型への移行は、この他1849年ヴュルテンブルク刑法典のように19世紀中ごろの他の領邦国家でも見られる現象であった。

　プロイセンでも1851年プロイセン刑法典において、中止犯ではないことを未遂犯の成立要件とするフランス型の規定形式をとるに至ったが、学説でもこれに対応する形で、「前期法律説」に分類される考え方が広い支持を受けていた。たとえば、ツァハリエの廃棄説は、中止によって未遂の可罰性の要件である悪い意思がさかのぼって廃棄されることで可罰性が抹消されるとし、ルーデンの無効説は、未遂を中断することによって既遂にする意思で開始された行為がもはや存在しないとし、シュヴァルツェが依拠したとされる不確実説は中止によって危険である頑強な悪い意志を持っていなかったことを示す、と説明することで、いずれも中止犯の場合に未遂犯がそもそも成立していないことを論証しようとするものであった。

　このような「フランス化」の動きは19世紀後半において再度逆方向の動きへ変化する。それはフランス型の規定形式に対して中止が行われることで、いったん可罰的な程度に達したはずの未遂犯自体が、時間的にさかのぼってそもそも可罰的ではなかった、という存在論的に問題のある説明をせざるをえない点が批判されるようになっていたことによる。そうして未遂犯が成立することを前提にそれを不処罰にするという刑罰阻却（消滅）事由としての中止犯の捉え方が広まっていった。その結果1871年ライヒ刑法典では、①存在論的観点から中止を刑罰阻却（消滅）事由としてのみ捉えるべきという考え方により、未遂犯とは別個の中止犯規定が置かれ、②「未終了未遂における任意的な放棄」と「終了未遂における結果の回避」が区別され、③未遂犯としては不処罰であるが、内部に含まれた既遂犯としては処罰できる、という解釈を可能にする文言が用いられた。

(3) ライヒ刑法典制定以後

　ライヒ刑法典の成立によって条文上明確に、中止犯は刑罰阻却（消滅）事由であることが示されたことで、(前期)法律説は行き場を失い、ほとんどの支持者を失うこととなった。法律説は、中止犯の場合に未遂犯が成立していない規定形式を前提とするからである。また、一度存在したはずの未遂犯罪がなぜ

不処罰にされるのか、を説明するために、中止犯はとにかく結果発生を回避させるための制度だ、という制度の存在意義（背景としての根拠論）を強調する刑事政策説が急速に台頭していった。このような状況において判例および学説において問題とされたのは、①2つの共犯問題と②不能未遂問題であった。①2つの共犯問題とは、正犯者のみが中止した場合に法律効果が狭義の共犯に及ぶか、という問題と、主体を「Täter（正犯者）」と規定する中止犯規定が、狭義の共犯が自ら中止した場合に適用されるか、という問題の2点である。前者については、中止が刑罰阻却（消滅）事由であると解されたことで狭義の共犯に影響しないことが問題なく認められる一方で、後者については刑事政策的考慮という「根拠論」に立ち戻ることで狭義の共犯に中止犯規定が適用される可能性が開かれた。②不能未遂問題とは、主観的未遂論をとることで可罰的とされていた不能未遂について、客観的な規定であった中止犯規定が適用できないことが不合理であると考えられたのである。このような問題点について刑法改正作業の過程での議論の積み重ねが、①単独正犯の事例での中止（第1項）と複数人関与の事例での中止（第2項）の場合を分けて規定することで共犯における中止の問題を解決し、②第1項第2項それぞれについて、中止行動と犯罪結果不発生との間の因果関係が存在しない場合に関する特別の中止犯規定を置く1975年ドイツ刑法典24条において形となった。

　第2次世界大戦後の判例では、連邦裁判所1956年2月28日判決（BGHSt. 9, 48）において根拠論として刑事政策説が批判、否定され、犯罪者の危険性と当罰性の観点に基づいて規範的に任意性を限定して判断する考え方が示された。学説でもボッケルマンによる褒賞説、ロクシンによる刑罰目的説が主張される。これらは褒賞に値するか、刑罰目的上なお刑罰に値するか、といった規範的観点から中止犯の成立を否定することを可能にする考え方である。このような中止犯の成立範囲を規範的に限定する傾向に対し、連邦裁判所1993年5月19日刑事部大法廷決定（BGHSt. 39, 221）は、条文の文言という根拠に被害者保護の観点も加えて任意性の限定を否定した。ここで「被害者を保護するためであれば、どんな悪い動機からでもいいから結果を不発生にすべし」という価値判断が働いているとすれば、「どんな理由でもよいからとにかく結果を回避すべし」という刑事政策説への事実上の回帰と評価することができる、とされる。

▶あるべき中止犯論についての結論

　結論において、第1部、第2部で検討されてきたドイツ、日本の中止犯論の展開がまとめられたうえで、日本の中止犯論のあるべき方向が示されている。

　まずドイツ中止犯論の検討によって、「中止犯の根拠論はそれ自体が中止犯の成立範囲を根拠づけるものでなければならない」ことが明らかとなったという。なぜならば、根拠論とは「なぜそのような法律制度が存在するのか」を明らかにするものであり、成立範囲に直接的に影響するからである。そして、成立範囲の「枠」を示すのが規定の文言であるが、この枠を超えることを正当化するためには褒賞説や刑罰目的説といった根拠論に立ち返った主張がなされることになるとされる。これに対し、ただ単純に「責任が減少する」「違法性が減少する」と述べる大部分の法律説は中止犯の成立範囲を視野に入れた主張ではないし、法律説を主張することによりもたらされうる意味が誤解されている、と批判がなされる。

(1)　「法律説」と「刑事政策説」の正確な理解

　野澤は、法律説と刑事政策説の正しい内容として以下のように述べる。

　まず、中止犯は未遂犯としての成立要件が欠けるため未遂犯が成立しない、と説明するのが本来の法律説であり、未遂犯の成立要件として中止犯でないことを要求する、フランス型の旧刑法では素直な理解である。したがって、中止犯の場合に未遂犯が成立していることを前提とする現在の学説が主張するものは「法律説」とよばれるべきでない。また、法律説をとることで最も批判されうる点は一身専属性問題である。すなわち、違法性段階にかかわる法律説は、制限従属性説を前提とすれば共犯への影響を避けることは絶対にできないが、これを回避しようとするさまざまな説明は共犯の従属性の理解を誤っているものが多い。「法律説（とりわけ違法減少説）において、共犯への影響を否定しようとすることは、ある言葉の定義に完全に反する内容をその言葉の中に見出そうと試みるものであり、『犬という種類の猫がいる』という説明を試みるにも等しい、元来無理なことなのである」というべきである（基本文献388頁）。

　また、刑事政策説とは、要は「自止の奨励」であり、任意性を規範的に限定せず、悪い動機から中止した場合でも認めるというように、中止犯の成立範囲にかかわる「根拠論」の学説である。刑事政策説に対してはさまざまな批判が

向けられるが、すべて誤解に基づいているか、誤ったものであると野澤は反論する。

(2) 「根拠論」と「法的性格論」の分離およびあるべき議論形式

このように、刑事政策説と法律説はまったく次元の異なる問題点を対象とする学説と考えるべきであるとされる。根拠論と法的性格論を区別することは従来主張されてきた（たとえば城下裕二「中止未遂における必要的減免について——『根拠』と『体系的位置づけ』」北大法学論集36巻4号〔1986年〕203頁以下）が、歴史的意義を検討することでそのように分離して議論することが本来あるべき形であったことが明らかとなったというのである。「法的性格論」と「根拠論」を区別しつつも、前者によって後者を説明すればよい、という考え方（たとえば山中・前掲書22頁以下）に対しては、何ら有意義な帰結を導くものではなく、混乱を招いていると批判がなされる。

そうして中止犯論のあるべき議論形式として、野澤は以下のように主張する。まず、中止犯の成立範囲そのものが問題となる「根拠論」においては、ドイツ同様に「刑事政策説」と「刑罰目的説」または「褒賞説」が争われるべきである。そして根拠論によって成立範囲が確定された後で「体系的位置づけ論」が別次元の論点として現れる。ここでは「一身的刑罰減軽（消滅）事由説」か「法律説」か、が争われるが、その際には正犯のみが中止した場合の狭義の共犯への影響を考慮に入れて結論を導かなければならない、と。

野澤の私見としては、根拠論として刑事政策説、法的性格論として一身的刑罰減軽（消滅）事由説が条文に忠実な理解として支持されるべきであることが示される。

▶予備罪の中止

補論として、予備罪の中止に関する論説が収録されている。

(1) 日本の学説・判例の概観

日本の学説では「刑の不均衡」の解決が議論の中心となっていることに対して、野澤はこのような観点からバランス論的な解釈論を展開することに強い疑問を提示する。その上で立法者の制度趣旨を検討すると、とりわけ情状による免除規定の有無によって刑の不均衡が確実に発生するといえることから、立法者意思は刑の不均衡をまったく考慮していなかったか、情状による免除規定が

ない予備は重く処罰されて当然のものであって、基本犯の中止未遂には免除の可能性を排除するように考えられていたのではないかと推測する。また、理論的見地からは、予備罪はそれ自体が独立した犯罪類型として各則に規定された「既遂犯」として扱われるべきで、「修正された構成要件」とすべきではないとの見解を示す。既遂犯に対する中止犯規定の類推適用は中止犯規定の沿革からも解釈上も認められない以上、予備罪に対する中止犯規定の類推適用は全面的に認められない、と結論付ける。

(2) ドイツにおける考え方

このように解釈による解決に限界があることから、立法論的観点からの解決方法を示すために、ドイツの「行為による悔悟（Tätige Reue）」制度を参照しようとする。すなわちドイツでは、中止犯規定そのものを予備罪に類推適用しようとする見解は存在せず、教唆の未遂の中止等を規定した31条を類推適用する考え方と、個別に「行為による悔悟」規定を置き、さらにはそれを類推適用しようとするアプローチがとられている。

(3) 結　　論

以上の検討により、未遂犯を対象とする中止犯規定を類推適用することはありえないことがわかる。また、ドイツ刑法31条の規定に対応する日本の規定は存在せず、さらにそもそも、教唆等による関与の未遂を独立して処罰すること自体望ましくない。したがって対応する規定を新設することも望ましくないことから、野澤は、解釈論による解決はほぼ絶望的なものであるとし、あるべき立法論を考える必要を主張する。すなわち、「既遂」と評価される状態になった以降における優遇措置である「行為による悔悟」規定を活用すべきというのである。

▶立法論的示唆

おわりに、においては基本文献のこれまでの検討に基づいた、立法論的な指針が示される。

まず、①共犯における中止の問題については、現行法が本来正犯者のみを予定する文言になっているものの、狭義の共犯者が中止行為を行った場合に中止の可能性を認めることが必要であり、複数人関与の場合の中止犯要件を理論的に検討し、立法的に整備する必要があるとする。また②中止行為と結果不発生の間に因果関係がない場合については、犯罪論として因果関係を要求する帰属

体系を前提とすれば、中止犯論の側面ではこれをとらないことの合理的な説明は困難であるが、結果回避の奨励という中止犯制度の趣旨からすれば、因果関係がなくても同様の効果を認めてもよいという価値判断もありうる、として、真摯な努力といった具体的要件を追加した上で、「特別な中止犯」として因果関係を欠く場合の規定を新設することを検討すべきであるとしている。また、③予備罪の中止の問題を含めた「行為による悔悟」制度の創設については上述の通りである。

4　残された課題

▶近時の学説・判例の検討

　立法の経緯、立法者意思の検討に基づいた現行法解釈として刑事政策説（奨励説）をとるべきであり、したがって任意性については規範的限定をしない、という野澤の論証は説得的なものであるが、奨励説以外の刑罰目的説等の根拠論との比較検討は基本文献では十分になされていない。また要件論としては任意性について限定せず広く認める、という方向性は示されているものの、中止行為については、中止行為と結果不発生の因果関係が不存在である場合についての立法論が示唆されているものの、検討はなされていない。

　野澤自身、特に20世紀の学説、判例の検討は別稿において検討することを基本文献に注記しており、後述する近時のわが国の議論と併せた検討が待たれる。

▶根拠論の議論形式

　上述したように、野澤は、刑事政策説と法律説は次元が異なるものであり、両者の「正確な理解」に基づいてこれを分離して論じる必要性を強調している。

　これに対して、わが国の中止犯論では、刑事政策説と法律説を異なる学説として捉えるのではなく、両者を関連付ける理解が当初からなされていた。たとえば、初期の違法減少説の主唱者であった平野龍一は「法律説からは、政策的効果を、その反射的効果として包摂することができる。違法消滅説は一般予防、および特別予防の、責任消滅説は特別予防の。したがってこの説の方が論理的には〔政策説よりも〕進んだものということができる。」（括弧内筆者、平野・前掲書144頁）と述べ、また「違法減少説は、……おおむねこの政策説を理論的に表

現したものだといってよい」（平野『刑法総論Ⅱ』〔有斐閣、1975年〕333頁）とも述べていた。根拠論として「純然たる政策的なもの」として「意識的危険消滅説」を主張し、「従来の用語法に従えば、違法・責任減少説と表現することが可能である」（山口・前掲書280頁）と述べるものは、この趣旨を進め、明確に表現したものといえよう（この他、政策的見地からの学説の整理として、城下裕二「中止未遂の減免根拠をめぐる近時の理論動向」渡部保夫先生古稀記念論文集『誤判救済と刑事司法の課題』〔日本評論社、2000年〕569頁以下参照）。また、わが国の法律説においても、違法・責任の事後的変更という存在論的問題のある説明ではなく、未遂犯と中止犯の関係構造に着目し、全体的考察法による解決を試みるなどの新たな動きが現れている（金澤・前掲書84頁以下、同「未遂の理論構造と中止未遂」『理論刑法学の探究④』〔成文堂、2011年〕71頁以下）。

野澤は、このような「根拠論を、法的性格論という別の次元の理論を使って、両者を併せて説明しようとする試み」はトートロジーに陥りやすく、また、根拠論と法的性格論を混同しやすい状況を作り出したと批判する（基本文献109頁）。たしかに、野澤が指摘するような法律説の歴史的由来、あるいは前期法律説のような存在論的な問題点は否定できない。しかし、そのようないわばマイナス面を自覚した上で、違法減少、責任減少という犯罪論上の理論に還元した法律説的な説明をとることで、「裏返しの犯罪論」といわれる中止犯論において表の犯罪論の知見を活かし、適切な要件論を構築できるプラス面がある、という近時の「法律説」の思考方法にはなお見るべきものがあるのではないだろうか（伊東研祐「未遂犯論」ジュリスト1348号〔2008年〕49頁は「政策判断を正当化しかつ合理化し、それに適合的な要件論を展開する上では、法律的説明は不可欠である」と述べる。また、このような法律説的方法をとる金澤・前出「未遂の理論構造と中止未遂」71頁以下、同「中止犯の論じ方――野澤充『中止犯の理論的構造』（成文堂、2012年）を読む」『理論刑法学の探究⑥』〔成文堂、2013年〕223頁以下と、これに対する野澤「中止犯論の問題点――金澤書評に対するコメントを中心に」『理論刑法学の探究⑦』〔成文堂、2014年〕181頁以下の批判も参照）。

5 現代的意義

▶裁判員制度と中止犯

　法定刑の広さや未遂減軽規定（43条本文）の存在、訴追権限が検察官に認められる起訴便宜主義がとられていることから、中止犯は実務的にはあまり重要ではないとも評される（たとえば佐伯仁志『刑法総論の考え方・楽しみ方』〔有斐閣、2013年〕368頁以下）。

　裁判員制度の下では法令の解釈に係る判断は裁判官の権限とされており（裁判員の参加する刑事裁判に関する法律6条2項）、（中止犯に限ったことではないが）裁判員に対してどのように中止犯という制度趣旨を説明し、中止行為、任意性といった要件を説明するか、によって結論が異なりうるのであるから、理論的な検討の必要性は否定できない（裁判員に対する中止犯概念の説明案を検討する裁判官らによる試みとして、西田眞基・木山暢郎・福島恵子「中止未遂(下)」判例タイムズ1382号〔2013年〕52頁以下）。そして近時では実際に、裁判員裁判において中止犯の成立が肯定あるいは否定される事案も出てきている。そしてなお刑事政策説と法律説を対置し、両者をあわせた考え方が法的性格論として実務家に理解されている現状において（西田眞基・木山暢郎・福島恵子「中止未遂(上)」判例タイムズ1380号〔2012年〕76頁以下参照）、基本文献の主張する刑事政策説と法律説の正確な理解についての主張と、それに応じた法律説側からの反論がなされることで中止犯論が発展し、実務に影響を及ぼしていくことが期待される。

▶立法への示唆

　近時は刑事立法が活性化しているが、「重罰化」、「処罰の早期化」等の「刑罰積極主義」の傾向にあるとされている（井田良「近年における刑事立法の活性化とその評価」井田・松原芳博編『立法学のフロンティア3——立法実践の変革』〔ナカニシヤ出版、2014年〕97頁以下）。これに対し、基本文献では、「行為による悔悟」制度を活用することで、犯罪結果の進展を回避し、被害者保護に役立つことが指摘されており（基本文献451頁）、重罰化に頼らない法益保護の方向性として注目に値しよう（和田俊憲「被拐取者解放減軽における『違法減少』と『違法減少阻却』」慶応法学7号〔2007年〕169頁以下では、交通事犯における「刑の減免による法益保護」の立法提案がなされている）。

18 期待可能性論

●基本文献
佐伯千仭
『刑法に於ける期待可能性の思想』
(有斐閣、1947年〔増補版1985年〕)

松宮 孝明

1　学説・実務状況

▶規範的責任論と心理的責任論

　基本文献は、刑法における規範的責任論とその具体化である「期待可能性」という考え方を日本刑法学に普及させた歴史的著作である。また、戦後の混乱期における下級審判例にも多大な影響を与えた。その影響については、基本文献の増補版で追加された補論「終戦後の判例と期待可能性の理論」に詳しい。

　期待可能性論に代表される規範的責任論が登場するまでは、責任能力のある者が故意または過失で犯罪となる行為をした場合には刑事責任がある、とする心理的責任論が学界を支配していた。これによるなら、たとえそれがやむにやまれぬ心理的圧迫状態での振る舞いであったとしても、刑事責任を免れないということになる。しかし、雇主の命令に背くと失業して一家が路頭に迷うという、社会保障のない社会では、命令に従って超過勤務状態でのバスの運転中に過労で意識を失い死傷事故を起こした運転手を、場合によっては、適法行為の期待可能性なしという理由で無罪とすることもありうる。「期待可能性」論とは、このように、適法行為の期待可能性が責任の本質であって、それがない場合には責任がないとする考え方をいう。

▶期待可能性論の萌芽

　もっとも、以前から、適法行為が期待できないときには刑事責任が問われないと考えられる場合もあった。旧刑法75条1項は、抗拒不能の強制に遭ってし

た「その意にあらざる所為」にはその罪を論じないとしていたし、同条2項は、天災等で避けることのできない危難に遭い「自己若しくは親属の身体」を守るために出た所為も罰しないとしていた。これらは、1907年の現行刑法に至って、学説に委ねるという理由で削除されたりその第37条1項の緊急避難に吸収されたりするのであるが、抗拒不能という要件や「自己若しくは親属の身体」の保護への限定が意味するように、適法というわけではなく、「意のままにならない」、「やらざるを得ない」という理由で不問に付される行為を規定していたわけである。さらに、現行刑法では、過剰防衛（36条2項）や過剰避難（37条1項但書）によって、あるいは犯人自身や犯人の親族による証拠隠滅等において（104条、105条等）刑が免除される場合も、同様のものと考えられていた。

また、過失犯について、ドイツの「暴れ馬事件」判決（1897年3月22日ライヒ裁判所判決 RGSt 30, 25）が、量刑についてはわが国の「第5柏丸事件」判決（大判昭和10・11・21刑集12巻2072頁）が、それぞれ、被告人に適法行為を期待できないとして無罪とし、もしくは期待しがたい事情があったことを理由として刑を大幅に軽くしていた。

しかし、これらは、刑法総論において統一的な説明を与えられることなく、それぞれの箇所で、「情状により道義的に責任が軽い」（過剰防衛につき小野清一郎『新訂刑法講義総論』〔有斐閣、1948年〕125頁）とか「親族間における道義および人情の観点」（105条につき小野清一郎『新訂刑法講義各論』〔有斐閣、1949年〕35頁）というように説明されていた。

2　学説史的意義と位置づけ

▶先駆的業績

「期待可能性」の考え方は、1907年のフランク「責任概念の構成について」を嚆矢とする。ここで提唱されたのが「規範的責任論」である。これは、佐伯千仭とほぼ同時期に、木村亀二らによっても紹介されていた（木村亀二「刑事責任に関する規範主義の批判」法学志林30巻6号-9号〔1928年〕、武藤文雄『刑法における概念の規範的構成』〔有斐閣、1934年〕）。

▶基本文献の意義

　しかし、ドイツ刑法理論の紹介にとどまらず、その体系的位置づけや判断基準、期待可能性を失わせる事情に関する錯誤、共犯との関係、再犯・常習犯加重と期待可能性との関係等、個別問題にまで踏み込んでこの考え方を通説化させたのは、まさに基本文献の功績であった。その本書の中核をなす佐伯の論文は、すでに1931年および1932年ころに、京大法学論叢誌上で公刊されている。基本文献は、佐伯に続く世代の多くの学者に刑法への関心を喚起している。刑法総論の教科書で、期待可能性に関する基本文献に本書の名を挙げないものはないといってよい。

3　文献紹介

▶基本文献の構成

　基本文献は、増補版で追加された補論を含め、全12章からなる。そのうち、第1章は、フランクからエバハルト・シュミットに至るまでのドイツ期待可能性論の発展過程を追うもので、基本文献の総論に当たる。第2章は、ナチス期の期待可能性論を扱ったもので、第1章を補完するものである。第3章から第11章までは期待可能性論の各論であり、それぞれ、日本刑法に対してこの理論が有する普遍性（第3章）、日本の学説・判例における期待可能性（第4章）、期待可能性論を支える法規範の構造（第5章）、期待可能性の標準（第6章）、犯罪体系上の地位（第7章）、一身的刑罰阻却事由の期待不可能性への解消（第8章）、期待可能性を失わせる事情に関する錯誤（第9章）、共犯の従属性との関係（第10章）、期待可能性と性格の危険性との関係（第11章）を扱うものである。また、補論は、戦後日本の判例と期待可能性論の扱いを論じるものである。

▶基本文献の主張の中核

　基本文献の主張の中核的内容は、佐伯の以下の記述に端的に表現されている（基本文献1-2頁）。

> ……期待可能性は規範的責任論の中心的観念である。而してその規範的責任論は責任の実質を以て非難（又は非難の可能性）にありとなし、更にその非難は、現に或る違

法な行為を行った者が、その行為の際の諸事情から見て、もっと別の適法な態度をとり得た筈であるといひ得る場合にのみ可能であると主張するものである。在来も責任論の多くは責任は非難（可能性）であるといふ前提から出発したのであるが、その実際の理論構成に於ては責任を専らこの非難を受ける対象としての一定の心理的事実、或ひは精神状態と解するのが常であった。而もその心理的事実（状態）とは責任能力と故意又は過失――即ち結果及び違法の予見又は予見可能――の二者であるから、行為者が責任能力者であり且故意（又は過失）を有したことが立証されさへすれば、それで責任非難の要件は完備した譯であって、彼はもう有責性の判断を免れ得ないとせられるのであった。かかる考え方は、一般論としては、いかにも妥当である。蓋し普通の場合には、行為者は彼が責任能力を具備し、且自分の行為の結果と違法性を認識した（又は認識し得た）以上は当然にその行為を思ひ止まり得た筈であると推定し得るからである。然しこれは通常の場合のことで、例外なしに常に然りといひ切ることはできない。稀れには、行為者に責任能力も結果や違法性の認識（又は認識の可能）も備っているにも拘らず、而もなほ彼に他の行為を期待できない場合がある、かやうな場合には最早行為者を非難することは不可能であって、刑法上も亦責任なしと断定しなければならない。これが即ち期待可能性の思想の要旨なのである。

▶「期待可能性」論の学説史

　基本文献は、この主張をなすために、まず、第1章と第2章において、ドイツにおけるこの理論の学説史を紹介する。次いで、それを踏まえて、この考え方がわが国にも妥当する普遍性を有するものであることを、第3章で明らかにする。

　ここでは、期待可能性論の始祖であるフランクの問題意識は、故意と過失、緊急避難、そして量刑基準を総合する責任概念であったことが指摘される。犯罪実現の認識がない過失と、それが存在する故意に共通する規範的要素を探ることから、規範的責任論は出発したことに気づかされる。同時に気づかされるのは、期待可能性論発展の鍵となったのが緊急避難だったことである。日本の旧刑法75条2項における緊急避難規定のモデルともなったドイツ刑法54条は、自己または親族の生命・身体に対する危難からの避難のみを対象としたもので、ゆえに、フランクおよび当時のドイツ通説は、これを責任阻却事由と解した。また、スイス刑法1896年草案がすでに危難甘受を「期待し得ないとき」を緊急避難の要件としており、ドイツの1925年および1927年草案もこれに倣っていた。しかし、これによって阻却される責任は、責任能力を前提とする故意ま

たは過失ではない。ゆえに、責任とは、そのような心理的な事実ではなく、「非難可能性」という規範的な評価であり、かつ、そのような非難可能性を否定するような付随事情がないこと、つまり「付随事情の正常性」が責任の要素として追加されるべきだとフランクは主張したのである。

　続いてゴルトシュミットもまた、当時のドイツ刑法における緊急避難を責任阻却事由とする考えから出発し（ドイツ民法の防御的および攻撃的緊急避難は違法性阻却事由）、それによって阻却される（①責任能力、②故意または過失に続く）第３の責任要素として「義務違反性」を要求したことが指摘される。それは、故意では犯罪の反対動機とすべき事実を認識した場合には行為に出ない（不作為犯では作為をする）という義務であり、過失犯では、これに加えて、予見すべき結果を予見するという義務であり、後に、エバハルト・シュミットによって、法規範の命令機能と解されたものである（基本文献では「命令規範」と表記されているが、それは「同一の法規範の二つの面」と記されているので、より正確には「法規範の命令機能」である）。

　フロイデンタールも類似の主張をしたが、緊急避難規定の要件は狭すぎるとして、期待可能という要素を故意の内容とし、故意犯の場合でも超法規的な責任阻却を認めようとしたため、期待可能性の標準問題が浮上したことが指摘される。つまり、個人の事情を広く考慮するなら、確信犯等において「すべてを許すことになる」という問題である。これについてエバハルト・シュミットは「平均的な国民」ないし「忠誠なる国民」を標準とするという「平均人標準説」を採用することで、問題を回避したことが指摘される。同時に、これは、行為者の性格がこの標準人から乖離していること（＝「性格の危険性」）を非難の根拠とする「性格責任論」（ないし新派の「社会的責任論」）に繋げられたことも指摘される。

　ナチス時代には、期待可能正論は刑事司法を弛緩させるものとして批判された。しかし、（おそらくナチス思想に忠実な動機から法に違反する人物を救済する意図が含まれていたと思われる）「意思刑法」の立場から、「健全なる国民（民族）観念」から甘受を期待できない危難を要件とするナチス刑法改正草案の緊急避難規定が作られる過程で、ナチスもまた、そのように改変された形でではあるが、期待可能性論を採用せざるを得なかったことが指摘される。

▶期待可能性論の普遍性と日本法への受容

　第3章では、類似の考え方がフランス法における、強制、緊急避難、上官の違法命令、その他の不論罪ないし宥恕規定の中にも、英国法における、妻が共犯の場合、脅迫、緊急避難の議論の中にも見受けられるとされる（もっとも、上官の違法命令に対する不服従の権利が認められることの反面として、英国法では不処罰とされる範囲が狭いという評価も付されている）。

　類似の事情は日本法でも見出され（105条の親族相隠、不義密通女性を殺害する夫や赤穂浪士の処分等）、さらに、上官の違法命令にも拘束力があるため、事情はいっそう深刻であることが指摘されている。

　第4章では、この考え方が、佐伯の努力等により、急速に日本の学説に受容されたこと、さらに、「平均人標準説」を介して「社会的責任論」にも受容されたことが指摘される。同時に、大審院の多くの裁判例でも、主として量刑においてではあるが、「第5柏丸事件」判決を筆頭に、広く受容されたことが示される。

▶法規範の構造と体系上の地位

　第5章以降は、期待可能性論をめぐる個別問題を扱う。第5章では、「評価は命令に先行する」という論理関係の下、法規範の機能を評価機能と命令機能に分ける客観的違法論の上で、期待可能性論は、「違法な行為」をしないよう意思決定する期待が可能であったのに行為に出たことに対する非難可能性、つまり責任を基礎づけるものと位置づけられる。

　また、第7章では、適法行為の期待可能性は非難可能性という責任の内容をなし、例外的に期待可能性を失わせる事情が責任阻却事由と解されている。その上で、法益同価値の場合の緊急避難や過剰防衛・過剰避難により刑を免除される場合、親族相隠などを明文による責任阻却事由と解しつつ、上官の違法拘束命令や安楽死などで、場合によっては超法規的な責任阻却が認められるとされる。加えて、責任の加重減軽事由にも言及される。

▶一身的刑罰阻却事由と共犯の従属性、錯誤

　第8章では、従来、一身的刑罰阻却事由とされていたもののうち、105条の親族相隠、257条の親族間の盗品等の罪などで刑が免除される場合は、期待可能性を欠くことによる責任阻却事由であって、後述する制限従属形式からは、

これに対する共犯はなお可罰的であることが示される。これに対して、第10章では、244条1項の刑が免除される親族相盗は可罰的違法性を欠くという理解の下で、これに対しては明文で共犯が可能とされていることから、共犯は可罰的でない違法行為に対しても可能とする見解が主張される（後世、「一般違法従属形式」と称されるものである）。

第9章では、期待可能性に関する錯誤が扱われる。そこでは、これは「期待可能性を欠く事情がないのにあると思ったとき」（積極的錯誤）と、「期待可能性を欠く事情があるのにないと思ったとき」（消極的錯誤）に分かれ、それぞれ、制定法がどのように規定しているかを考慮して解決される。たとえば、前者については、期待可能性を欠く事情があると思ったことが現実に行為者心理に強制的な圧迫を与えている以上は、やはり責任が阻却されることがあるし、後者については、原則は心理的圧迫がない以上責任が認められるが、制定法が客観的事情の存在のみを要求している場合には、法律が「反証を許さない推定」を規定しているものと解すべきだとされるのである。

▶期待可能性の標準と「性格の危険性」

さらに、第6章では、期待可能性の標準問題が扱われる。ここでは、確信犯や刑法37条2項の「業務上特別の義務がある者」に緊急避難による不処罰を認めない規定などを手がかりに、完全な行為者標準説が斥けられる。また、「平均人標準説」も、あらゆる事情を「平均化」するものではなく、たとえば「人格」については一般化するが「付随事情」については個別具体化するものであるとか、また、それを算術的平均とするものではなく、場合によっては平均人には期待できないことでも罪責を問われることがありうるという指摘がなされる。それは、期待する主体と期待される客体との緊張関係の間で成立する「法の予定する平均人」の意味だとされるのである（この弁証法的な標準論は、後世、「国家標準説」とよばれる）。

最後に、第11章の「期待可能性と性格の危険性」では、とくに常習犯や累犯に対する刑加重の問題が扱われる。そこでは、規範的責任論はもともと旧派の意思自由論から出発したものであり、シュミット等によって新派の性格責任論と調和するものとされたが、責任と性格の危険性との本質的な調和は困難とされる。その上で、意思自由論を前提にしつつ、常習犯加重については、性格の

危険性に対する責任を認める「人格形成責任」のようなものが主張される。しかし、あわせて、現行法では、自業自得といえない「累犯性」や「常習性」も犯罪類型の要素をなしていることを理由に、これらを含む「行為者の危険性」を違法要素とする結論も引き出される。そして、最終的には、「責任が前提とする自由は茲では常に擬制である。」とされるのである。あわせて、「性格の危険性」（による刑加重）を法定するのは必要最小限度に止めなければならないとされる。

4 残された課題

▶超法規的責任阻却事由の余地

増補版で追加された補論では、この理論が、戦後の混乱期、とりわけ経済事件の下級審裁判例に大きな影響を与えたことが示されている。とりわけ、それは、故意犯における超法規的な責任阻却事由として機能したのである。このことは、ドイツの判例が故意犯ではそれを容易に認めようとしなかったことと対照的である（もっともドイツ刑法35条には、期待不可能をその本質とする免責的緊急避難の規定があり、それ以外に期待不可能を理由とする責任阻却が認められていないだけである）。

しかし、それゆえに、最高裁では、期待不可能を理由とする超法規的責任阻却は認められてこなかった。「三友炭鉱事件」判決（最判昭和31・12・11刑集10巻12号1605頁）や失業保険料納付義務違反に関する判決（最判昭和33・7・10刑集12巻7号2471頁）では、期待不可能を理由とする原審の無罪判決を維持しつつ、それぞれ、いまだ違法に威力を用いて業務を妨害したものでないとしたり（「可罰的」違法性阻却）、現金がないため納付不可能な場合は不納付罪の構成要件に該当しないとする（不作為犯における〔物理的〕作為可能性要件の不充足）などして、期待不可能を理由としなかった。さらに、「三菱炭鉱事件」判決（最判昭和33・11・4刑集12巻15号3439頁）の垂水裁判官補足意見は、「最高裁判所としてこの理論を肯定も否定もでき」ず、「『法は不能を強いない。』の立場以上には踏み出さないかも知れない」と述べていた。

これは、「法は不能を強いない」という意味での規範的責任論ないしその内

容を構成する適法行為の期待可能性一般を否定したものではない。そうではなくて、下級審が認める「超法規的責任阻却事由としての期待不可能性」は広すぎ、または基準があいまいで濫用される恐れがあることを懸念したものと解される。ゆえに、このような考え方は、最後の「安全弁として必要である」（平野龍一『刑法総論Ⅱ』〔有斐閣、1975年〕278頁）と評されている。

▶強制ないし緊急避難との関係

加えて、独仏の刑法や旧刑法にあった「強制」による犯罪行為の場合に、その責任を否定する余地が必要である。以前は、これもまた「超法規的責任阻却事由としての期待不可能性」の一場合とする学説が多かった（団藤重光『刑法綱要総論〔第3版〕』〔創文社、1990年〕327頁以下）。しかし、近年、下級審は、このような場合に37条1項本文の緊急避難規定を適用して無罪とした（覚せい剤自己使用について東京高判平成24・12・18判時2212号123頁）。

冒頭で述べたように、もともと旧刑法75条1項に強制による行為の規定があり、また、現行法37条1項は免責的緊急避難と考えられる旧刑法75条2項を含んだものであったことを考えれば、これは自然な結論であるし、この場合は期待不可能を理由とする責任阻却と解するべきである。また、生じた害が守ろうとした害より大きかった場合には、刑法37条1項但書を活用して、刑の免除を認める余地もあろう。同時に、このようにすれば、明文の手がかりのない「超法規的」責任阻却を認める必要性は小さくなる。

▶期待可能性の標準と「性格の危険性」

基本文献が「本質的に相容れない」とした期待可能性と「性格の危険性」との関係についても、再検討が必要である。というのも、シュミットの「性格の危険性」は、責任能力者を前提とした考え方だったからである。そこでは、期待可能性の標準は「忠誠なる国民」とされ、かつ、それと行為者との間の乖離が責任非難の根拠とされていた。ここから推測されるのは、シュミットのいう「性格の危険性」とは、犬が人に噛み付くような自然の危険性ではなく、行為者が標準とされる国民に比して法に忠実であろうとする心構えが不十分であることを意味するように思われる。たとえば、人命よりも儲けを優先するので安全対策に関心を示さないホテル経営者などが、これに当たる。

もちろん、そのような「危険性」は、未熟や精神の障害を理由とする責任無

能力者にも認められる。しかし、重要なのは、責任能力者の場合、このような「性格の欠陥」を根拠とする違法行為の非難に対して、その意味を了解し「法および社会に対して謝罪するとともに自分の規範意識を高め、これから後はまともな法秩序の担い手として社会に復帰することを決意させようとする」（佐伯千仭『刑法講義（総論）〔4訂版〕』〔有斐閣、1981年〕79頁）ことが「潜在的に可能」とみなされるということである（「過失の標準」について団藤・前掲書344頁）。刑事責任とは、犯罪とされる違法な個別行為に対して、規範的心情の欠陥を根拠として加えられる非難であると解せばよい。同時に、この場合、行為者の生理的能力や知識は、所与のものとして考慮される（松宮孝明「佐伯刑法学における責任論」犯罪と刑罰18号〔2008年〕61頁参照）。

▶過失犯との関係

類似の関係は、過失犯における「過失（ないし注意義務）の標準」問題にも現れる。もちろん、この場合も、行為者の生理的能力や知識は、所与のものとして考慮される（「能力区別説」）。ただし、誤解を避けるためにいえば、自己の知識や生理的能力では制御できないと認識できる危険行為の場合は、それを引き受けたこと（「引き受け過失」）が非難の根拠となる（松宮孝明『刑事過失論の研究〔補訂版〕』〔成文堂、2004年〕121頁以下参照）。

▶量刑理論との関係

現在、裁判員裁判では、素人に量刑も判断させる。そこでは、たとえば介護に疲れての無理心中であった場合と利己的な動機での殺人とでは、以前よりも量刑傾向の差異が大きくなったといわれている。これは、もちろん、利己的な動機で殺害に出ることが「当該被告人にとっては逃れられないことであった」としても、である。これは、市民の中にある素朴な——市民の期待する標準的な規範意識の持ち主を基準として判断される——期待可能性思想の表れと解される。

5 現代的意義

期待可能性という考え方は、以上のように、強制や過失の有無・程度、量刑判断などにおいて、きわめて現代的な意義を有している。とりわけ、裁判員裁

判を通じて市民の素朴な期待可能性思想が判決、とくに量刑に反映されやすくなった。

そのため、現在は、詳細な量刑理論の研究が盛んである。その際、基本文献が示した期待可能性の思想を、その出発点に置くべきことを忘れてはならないように思われる。

19 「正犯と共犯」論

●基本文献
松宮孝明
『刑事立法と犯罪体系』
(成文堂、2003年)

照沼 亮介

1 学説・実務状況

　わが国の共犯論はドイツ刑法の解釈論における図式に強く影響を受けて形成され、発展を遂げてきたものであるが、その結果、構成要件論の確立を踏まえ、結果発生の危険性がより高い行為＝実行行為を行った者が正犯であり、それ以外の者は共犯であるとする理解が通説的な地位を占めていたことは周知の通りである。他方、判例では大審院時代からいわゆる共謀共同正犯の成立が肯定されてきたため、上記の理論的前提からこれに反対する学説との間に深刻な対立が存在していた。しかし、団藤重光の改説（最決昭和57・7・16刑集36巻6号695頁に付された団藤補足意見〔同697頁以下〕）や平野龍一の提言（平野龍一『刑法の基礎』〔東京大学出版会、1966年〕248頁以下）の強い影響などもあり、この点の対立が次第に解消されてくると、その後はドイツにおける共犯の処罰根拠論の紹介（大越義久『共犯の処罰根拠』〔青林書院新社、1981年〕、同『共犯論再考』〔成文堂、1989年〕、高橋則夫『共犯体系と共犯理論』〔成文堂、1988年〕）を契機として、結果の惹起が肯定できる範囲で共犯成立を認めるべきだとする理解が広まり、共同正犯をも含めた形で、「因果性」を基軸とした共犯論が多数の支持を獲得することとなった（その代表として、西田典之『共犯と身分〔新版〕』〔成文堂、2003年〕、同『共犯理論の展開』〔成文堂、2010年〕参照）。そこでは、構成要件的な類型といった見地からの成立範囲の限定・関与類型相互間の区別という当初の発想は大幅に後退することとなり、処罰範囲限定のための概念の必要性が自覚されるようになり

つつも、有効な解決策を見出し難い状況を生じさせていたといえよう（なお、基本文献に先立って島田聡一郎『正犯・共犯論の基礎理論』〔東京大学出版会、2002年〕が公刊されていた点も付記しておく）。

2 学説史的意義と位置づけ

▶批判的分析の書

　こうした中、わが国の犯罪論に対して意欲的な提言を続けてきた松宮孝明の論稿21編が1冊に収められ、公刊されたのが基本文献である（基本文献の書評として、浅田和茂・法学セミナー588号〔2003年〕112頁、山口厚・現代刑事法60号〔2004年〕80頁以下がある）。基本文献は全体として、刑法総論とは本来「きわめて実践的かつ応用的な学問である」（はしがきⅶ頁）という問題意識から現代の刑事立法に対する批判的視点を提示する（同ⅱ頁）という意図のもと、第Ⅰ部「刑事立法論」、第Ⅱ部「犯罪論における基本概念」、第Ⅲ部「共犯論」の3部から構成されているが、中でも本稿の対象となる第Ⅲ部は、「犯罪体系論の試金石といわれる共犯論」を素材として「犯罪体系の構築が個別の解釈や立法にとっていかなる意味を持つものであるか」を明らかにするものとして独立した位置づけを与えられており、大きな屋台骨を形成しているといえよう。具体的には、ドイツにおける要素従属性・共犯の処罰根拠論などに関する議論の生成過程を丹念に追いながら紹介した上で、共謀共同正犯概念が多用されるわが国における議論状況を批判的に検討し、これらから得られた知見を元に、共犯と身分や必要的共犯などの具体的な問題に対する解決策を示すものとなっているが、中でも「社会的解釈図式」の導入によるパラダイム転換の必要性が説かれた上で、いわゆる中立的行為による幇助の問題の解決が示唆されている点が目を引くところである。

▶松宮孝明の業績における位置づけ

　松宮はこれ以前に既に過失犯に関する一連の業績のほか、その犯罪論全体に関する構想を示した体系書『刑法総論講義』（成文堂。現在では第4版〔2009年〕）も公刊していたところであったが、「犯罪論の基本的な問題が周到に検討されており、同教授の刑法学説の中核に属する部分が示されている」（山口・前掲80

頁）基本文献の登場は、学界に対して大きなインパクトを与えたといえよう。共犯論との関係では、これに先行する中山研一、浅田和茂との共著『レヴィジオン刑法1　共犯論』(成文堂、1997年) を受け継ぐ形で、ドイツにおける客観的帰属論の展開を踏まえた上での「因果主義」の限界、および上述の「社会解釈図式」の必要性が説かれ、これらの見地からの共犯理論がいかなるものとなるかについてその一端が示されたこと、また、過失犯に関する研究過程で正犯概念に対する検討の必要性が自覚されたという松宮の問題意識の推移が示されていること（はしがきvii頁）などが注目される。また、本稿の対象外であるが、基本文献第4章における、ハンス・ヴェルツェルにより目的的行為論が主張された根源的な理由は、故意犯と過失犯の体系を完全に区別した上で、後者の正犯概念を拡張し、故意正犯の背後に過失正犯の成立を肯定するためであったとする分析は、正犯概念との関係で重要な指摘である（既に、中山研一ほか編著『火災と刑事責任』〔成文堂、1993年〕167頁以下〔松宮執筆〕、前掲『レヴィジオン刑法1　共犯論』40頁以下、52頁以下〔松宮執筆〕）。

　なお、基本文献公刊後の共犯論に関する業績では、「共犯論」ジュリスト1348号（2008年）55頁以下、「『明石歩道橋事故』と過失犯の共同正犯について」立命館法学338号（2011年）135頁以下、「『過失犯の共同正犯』の理論的基礎について」同339＝340号（2011年）499頁以下、「共謀共同正犯」法学教室387号（2012年）23頁以下、「『承継的』共犯について」立命館法学352号（2013年）355頁以下などが、松宮の問題意識をさらに展開させたものとして重要である。

3　文献紹介

▶構　成

　基本文献第Ⅲ部は、共犯論の現状（第14章）、共犯の因果性（第15章）、「正犯」と「共犯」（第16章）、非故意行為に対する共犯（第17章）、共犯の従属性（第18章）、共犯の処罰根拠（第19章）、身分の連帯作用（第20章）、必要的共犯（第21章）という8つの章から構成されている（初出は1994年～2000年）。以下ではいくつかの切り口に分け、各章をまたいで重複する部分を適宜まとめた上で内容を紹介する。もっとも、共同正犯、処罰根拠、身分犯に関しては本書の各該当箇所で

それぞれ掘り下げた検討がなされているため、併せて参照されたい。
▶現状認識（第14章、第16章）

(はしがきv頁)

> 　共謀共同正犯という観念の多用によって、逆に、わが国の体系論が具体的解釈問題との接点を見失っている。……
> 　教唆・幇助が特定の犯罪に集中し、その他の犯罪ではほとんど死滅しかかっている。

　ここではまず前提として、わが国の実務における共犯規定の運用状況が司法統計年報等も用いた上で分析されている。そこでは、教唆や幇助の規定の適用事例はきわめて少なく、かつそれらの多くが特定の罪種に集中していることが示されている。松宮によれば、拡張的正犯概念が採用されているかのようなこうした状況が生じている最大の原因は、立法者の意思に反する範囲にまで共謀共同正犯概念を多用してきたことにほかならない。もっとも同時に、現在の学説においても純粋に「共謀」のみで共同正犯の成立を認めるものは少なく、立法者も形式的な「実行」を分担した場合のみに成立範囲を限定する趣旨ではなかった、とする認識も示されている。

▶「因果主義」の限界（第15章、第16章）

(はしがきv頁)

> 「日常取引」的な活動が、たまたま犯罪と接点をもち、その因果関係や故意がその本来の定義からすれば否定できないとしても、なお、共犯として処罰されない場合がある。

　ここでは①「因果関係がなくても共犯は成立するか」という問題と②「因果関係があれば共犯は成立するか」という問題とに区分された上で、まず①では承継的共犯と幇助の因果関係が取り上げられている。前者については、「タイムマシンはないのであるから、自分の関与前の出来事について刑事責任を負うというのは不合理である」という認識が示され、他方で、正犯の罪名に対する従属性の見地からは、「何に関与したか」を示す必要上、たとえば恐喝において被害者からの金員の受領の部分のみに加担した場合も、「恐喝幇助」が成立する余地があり、それは過去に対する罪責を問うものではないとされる（さら

に、「共犯」の処罰根拠論が狭義の共犯のみを対象としている関係上、承継的共同正犯はその射程外だとしながら、共同正犯の場合でも関与前の出来事についての処罰が認められるものではないとされている〔第19章・277頁注13〕)。後者については、「幇助した」といえるためには正犯行為を促進・助長したことが必要であるが、必要不可欠な助力でなくともよいとされる。心理的幇助の場合にも、幇助行為が正犯に認識されていなかった場合のように、実際に正犯の犯意の維持・強化に役立ったことが立証できなければ不可罰と考えるべきであるという。

他方、②については、上記のような促進・助長関係があり、未必の故意が認められるとしても、たとえば「怪しげな」者に商品を販売したり自動車運行サービスを提供した場合に幇助犯の成立を認めるべきではないとした上で、「犯行助長が一目瞭然でない限り、ちょうど郵便システムが犯罪に利用される場合と同じように、日常的な取引は所与の前提として、その犯行惹起力は無視されると解すべきように思われる。つまり、因果関係があっても、共犯の成立は否定されるのである」と説かれる。さらに、被害者の自己答責性を考慮して過失正犯性を否定する議論も引き合いに出された上で、「このような関与は『社会的に見れば』犯罪を促進する性格のものと見られないとか出来事の主役は被害者自身であるとか、そういった出来事の『社会的解釈図式』に依拠しなければ適切な解決は図れないのである」とされ、構成要件解釈にそうした手法を持ち込んだ点に客観的帰属論の功績があったと評されている。

▶正犯概念と従属性概念（第14章、第16章、第17章、第18章）

(はしがき v–vi 頁)

　日本であれば、「間接正犯と共犯との間の錯誤」は、その「重なる」限度で「軽い」共犯が成立するとして済まされてしまい、「重なり」を作り出すことが「従属性の緩和」とりわけ「制限従属形式」採用の動機であったことを見過ごしてしまいそうになる……ヘーゲル学派行為概念を前提にした当時のドイツ刑法では、「極端従属形式」を前提にするということは、すなわち、このような場合に「共犯」の成立を否定するということであった（もちろん、38条2項で問題が解決するくらいなら、「従属性の緩和」は不必要であるし、そもそも、38条2項は、そのような趣旨の規定ではない）。……
　「従属性の緩和」は……論理的には、間接正犯を共犯に解消するものではなく、むしろ、「処罰の間隙」を埋めるものであった。……

> 「従属性」という言葉に二つの意味がある……両者の混同によって議論が混乱している。

　松宮によれば、わが国の実務において共犯事案の大半が共同正犯で処理されていることは、狭義の共犯に固有の解釈問題が軽視される結果をもたらしている。従属性の問題については、「本来、各人が犯罪の実行を分担するはずの共同正犯には縁のない概念」であるにもかかわらず、共謀共同正犯が多用される関係上、少なくとも実行従属性の原理を持ち込まざるを得なくなっている。他方、正犯の側で最低限「違法」な行為がなされたことを要求する制限従属形式の意義について、「正犯の行為の違法性が共犯にも連帯する」という意味に誤解されることが多いが、制限従属形式における正犯行為の違法性は処罰の必要条件を示したものに過ぎず、十分条件ではない。正犯が違法であっても共犯が違法であるとは限らないのである。

　まず第17章では「故意への従属性」に関する議論が検討の俎上に載せられる。そもそもの淵源をたどると、ライヒ裁判所の時代のドイツ判例には、正犯者が責任無能力である場合には可罰的な「行為」が欠ける以上これに対する共犯は成立しないとしたものが見られる。ここでは、主観的共犯論を採用しても、広く「発起者」を正犯とする立場を採用しても、さらには間接正犯概念を認めたとしてもなお処罰の間隙が生じるということが示唆されていた。その後、M・E・マイヤーによる要素従属形式の区別に関する議論が定着すると、ドイツ刑法の改正作業は要素従属性の程度を緩和する方向に向かい、現行26条、27条において責任能力への従属は放棄されたが、逆に故意への従属性は明文で規定されるに至った。この点、教唆者が正犯に故意を生じさせたと誤想した場合については、多数説は30条による重罪に対する教唆未遂の限度で可罰的であると解しているが、それでもなお、重罪に対する幇助、軽罪に対する教唆・幇助の場合には処罰の間隙が残されていることになる。こうした状態は立法政策的に見て問題があるとする指摘も多い（その一例として、統一的正犯体系を採用し、明文上故意への従属性を要求していない秩序違反法上の共犯成立に関し、相手方に故意が存在している必要があるとした連邦通常裁判所1983年4月6日決定〔BGHSt.31, 309〕をめぐる議論が紹介されている）。こうした経緯を踏まえるなら、わが国の刑法61条、62

条はいずれも明文では故意への従属性が要求されていないにもかかわらず、学説上はこれを要求する見解が多数である。しかしそうした見解も、共犯者が正犯者に故意が存在すると誤想していたケースでは、(38条2項を媒介として) 教唆・幇助の限度では処罰しうるとする結論を採用している。松宮によればその「結論」は妥当であるが、前提とする「故意への従属性」との間に矛盾が存在しており、むしろこれを放棄する方が自然で、「一貫した解釈」ということになる (とくに、間接正犯の成立が認められない場合に、このことは「適切な処罰範囲の確立を約束する」こととなる)。さらに、正犯者に過失が存在しなかった場合の処理も考え合わせれば、過失への従属性も放棄すべきであり、61条、62条における「犯罪の実行」「正犯」とは、「犯罪の客観的構成要件の実現ないし客観的犯罪類型の実現」と解すべきであるとされる。ここでは、従属共犯の成立が認められることで結果的に間接正犯の成立範囲が縮小されることがあるかもしれないが、それは本来あるべき範囲に縮小されるまでのことに過ぎない (反面、共犯の成立範囲が不当に拡張するという批判に対しては、「法政策的にみれば、埋められるべき『処罰の間隙』の充足であって、『不当な』処罰の拡大ではない」と反論されている〔245頁注53〕)。

次に第18章では、上述したマイヤーの要素従属形式において含まれていた①「処罰の必要条件」と②「連帯性」という2つの側面がわが国においては正確に伝えられていないとして、この点の再検討が行われている。マイヤーの示した4つの要素従属形式のうち、「誇張従属形式」の定義は、正犯者に存在する加重減軽事情によって共犯者の刑も加重減軽されるとする考え方というものであったが、わが国では、正犯に構成要件該当性、違法性、有責性が備わっていることに加えて、処罰条件も具備しなければならないとする立場であると誤解されており、その上で現実的でない立場だと否定されていることが多い。しかしむしろ、正犯において処罰条件が充足されないのに共犯者だけ処罰されるとする帰結の方が奇妙である (251頁注12、274頁)。そもそもマイヤーは誇張従属形式をそのようなものとして提示したのではなく、1810年のフランス刑法典や1851年のプロイセン刑法典においても採用されていた「身分犯に対する身分のない共犯は正犯と同じ刑で処断されるという従属形式」を意味していたのであって、それはわが国の旧刑法の立案過程においても当初ボアソナードによっ

て提案されていた考え方であった(その後、彼は見解を改め、加重的身分の個別化作用を承認するに至った)。そうすると、ここでは、最小従属形式から極端従属形式までの3つの分類で問題とされている①処罰の必要条件とは異なり、②正犯の加減的身分が共犯に連帯することを認めるか否かが問題となっていると考えるべきである。松宮はこのように整理した上で、①の問題と②の問題とを明確に区別して論じるべきだとする。たとえば、「極端従属形式では正犯の責任能力が責任能力のない共犯にまで『連帯』するから不当だ」というような批判は、極端従属形式においても、①処罰の必要条件として責任能力の具備が要求されているに過ぎず、責任の「連帯作用」が認められているわけではないから、的外れである。こうした誤解を避けるためにも、上記の2つの意味の区別が欠かせないとされている。

　上記①の検討の素材としては、間接正犯と共犯の関係が取り上げられている。教唆の成立要件につき、刑法61条では「犯罪の実行」を唆したことが求められているが、ここでいう「犯罪」を文理に忠実に、「構成要件に該当し違法で有責な行為」と解すれば、極端従属形式が採用されるべきことになる。もっとも、責任無能力者を唆した場合に共犯の成立が否定されたとしても、仮に責任無能力者を利用して犯罪を実現させれば間接正犯が成立すると考えれば、この部分についての処罰は可能である。そこで、わが国の従来の学説は間接正犯と共犯とを「相補的」なものと考えてきた。しかし、共犯の側が正犯に責任能力が存在していると誤信していたような場合には「間接正犯の故意」がないのでなお処罰の間隙が残ることになる。歴史的には、違法と責任の区別が知られ、ドイツではマイヤーにより(立法論としてではあったが)制限従属形式の存在が主張され、これが現行刑法に採用されるに至ったことで、要素従属性の緩和が実現されたが、わが国においては明文の規定がないことから解釈によって可能かどうか、議論が生じうる。学説においては単純な一般的違法性の存在で足りるとする見解や、最小従属形式を採用する見解なども見られるが、裁判例でも、相手が刑事未成年者であることを知らずに窃盗を教唆した者に38条2項を介して窃盗教唆の刑を科したもの(仙台高判昭和27・2・29判特22号106頁)や、心神喪失状態での殺人を幇助した者に殺人罪の幇助の成立を認めたもの(京都地舞鶴支判昭和54・1・24判時958号137頁)がある。松宮によれば、これらは要素従属

性を緩和したものと把握される。そして、既に故意への従属性の部分で述べたように、ここでの「犯罪」を「犯罪の客観的構成要件の実現ないし客観的犯罪類型の実現」と解することが可能であるから、上記のように責任能力への従属を不要と解することができるとされる。なおこの過程で、通貨偽造罪における行使の目的については「客観的な行使の危険の認識」として故意に還元することが説かれ、身分なき故意ある道具のうち、公務員が非公務員を介して賄賂を受け取る場合には、公務員本人が賄賂を「収受」したとして直接正犯に当たるとする解釈が主張されていることが、とくに注目される。

次に②に関しては必然的に65条の解釈論が問題となるが、この点は後に取り上げることにしたい。

▶処罰根拠論（第14章、第19章）

(はしがきvi頁)

> 「惹起説」――それは、本来、共犯の処罰根拠を「因果関係」のみに求めるものではなく、「構成要件該当結果」と行為者との関係に着目するものだった。

わが国においては、同じく「因果的共犯論」を名乗る見解の間においても、未遂の教唆の可罰性や、犯人自身が自己の蔵匿や自己に関する証拠の隠滅を他人に依頼した場合の可罰性などの重要な論点について結論の相違がみられる。しかし、これらの場合の不可罰性を説明するために用意された処罰根拠論こそが「惹起説」の本来の内容である。こうした点を解明すべく、ドイツにおける処罰根拠論の展開について再検討が試みられる。

リューダーセンによれば、共犯（狭義の共犯に限られる）とは自己の不法と責任に対して罪責を問われるものであるが、従来の多数説はこれに反して共犯の不法は正犯の不法から導かれると解してきた。しかし、正犯が構成要件に該当する違法な行為をなしたとしても、それによって生じた法益侵害が共犯者自身にとって構成要件に該当し違法なものでなければ共犯は成立しない。そして、たとえば自己の所有物に対する窃盗に関与しても、窃盗の共犯としては処罰されないように、「結果に他人性を要求する構成要件」では、法益侵害の有無や保護の範囲は各人ごとに相対化されること、また、共犯者自身にのみ違法性阻却事由が存在した場合には共犯者のみ正当化されることが重要であるとされる。

そして、この点は混合惹起説に立脚するザムゾンやロクシンの見解においても意識されている。すなわち彼らも、共犯成立のためには「共犯者から見て構成要件に該当する結果が惹起されねばならない」「共犯者は自身に対しても保護されている法益を侵害しなければならない」という、惹起説の基本命題を維持している。たとえば、未遂の教唆／アジャン・プロヴォカトゥールの場合は、共犯者自身の行為は構成要件の実現を目指していないので、教唆になり得ないとされている。もっとも、「正犯なき共犯」を否定する見地から、共犯の行為が構成要件に該当して違法であるというだけでなく、正犯の行為も構成要件に該当して違法でなければならない、すなわち、正犯不法の存在を必要条件とすべきだと考える。この限りで、従属性の見地から惹起説に一定の修正が加えられているが、共犯自身が不法を実現しなければならないという前提は、純粋惹起説に立脚するリューダーセンと共通していることになる。以上に対して、共犯の不法がもっぱら正犯不法から導かれると考える見解（修正惹起説）では、未遂の教唆や片面的対向犯の場合にも一貫して共犯を成立させなければならない。仮にこれらの場合にも不可罰性を導こうとするなら、処罰根拠論からは外在的な理由を持ち出さなければならないことになる。

　こうして惹起説本来の内容からすれば、「共犯から見た構成要件該当結果」の違法な惹起が必要となる。これに加えて正犯不法を要求するのが混合惹起説であるが、その場合における正犯不法への「従属」は処罰を制約する「必要条件」を意味するにとどまり、正犯不法が共犯に「連帯」するという意味ではない。

　そして、後述する身分犯の問題も踏まえた上で、松宮自身は、未遂の教唆や一部の片面的対向犯の不可罰性を保障し、他方で正犯不法が共犯成立の必要条件であるという帰結を担保し、構成的身分犯の共犯における減軽を根拠付けることのできる混合惹起説が最も優れていると結論付ける。

▶共犯と身分（第14章、第18章、第19章、第20章）

(はしがき vi 頁)

> 身分犯の共犯は特殊な性格のもので、身分者に特殊な義務の一身専属性のゆえに、非身分者の共犯の成立は、一般の共犯論とは異なる政策的理由から説明されるべき。

> ……
> 身分犯の共犯については「共犯者用の構成要件」――わが国でいう「修正された構成要件」とは異なる――という観念を用いて「結果」概念を修正しなければならない。

　65条1項は構成的身分の場合に非身分者についても身分犯の共犯が成立することを定めており、他方、65条2項は加減的身分の場合に非身分者について「通常の刑」を科すことを定めている。この両者をいかに整合的に解釈すべきかについては長きにわたり議論があるが、現在有力な見解は、身分を違法身分と責任身分とに区分し、前者については加減的身分でも非身分者に連帯的に作用し、後者については構成的身分であっても個別化され連帯しないとする（西田・前掲『共犯と身分〔新版〕』131頁以下、167頁以下参照）。この見解は、いわゆる制限従属性説の背景にあるとされる「違法は連帯し、責任は個別化する」というテーゼを根拠として、違法身分は非身分者にも常に連帯すると考える見解であるが、これに対しては違法身分と責任身分の区別が流動的である、従来加減的身分とされてきたケースの多くが1項の適用を受けることになる、とする疑問が示されている。そして松宮はとくに「違法身分は一律に100パーセント連帯作用をもつとみてよいかどうか」という点につき、批判的検討を加えていく。

　松宮によれば、従属性概念に関して検討した際に触れたように、「極端従属形式から制限従属形式への変遷は、単に共犯成立の必要条件の緩和を意味する」に過ぎない以上、上記の理解は前提を欠いているとされる。すなわち、ここで確認されたのは「せいぜい、正犯行為の違法性が共犯成立の必要条件であることと、逆に、正犯の有責性は共犯成立の必要条件でないということまでである。その意味で、正犯行為の違法性は、そのままでは、共犯に連帯するものではない」。そもそも65条1項の立法理由は公務員犯罪への非公務員共犯の可罰性の確認にとどまっており、かつ、その場合も共同正犯の成立までは認めないという趣旨であったが、ドイツではこの問題は従属形式の緩和ではなく、後述の通り、処罰根拠論との関係で説明されているのであり、身分の連帯作用は制限従属形式とは切り離した形で論証されなければならない。

　この点、ドイツの現行刑法28条1項が構成的身分犯において共同正犯を否定し必要的減軽を規定していることや、ドイツの通説が加減的違法身分について

28条2項の適用を認めていること、日本の改正刑法草案31条1項が非身分者について任意的減軽を規定していることを踏まえれば、「この1世紀のドイツおよびわが国の刑法学の歩みは、違法身分を含むすべての身分犯について、身分の個別化作用を認める方向にあったとみるべきであろう」。そのような見地からは、たとえば賄賂を提供して収受を求めれば贈賄罪として3年以下の懲役にとどまるところ、単に賄賂の収受を求めれば収賄罪の教唆として5年以下（受託収賄の場合には7年以下）の懲役になってしまうという矛盾は、後者についても贈賄の刑を科すといった形で、極力身分の個別化作用を拡大する方向で解決すべきである。これに対して現在の判例・学説では、薬物犯罪における営利目的や、事後強盗における「窃盗」について、そうした適格を有さない者の行為を軽く処罰する規定があるにもかかわらず、これらを身分と解し、非身分者にも身分者と同等の刑を科そうとするものがみられるが、これらは誇張従属形式への回帰であるように思われる。

　では、以上のような身分犯における共犯処罰の問題は、上述した処罰根拠論、すなわち惹起説との関係ではいかに説明されるのであろうか。この点、わが国では、因果的共犯論においては「違法の連帯性」が肯定されるべきことを前提として、いかなる場合に「違法の相対化」が認められるべきか、という形で議論が展開されてきた（たとえば、大越・前掲『共犯の処罰根拠』122頁以下、219頁以下）。しかし、処罰根拠論の生成過程に触れた際にみてきたように、正犯不法は共犯成立の必要条件に過ぎないのであるから、「違法の連帯性」とは本来惹起説とは矛盾する性質のものである。この点、リューダーセンによれば、非公務員は「賄賂」を収受することはできないのであり、自身には賄賂を収受するなという規範は妥当しない。しかし、身分者の行為を介さなければ結果を惹起することはできないというのは事実的な性質の問題に過ぎず、こうした非身分者による間接的な攻撃に対しても法益はなお保護されている、と説明される。同じく純粋惹起説に立つシュミットホイザーは、この場合は一般の共犯とは異なる独立の共犯形式を定めたものだとしている。ここでは、「通常の犯罪なら、正犯が機械に置きかわれば、背後者は正犯に変わるのに、構成的身分犯の場合は構成要件実現自体がなくなってしまう」（ヤコブス）という特殊性、すなわち、外形的結果の惹起だけでは共犯の可罰性が説明できないという点に注目する必

要があり、この場合の非身分者は、「身分者の義務違反を誘発・助長する」という、規範の名宛人を拡大する特別のルール＝「共犯者用の構成要件」に該当すると考えられる。つまり身分犯の共犯規定は、非身分者が「身分者をして特別義務に違反させた」ことを捕捉する特別な構成要件であり、これに該当する者は特別な「正犯」であるという理解が前提とされているのである（290頁「コラム」）。

こうしてみると、わが国の65条１項のような規定は、身分者の処罰だけでは法益保護にとって十分でないと見られる場合に、非身分者による身分者の義務違反の誘発・促進を処罰することで、法益保護のいっそうの充実を図るものであるといえる。すなわち、非身分者の共犯を処罰することは、「自明の原理の確認ではなく、特殊な政策的根拠によるものだということになる」。以上のような松宮の主張は、たとえば公務員を主体とする犯罪、虚偽公文書作成罪や収賄罪のような場合には、公務員の特別な義務を遵守させる限度においてのみ法益が保護されており、「むしろ法益と義務は密接不可分だというべき」であるとする理解を前提としている。ここでは、わが国の一般的な理解とは異なって、「義務犯」型の身分犯が存在することが念頭に置かれているのである。

▶必要的共犯（第21章）

(はしがきvii頁)

> 必要的共犯論は、経済犯罪等においては、身分犯論と並んで、きわめて実践的な意義をもっている。総論におけるわが刑法学の未開拓分野といってもよいであろう。

本章では、公職選挙法199条２第１項、249条２第１項における公職の候補者等による寄附の罪に関する最決平成９・４・７刑集51巻４号363頁を素材として、（片面的）対向犯の問題が扱われている。なお、そもそも用語法の問題として、片面的対向犯のケースをいわゆる「必要的共犯」のカテゴリで扱うこと自体に異論が向けられることもあるが、歴史的経緯（たとえば大判明治37・５・５刑録10輯955頁、最判昭和43・12・24刑集22巻13号1625頁）に照らせばそれは妥当でない（もっとも、用語法としては不可罰のケースも含まれることから「必要的関与行為」と表現すべきことが指摘されている）。

本件では、第１審判決、第２審判決共に、受寄附者において当該寄附が候補

者等からのものであることの認識はおろか、その認識可能性も必要ないとしているが、最高裁は認識可能性の点には触れず、認識は必要ないと述べるにとどまっている。松宮は、同じ公選法上の選挙買収罪における供与罪に関する判例（最決昭和30・12・21刑集9巻14号2937頁）が、受供与者において「その供与の趣旨を認識してこれを受領することを要する」としていた点に注目する。すなわち、仮にこのような犯罪を「取引犯罪」とよぶなら、相手方はその取引の対象を知っていなければならない。これに対し、寄附の場合にはその利益が「寄附される」ことを知っていれば、寄附者の地位や身分を知る必要はない。ただ、こうした結論の相違を、買収罪が「両面的」対向犯で寄附罪が「片面的」対向犯であることに求めるのは誤りである。重婚罪の場合には婚姻の相手方が重婚の事実を知らなくとも成立するし、旧刑法のように贈賄の処罰規定がない場合にも、収賄罪が成立するためには贈賄側における賄賂供与の意思が不可欠だからである。

　結局、問題は罰条の文理・規制目的に照らして、相手方がいかなる主体かに関する認識を要するかということになるが、結論的には認識可能性も不要とした第1審、第2審は妥当でないが、現実の認識までは必要としないと解した最高裁の判断は正当であると考えられる。公選法の立法趣旨（1条）に照らし、寄附罪の立法趣旨もまずは「選挙が公明且つ適正に行われること」の確保に求められねばならないが、第1審・第2審判決はいずれも、この点に加えて「金のかからない政治の実現」を独立の立法趣旨と見ている。しかし、これは結局のところ「民主政治の健全な発達」に資するという手段的な目標に過ぎない（政治資金規正法においても「金のかからない政治」の実現それ自体は規制目的とはなっていない）。第1審・第2審のような理解によれば、寄附罪は候補者等の財産減少をパターナリスティックに防止するものであることになってしまうが、それは不当である（なお、これに対し、本件調査官解説は立法趣旨には「金のかからない政治の実現」も含まれているとする。井口修・最判解刑事篇平成9年度77頁以下参照）。他方、「投票時までに有権者らに対して寄附者たる候補者に好印象を抱かせて投票行動に有利に作用する」可能性さえ存在すれば選挙の公正を害する危険性はある以上、寄附主体に関する現実の認識までは不要である。本件では、受寄附者の側において現職の市長の私費で賄われたことを認識する十分な可能性が

あり、それが候補者たる現職市長に有利に作用する可能性は十分にあったと解される。

4　残された課題

▶下位基準の提示
　基本文献は真の意味における理論研究の書であり、それ自体として論理一貫した形で提示されることが念頭に置かれているが、共犯論においてはその意図は一段と鮮明に貫徹されているといえよう。もっともそれだけに、そうした理論的枠組みが、個別具体的な事案においてどのように展開されるのか、事実認定の際の下位基準や当てはめについても知りたくなってしまうというのは、望蜀ではあるが、熱心な読者であれば当然に抱く感想であるように思われる。たとえば従来身分犯と共犯の問題とされてきた個々の事例が具体的にどのように解決されるのか、また「社会的解釈図式」によって「犯行惹起力」が無視され共犯の成立が否定されるという論理が具体的に従来の事案においていかなる帰結を導くのか、といった点は最も関心をよぶ部分であろう。もっとも松宮自身、基本文献公刊後に共同正犯に関してそうした点を意識した解釈論の展開を試みている（前掲「共謀共同正犯」など）。また、松宮の薫陶を受けた豊田兼彦『共犯の処罰根拠と客観的帰属』（成文堂、2009年）などにおいてもそうした試みの一端が明らかにされていることも踏まえれば、むしろ松宮の基本思想を共有する後進にこそ、そうした要請が向けられるのかもしれない。

▶違法論との関係
　松宮は基本文献所収の各論文の公刊と前後する時期に、法益それ自体には十分な処罰限定機能を見出せないとして「規範」違反の部分に焦点を合わせるようになっている（たとえば基本文献41頁以下、『刑法総論講義〔第4版〕』16頁、中山ほか『レヴィジオン刑法3　構成要件・違法性・責任』〔成文堂、2009年〕135頁以下など）。それ自体は理解可能ではあるが、根幹となる不法構造論がいかなるものであるのか、より掘り下げた説明が欲しいと思わせる部分もある。たとえば処罰根拠論に関する部分では結果に「他人性」を要する構成要件が存在していることや、共犯者自身が構成要件に該当していなくてはならず、それは正犯不法の有無と

は独立した判断に服するということが当然の前提とされている。しかし、従前の法益侵害説では法益侵害の有無は客観的に万人に対して連帯する事情であるとされていたことから、「行為者ごとの構成要件該当性判断・不法の判断」という枠組みは、ドイツにおける議論の前提であるとしても、松宮自身にとってなぜ理論的に前提となしうるのか、本稿執筆者はなお教示を請いたいと考えている（義務犯説の採用についても同様の感想を抱いている）。おそらくこの点は、たとえば「これは因果性の問題ではなく、従属性の問題である」というような二者択一的な説明がなされる際に、では当の「因果性」とかかわりのないところでいかにして結果帰属が判断されているのか、という素朴な疑問にもつながる部分であろう。もっともこうした点は、実践的課題からのフィードバックにより総論の議論を検証する際に「どの部分」にさかのぼる必要があると感じられているのか、そうした問題意識の個人差に由来する部分であるのかもしれない。

5　現代的意義

4で述べたことと関連するが、基本文献は現在の実務状況および多数説に対して突き付けられた問題提起であり、きわめて重大なインパクトを有している（山口・前掲81頁は「本書は、著者の主張に賛同するか否かにかかわらず、理論刑法学の重要問題を考える際には学問的対決を要する重要な業績となっていることに疑いはない。真に精読に値する一書である」と評する）。しかし、そうした松宮の問題提起を実務・多数説の側においても理解し易い形に整理し、議論のための共通の基盤を設けるという作業は未だ十分ではなく、それ故にすれ違いのままにとどまっている点もなお少なくないように感じられる。真に生産的な意見交換の土壌を形成するためにはどうすればいいのか、後進の研究者に課せられた課題は重い。

20 | 共同正犯論／共謀共同正犯論

●基本文献
下村康正
『共謀共同正犯と共犯理論』
(学陽書房、1975年)

小島 秀夫

1 学説・実務状況

　基本文献の出版前年に公表された改正刑法草案では、27条2項において「二人以上で犯罪の実行を謀議し、共謀者の或る者が共同の意思に基づいてこれを実行したときは、他の共謀者もまた正犯とする」として、共謀共同正犯に関する規定が新設された。まずは、当時の学説や実務状況を概観したい。

▶学説の状況

　共同正犯は、実行行為の一部を行う者のみならず、その一部すら行わない共謀者にも成立しうるだろうか。従来は、実行共同正犯として前者のみ成立し、いわゆる共謀共同正犯とよばれる後者の成立を否定する見解が圧倒的であった。戦前から、共同正犯とは何を共同するものかという問題が投げかけられ、特定の「犯罪」を共同するものであると捉える犯罪共同説と事実的な「行為」を共同するものであると捉える行為共同説との対立構図が描かれていたが（牧野英一『日本刑法　上巻総論〔重訂版〕』〔有斐閣、1937年〕408頁以下）、いずれにせよ多くの論者は、一部であれ実行行為を分担することが共同正犯の不可欠な成立要件であると解していた。

　これに対して、共謀共同正犯を肯定する判例の立場にいち早く同調したのが、共同意思主体説である。同説は、共同正犯の共犯的性格を強調する。2人以上の者が一定の犯罪を実現しようとする共同目的を有することで1つの共同意思主体が形成され、その中の1人が犯罪の実行に出た場合、その実行行為は共同

意思主体の活動とみなされ、その構成員全員に共同正犯を成立させる（草野豹一郎『刑法改正上の重要問題』〔厳松堂書店、1950年〕315頁以下）。少数説だった共同意思主体説は、判例理論や前述した改正刑法草案の影響も相まって次第に支持者を広げていった。

　もっとも、練馬事件最高裁大法廷判決が出された1950年代後半からは、共同正犯の正犯的性格に重点を置きつつ共謀共同正犯を肯定する学説も登場した。たとえば、他人の行為を支配して自己の犯罪を遂げる場合には共謀者も共同正犯であるとする行為支配説（平場安治『刑法総論講義』〔有信堂、1952年〕155頁以下）や、間接正犯が単独正犯として認められているように共謀者が自ら手を下したものと価値的に同一であると評価されうる場合には共謀者を共同正犯と解する間接正犯類似説（藤木英雄「共謀共同正犯の根拠と要件(1)」法学協会雑誌78巻6号〔1962年〕622頁以下）等が挙げられる。

▶実務の状況

　そもそも「共謀共同正犯」という考え方は、学説に先行して判例に現れた。「共に謀りて事を行う以上は何人が局に当るも其行為は共謀者一体の行為に外ならず」として共謀者に恐喝罪の共同正犯を認めて以来（大判明治29・3・3刑録2輯3巻10頁）、当初は虚偽告訴罪、文書偽造罪、詐欺罪等の知能犯に限って共謀共同正犯を肯定していたが（大判大正11・4・18刑集1巻233頁）、やがて傷害罪や殺人罪等の実力犯についても共謀共同正犯を肯定するようになり、すでに大審院時代に「共同正犯の本質は二人以上の者一心同体の如く互いに相寄り相助けて各自の犯意を共同的に実現し以て特定の犯罪を実行するに在り」と述べて、すべての犯罪に共謀共同正犯の理論が適用されうることを明示していた（大判昭和11・5・28刑集15巻715頁）。

　こうした態度は最高裁判所においても踏襲されたが（最判昭和23・1・15刑集2巻1号4頁）、共同意思主体説に軸足を置いていた判例理論は、時代につれて変化を遂げる。練馬事件最高裁大法廷判決では、「共謀共同正犯が成立するには、二人以上の者が、特定の犯罪を行うため、共同意思の下に一体となって互に他人の行為を利用し、各自の意思を実行に移すことを内容とする謀議をなし、よって犯罪を実行した事実が認められなければならない。したがって、右のような関係において共謀に参加した事実が認められる以上、直接実行行為に関与しな

い者でも、他人の行為をいわば自己の手段として犯罪を行ったという意味において、その間刑責の成立に差異を生ずると解すべき理由はない」と論じて、間接正犯類似説の展開につながる個人責任の原理を意識した論拠が披露された（最大判昭和33・5・28刑集12巻8号1718頁）。

2　学説史的意義と位置づけ

▶先駆的業績

　基本文献で展開されている共同意思主体説は、草野豹一郎によって創唱されたものである。草野は、先覚者による共同正犯の捉え方をヒントに同説を生み出した。共同正犯を共同意思主体の活動と捉えていた宮本英脩は、共同意思主体とは、共同の目的を実現するという相互了解の下で各個人が直接または間接いずれかの方法で寄与する社会生活上の一形式であると説明した。その上で、共同正犯が成立する場合は、私法上の法人や組合に対して効力を生ずる場合と同じ契機であると主張していた（宮本英脩『刑法学粹』〔弘文堂、1931年〕396頁以下）。また、行為共同説を形成した牧野英一によれば、数人が行為を共同する現象は、民法における組合の法理であり、刑法においては共犯の観念を生み出す（牧野・前掲書328頁）。共同意思主体説が団体責任の法理を髣髴させる所以は、こうした点に見られよう。

　その後、草野の理論は齊藤金作らに継承され、共同意思主体説は、改正刑法草案での共謀共同正犯の立法化に多大な影響を及ぼした。もっとも齊藤は、共犯者間における処罰の連帯性を是認する草野と一線を画し、処罰の個別性を主張している（齊藤金作『共犯理論の研究』〔有斐閣、1954年〕202頁以下）。

▶基本文献の意義

　このように、共同意思主体説の概要については継承されたものの、細部においては主唱者の間でも相違が見られた。基本文献が出版されるまでは、同説が過失の共同正犯や片面的共同正犯等といった共同正犯の諸事例にどのような結論をもたらすのか、ベールに包まれていた感も否めない。共謀共同正犯の立法化や主唱者の物故を受けて、帰納的な共同意思主体説を精緻化したのが基本文献である。

148もの判例が直接引用されている基本文献は、判例理論の変遷を読み解く最適書であり、共同意思主体説の辞書的な役割を果たしている。読者は、共同意思主体説が社会的事実としての共犯現象に正面から向き合い、社会的実体に即した法的評価の重要性を強調していたことに気づくであろう。

3　文献紹介

▶基本文献の構成

　基本文献は、序章から第3章で共謀共同正犯論の形成過程を追い、共同意思主体説を「正統派共謀共同正犯論」と位置づける。第4章では、共謀に基づく見張りの事例が詳細に検討され、共謀共同正犯の実質的な基準が提示されている。第5章では共謀概念の分析が試みられ、共謀の意義や内容を明確にするプロジェクトは次章へと続く。第6章では、過失犯、片面的共同正犯、中止犯、共犯過剰、錯誤、承継的共同正犯の各事例に対する共同意思主体説からの帰結が読み取れる。最後に、第7章で共謀共同正犯の立法化に向けた議論を振り返り、諸説を整理している。

▶問題の所在――刑法60条の解釈

　共謀共同正犯をめぐる問題の核心は、刑法60条の趣旨を踏まえた解釈論に他ならない。下村康正は、序章で次のように述べている（基本文献12-14頁）。

> ……刑法第六〇条の共同正犯の規定の解釈における発想法の転換が必要である。そして、その発想法の転換というのは、共同正犯に関する規定を正犯に関する規定とは読まず、それは「共同」正犯、つまり、共同することによって認められる正犯に関する規定、いいかえれば「共犯」を規定する条文の一種とみ、そこに本規定の独自の意味をくみとって行こうとするものである。その理由は、もし共同正犯に関する規定を正犯に関する規定と読むならば、本来それは単なる正犯が共同して併存するというだけの意味で、何もこの規定をまたないでも、正犯者が複数いるだけのことであるから、それぞれ共同者を正犯として、単独犯を規定する刑法各本条の規定を適用して処罰すれば足りるはずである、とするところにある。……たとえば、二人で強盗を共謀して、一人はもっぱら暴行に従事し、他の一人はもっぱら財物の奪取に従事した場合のように、一人一人についてみれば、いずれも強盗罪にならず、一人は暴行罪（第二〇八条）の正犯、他の一人は窃盗罪（第二三五条）の正犯となるにすぎないのに、二人で共

> 同して右それぞれの行為を行うと、それが強盗の実行行為（それは暴行又は脅迫を加
> える行為と財物を奪取する行為とから成る。第二三六条参照）の部分的行為となり、
> 二人そろって強盗罪になる理由は、一体どこにあるのかといえば、それは、二人で共
> 同して行ったからという点にあるのではないのか。一人一人の犯罪実行者を正犯とし
> て確定する論法からすれば、右設例でそれぞれの行為者は絶対に強盗罪の正犯にはな
> り得ないはずである。

▶共犯現象の捉え方

　こうした理解に基づいて共犯現象を捉えると、数人一罪の発想に基づく犯罪共同説や数人数罪の発想に基づく行為共同説は退けられることになる。第1章では、共同意思主体説による、いわば一主体一罪の発想が紹介されている。

　なお、共犯従属性の理解について、下村によれば、同説の特色はあくまで共犯成立上の従属性に求められるべきであり、処罰上の従属性ないし連帯性を否定して責任の個別化を基礎にすべきであるとされている。

▶判例による共謀共同正犯論の形成

　第2章では、共謀共同正犯をめぐる判例理論の変遷が4期に分けて考察されている。第1期は、旧刑法下における判例理論である。前述の通り、すでにこの時期に共謀共同正犯を肯定した判例が誕生していたが、理論としては確立されていなかった。大判明治32・11・28刑録5輯10巻63頁では、約1年もの間に東京市から数十回金員を詐取した詐欺事件に対して、共謀に基づいて実行されたとしても自ら関与しない部分については責任を負わない、と述べていた。しかし、文書偽造罪の共謀共同正犯を認めた大判明治40・9・3新聞449号8頁、大判明治41・3・31刑録14輯343頁等では、「共謀者一体の行為」と捉えていた様子もうかがえる。

　第2期は、現行刑法下において、すべての犯罪に共謀共同正犯の理論が適用されうることを明らかにした前掲昭和11年判決までである。当時の判例が示す共謀共同正犯論に対しては教唆犯との区別基準に疑念が向けられていたが、大判明治44・10・6刑録17輯1618頁では、共同の犯罪意思とこれに起因する手段に基づく実行の有無が基準となることを示しており、下村は注目を促す。知能犯に対する共謀共同正犯についての総括的な態度を打ち出した前掲大正11年判決が紹介された後、傷害罪、公務執行妨害罪、暴行罪、脅迫罪、放火罪、決闘

罪、殺人罪について肯定された判例を順次列挙することで、共謀共同正犯論の完成への道程が示されている。

第3期は、前掲昭和11年判決から最高裁創成期までである。この時期の判例に目を向けると、大判昭和12・5・29新聞4159号13頁では、通謀とは対等関係において犯罪を謀議画策してその遂行に重要な役割を演ずることである、と定義されている。また、内乱罪について、他人が国政変乱の目的で殺人予備および放火を行うにあたり、その実現に援助を与えるにとどまらず、自ら進んで企図達成に協力参加した場合は、自ら実行に参与しないでも、共同正犯の責めを負うとした大判昭和21・3・25刑集25巻3頁も参考に値する。下村によれば、第3期は共同意思主体説がゆるぎない地位を占めることによって共謀共同正犯を根拠づけた時期であった。

第4期は、共謀共同正犯論を踏襲する最高裁の立場が明らかとなった前掲昭和23年判決以降である。下村は、暴行致死傷事件について、数名が暴行の共謀をし、そのうち一部の者がこれを実行して死傷の結果を生じさせた場合は、他の暴行をしなかった者も、その結果に対する共同正犯として責任を負うとした最判昭和23・5・8刑集2巻5号478頁に対して、果たして暴行の共謀しかない者に発生した殺人結果まで一律に結果的加重犯の成立を認めてもよいのか、と懐疑的な見方をする。ともあれ、この時期の最大の特徴は、練馬事件最高裁大法廷判決のように、単独犯の原理から説明される、いわゆる個人的共犯論の立場から共謀共同正犯を肯定する理論構成が生まれた点である。

こうして変遷を辿ると、共謀共同正犯論は、すでに長期にわたって判例の歩みの中で形成され、確立され、展開されてきたものである。それゆえ、いかに反対説が批判を加えようと、そこに法として存在する共謀共同正犯の判例を否定することはできず、むしろ社会現象としての共謀共同正犯の実態を正確に把握すべきである、と下村は主張する。

▶ 共謀共同正犯をめぐる学説の展開

第3章では、共謀共同正犯をめぐる諸説の展開が示され、その論拠を丹念に検討している。まず、共同意思主体説を「正統派共謀共同正犯論」と称して、草野豹一郎、齊藤金作、植松正の主張が正確に引用されている。共同意思主体説の形成過程を概観すると、同説の契機が騒乱罪における首謀者の処罰根拠で

あることがわかる。草野は次のように主張していた。騒乱罪が成立するためには、多衆の一部が暴行または脅迫行為に出なければならない。それゆえ、暴行または脅迫目的で多衆が集合しただけでは成立しない。もっとも、全員がその実行行為に出ることは必要でなく、実行行為に出ない首謀者が最も重い責任を負うのは、犯罪の根源ともいうべき主役を演ずる者だからである。こうした理論は共謀共同正犯にも妥当し、実行行為を担当しないからといってそのような者を教唆者とすべきではない。下村によれば、団体的法理を任意的共犯の場合にも適用しうるかが共同意思主体説の中核的な問題意識なのである。

同説は狭義の共犯との区別基準が曖昧であると批判されているが、植松によれば、そのような批判を認めつつ、その区別基準を社会的評価に求めることができる。学説の優劣を形式的明確性だけで決めるべきではなく、法規範としての実質的機能を生かすことに中心を置くべきである、と植松の主張が引用されている。

続いて、個人的共犯論から共謀共同正犯を肯定する学説として、間接正犯類似説、行為支配説、荘子邦雄による価値的行為の理論が検討されている。下村は、共同意思主体説の論者が投げかける批判を紹介する形で、間接正犯類似説に異を唱える。齊藤が指摘するように、共犯を単独犯の理論で論じようとする間接正犯類似説は、単独犯の法理で説明しえない点があることを捉え損ねている。西原春夫も主張するように、まず共同現象としての共同意思主体の活動を想定し、その内部で各人の演じた役割を明らかにし、これらを総合して各人の責任を確定させる方が適切である。価値的行為の理論によれば、実行行為の一部分担は犯罪を実現しようとする共同の意思が化体したものであるから、共同の実行という評価は一部分担という客観的要件と共同の意思支配という主観的要素を総合して判断される。それゆえ、犯罪の実現に対して、共同の実行と言いうるだけの力を備えているときには、たとえ現場にいなくとも、現場で実行行為の一部を分担した者と同じ程度の力を犯罪実現に対して有していた共同実行者として扱うことは不当でない、とされる。下村は、こうした見解の特色を共同意思支配に見出しつつ、行為支配説と同様に牽強付会であるとして、個人的共犯論の内部からも批判にさらされていることを指摘する。

共謀共同正犯否定説には、木村亀二、瀧川幸辰、団藤重光、大塚仁の主張が

引用されているが、下村は否定説に反論するため、平野龍一が示す学説の役割と判例の関係を引用する。平野によれば、刑法学には体系的思考以外に問題的思考が必要であり、こうした思考を欠いた学説は自己満足的な学説に過ぎない。共謀共同正犯を数十年にわたって肯定してきた裁判所が法律によらない裁判をしていると考えるのはあまりに観念的であり、何が「正しい」解釈であるか絶対的に決めることができない以上、最高裁判決が生きた法であることは否定できないはずである。現在では最高裁の論拠を改めさせる効果が期待できない以上、立法による解決しか残されておらず、それにもかかわらず立法による修正にも反対するのは、わが国における法律学の弊のあらわれにほかならない、と主張する。

▶犯罪の見張り

　第4章では犯罪の見張りについて、新たな章の下で論究されている。というのも、下村の理解によれば、当該事例を検討することで共同意思主体説の合理性が証明されるからである。

　共謀の上で見張りを行う者は共同正犯か、それとも従犯か。下村の指摘によれば、判例はほぼ一貫して見張りを共同正犯と捉えている。「強盗実行現場における見張りは、実行にほかならない」とする大判明治28・12・19刑録1輯5巻89頁をはじめとして、最高裁も大審院の立場を踏襲し、最判昭和25・2・16刑集4巻2号184頁では、共謀の上で見張り行為をした以上、当該見張り行為が強盗の共同加功行為とみるべき程度に達していたか否かを認定しなくても、共同正犯としての罪責を免れるものではないことを示している。また、最判昭和25・9・21刑集4巻9号1735頁では、見張りの方法に関して、常に犯行現場を見通しうる場所でなくてもよいとする。もっとも判例は、見張り行為を一律共同正犯と解しているわけではないことを示唆している。東京高判昭和24・12・22高刑2巻3号318頁では、窃盗の見張りについて、正犯と従犯は専ら自己の犯罪を共同して実現する意思であったか、あるいは他人の犯罪を幇助するだけの意思であったかによって区別される、との基準が提示されている。

　学説に目を向けると、旧刑法の時代から見られる対立は、現行刑法下へ持ち込まれている。この点、共同意思主体説に依拠すれば、原則的に（共謀があればすべて）見張りを共同正犯として捉えることになる。草野も述べているように、

2人以上の者が共同目的に向かって合致するときには特殊の社会的心理現象が生じるため、その目的に向かう個人の行動を単なる個人の行動と解してはならない。齊藤が明示するように、各自の行為が単独で構成要件に該当する必要はなく、犯罪事実の実現に重要な役割を演じた者を正犯とし、重要でない役割を演じた者を従犯とすべきだからである。

　これに対して、共謀共同正犯否定説からは原則的に従犯と解されるところ、論者の間でも動揺が見られる。たとえば木村は、共同であれ自己の決意によって行われた場合は正犯と解する一方、すでに決意された他人の意思を通じて行われる場合は従犯と解すべきであるとしている。下村は、こうした主張を批判的に考察し、共謀共同正犯否定説でさえ犯罪の見張りを共同正犯と解する理由は、見張りをする者が共犯団体内において重要な役割を演ずるところにあり、そこには犯罪の実行行為に関する形式的観察方法から実質的・価値的ないし全体的・一体的観察方法への移行が認められる、と分析する。従犯が精神的・無形的方法の場合にも成立することに鑑みれば、それよりも一層強力な精神的影響ともいえる共謀の場合に共同正犯を認めることは当然の結論であり、こうした意味で犯罪の見張りをめぐる論議は、共謀共同正犯論と共同意思主体説への道程を示すとともにその合理性・妥当性を物語っている、と下村は評する。

▶「共謀」とは何か？

　とはいえ、共謀を意思連絡と解するならば、正犯と従犯にも意思連絡が存在するため、とりわけ共同意思主体説に対しては、正犯と従犯の区別を無視することになるとの批判が向けられよう。そこで下村は、第5章で共謀概念の分析を試みている。

　共同正犯が成立するためには、判例も解するように（大判大正14・1・22刑集3巻921頁）、その主観的要件として共犯者間に意思の連絡、すなわち共犯者が相互に共同犯罪の認識を有していなければならない。下村は、共謀における意思連絡について、相互に犯罪の実行に重要な役割を一体となって行おうという行為者間の対等関係における意思連絡を意味し、単なる相互の存在認識ではないことを強調する。最判昭和24・2・8刑集3巻2号113頁でも、共謀とは数人相互の間に共同犯行の認識があることをいい、単に他人の犯行を認識しているだけでは共謀者とならないことが述べられている。要するに、共同意思主体

説によれば、正犯と従犯の区別は、第4章でも明らかにされたように、重要な役割を演じたか否かが決定的な基準なのである。

共謀の方法については、最判昭和23・11・30裁判集刑5号525頁を引き合いに、明示的な謀議でなくても暗黙の了解があれば共謀が成立しうることを主張している。さらに、大判大正12・6・5刑集2巻490頁を引き合いに、そのような意思連絡は間接的でもよいとする。

下村の検討によれば、判例は「共謀」を謀議（大判昭和8・5・29刑集12巻623頁等）、擬議（大判大正2・2・18刑録19輯217頁）、相談（最判昭和23・10・19裁判集刑4号463頁）、懇請（札幌高判昭和26・4・30高刑4巻4号444頁）、命令（仙台高判昭和29・11・10高刑裁特1巻11号474頁）と同義に捉えている。それらの内容を掘り下げると、犯行の日時場所、手段等を必ずしも具体的に決定しなければならないわけではなく、犯罪実行の決意のみを連絡協議し、その実行に関する具体的内容の決定を実行者の便宜に任せても、共同正犯の成立には影響を及ぼさない（大判昭和18・3・2新聞4832号10頁）。しかし、他人の犯罪行為を傍観していただけでは必ずしも共犯とは言えず（名古屋高判昭和29・10・28高刑7巻11号1655頁）、あらかじめ共同謀議が行われたことが認められなければならない（広島高判昭和30・7・9高刑裁特2巻15号759頁）。

▶共謀に基づく諸事例

以上の分析から、共謀とは一体的な犯罪実行の認識であり、犯罪の実行という共同目的を共にすることを意味する結果、こうした目的を認識する能力のない者、つまり、責任無能力者間、あるいは責任無能力者と責任能力者との間には共同正犯が成立しえない。こうした「共謀」の理解を基に、第6章では具体的な事例における共同意思主体説からの帰結が明らかにされている。

(1) 共謀と過失犯

共犯に関する総則規定は過失犯にも適用されうるか。とりわけ、過失の共同正犯を肯定することは可能だろうか。大審院は明らかに過失の共同正犯を否定していた（大判明治44・3・16刑録17輯383頁等）が、最高裁において肯定するに至り（最判昭和28・1・23刑集7巻1号30頁）、下級審も追随している（名古屋高判昭和31・10・22高刑裁特3巻21号1007頁）。

下村は、行為共同説の論者が過失の共同正犯を肯定する一方、犯罪共同説の

論者からは両論に分かれると指摘した上で、判例や共同意思主体説の立場に依拠する限り否定するのが論理的に一貫した結論であるとして、判例や学説を批判的に考察する。共同意思主体説の継承者である齊藤も述べているように、2人以上で共同目的に向かって合致することで特殊の社会的心理的現象が生ずるという特殊性に鑑みれば、故意犯が前提とされなければならないからである。

(2) 共謀と片面的共同正犯

では、関与者が意思連絡なく犯罪遂行に加担した場合、当該関与者に共同正犯は成立しうるか。判例は、大審院時代から一貫して片面的共同正犯を否定しており（大判大正11・2・25刑集1巻79頁、最判昭和23・12・14刑集2巻13号1751頁等）、この点では下村も判例の立場に賛同する。関与者双方に意思の連絡がなければ、単なる同時犯に過ぎないと解される。

(3) 共謀と中止犯

下村は、共謀して犯罪の実行に着手した後、共犯関係から離脱しようとする者に中止犯が適用されるためには、離脱しようとする者が結果の発生を防止しない限り中止犯の適用を受けられないと解する。軌を一にする判例も、共犯者中の1人の中止の効力は他の共犯に及ばず（大判大正2・11・18刑録19輯1212頁）、その1人が自己の意思により犯行を中止しても他者の犯行を阻止せずに放任し、他者が犯行の目的を遂げた場合は、前者に対して中止未遂の規定を適用することはできないとしている（最判昭和24・12・17刑集3巻12号2028頁）。

中止犯が認められる基準については、共犯関係を実質的に断ち切った場合であるとして、次の判例が参考に挙げられている。すなわち、共謀者が窃盗の実行着手前、他者に離脱を表明し、他者もこれを了承して残余者のみで窃盗を行った場合、離脱者は刑事責任を負わず（東京高判昭和25・9・14高刑3巻3号407頁）、強盗の共謀者が離脱の意思を明示せず犯行の着手前に現場を立ち去り、他者もこれを意識して残余者のみで犯行に出た場合には、離脱者は強盗予備の罪責を負うにとどまる（福岡高判昭和28・1・12高刑6巻1号1頁）。

(4) 共謀と共犯過剰

続いて、共謀に基づいて実行行為を開始した行為者が当該目的を超過して過剰な行為に及んだ場合、共謀者はいかなる罪責を負うか。下村の理解によれば、この問題の解決は、基本的には結果的加重犯についていかなる立場を採るかに

依存する。基本犯と重い結果との間に主観的な予見可能性ないし過失が必要であると解する下村は、共犯成立上の一体性と処罰上の個別性を前提とする共同意思主体説に基づいて、過失もないのに行為者に重い責任を帰せしめることは刑法の基本原則に反するため、共謀の範囲を超えた結果については結果に対する予見可能性ないし過失の有無を個別的に検討して責任を論定すべきであると主張する。

したがって、基本犯と重い結果との間に客観的に条件主義的な因果関係があれば足りることを前提に、基本犯について2人以上の者の間に共謀が認められる以上、共犯者の1人が行った被害者に対する共謀の範囲を超える侵害結果について他の共犯者も責任を負うとする判例の立場（大判明治41・4・14刑録14輯391頁、大判昭和22・11・5刑集1巻1頁等）は、批判的に捉えられることになる。もっとも、基本文献で挙げられている判例の帰結そのものは、いずれも予見可能性ないし過失が認められる場合であったとして、肯定的な態度が示されている。

(5) 共謀と錯誤

共謀者間における意思連絡の過程で錯誤が生じた場合、下村は従来の判例理論に同調する。たとえば、共謀者らの動機に錯誤があったとしても罪責を免れることはなく（最判昭和25・6・27刑集4巻6号1096頁）、特定の犯罪を共謀したものの実際に用いられた手段に錯誤が生じた場合でも共謀の成立には影響を及ぼさない（大判昭和8・11・20刑集12巻2065頁等）。

同一構成要件内の錯誤や異なる構成要件間の錯誤においては、単独犯と同様の錯誤論によって解決されるべきであるとする。具体的に述べれば、客体の錯誤にあたる場合でも法定的符合説の論拠から共謀者全員が発生した結果に対して罪責を負うことになり（大判昭和6・7・8刑集10巻312頁）、窃盗の意思で見張りをした者は、共犯者が最初から強盗の意思で強盗の結果を実現した場合、窃盗罪の責任を負うことになる（最判昭和23・5・1刑集2巻5号435頁）。

(6) 共謀と承継的共同正犯

正犯行為の途中から初めて参加した後続行為者が、共同の意思連絡に基づいて行為を遂行した場合、後続行為者には加担前の事象を含めた全体事象に対する共同正犯が成立するだろうか。下村は、大判昭和8・7・6刑集12巻1125頁、

最決昭和32・10・18刑集11巻10号2675頁を引き合いに、いわゆる単純一罪の場合には当該犯罪全体について共謀が成立すると解せざるを得ないと説明する。共同意思主体説の支持者である植松が言及しているように、単純一罪の場合、これを分割して二罪とすることはできないからである。したがって、そのような場合には関与の程度が量刑上考慮されるに過ぎない。また、既遂成立後は、仮にその内容を知って共謀の上、行為に及んだ場合でも、後続行為者は既遂に達した犯罪の共同正犯にならないと解する（大判昭和9・4・21刑集13巻490頁等）。

▶共謀共同正犯の立法化運動

最後に第7章で、共謀共同正犯の立法化をめぐる議論から基本文献の意義が確認される。改正刑法準備草案理由書によれば、共謀共同正犯を肯定する判例に対して学説がいかに批判しても、判例理論が変更されて共謀共同正犯が消滅することはほとんど期待できない。そうであれば、共謀共同正犯に関する規定を設けた方が、学説による解釈が発展し、判例理論においても適切な限界が引かれることになる。下村は、こうした際に、基本文献による共謀概念の分析や判例用語の整理が役立ちうると考えている。

もっとも、理由書が共同意思主体説を明確に否定している点については、疑問を呈している。また、改正刑法草案に向けた審議の過程で、「……実行に準ずる役割を果たした他の共謀者もまた正犯とする」という案に対してこのような評価概念を導入するのは相当でないとの理由で採用されなかった点についても、共同意思主体説の立場から疑問なしとは言えないと評する。

総括として、下村は次のように強調する。共謀共同正犯論においては、法と社会的事実との関係をいかに考えるべきかが問われており、条文をどのように解釈すれば事実に最も適合した結論を得ることができるか、という順序を忘れるべきではない。本来、刑法における責任論は連座や縁座といった団体責任から個人責任への道程を辿って発展してきたものであるから、黒幕を想定すれば明らかなように、正当な個人責任の在り方としては、むしろ共同意思主体説に依拠すべきである。

4　残された課題

▶責任主義との整合性

　基本文献が出版された後、共謀共同正犯否定説の論者として名を馳せていた団藤が裁判官として、最決昭和57・7・16刑集36巻6号695頁で肯定説に改説し、今や学説も肯定説が通説となっている。しかし、下村の思惑とは裏腹に、肯定説の論拠は個人的共犯論が支配的であり、基本文献の立場と同様に共犯的性格を重視する重要な役割説（西田典之『共犯理論の展開』〔成文堂、2010年〕51頁、亀井源太郎『正犯と共犯を区別するということ』〔弘文堂、2005年〕101頁以下等）からも、共同意思主体説は批判にさらされている。

　今日、共同意思主体説が少数説にとどまっている要因は、基本文献のみならず、その後の支持者（岡野光雄『刑法要説総論〔第2版〕』〔成文堂、2009年〕309頁以下等）においても、同説に向けられる団体責任や連帯責任への懸念が払拭されていない点にある。同説の出発点に鑑みれば、60条の解釈として共同意思主体が生み出されたのであるから、共同意思主体を形成した者は本来すべて正犯とされなければならない（松原芳博「共謀共同正犯論の現在」法曹時報63巻7号〔2011年〕1494頁）。それでもなお共同意思主体の内部で狭義の共犯が成立する余地が残されているのであれば、60条の解釈論として誕生した共同意思主体説は、正犯と広義の共犯との区別基準を提供する理論へと発展したことになる。

▶狭義の共犯との区別基準

　しかし、そのように解すると、広義の共犯内部をいかなる基準で区別すべきか、さらなる探究が必要である。下村によれば、共同意思主体説に基づく共同正犯と教唆犯の区別基準は相互に自らの犯罪を実現する意思の有無に求められるが、このような基準は正犯と共犯の区別基準で展開される主観説を想起させる。もっとも主観説は、下村自身が批判しているだけでなく、強盗利得罪等の二項犯罪や自殺関与罪等の正犯性を説明しえない嫌いもある。

　また、共謀概念の分析から明らかにされた共同正犯と従犯の区別基準に対しては、重要な役割を担っていたかどうかをいかなる基準で判断するかが問われることになるが、その点の論究は基本文献に見られない。重要な役割として評

価される行為が肥大化する危険性を孕んでいると言えよう。
▶共謀行為の実行行為性
　さらに共同意思主体説に対しては、なぜ論理的解釈や目的論的解釈よりも、いわゆる現象的解釈が優先されるべきなのか理論的な根拠が提示されていないとの指摘が見られる（照沼亮介『体系的共犯論と刑事不法論』〔弘文堂、2005年〕148頁）。そのような特殊な解釈論を展開する背景には、いわゆる共謀行為は実行行為ではないとの前提が見え隠れする。しかし、その前提こそ疑うべきだったのではないだろうか。
　共同意思主体説は、共謀行為の正犯としての当罰性を直観として重視する一方で、実行行為についての形式的客観説を自明のものとした結果から生まれた理論である。これに対して現在の通説は、共同意思主体説のように共犯者の人格を統合（一人格化）しないものの、形式的客観説を前提としている。その限りにおいて共同意思主体説に歩み寄る形で問題解決を図ろうとする通説も、共同意思主体説と同様の批判を受けなければならないだろう。
　真の問題解決は、共同正犯を一人格化するのではなく、責任主義を徹底した個別人格相互のコミュニケーション行為という視点に立って捉え、コミュニケーション行為としての共謀行為が実行行為となりうる余地はないかということを探究する点にあると考えられる（詳細は小島秀夫『幇助犯の規範構造と処罰根拠』〔成文堂、2015年〕95頁以下を参照）。
▶共犯関係からの離脱と中止未遂の成否
　共同正犯のこうした捉え方は、たとえば離脱論と中止未遂の関係を明らかにする際にも効果が現れるだろう。実行の着手後、既遂前に共犯関係から離脱した者は未遂犯となりえないのか、再考を要する。また、離脱と中止未遂の成否は同じ基準なのか、基本文献では課題が残されたままになっている。

5　現代的意義

　とはいえ、今日では共同意思主体説を再評価する意見も出されている（高橋則夫『規範論と刑法解釈論』〔成文堂、2007年〕190頁以下）。共同意思主体説の主張には、決して無視しえない問題が内在しているからであろう。

共同正犯の因果性を検討する際、多くの論者は一括消去モデルを採用することで、一括された複数人の行為を因果関係の起点として把握する。一括消去モデルは、まさに共同意思主体説に基づく共犯現象の捉え方と一致するのである。共同意思主体説は、個別行為責任に挑戦する学説ではあるが、共同正犯ひいては狭義の共犯における因果性の視座を提供していたと言えるのではないだろうか。

　また、重要な役割説が共同意思主体説の主張内容に大きな影響を受けていることは、学説の歴史を辿れば明らかである。この点でも、共同意思主体説を精緻化した基本文献は、共謀共同正犯論の発展に貢献していると評されよう。

　近時は共同正犯、とりわけ共謀共同正犯に関する重要な判例が数多く出されている。一例として、スワット事件では、明示的な意思連絡がなくても黙示の意思連絡が存在することで共謀共同正犯の成立が認められた（最決平成15・5・1刑集57巻5号507頁）。また、承継的共同正犯に関する初めての最高裁判例も登場するに至った（最決平成24・11・6刑集66巻11号1281頁）。学説においては、共謀共同正犯こそ60条の原則的な適用事例である、との主張さえ散見される（高橋・前掲135頁、島田聡一郎「共謀共同正犯論の現状と課題」川端博ほか編『理論刑法学の探究③』〔成文堂、2010年〕46頁等）。こうした判例や学説の当否を検討する際にも、基本文献は役立ちうるだろう。共謀共同正犯論が共同意思主体説を皮切りに展開されてきた歴史的事実から、目を背けてはならないように思われる。

21 共犯処罰根拠論

●基本文献
大越義久
『共犯の処罰根拠』
(青林書院新社、1981年)

豊田 兼彦

1 学説・実務状況

　基本文献は、「『共犯の処罰根拠』という視点から、共犯論の諸問題に統一的な解決を与えようと試みたオリジナルなモノグラフィー」であり（基本文献「はしがき」）、共犯の処罰根拠について惹起説（因果共犯論、因果的共犯論）を主張するものである（基本文献261頁）。

▶当時の共犯論

　共犯の処罰根拠という視点は、現在、共犯論における基本的視点として、わが国の刑法学に完全に定着している。正犯と同じく共犯も自己の行為によって生じた結果について責任を問われるとする惹起説（因果共犯論）も、今や通説であるといってよい。しかし、このような状況に至ったのは、わが国の刑法学の歴史の中では、比較的新しいことである。

　基本文献以前の共犯論の議論枠組みは、主要には、実行従属性をどう考えるか（共犯独立性説か共犯従属性説か）、要素従属性をどう考えるか（極端従属性説か制限従属性説か）、共同正犯の本質をどうみるか（行為共同説か犯罪共同説か）、共謀共同正犯を認めるかどうか、というものであった。そして、基本文献によれば、当時の学説は、その主たる関心を、実行従属性の問題と共謀共同正犯の問題に向け、「そこでの問題解決に力を注ぐ余り、共犯論を全体的に考察するまでには至らなかった」（基本文献2頁）。

　もとより、共犯の処罰根拠を扱った文献が基本文献以前になかったわけでは

ない（植田重正『共犯の基本問題』〔三和書房、1952年〕124頁以下、高橋則夫「わが国における共犯の処罰根拠の問題状況」早稲田大学大学院法研論集19号〔1979年〕169頁以下など）。古くは、1943年に発表された佐伯千仭の「必要的共犯」と題する論文（佐伯千仭『共犯理論の源流』〔成文堂、1987年〕221頁以下所収）が、必要的共犯の問題の解決は「共犯の処罰根拠についての反省を予定している」とし、責任共犯説（詳しくは後述）を中心に検討を加えていた（佐伯・前掲251頁以下）。また、惹起説（因果共犯論）も、基本文献自身が引用するように（基本文献122頁）、基本文献刊行の少し前に、すでに平野龍一によって主張されていた（平野龍一『刑法総論Ⅱ』〔有斐閣、1975年〕343頁以下。さらに、同「責任共犯論と因果共犯論」法学教室2号〔1980年〕46頁以下〔同『犯罪論の諸問題(上) 総論』〔有斐閣、1981年〕167頁以下所収〕）。

しかし、学界全体でみれば、共犯の処罰根拠という視点は「ほとんど自覚的な展開をみなかった」（基本文献「はしがき」、254頁）。惹起説（因果共犯論）が共犯の処罰根拠という視点から自覚的に論じられることも、したがって、ほとんどなかったといってよい。

▶実務の状況

わが国の実務も、共犯の処罰根拠について統一した視点をとっているわけではなかった。このことは、たとえば、判例が、罰則を欠く必要的共犯者については、これを相手方の共犯としても不可罰であるとしておきながら（最判昭和43・12・24刑集22巻13号1625頁）、犯人による犯人蔵匿・証拠隠滅の教唆については、一貫してこれを可罰的としてきたことにあらわれている。

▶違法本質論をめぐる状況

基本文献は、違法本質論を意識し、結果無価値論（法益侵害説）の立場から、惹起説（因果共犯論）を主張している。そこで、当時の違法本質論を確認しておく必要がある。

刑法のあり方をめぐって、戦前は、新派と旧派が対立していた。しかし、戦後、旧派が勝利を収めると、新たな対立図式として、違法性の本質をめぐる行為無価値論と結果無価値論の対立が注目されるようになった。この対立は、現在では、刑法の任務を法益保護に求めることを前提に、結果無価値に加えて行為無価値をも考慮すべきかをめぐる争いであるといえるが（佐伯仁志『刑法総論

の考え方・楽しみ方』〔有斐閣、2013年〕8頁以下参照)、当時は、平野によって、刑法の任務を社会倫理の保護に求める行為無価値論をとるか、法益の保護に求める結果無価値論をとるかという図式が設定され、激しく争われた。そして、この争いが、共犯論を含む犯罪論上の諸問題にどのように反映されるかが、学界で強く意識されるようになっていた。

2 学説史的意義と位置づけ

　基本文献は、共犯の処罰根拠という視点をわが国の共犯論に自覚的に取り入れ、これに関するドイツの議論を詳細に検討することにより、わが国の共犯の処罰根拠をめぐる議論に火をつけるとともに、そのための素材を豊富に提供した。さらに、基本文献は、惹起説（因果共犯論）の通説化の強力な足掛かりにもなった。少なくともこの二点において、基本文献は、共犯論における画期的な業績であるといえる。

　基本文献は、大越義久の最初のモノグラフィーである。基本文献刊行後、大越義久『共犯論再考』（成文堂、1989年）が刊行された。そこでは、基本文献で示した共犯論の骨組みに肉付けを与えること、「共犯の限定性」の内容を解明すること、共謀共同正犯論の問題点を明らかにすることが目指されている（同書「はしがき」参照）。また、共犯論に関する大越の見解は、同『刑法総論〔第5版〕』（有斐閣、2012年）189頁以下にコンパクトにまとめられている。

3 文献紹介

▶基本文献の構成

　基本文献は、4つの章と序および結からなる。序および第1章は、基本文献の序論に相当する。序では、共犯の処罰根拠を検討する理由が示され、第1章では、第2章以下の準備作業として、考察方法の設定、共犯論の問題状況の確認および共犯の処罰根拠否定論（可罰性借用説）の検討が行われる。第2章ないし第4章は、基本文献の本論部分である。第2章では、共犯の処罰根拠に関するドイツの見解（責任共犯説、社会的完全性侵害説、行為無価値惹起説、純粋惹起説、

修正惹起説）が詳細に検討され、第3章では、前章で示された枠組みを用いて、わが国の判例および当時の有力な学説である定型説の立場が分析される。そして、第4章では、共犯の処罰根拠に関するドイツの見解が批判に検討され、基本文献の立場が明らかにされる。結は、以上の内容と基本文献の立場から導かれる解釈論的帰結をまとめたものである。

▶共犯の処罰根拠を検討する理由（序）

基本文献が共犯の処罰根拠に注目し、これに検討を加える理由は、序において、次のように述べられている。

基本文献によれば、わが国の共犯論は混乱しており、その一因は、わが国の判例および当時の有力な学説である定型説が共犯論の諸問題を統一的な観点から把握しようとしなかった点にある。定型説は、実行行為と故意を共犯論の中心に据える理論であり、それは、実行従属性を説明することには資するが、共犯論の他の諸問題、たとえば、要素従属性、（アジャン・プロヴォカトェールに代表される）未遂の教唆、共犯と身分、必要的共犯の問題については、実行行為や故意とは異なった種々の観点から個別的に解決しようとしている。わが国の判例も、間接・再間接共犯、必要的共犯、犯人による自己蔵匿・証拠隠滅の教唆の問題の解決に際し、統一的な観点に立っているわけではない。

では、共犯論の諸問題を相互に有機づけ、混乱する共犯論を統一的に把握する視点はないか。基本文献は、この問題の解決の糸口を、共犯の処罰根拠に求める。「共犯論の諸問題は、究極的には、『共犯はなぜ処罰されるのか』という論点に集約される」（基本文献6-7頁）からである。

▶準備作業（第1章）

第1章では、共犯の処罰根拠を検討するための準備作業が行われる。まず、考察方法が設定される。基本文献によれば、ドイツでは古くから共犯の処罰根拠論が活発であり、相対立する2つの見解として責任共犯説と惹起説が主張されてきた。その様相は一段と複雑になっており、責任共犯説のほかに社会的完全性侵害説、行為無価値惹起説があらわれ、惹起説も、純粋惹起説と修正惹起説に分かれている。これらを多面的に考察するために、基本文献では、系譜、理論的根拠、解釈論的帰結という3つの視座が設定される。また、考察に際し、違法論における行為無価値論と結果無価値論の対立がどのように反映されてい

るのか、さらには、それぞれの見解の理念型が具体的にはどのように修正されているのか、という点にも留意することが確認される。

次に、基本文献は、共犯論の諸問題のうち、必要的共犯、教唆の未遂、未遂の教唆、要素従属性、共犯と身分、非故意行為に対する共犯の問題を取り上げ、それぞれの問題状況を概観することにより、これらの問題が共犯の処罰根拠の問題であることを明らかにする。この6つの問題は、第2章で共犯の処罰根拠に関する諸見解の解釈論的帰結を検討する際の素材にもなっている。

最後に、共犯の処罰根拠否定論とでもいうべき可罰性借用説が検討される。検討の結果、可罰性借用説は、表面的には共犯の処罰根拠否定論の立場に立つものではあったが、実際には共犯に独自の処罰根拠を考慮して具体的妥当性を確保するという側面をもあわせもつ議論であったことが確認される。

▶共犯の処罰根拠の検討（第2章）

以上を踏まえ、第2章において、共犯の処罰根拠に関するドイツの見解が検討される。共犯の処罰根拠に関する学説の分類は、日独を問わず、当時も現在も一致をみないが、基本文献は、責任共犯説と惹起説という2つの潮流があるとし、細かくみると、責任共犯説、社会的完全性侵害説、行為無価値惹起説、純粋惹起説（基本文献は「純粋な惹起説」と表記）、修正惹起説（基本文献は「修正された惹起説」と表記）の5つに分類できるとする。

(1) 責任共犯説

まず、本章第1節において、責任共犯説が検討される。基本文献は、責任共犯説を、共犯者は正犯者を堕落させ罪責と刑罰に陥れたので処罰されるとする見解であると定義し、その系譜、理論的根拠、解釈論的帰結について詳細な検討を加える。その結論を示せば、次のようになる。この見解は、古くはカノン法において、新しくはナチス刑法下において強力に唱えられ、その主唱者としてカルプツォフ、ヘルシュナー、H・マイヤーがいる。それは、正犯と共犯では犯罪性格それ自体が質的に異なると理解するものであり、このような理解は、理論的には構成要件の行為類型的把握、行為無価値論、意思自由論の援用により支えられているが、実質的には心情無価値によって基礎づけられている。責任共犯説は、共犯の処罰根拠を共犯者が正犯者を罪責と刑罰に陥れる点にみるので、解釈論的帰結として、必要的共犯者、教唆の未遂、未遂の教唆はいずれ

も可罰的となり、極端従属性説と結びつき、共犯者は正犯者の身分に従属し、過失正犯行為に対する共犯の成立を肯定することになる。

(2) 社会的完全性侵害説

次に、本章第2節において、レスおよびトレクセルが主張する社会的完全性侵害説が検討される。基本文献によれば、この見解は、共犯の処罰根拠を、共犯者が正犯者を社会との鋭い対立の中に陥れ、正犯者の社会的完全性を侵害する点に求める。それは、1943年のドイツ刑法改正で制限従属性説が採用されたことから、責任共犯説を制限従属性説と調和するように変貌させた理論である。したがって、制限従属性説と結びつくことを除けば、責任共犯説と同一の解釈論的帰結をとることになる。

(3) 行為無価値惹起説

本章第3節では、ヴェルツェル、シュトラーテンヴェルト（旧説）の唱える行為無価値惹起説が検討される。基本文献によれば、この見解は、責任共犯説を否定するところから出発する点では社会的完全性侵害説と共通するが、共犯の処罰根拠を共犯者が正犯者の行為無価値を惹起した点に求めるところが異なる。その理論的基礎は、違法の実質を結果無価値ではなく行為無価値にみる人的不法論にあり、この見解からは、必要的共犯者は可罰的、教唆の未遂は不可罰（ただし、教唆の既遂は正犯者が実行に着手した時点で認められる）、未遂の教唆は可罰的となり、要素従属性については制限従属性説と結びつき、共犯者は正犯者の身分に従属し、非故意行為に対する共犯の成立は否定される。

(4) 惹 起 説

そして、本章第4節において、責任共犯説と二大潮流をなすとされる惹起説が検討される。基本文献によれば、惹起説とは、共犯の処罰根拠を、共犯者が正犯者の実現した結果を共に惹起した点にみる見解である。その起源は、中世イタリア法学の法諺にあるといわれているが、責任共犯説を否定する意味で最初に唱えた者は、因果思考を共犯論の基礎に置いたボーマーである。惹起説は、共犯を犯罪結果との関係で捉えようとするもので、その根底には結果中心の刑法観が位置しており、その意味で、惹起説の理論的根拠は、これまでの見解とは対照的に、結果無価値論（法益侵害説）に求めることができる。また、責任共犯説と惹起説の基本的な対立点は、正犯と共犯の犯罪性格を質的に同じ

であると捉えるのかどうかという点にあり、この対立は、究極的には、刑法の任務を社会倫理の保護に求めるか、法益保護に求めるかという刑法観の対立に還元される。

惹起説をこのように理解した上で、基本文献は、これを、違法の相対性（正犯者、共犯者等の関与者によって違法判断が異なりうること）を原則として肯定するかどうかに着目して、純粋惹起説と修正惹起説に分け、さらに検討を進める。

リューダーセン（基本文献は「リューデルセン」と表記）に代表される純粋惹起説は、違法の相対性を肯定する立場であり、理論的には、不法概念は本来相対的であるという主張によって支えられる。そして、基本文献によれば、この見解からは、必要的共犯者は不可罰になり、教唆の未遂は、未遂の処罰を意思の危険に認めれば可罰的、法益侵害の危険に求めれば不可罰となり、未遂の教唆は不可罰となり、要素従属性については共犯独立性説あるいは最小従属性説と結びつき、身分要素は、それが法益侵害の事実的依存性を示す場合を除いて個別的に作用し、非故意行為に対する共犯の成立が肯定される。

これに対し、ドイツの判例・通説である修正惹起説は、違法の相対性を否定し、違法の連帯性を肯定する惹起説であり、その理論的基礎は、形式的には共犯従属性説に認められるが、実質的には、違法の相対性を原則として否定する客観的違法論にあるとされる。そして、これによれば、必要的共犯者は可罰的、教唆の未遂は不可罰、未遂の教唆は可罰的となり、要素従属性については制限従属性説と結びつき、共犯と身分については違法身分であれば連帯的に、責任身分であれば個別的に作用し、非故意行為に対する共犯の成立が肯定されることが指摘される。もっとも、実際には、必要的共犯者は当該刑罰法規の保護の対象であるという理由で、未遂の教唆については既遂の故意が欠けるという理由で、それぞれ不可罰とされていることも確認される。

▶わが国の判例および定型説の検討（第3章）

第3章では、前章での枠組みを用いて、わが国の判例および定型説が基本的にどの立場に属するかが検討される（基本文献では、定型説に立つものとして、小野清一郎、団藤重光、青柳文雄、福田平、大塚仁の各体系書が引用されている）。

判例の検討の主な素材は、間接・再間接共犯、必要的共犯の問題である。間接・再間接共犯については、共犯行為の因果性という観点から可罰性が基礎づ

けられていることが確認される。必要的共犯に関しては、法律が正犯として不可罰としている者の行為を共犯として処罰できるかという問題であるとの理解を前提に、犯人による犯人蔵匿・証拠隠滅の教唆、非弁活動の依頼の事例（前掲最判昭和43・12・24）などが検討され、判例は、実質的にみれば、前者については、正犯と共犯とで犯罪性格が質的に異なるとする責任共犯説と同一の思考をとって可罰性を肯定しているが、可罰性を否定する後者については、正犯と共犯の犯罪性格を基本的に同一であるとする惹起説を前提としているとされる。以上から、判例は、共犯の処罰根拠について統一した視点をとっているわけではなく、ある場合には責任共犯説的な思考を、ある場合には惹起説的な思考により、種々の問題を個別的に解決してきたとされる。

　基本文献によれば、定型説は、共犯の処罰根拠に関してどのような見解をとっているのかを表明していないが、「定型」という形式的な枠組みの背後で実質的な考慮を払う理論であり、共犯論においても、暗黙のうちに、共犯の処罰根拠についてある立場を前提としているはずである。基本文献は、定型説が、刑法の任務を社会倫理の保護に求めていること、個別問題の解決をみても、未遂の教唆を可罰的とし、必要的共犯者が「定型的な関与形式」を超えて関与した場合には共犯として可罰的になるとしていることなどから、定型説の予定する共犯の処罰根拠は、責任共犯説と基本的に同一のものであると結論づける。

▶**基本文献の立場**（第4章、結）

　以上の検討を踏まえ、いよいよ第4章および結において、基本文献の立場が明らかにされる。それは、第4章の冒頭で、次のように述べられている（基本文献210頁）。

> 結論を先取りしていうならば、ドイツの見解のどれにも従うことはできない。確かに、刑法の任務を法益の保護に求め、違法論において法益侵害説をとる以上、基本的には、修正された惹起説に立脚すべきである。しかし、より妥当な見解は、違法の相対性を一部認める惹起説、かりに名づけるとすると「第三の惹起説」とでもいうべき見解であるように思われるからである。

　第4章では、このような結論に至った理由が明らかにされる。基本文献は、これを、従来の見解に対する批判および違法の相対性の検討を通じて行う。ま

た、結において、基本文献の立場からの解釈論的帰結が確認される。
(1) 従来の見解に対する批判（第4章第1節）
　まず、本章第1節において、共犯の処罰根拠に関する従来の見解（責任共犯説、社会的完全性侵害説、行為無価値惹起説、純粋惹起説）が批判的に検討される。
　責任共犯説および社会的完全性侵害説は、基本文献によれば、いずれも誘惑要素（正犯者に対する攻撃）を共犯の本質的な要素であると把握しており、その意味で同一の観点をとるものである。そこで、基本文献は、誘惑要素が共犯の処罰根拠たりえるほどに本質的な要素であるかに焦点を当てて、両見解を検討する。まず、誘惑要素の実体は「遵法的な心情の毀損」に求められるが、その内容は不明確であることが指摘される。また、共犯規定は各則規定で保護されていない正犯者という法益と関係しえないのではないかという疑問が示される。さらに、正犯者は彼の共同正犯者の誘惑者にも、彼の幇助者の誘惑者にもなりえるので、誘惑要素で共犯形式のシェーマを説明することはできないこと、誘惑要素は教唆犯と正犯の刑が同一である点の説明に資するが、この点は、教唆者が正犯者に対して有する法益侵害の距離との関連でのマイナスは教唆者が法益侵害の第一原因設定者であるというプラスでもって補われると考えれば、惹起説の立場からも説明できることが示され、結論として、誘惑要素に着目する両見解には賛成できないとされる。
　行為無価値惹起説に関しては、まず、共犯の不法が正犯者の行為無価値の惹起に尽きるのかという点が検討される。わが国の刑法は、既遂犯の共犯を未遂犯の共犯よりも原則として重く処罰しており、これは、わが国の刑法が共犯の不法は正犯者の行為無価値の惹起に尽きないと考えていることを示しているとされる。また、行為無価値惹起説の基礎にある人的不法論に対しても、刑法の任務を法益保護に求め、違法を客観的に把握するべきであるという立場から批判が加えられる。こうして、行為無価値惹起説も採用できないとされる。
　残るは惹起説である。このうち、純粋惹起説については、リューダーセンの見解を素材に検討が加えられる。まず、この見解に対するヴェルツェル、ヘルツベルク、ザムゾンからの批判が紹介され、そのうち、リューダーセンが正犯なき共犯を認める（たとえば、ドイツ刑法に罰則のない自殺関与を殺人罪の共犯とする）ことは共犯従属性の原則を軽視するもので実定法の立場と矛盾するという

批判は、純粋惹起説一般に対する決定的な批判であるとされる。次に、リューダーセンの見解の基礎にある「不法概念は本来相対的である」という考え方について批判が加えられる。まず、不法概念の相対的把握を原則的に肯定することは、実質的には、主観的違法論への接近を示し、その結果、法益侵害の惹起に共犯の処罰根拠をみる立場からの離脱を意味することになるとされる。また、不法概念の相対性を原則的に認めることは、具体的問題の解決にとっても必要ではなく、たとえば、リューダーセンは、犯人蔵匿罪の法益は犯人に対しては保護されていないので、犯人はいかなる手段を用いようとも不可罰であるとするが、同じ結論をとることは、期待可能性が認められないという理論構成によっても可能であるとされる。さらに、（ドイツ刑法に罰則のない）自殺関与が殺人罪の共犯とされること、不救助罪への作為による関与が殺人罪に当たるとされることを例に、違法の相対性を強調することは危険ですらありうるということが指摘される。

以上の検討から、法益侵害説（結果無価値論）に立つ以上、基本的には修正惹起説に立脚すべきであるという基本文献の立場が導かれる。なお、ここでは法益侵害説が前提とされているが、その妥当性は、行為無価値惹起説の検討の中で言及されている（基本文献217頁以下参照）。

(2) 違法の相対性の検討（第4章第2節）

もっとも、基本文献も指摘するように、不可罰とされる必要的共犯など、共犯行為の違法性が正犯行為の違法性に連帯しない場合もある。そこで、基本文献は、このような場合の解決が修正惹起説の試金石であるとして、次に、法益侵害説と違法の相対性（個別性）との関係の検討に移る。

まず、違法論と違法の相対性との関係について一般的な検討が加えられる。基本文献によれば、違法論は、主観的違法論、行為無価値論、結果無価値論の3つに区分できる。主観的違法論は、法規範を人の行為に対する命令規範と解する見解に基づく違法論であり、違法判断の対象を人間の意思という個人的なものに求めることから、違法は行為者ごとに個別的に捉えられる。つまり、違法の相対性も当然に肯定されることになる。行為無価値論は、法の任務を社会倫理の保護に求め、違法の実質を行為無価値にみる立場であり、この立場からも、違法の相対性は当然に肯定されることになる。これに対し、結果無価値論

は、結果無価値（法益侵害またはその危険）に違法の実質を求める立場であり、「名宛人のない規範の思想」により基礎づけられるので、結果無価値論においては、違法の相対性は否定的に解される。

　しかし、すべての場合に違法の相対性を否定することが結果無価値論からの唯一の帰結なのであろうか。この問いに答えるために、基本文献は、結果無価値論と違法の相対性との関係について検討する。そして、検討の結果、法益主体が関与している場合、関与者の一方に主観的違法要素が認められるが片方にそれが認められない場合、利益不存在の原則により違法性が阻却される場合には、違法の相対性が認められることが確認される。さらに、違法の相対性の問題が具体的な事例との関係でも検討される。基本文献では、被害者の地位、被害者の同意、主観的正当化要素、正当行為を利用する間接正犯、未遂の教唆の事例が取り上げられ、たとえば、非弁活動の依頼者などの必要的共犯者の不処罰は、被害者の地位に基づく違法性の阻却によって説明される。

　こうして、違法の相対性を一定の限度において認める修正惹起説、すなわち「第三の惹起説」が妥当であることが主張される。

(3)　「第三の惹起説」の帰結（結）

　「第三の惹起説」から導かれる解釈論的帰結は、次のとおりである。①必要的共犯者（わいせつ物の購入者、非弁活動の依頼者）は、被害者の地位に基づいて違法性が阻却されることにより不可罰になる。犯人による犯人蔵匿・証拠隠滅の教唆も、犯人には正犯として期待可能性がないとする以上、より軽い教唆を行った場合でも当然に期待可能性がないことになるので、不可罰になる。②教唆の未遂は不可罰になる。③未遂の教唆は、その行為に危険性が認められない場合には、不可罰になる。④制限従属性説と原則的に結びつく。⑤違法身分は原則として連帯し、責任身分は個別化する。⑥非故意行為に対する共犯の成立が肯定される。

(4)　基本文献の核心的主張（結）

　しかし、当時の判例・学説の状況に照らすと、基本文献の核心的な主張は、基本文献を締めくくる次の一文に込められているように思われる（基本文献261頁）。

少なくとも、刑法の任務を法益の保護に求める立場に立脚する限り、共犯の処罰根拠に関しては、惹起説の主張に基本的な正しさを認めていくべきであろうと思われる。

4　残された課題

▶惹起説の意義

　基本文献は、惹起説とは、共犯の処罰根拠を、共犯者が正犯者の実現した結果を共に惹起した点にみる見解であると定義し、これを平野の因果共犯論と同視している（基本文献122頁）。因果共犯論とは、共犯も、正犯と同じく、結果を惹起したことを理由に処罰されるとみる見解である。誘惑要素に共犯の処罰根拠を求める責任共犯説との違いを浮き彫りにするためであれば、このような惹起説の理解には意義がある（基本文献刊行当時の有力説は、責任共犯説的な思考をとっていたとされる。基本文献第3章参照）。

　しかし、惹起説の内容はこれに尽きるものではないという理解も有力である（松宮孝明『刑法総論講義〔第4版〕』〔成文堂、2009年〕323頁以下）。因果共犯論においては、結果が、正犯にとって構成要件に該当する結果なのか、共犯にとって構成要件に該当する結果なのかという点は必ずしも明らかにされていない。しかし、たとえば、必要的共犯者の関与や犯人による犯人蔵匿・証拠隠滅の教唆の事例をみると、基本文献もそうであるように、被害者の地位により違法性が阻却されるとか、犯人は共犯としても期待可能性がないといった外在的な観点からの説明がなされている。このような観点が援用されるのは、結果は、正犯にとって構成要件に該当するものであれば足りると考えられているからであろう。しかし、このような結果の理解は、共犯の不法をもっぱら正犯の不法から引き出す「修正」惹起説のそれであって、本来の惹起説によるものではない。惹起説は、「共犯者は自己の不法と責任に対して罪責を負う」という立場から出発して、惹起される結果は「共犯にとって」構成要件に該当する結果でなければならないとする見解である。これによると、たとえば、嘱託殺人の嘱託者は、「自己の死」を惹起するだけで、「他人の死」という構成要件該当結果を惹起するものではないので、不可罰になる。犯人による犯人蔵匿の教唆も、犯人

は「他人の蔵匿」という構成要件該当結果を惹起しえないがゆえに、不可罰となる（このような説明は、リューダーセン以後、ドイツでは多数説になっている。現在の惹起説内部の対立点は、共犯にとって構成要件に該当する結果の惹起で十分とみるか〔純粋惹起説〕、正犯の不法も必要と解するか〔混合惹起説〕にある）。このように、構成要件該当結果の関与者ごとの相対性に着目するところに（こそ）惹起説の意義がある、というのである（松宮孝明『刑事立法と犯罪体系』〔成文堂、2003年〕275頁以下、豊田兼彦『共犯の処罰根拠と客観的帰属』〔成文堂、2009年〕3頁以下参照）。

▶共犯の処罰根拠の射程──何のための議論か

　惹起説の理解の相違は、共犯の処罰根拠の射程の理解にも影響する。わが国では、共犯の処罰根拠が共同正犯にも妥当するかをめぐって争いがある。惹起説を因果共犯論的に理解すれば、共犯の処罰根拠は、共同正犯にも妥当することになる。共同正犯も、自己の行為と因果関係のない結果について責任を負わないという点では、狭義の共犯と異ならないからである（最決平成24・11・6刑集66巻11号1281頁参照）。このような理解からは、共犯の処罰根拠は、共同正犯論を含む「混乱する共犯論を統一的に把握する視点」（基本文献254頁）となり、この視点から、因果性が問題となる共同正犯の事例（承継的共同正犯、共犯からの離脱など）の解決を目指すことが可能になる。

　しかし、反面、このような理解は、狭義の共犯に固有の処罰根拠を探究する契機を失わせるおそれがある。狭義の共犯は、正犯（共同正犯を含む）ではない。正犯ではないのに、なぜ処罰されるのか。狭義の共犯も犯罪として処罰される以上、正犯の処罰根拠とは別に、狭義の共犯に固有の処罰根拠が解明されるべきであろう。また、これをどう説明するかが、必要的共犯、身分犯の共犯、未遂の教唆などの狭義の共犯の諸問題の解決に意味をもつ。だからこそ、ドイツで共犯の処罰根拠が論じられてきた。ここに、ドイツの共犯の処罰根拠論の射程が狭義の共犯に限られている理由がある。

　わが国では、身分犯の共犯の事例を含め、共犯事件のほとんどが共同正犯の事例として処理されている。しかし、犯人による犯人蔵匿・証拠隠滅の教唆のように、ごく一部ではあるが、狭義の共犯としての処理が定着しているものもある。狭義の共犯に固有の処罰根拠を解明することの意義は、わが国でも失われていないと思われる。

▶混合惹起説

　基本文献では、混合惹起説は扱われていない。しかし、この見解は、現在、日独で多数を占めつつあり、重要である。混合惹起説は、共犯からみて構成要件に該当する結果の惹起に共犯の処罰根拠を求めつつ（この点は純粋惹起説と共通する）、正犯不法も共犯の処罰に必要であるとする見解である（豊田・前掲19頁以下参照）。基本文献で扱われなかった理由は明らかでないが、この見解がロクシン（Claus Roxin, in : LK, 10. Aufl., 1978, Vor §26 Rn. 1 ff.）によって明確に主張されたのが基本文献刊行の直前であったことが関係しているのかもしれない。

　なお、基本文献の「第三の惹起説」は、少なくとも次の二点において、混合惹起説と異なる。第一に、構成要件該当結果の関与者ごとの相対性に着目するかどうかが異なる。すなわち、「第三の惹起説」は、必要的共犯者の不可罰性を被害者の地位に基づく違法性の阻却で説明し、自己蔵匿を教唆した犯人の不可罰性を期待不可能性で説明する。これに対し、混合惹起説は、いずれについても、共犯からみて構成要件に該当する結果を惹起していないことに不可罰性の根拠を求める。第二に、未遂の教唆の処理が異なる。「第三の惹起説」は、未遂の教唆を、その行為に危険性が認められない場合に、そのことを理由に不可罰とする。これに対し、混合惹起説は、共犯も正犯と同じく結果の惹起を理由に処罰されるのだとすれば、共犯も正犯と同じく既遂の故意が必要になるとして、未遂の教唆を不可罰とする。

▶違法本質論との関係

　基本文献は、結果無価値論からは、違法の相対性を原則として否定する修正惹起説（因果共犯論）が支持されるべきであるとする。また、わが国では、違法本質論と共犯の処罰根拠に関する諸見解との関係を重視するものが少なくない。

　しかし、前述のとおり、現在の行為無価値論は、刑法の任務を法益保護に求める点では結果無価値論と共通しており、惹起説（因果共犯論）の主張内容は、行為無価値論の有力な論者からも支持されている。

　また、共犯の処罰根拠に関する諸見解、とくに惹起説内部の対立を違法本質論と結びつけることに重要な意味があるかも疑問である。基本文献も問題にする「不法の相対性」にいう「不法」とは、単なる違法性ではなく、構成要件に

該当する違法性を意味する。したがって、「不法の相対性」は、具体的には、構成要件該当結果の関与者ごとの相対性としてあらわれる。そうだとすれば、「不法の相対性」を肯定するかどうかは、違法本質論とは直接の関係はないことになる。構成要件該当結果が関与者ごとに相対化するかどうかは、違法性の本質をどうみるかと関係なく、構成要件該当結果がどのようなものであるかによって決まることだからである（さらに、豊田・前掲32頁参照）。

▶必要的共犯

　基本文献は、わいせつ物頒布罪における購入者の関与を含めて、罰則を欠く必要的共犯者は「被害者の地位」により違法性が阻却されるとして、その不可罰性を説明する。これは、平野にならったものと思われる（平野・前掲『刑法総論Ⅱ』379頁）。しかし、わいせつ物頒布罪の保護法益は一般に性的風俗であると解されており、購入者を被害者とみることには無理がある。被害者といえない者については、別の説明が必要である（「増幅不法」に着目する見解として、豊田・前掲106頁以下、佐伯・前掲422頁以下）。

▶犯人による犯人蔵匿・証拠隠滅の教唆

　基本文献以後、学説では、犯人による犯人蔵匿・証拠隠滅の教唆を不可罰とする立場が多数説になった。しかし、判例は、依然として、これを可罰的としている（最近の例として、最決平成18・11・21刑集60巻9号770頁）。

　かつてのドイツも状況は同じであった。しかし、ドイツでは、この問題は立法的に解決された。1974年の刑法改正で、犯人による処罰妨害（犯人蔵匿・証拠隠滅に相当）の教唆は不可罰とされたのである（豊田兼彦「ドイツ処罰妨害罪に関する一考察（二・完）」立命館法学273号〔2001年〕1971頁以下参照）。

　わが国でも、改正刑法仮案（1940年）において、犯人による犯人蔵匿・証拠隠滅の教唆が不可罰とされていた。このことは、注目されてよい。

5　現代的意義

　基本文献が主張する惹起説（因果共犯論）は、現在、わが国で通説的な地位を占めている。わが国の共犯論は、共犯の因果性をキー概念として、かつてより整理されてきたように思われる。

個別問題の解決をみても、たとえば、共犯からの離脱について、自己が与えた因果性を解消すれば、実行分担者により犯行が継続されたとしても、共犯の責任を負わないとする見解（因果性遮断説）が通説化し、判例も、同様の見地から、この問題を解決していると考えられている（最決平成元・6・26刑集43巻6号567頁、最決平成21・6・30刑集63巻5号475頁）。また、最近では、傷害罪の承継的共同正犯の事例で、因果性の欠如を理由に、共謀加担前の暴行から生じた傷害結果についての責任が否定されている（前掲最決平成24・11・6）。

22 共犯と身分

●基本文献
西田典之
『共犯と身分』
(成文堂、1982年〔新版2003年〕)

佐川　友佳子

1　学説・実務状況

▶身分犯と共犯の問題

　基本文献は共犯論における重要な問題である「共犯と身分」の問題について、その歴史を繙き、その後の日本の学説に大きな影響を与えた記念碑的業績である。

　犯罪の中には、一定の身分を有する者に行為主体を限定している、いわゆる身分犯といわれるものが存在する。これは通例、犯罪の成立そのものを行為主体の身分の有無にかからせている構成的（真正）身分犯（公務員が賄賂を収受する場合にのみ犯罪とされる収賄罪など）と、誰が遂行しても犯罪ではあるものの、一定の身分があることを理由に刑が加重または減軽されるという加減的（不真正）身分犯（賭博罪に比して重く処罰される常習賭博罪など）との2つの類型に区分される。

▶現行規定をめぐる状況

　現行日本刑法典は65条1項で「犯人の身分によって構成すべき犯罪行為に加功したときは、身分のない者であっても共犯とする」とし、同条2項において「身分によって特に刑の軽重があるときは、身分のない者には通常の刑を科する」と規定しているが、この条文は、通説によると、前者が構成的身分犯の共犯に身分の連帯的作用を認めたものであり、後者が加減的身分犯の場合に身分の個別的作用を認めた規定として理解され、実際の裁判例でもそのように運用

されてきた。

　しかしながら、65条は同じく「身分」が共犯に及ぼす影響を規定しながら、一方では連帯的な効果を、他方では個別的な効果を認めているが、それが理論的に如何に根拠づけられるのか、また共犯理論における諸原理と整合性をもつものであるのか、といった疑問が投げかけられることとなる。さらに、実際の帰結としても、これを単純に適用すると次のような問題が生じうることが指摘される。

　たとえば、保護責任者たる地位は、遺棄罪の場合には刑を加重する身分であるが、生存に必要な保護をしないという不保護、すなわち不作為の場合には、構成的身分となる。そこで、保護責任を有しない者が保護責任者の遺棄に加担すると65条2項により遺棄罪の共犯となるが、不保護にかかわった場合には、同条1項より、保護責任者不保護罪の共犯となり、成立する犯罪が重くなる。つまり保護責任を有しない者にとって元々禁止されていた遺棄に関与する場合よりも、その者自身にとって本来的には禁止されていなかった不保護に関与した場合の方が重く処罰されることになり、刑の不均衡を生じうることになってしまうのである。

　そもそも、このような問題は、構成的身分犯、加減的身分犯いずれの場合であっても身分の連帯作用を認め、非身分者が正犯と同様に処罰されるとするか、あるいは、すべての身分犯に身分の個別作用を認めるとするならば生じない。にもかかわらず、日本やドイツでは、従来からあえて加減的身分の個別化を認める規定が制定され、現在に至るまでこれが維持されてきた。

2　学説史的意義と位置づけ

▶先駆的業績

　日本刑法はドイツの影響を大きく受けたこともあり、共犯は正犯に従属して成立するという、いわゆる共犯従属性説が戦後学説の中心とされ、これを基礎として共犯論が展開されてきた。そして身分犯に複数人が関与した場合については、65条の文言通り、「1項により、構成的身分犯の場合には非身分者にも身分の影響が及ぶが、他方、加減的身分犯の場合には2項の存在により身分は

個別的に作用する」との理解がなされていた。

　しかしながらこの見解に対しては、構成的・加減的身分によって扱いが異なり、上述のような刑の不均衡を生じる点を合理的に説明できないという課題を抱えていた。

　そこで、1項は構成的および加減的身分犯の共犯成立について規定したものであり、2項は加減的身分犯について刑の個別化を定めた規定であるとする見解が主張され（団藤重光『刑法綱要総論〔第3版〕』〔創文社、1990年〕418頁）、判例では一部これに従うものもあったが（業務上横領罪の共犯について罪名と科刑を分離したものとして最判昭和32・11・19刑集11巻12号3073頁）加減的身分犯の場合に成立する罪とそれに対応する刑が異なることが何故正当化されるのかといった点でやはり説得力に欠けるものであった。

▶違法身分・責任身分

　このような状況の中、基本文献は、65条の文言にとらわれた従来の見解は形式的区別に過ぎず、理論的根拠を欠くものであって、むしろ身分そのものを分析することが肝要であるとし、犯罪体系論との関係で考えるならば、次のように考えるべきとする。すなわち、違法は客観的なものであって関与者すべてに等しいものであるが、他方で責任は主観的なものであるがゆえに、行為者ごとに個別的に判断される。したがって、身分についても、違法に関するもの・責任に関するものに分類した上で、共犯の要素従属性に関する制限従属性説（共犯が成立するためには正犯が構成要件に該当して違法であることは必要であるが、責任までは必要としない）と結び付き、違法身分なら関与者に等しく作用するので、連帯的な効果をもつ65条1項が適用され、責任身分ならば他の関与者とは独立に作用するために、個別化を定めた2項が適用されることになる、というのである。

　違法身分・責任身分、という区別それ自体は、既に基本文献以前にも提唱されていた。たとえば佐伯千仭は、身分の体系化の必要性を指摘し、それぞれの身分を違法要素、責任要素に還元した上で、刑法65条は、本来各行為者に個別的に作用する責任身分に関するものではなく、違法身分でも、連帯的に作用するものと個別的に作用するものとがあるので、それらに関する規定であるとしていた（佐伯千仭『共犯理論の源流』〔成文堂、1987年〕167頁）。また、瀧川幸辰は、

「違法は連帯的に、責任は個別的に」というテーゼから、65条1項にいう構成的身分は行為の違法性を規制するものであり、他方、65条2項にいう加減的身分は行為の責任性を規制するものであるとした（瀧川幸辰『犯罪論序説〔改訂版〕』〔有斐閣、1947年〕254頁以下）。

▶基本文献の意義

　基本文献は、上述の見解も結局のところは依然として構成的・加減的身分という区別に拘泥している点で、理論的に不徹底であるとする。つまり、従来の文言に依拠した形式的区分を考慮することそれ自体が妥当でなく、共犯論との理論的整合性を図るならば、率直に違法・責任身分という実質的な区分に依拠すべきではないか、と主張するのである。この点、西田典之の師である平野龍一も、「このように考えると65条は制限従属性説をとることの妨げとなるものではなく、むしろ間接的ながらこれを基礎づけるものだとさえいうことができる」と述べている（平野龍一『刑法総論II』〔有斐閣、1975年〕357頁）ように、この見解は、従来、65条における連帯性と個別性という、一見すると相反する性質を有しているようにみえる身分犯の共犯の問題と、共犯の従属性原則とを結び付けることによって、条文の文言以上の根拠を有しないと批判されて来た通説に対し、大きなインパクトを与えるものであった。

3　文献紹介

▶基本文献の構成

　基本文献は大きく第1部と第2部に分かれ、第1部は旧版（1982年刊行）に該当する部分であり、第2部には旧版刊行の前後に公表した、「共犯と身分」の問題に関連する論文が補論として収められている。

　まず第1部の第1章は、基本文献の問題提起となる部分であり、身分犯と共犯の問題の議論の焦点、とくに日本刑法65条をめぐる学説状況を概観している。次いで2章ではプロイセン刑法典以降のこの問題に関するドイツの立法的背景、学説史を扱い、3章はとくにドイツにおける構成的・加減的身分犯という従来の区別を巡る見解を批判的に紹介しつつ、現在の日本のような形式的区別に依拠することの限界を論じ、「ここで重要なことはむしろ、この共犯と身分

という問題領域の解決において、身分の作用を構成的―加減的という形式的区別によって決定するのではなく、当該身分のもつ法的性質によって決定すること」であると総括している。それに続く4章においては、前章での結論を踏まえ、65条1項および2項につき、違法・責任身分という区別を採用した場合の各規定の解釈、すなわち、適用される犯罪類型がどのようなものであるのか、また、65条1項の「共犯」には「共同正犯」を含むか、といった問題が具体的に検討されている。

　第2部は、新版で新たに加えられた、1部の補強、展開部に当たるものである。1章では比較法的考察とのサブタイトルが付けられているように、フランス、ドイツ、オーストリアにおける身分犯と共犯に関する規定の変遷を概観している。2章は諸外国の立法例を参考に、形式的区別の不合理性を論じ、自説を展開している。そして3章では、個々の犯罪類型を例に、65条を自説に従って解釈した場合の帰結について検討しており、違法・責任身分について具体的な記述がなされてある。続く4章は、近時の日本の学説について批判的な検討を加えたものであり、最後の第5章は65条に関連する裁判例の評釈となっている。

▶基本文献の主張の中核

　基本文献の主張の中核は、本書の以下の記述（12-13頁）に示されている。

> ……身分は結局、連帯的に作用するもの（連帯的身分）、個別的に作用するもの（個別的身分）、あるいは両方の性質をあわせもつもの（混合的身分）の3つに区別されよう。そして、個々の身分がそのいずれかであるかは当該身分の体系的意義の分析によって実質的に決定さるべきものである。そうだとすれば、いずれにせよ身分の体系化という作業は構成的か加減的かという身分の形式的区別と矛盾・衝突する場合のあることを否定できないであろう。
> 　このように身分の体系化と65条における身分の区別との間に存在する矛盾を直視するとき、我々はむしろ65条そのものに疑いの目を向けてみる必要があるのではなかろうか。65条1項は「構成的」身分の連帯性を、同条2項は「加減的」身分の個別性を規定している。そこでは個々の「身分」の体系的意義は考慮されていないとみるのが素直であろう。しかし、そうだとすれば、構成的身分はなにゆえ連帯的に、加減的身分はなにゆえ個別的に、共犯に対して働くのであろうか、その点がまさに問題となるはずである。にもかかわらず、従来この点ははとんど問題視されてこなかった。滝川

博士の見解に対する学説のリアクションがこのことを示しているように思われる。既に述べたように滝川説は、65条における構成的―加減的という身分の区別が違法―責任という身分の区別と完全な対応関係をもちえないという理由により諸学説による批判を受けた。そのような批判は正当であったとしても、それならばなぜ、違法要素・責任要素という異なる性質をもつ身分が構成的か加減的かという区別に応じて連帯性あるいは個別性という同一の作用を有しうるのかが逆に疑問となるはずである。更にまた、65条の区別を基礎にすれば、同一の性質をもつ身分、例えば収賄罪（197条）と職権濫用による逮捕監禁（194条）における公務員たる身分が、前者では構成的なゆえに連帯的に働き、後者では加重的なゆえに個別的に働くという不都合をも生じることになろう。しかし、従来の学説はこれらの点を問題とせず、65条自体の合理性はこれを当然の前提として解釈論を展開してきたように思われる。それは「解釈論」であるがゆえにある意味では当然のことであったかも知れない。しかし、その点にこそまさに65条をめぐる現在の錯綜した対立状況を生ぜしめた原因が存するのではないだろうか。もし、65条の規制自体に合理性が欠ける点があるとすれば、これを前提とする以上、65条を統一的に解釈せんとする試みも結局は破綻を来さざるを得ないだろうからである。

▶共犯と身分をめぐる立法および学説史

　西田は、上述の問題意識を冒頭で提示し、当時の日本の状況を概観しつつ、この問題を解明するためには、まず日本が多大な影響を受け、類似の規定を有するドイツが辿った立法経緯を詳らかにすることが必要であるとする。そしてそれを受けた2章において100頁以上にわたってドイツの共犯と身分をめぐる議論を現行規定に至るまで詳細に検討しており、これが基本文献の理論的基盤ともいえる箇所となっている。

　歴史的にみれば、ドイツでは19世紀後半の統一刑法典であるライヒ刑法典制定を契機として、共犯と身分に関する規定も置かれることとなったが、この前身とされるプロイセン刑法典には、実はこれに対応する一般規定がなかったことが指摘される。つまり、プロイセン刑法のほとんど無修正の改訂版と称されるほどに多大な影響を受けたと評されるライヒ刑法典が、なぜ、あえてこの共犯と身分の問題に関しては従前の法とは異なる規定を新たに導入したのか、という疑問を解くことこそが、共犯と身分の問題を探る上での鍵となることが示される。

▶厳格な従属性とそこから生じた問題

　もともとプロイセン刑法自体は、フランスの影響を強く受けたものであって、総則に「共犯者には、正犯者に適用されるものと同一の刑罰法規を適用する」との規定があったことからも明らかなように、その根底には、いわゆる可罰性借用説があった。これは、共犯（教唆・幇助）の本質は、正犯によって実行された犯罪を意図し共に惹起した点にあるため、共犯の罪責も正犯の行為に応じて決定されるべきという考えである。したがって身分はそれが正犯行為自体と結び付いたものであって正犯者にそれが存在する以上、共犯者にも連帯的に作用するものであって、各則において身分の個別化を認める（嬰児殺における母など）若干の規定は存在したものの、それらは正犯と共犯の罰条同一性に対する例外的なものとして捉えられており、逆に、共犯者にのみ存在する身分は、正犯はもちろん、共犯自身にも影響を与えないものとされていた。

　しかしながらこれは共同正犯の場合に次のような問題を生じた。たとえば甲が乙に、乙の親方の財物を窃取するよう唆した場合には、単純窃盗よりも重い使用人窃盗の教唆となる。しかし甲が教唆にとどまらず、共に窃取行為を行った場合には共同正犯となり、正犯であるから、自己の犯罪、すなわち単純窃盗の正犯として、教唆した場合よりも軽く処罰されることになる。つまり、共同正犯であれば、非身分者は他の身分者に従属せず、非身分者としての（不）処罰にとどまるが、同じ行為に共犯として関与した場合、身分者と同じ重い罪責を問われる、という不合理な帰結をもたらすのである。そこで裁判所は、共同正犯という概念には正犯と従犯という2つの概念が含まれており、「共同正犯同士はお互いにとっての共犯である」という相互共犯の理論を持ち出してこのような帰結を回避しようとしたのであった。

▶従属性の緩和

　しかしこのような問題が生じたことは、ライヒ刑法典制定の過程において、共犯の従属性を緩和し、加減的身分の個別的効果を認める方向へと繋がっていく。その背後には、数人が同じ行為に関与した場合であっても、たとえば尊属殺の場合などに、行為者の有する一身的性格に応じてその評価は共犯者ごとに異なったものとなりうるのであるから、「各人は各自の行動および関係によって形成された罪責の程度に応じてのみ処罰されるべき」趣旨を法文上明確化し

ようとの意図があったとされる。

　こうしてライヒ刑法典50条においては加減的身分犯における身分の個別化が認められるに至ったが、構成的的身分や刑罰阻却身分についての規定はなかったため、これらは通常の共犯の従属性原則に従うものとされた。当時は、共犯は正犯からその可罰性を借用するという可罰性借用説の影響が強かったことなどがその背景にある。

　ただ、正犯からの可罰性借用を厳格に要求すると、正犯が不処罰にとどまる場合、共犯成立も常に否定せざるをえなくなる。そこで、通説は「行為」の可罰性と、「行為者」の可罰性とを分離した上で、共犯処罰は「正犯行為」の可罰性には従属するが、「正犯者」の可罰性からは独立する、と理解した。つまり、正当防衛や責任無能力など、正犯行為自体の可罰性を阻却する事情のある場合は共犯も成立しないが、他方で、親族相盗のように行為自体の可罰性を失わせるものでない事情を一身的処罰阻却事由とし、それに対する共犯はなおも可能であるとした。

　こうした共犯の捉え方からすると、加減的身分の個別化規定はあくまで例外的なものとして位置づけられ、その適用範囲は限定的に考えられることとなり、その結果、身分の内容も、尊属や公務員資格など一定の継続性を有するものと解され、目的・動機等の心理的要素については継続性を有しない等の理由から、この段階では、身分としては捉えられていなかった。

　また、この間、改正草案が作成され、50条に関しては、従来の加減的身分に加えて一身的刑罰阻却身分も個別的作用を有することが示されたが、M・E・マイヤーはこれを契機に、共犯の従属性にもさまざまな段階付けが可能であることを指摘した。つまり一身的刑罰阻却事由を認める草案の規定は、責任の個別作用を認めたものであって、制限従属形式（共犯成立に正犯の構成要件該当性、違法性は必要だが責任までは要しない）を新たに採用したものであると考えたのである。

　ケペルニクは、共犯の従属性を、犯罪成立の一般要件（構成要件該当性・違法性・有責性）に関する一般従属性と、身分に関する特別従属性とに区分し、両者の間に連続性はなく、相互に排斥しあうものではないとする。つまり（正犯の身分が共犯にも影響する）誇張従属形式は他の従属形式と段階的な連続性を有

するものではないので、身分の連帯性を否定しながら制限従属形式を採用することも可能とされる。カントロヴィッツも同様に、50条の加減的身分の個別化規定によって、制限従属形式が否定されるものではないとした。こうした議論を経て、身分の個別化を前提としつつ、責任無能力者に対する共犯が可能であるとする制限従属性説が通説化していったのである。

また、身分概念それ自体については、コールラウシュによる「一身性」に重点をおいた解釈が展開され、これが後の学説に影響を与え、継続性要件を克服していくこととなる。

第3節においては、1943年改正規定の意義が論じられている。まず、50条1項において、共犯者間の責任の個別性が認められ（制限従属性説の採用）、それに伴い、従来の加減的身分の個別性に関する規定が同条2項に移動された。ここでは身分に「常習性」なども含まれる点を明確にするため、文言が「『特別の』一身的資格又は関係」と修正され、従来の加減的身分に加えて、刑罰阻却身分についても個別作用が認められることとなった。

実務上、かつては身分に継続性要件を認める立場が確立した判例となっていたが、戦後は上述のコールラウシュの影響などもあって、この要件は放棄されるべきものと理解されるようになった。そして50条2項にいう「身分」に何が包摂されるかについては、さまざまな見解が主張され、たとえば責任要素であるとする見解もあれば、不法要素であるとするものもあり、また双方を含むとする見解もあった。たとえば目的的行為論者として著名なヴェルツェルは、自らの提唱する人的不法論を根拠に、50条2項は不法構成要件の領域にのみかかわるものであるとする。すなわち、違法性は、常に一定の行為者に関係付けられた行為の否認であり、同一の事象であっても関与者に応じて不法の重さは異なるのであるから、公務員が非公務員と人を傷害した場合には、公務員の方が重く処罰されるのであり、50条2項はそのための規定であるとした。

ただし、この2項の身分を不法要素、責任要素いずれとして理解するか、という対立の焦点は、構成要件をどう捉えるか（違法類型か責任類型か）、という体系構築上の問題に過ぎないと西田は指摘する。また、こうした議論の展開の中で、身分に「継続性」は要求されなくなり、判例においても、当該要素が行為を特徴付けるのか、行為者を特徴付けるものかによって、2項の身分である

か否かが判断されるようになった。

そしてこれら学説・判例の動きが立法作業にも影響を与えることとなり、法の文言を一時的・心理的要素をも包含するような表現に変更すべきであるとの指摘を受け、1968年の法改正では「特別の一身的要素」との表現となった。そして同時に、かねてより通説・判例上は認められつつも、明文のなかった構成的身分犯に関与した非身分者の共犯の問題についても、「可罰的であるが、その刑を減軽する」との規定が置かれることとなった。

▶形式的区別に対する批判的検討

2章で展開されたドイツの立法・学説史を踏まえ、3章では、構成的・加減的身分という形式的区別に対する批判が展開される。

そもそも加減的身分のみならず構成的身分についても身分の個別性を認めることは従来の規定を準用することによっても十分に可能ではあったが、結局、構成的身分犯に加担した非身分者を不処罰とする帰結は甘受しえなかった。そこで、非身分者は、身分犯における正犯とはなりえないが、共犯とはなりうる、との理解によって、ドイツ刑法50条の準用が否定され、構成的身分と加減的身分とで扱いが異なるという帰結を導くこととなった。

こうした状況は日本刑法の65条の成立過程においても同様に見て取ることができる。旧刑法においてはかつてのドイツ同様、加減的身分犯の個別化に関する規定しか存在せず、構成的身分犯に加担した非身分者の扱いが問題となったが、共犯の従属性原則から可罰的とする説が多数であり、判例もこれに従った。そしてこうした扱いが現行刑法において立法化されるに至ったのである。

しかしながら、西田は、身分そのものを真摯に分析することなく、共犯の従属性から構成的身分犯について漫然と身分の連帯作用を認めてきたことを痛烈に批判し、このような区別の合理性それ自体を問うべきであるとする。

▶構成的・加減的区分を正当化する試みとそれに対する批判

このような形式的な区分を理論的に正当化する試みとして、ドイツでは不法共犯論に依拠するもの、そして構成的身分の行為結合性に依拠するものとを挙げているが、いずれも妥当性を欠くとし、構成的身分犯に関与した非身分者の処罰を肯定すると同時に刑の必要的減軽を規定した現行ドイツ規定は妥協策でしかない、とする。

そして常習性、営業性等の責任要素が構成的に作用する場合に、それを備えていない共犯者の処罰も肯定することは適切ではないとする。他方で、共犯行為が間接的な法益侵害行為とされるならば、その違法性は正犯行為の違法性に規定されるものとであるとする。そのことから、正犯行為の違法性（法益侵害性）を基礎付け、加重または減軽するすべての事情は、他の関与者の可罰性に対しても同様の影響を与え、これが責任にかかわる要素である場合には、他の者に影響を与えず個別的にのみ作用する、という帰結が導かれる。

このような違法・責任という身分の区分は、これと異なる基準を用いる可能性を否定するものではないが、いずれにせよ、構成的・加減的という区分によるのではなく、身分それ自体の法的作用によってその区別を決定すべきであると結論づけ、さらに、西田の見解を実際の立法として実現したものとして、オーストリアの現行規定が紹介されている。

▶現行規定の解釈

4章においては、前章で明らかにされた身分の体系化を前提とした場合、さまざまな犯罪類型においてどのような結論に至るか、という問題が検討されている。そこでいう身分には目的のような一時的・心理的要素をも含むものであって、65条1項の適用範囲たる違法身分としては、従来、2項の適用範囲であった公務員による逮捕・監禁における公務員たる地位といったものが挙げられ、対して2項の適用範囲とされる責任身分は、行為者に対する責任非難にかかわるものであるとされるゆえに、累犯や自首なども含むとされる。

ただ、西田自身、この違法身分と責任身分の区別は、「何をもって法益と考え、いかなる場合に法益侵害の大小・強弱を認めるかによってかなり流動的であり、見解も分かれるであろう」と述べ、その判断基準の明確な定立と具体的適用は課題であるとしている。

また、65条1項にいう「共犯」に共同正犯も含むかどうかという問題についてはこれを肯定する。そして、これを否定する学説は結局のところ、身分犯の場合には身分者に特別な義務が課せられており、その義務に違反して正犯となりうるのは身分者のみであるという義務犯的理解に依拠したものであって、非身分犯とは異なる正犯原理を身分犯に認めるものであり、妥当ではないとする。身分犯における行為主体限定の意味を、たとえば強姦罪のように直接単独正犯

形式における法益侵害可能性の事実上の制限に過ぎないとみるならば、非身分者の共同正犯は可能であるし、また、主体が限定されているのは、刑法の謙抑性の見地から法益侵害の可能性を有する主体の処罰範囲を限定したためであるとするならば、身分者の行為に関与した非身分者の共同正犯も肯定される。

また、2項については、責任の個別性を規定するだけでなく、個々の犯罪類型と結合して、身分者を主体とした共犯構成要件を設定し、正犯とは独立した、共犯者の罪名・罰条までを個別化する規定であると理解する。そして常習性などがこの条文の適用対象であるとしている。

▶比較法的考察

第2部では、第1部に関連する諸論文が補論として掲載されている。第1章においては、フランス・ドイツ・オーストリアにおける「身分犯の共犯」の関連規定が紹介され、2章では、他国の例も援用しつつ、従来の形式的な身分犯の区別によって不合理な結論が生じてきたと指摘する。3章では、自説の違法・責任身分という区別について議論を展開し、事後強盗罪、目的のような主観的要素に関する問題の具体的な帰結について論じている。

▶近時の学説に対する評価

4章においては近時の日本の学説を批判的に検討している。

身分も他の構成要件要素と同じく犯罪の類型的な違法性・有責性を基礎付ける要素に他ならず、共犯従属性の点に関し、身分犯とそれ以外の犯罪とで扱いに差異を設ける合理的は理由はない、とする十河太朗の見解を「65条無用論」（実際には、1項は構成的・加減的身分犯の身分の連帯作用を認め、2項が中止犯の任意性、累犯、自首などの場合に適用が認められるとする）と称し、このような見解は、65条という規定をあえて別途置いた立法史を無視したものであり、責任要素についてまで連帯作用を認める点などを批判する。

さらに、身分犯を義務犯としてとらえ、禁止規範が当該身分者についてしか妥当しないことを根拠に、構成的身分の連帯作用を認める65条1項は、非身分者による身分者の義務違反の誘発・促進を処罰する特別な政策的規定であるとする松宮孝明の見解に対しては、義務違反が違法の実態であるとすることは、法益侵害およびその危険を違法の実質として捉えることと符合しているのか、といった点に疑問を提起している。

また、非身分者が正犯、身分者が共犯である場合には、正犯の罪名に対する片面的な従属性を肯定することが妥当であるとする山口厚の見解を「片面的誇張従属性説」とし、違法についてはこれを肯定するが、責任の個別性という観点からみれば、このような結論を肯定することは不当であるとしている。5章は、身分犯の共犯の問題にかかわるような判例の評釈である。

4　残された課題

▶「違法身分」と「責任身分」という区別

　基本文献の主張は、刑法65条の両項を違法身分と責任身分に関する規定と解し、いずれに分類されるかによって各身分が連帯性と個別性という異なる作用をもつ、というものである。この違法に関連する身分、責任に関連する身分という区別自体は、一見明白そうであるし、西田自身、いくつかの例を挙げて説明してはいる。しかしながら、実際に、当該身分がどちらに該当するかを明らかにするための一義的な基準は明らかにされておらず、西田自身、流動的であると認めている。また、従来は加減的身分であるとして同条2項が適用されていたものの多くが違法身分とされることによって1項の適用を受けるとなると、身分のない共犯が関与した場合に処断刑を引き上げるという帰結をもたらす。たとえば、特別公務員職権濫用罪（194条）は形式的には逮捕監禁罪（220条1項）の加重類型であるが、加重の根拠を公務執行の適正性という法益侵害に求めるならば、違法身分となり、私人が警察官に職権を濫用した逮捕行為を教唆した場合、私人は、65条1項の適用を受け、194条の共犯として220条の場合よりも重く処罰されることになる。しかし、このような重大な変更を、不明確な基準に依拠した解釈によって正当化することは非常に疑わしい。

　さらに、この区別の根本的な問題としては、条文には「違法」「責任」といった文言が一切ないために、罪刑法定主義上の疑念があることも挙げられる。とくに上述のように処罰が重くなる事案が多数想定されるのであれば、一層明文でそれが明らかにされる必要がある。

▶目的と身分

　営利目的のような主観的要素が身分たりうるかという問題もある。判例によ

る身分の広範な定義からすれば主観的要素も身分として理解することは可能であり、基本文献もこれを肯定しているが、実際の裁判において、1項と2項いずれを適用されるべき身分となるかは、大きな問題である。最高裁は、麻薬取締法の密輸入罪に関し、営利目的をもって密輸入を依頼したXと、みずからは営利目的をもたずに麻薬を搬入したY・Z、3名とも営利目的密輸入の共同正犯とした原判決を破棄し、営利目的は65条2項にいう身分であるから、営利目的をもたない者については通常の麻薬密輸入罪の刑を科すべきであるとした（最判昭和42・3・7刑集21巻2号417頁）。西田はこの点、営利目的は主観的要素であり、責任身分であるから、このような結論を妥当であるとする。しかしながら、営利目的がある場合の法定刑の著しい加重を責任非難の増加によって正当化できるのか、目的は身分には該当しないのではないか、といった疑問が提起され、否定説も有力であり、また、そもそも目的は65条の適用の可否にかかわらず個別的作用が認められるべきとの指摘もある。

▶65条1項の「共犯」

　判例では、非身分者も身分犯の共同正犯となりうる、つまり65条1項の「共犯」の範囲には共同正犯も含むとし、西田をはじめ、学説でもこれに賛同するものが多い。その論拠は、身分犯における行為主体限定の意味を、単独正犯形式における法益侵害の可能性の事実上の制限に由来するものであって、他の形式における非身分者の処罰を排除するものではないというものである。そして非身分者が共同正犯となることを否定する見解に対しては、構成的身分犯を義務犯的に理解しており、その前提が妥当でないとする。もちろん、義務犯論それ自体を明らかにし、その義務の範囲と、その内容を明らかにすることも重要である。ただ、肯定説も、「身分者が行った場合にのみ違法」とすることと、違法とは法益の侵害であって、すべての関与者にとって等価であると主張することとの関係を、より精緻に分析する必要がある（香川達夫『身分概念と身分犯』〔成文堂、2014年〕36頁以下、振津隆行『刑事不法論の研究』〔成文堂、1996年〕1頁以下）。

▶違法の連帯性

　共犯の従属性に関し、要素従属性という視点が定着したのも、西田によって「違法は連帯し、責任は個別化する」との主張が身分犯の問題と関連付けて論じられたことが大きい。ただ、上でも言及されたように、身分の個別化を認め

た規定それ自体は、誇張従属形式の否定を意味するものではあるが、それ以上に、身分を違法や責任と直接関連づける意味をもつものではなかった。正犯の身分は違法や責任とは異なる段階の問題であるがゆえに、別の層に位置づけられていたのである。また正犯が違法であれば共犯は必然的に違法となるわけではない。というのも、制限従属形式によれば、正犯の違法性は、共犯成立のための必要条件ではあっても十分条件を意味するものではないからである。

ただ、共謀共同正犯論が実務を支配し、共犯論がともすれば観念的なものにとどまってしまう状況において、西田説が共犯論を犯罪体系との関係で有機的に論じた意味は大きい（このような問題意識は、高橋則夫〔高橋『共犯体系と共犯理論』(成文堂、1988年)〕による、統一的正犯体系に関する議論にも共通するものであろう）。

5　現代的意義

西田の後、従属性の議論を共犯と身分の問題に関連して発展させたものとして、十河太朗の見解がある（十河太朗『身分犯の共犯』〔成文堂、2009年〕）。これは上でも触れたように、65条1項が構成要件上の身分の連帯的作用を認めたものであって、同条2項は実質的な違法・責任に関する身分の個別的作用を認めたものであると主張する。これは、その理由付けについては西田と異なるものの、議論の方向性自体は、西田と通底する。すなわち、両者は、当該身分が構成要件要素であるから、あるいは違法要素であるから、として、正犯要素が共犯にも連帯的に作用する、と考えるからである。しかしながら、上述のように、正犯に対する共犯の要素従属性は、構成要件や違法性といった要素が正犯にないと共犯が成立しないという意味をもつものに過ぎず、それを超えて、その要素が必然的に共犯者に連帯的に作用するという性質のものではない。

この点、共犯の処罰根拠論における純粋惹起説や混合惹起説からすれば、構成的身分犯の場合、身分者と共に行為しても、非身分者自身にとっての結果は生じていないので、物理的な結果惹起という観点だけでは、非身分者に共犯が成立することを説明できない。ここから、身分犯の共犯に関する規定が別途要求され、それが身分犯の共犯の規定として結実した、との説明がなされうる。このように、そもそもなぜ共犯が処罰されるのか、との視点から身分犯の問題

を検討することも必要であろう（豊田兼彦『共犯の処罰根拠と客観的帰属』〔成文堂、2009年〕）。

　いずれにしても、共犯論に関する多くの業績に基本文献が及ぼした影響はきわめて大きい。それは現行65条の解釈として、違法・責任身分という解釈が文言上は困難であるにもかかわらず、多くの支持者を集めているところにも現れている。

　共謀共同正犯論が実務を支配し、学説においても通説的な地位を占めている現在においては、統一的正犯体系を採用するオーストリアに類似の西田の見解は、実務的な発想と親和性が高いともいえる。違法は客観的に、責任は主観的に、という明白な主張から、身分もそうした違法・責任要素に還元して連帯的・個別的作用を認めることは、一見すれば、説得的である。にしかしながら、そのような中にあっても、実務が構成的・加減的身分という形式的区別に依然として依拠していることは、条文の文言との齟齬という問題にとどまらず、共犯の身分の個別化を認める規定が、歴史的に、従属性原則の中で例外的な存在として認識され、さまざまな問題を抱えつつも、身分の個別性を今日まで放棄しえなかったことと無縁ではない。これは、制限従属形式における責任の独立性とは異なるレベルの問題である。基本文献の大きな成果として得られた歴史的見地を踏まえ、これをさらに発展させていくことが今後の共犯論に課せられた課題である。

23 客観的処罰条件

●基本文献
松原芳博
『犯罪概念と可罰性』
(成文堂、1997年)

曲田　統

1　学説・実務状況

▶序

　単に社会的に好ましくない行為というだけで刑罰を科すことは許されない。刑罰を科すには「犯罪」が為されたという事実が必要である。その意味で、「犯罪」の存在は科刑の実体的根拠である。

　では犯罪とは何か。構成要件に該当する違法で有責な行為 "eine tatbestantsmäßige, rechtswidrige und schuldhafte Handlung"。これが、今日一般的にいわれている犯罪の定義である。そうすると、構成要件該当性・違法性・責任（有責性）という3つの要件を充たす行為をした者に対して、刑罰権が即座に発動することが許されるはずである。

　しかし、多くの論者は、上記3つの要件を充たす行為がなされたとしても、いまだ刑罰権が発動しない場合があることを認めている。すなわち、一定の罪（たとえば、事前収賄罪、詐欺破産罪など）については、これらの要件が充たされれば「犯罪」は成立するが、「処罰」が肯定されるためにはさらなる要件の充足が必要だとしてきた。すなわち、客観的処罰条件（単に処罰条件ともいう）なる要件が充たされてはじめて「処罰」が肯定される場合があるとしてきたのである。

▶犯罪外、構成要件外の事情としての位置づけ

　このようなわが国における通説の源は、19世紀後半のドイツ刑法学にさかの

ぼる。1872年、フランケは、刑罰権の発生が、可罰的行為によってのみならず他の事情がそれに加わって初めて発生する場合があることを指摘した。また同年、ビンディングは、刑罰法規の中に規範違反性と無関係な要件が存在していることを指摘し、それを「刑罰権の第2の条件」と命名した。こうして、刑罰権の発動を条件づける犯罪外の事情の存在が意識的に論じられるようになっていった。

この流れは、司法判断にも影響を及ぼすとともに、学者によって広く押しすすめられた。たとえば、リストは、1884年に、客観的処罰条件は責任の及ばない「行為の外部」にある要素であると説き、ビルクマイヤーは、1901年に、特定の犯罪においては刑法の刑罰威嚇が「犯罪遂行外の事情」に条件付けられている旨指摘し、それを「特別な処罰の条件」と呼称した。

このように、客観的処罰条件の存在は、行為や因果性の文脈において検討されながらも、それらに関連しない事情として位置づけられる見方が一般化していったのであったが、1906年、ベーリングによって構成要件論が展開されると、客観的処罰条件（ベーリングにいう刑罰威嚇条件）も、構成要件を指導形象とする犯罪概念とのかかわりを意識して論じられるようになっていった。結局ベーリングは、客観的処罰条件は犯罪の外部の要素ではないものの犯罪定型とは何ら関係をもたないものとし、客観的処罰条件を、違法性を条件付けることもなく、心理的関連も要されないものと説いた。このように、ベーリングは、客観的処罰条件は違法性にも責任にもかかわらない構成要件外の事情であるとしたのである。このベーリングの理解は、多くの学者によって支持され定着していったが、ベーリング流の構成要件は没価値的な定型であったため、客観的処罰条件が構成要件外の事情であるということの法的意味合いが必ずしも判然としないという弱点があった。この弱点の克服に資したのが、ヘーグラーの見解であった。ヘーグラーは、違法性の実質を社会侵害性に求め、構成要件外の事情としての客観的処罰条件を、社会侵害性に無関係な要素として位置づけた。客観的処罰条件は、行為の社会侵害性と無関係でありながらも、刑罰請求権の発生のために必要な要件であるとされたのである。同じく不法構成要件論を基礎にしたリットラーも、立法者は行為の無価値評価と関係しない要素を定立することがあると述べ、それこそが客観的処罰条件であると説明した。リットラーによ

れば、客観的処罰条件は不法構成要件外の要素であり、そのため責任の及ぶ必要のないものであった。

▶犯罪要素としての位置づけ

　以上の通説的理解の流れに変更を迫る見解が戦後に示された。ザウアーの見解である。ザウアーは、客観的処罰条件も法益侵害を基礎づけており、不法構成要件に属する要素であると説いたのであった。これにより、客観的処罰条件が犯罪要素に積極的に組み込まれる素地ができた。ただ一方で、ザウアー説は、客観的処罰条件と不法との関係性をきわめて緩やかであるとし、それを理由に客観的処罰条件を責任の及ばない事情とした点で、通説的理解の枠をある程度残した見解であった。

　一方、ベムマンは、当時の客観的処罰条件論を、偶然責任を行為者に負わせる論理であると批判した。ベムマンは、従来客観的処罰条件とされてきた事情を個別に分析した結果、それらは構成要件要素と訴訟条件とに分類できるとし、前者についてはすべて不法構成要件要素に還元されるために故意の対象となると主張したのである（以上ドイツの学説判例史については基本文献28頁以下、齋藤誠二「客観的処罰条件についての覚書㈠」成蹊法学1号〔1969年〕135頁以下、堀内捷三「責任主義と客観的処罰条件」『団藤重光博士古稀祝賀論文集 第2巻』〔有斐閣、1984年〕142頁以下、北野通世「客観的処罰条件論㈠〜㈥」山形大学紀要〔社会科学〕24巻1号〔1993年〕以降等参照）。

▶わが国での動き

　わが国においても、客観的処罰条件は、違法有責行為に対する刑罰権の発動を条件付ける特別な客観的要素、すなわち犯罪外の事情として理解される傾向が強かった。たとえば小野清一郎は、「刑事責任の発生が、犯罪事実以外の一定の事由の発生を条件としている場合に、その事由を狭義の処罰条件といふ」とされ、この狭義の処罰条件は「構成要件の一部をなすもではな」く、「行為そのものの違法性又はそれについての道義的責任とは直接関係ない、それとは別個の、外部的事情である」とされた（小野清一郎『刑法概論〔増訂版〕』〔法文社、1956年〕152頁）。このような理解を基礎にして、今日、多くの論者は、犯罪外の要素たる客観的処罰条件の存在を認めている（団藤重光『刑法綱要総論〔第3版〕』〔創文社、1991年〕514頁、大谷實『刑法講義総論〔新版第4版〕』〔成文堂、2012年〕90頁、

西田典之『刑法総論〔第2版〕』〔弘文堂、2010年〕216頁等)。

このような学説の流れの中で、佐伯千仭は、その著『刑法における違法性の理論』(有斐閣、1974年) において通説的立場を批判した。すなわち、「犯罪をもって具体的刑罰権の発生を法律効果とする法律要件であり、その実体は犯罪類型(構成要件) に該当する違法有責なる行為であると説きながら、後に至って突如として行為の犯罪性 (類型性・違法・有責) と何ら関係がなくしかも刑罰権の存在を決定する条件を認めようとするのは、一貫性を生命とする理論体系にとっては自殺に等しい矛盾である」と。そして、ドイツのザウアーに同じく、客観的処罰条件を不法構成要件に属する要素と見た (なお、責任要素への還元は認められなかった。処罰条件は違法性を強める要素であるにとどまり、違法でないものを違法にする性質の要素ではないからというのがその理由であった。佐伯千仭「客観的処罰条件」法学論叢36巻2号〔1937年〕268頁)。

一方、客観的処罰条件を責任要素に還元する旨主張する見解も登場した。それが堀内捷三の見解である。堀内は、客観的処罰条件は謙抑性の立場からの一種の停止条件であり、条件の発生により責任非難を加えることが可能となるとされ、今日の責任主義を前提とするならば、客観的処罰条件を責任要素と解することも可能と主張された (堀内捷三「責任主義と客観的処罰条件」前掲157頁以下)。

こうして、犯罪要素ではない客観的処罰条件というファクターの存在を肯定する立場と、その存在を否定する立場とが、相拮抗して対立する状況となっている。

ところで、判例に目を転じると、たとえば詐欺破産罪の規定 (当時の商法1050条) における「破産宣告」に関して、大審院は、明確に処罰条件、すなわち犯罪を構成しない要件として位置づけていた (大判明治43・11・15、大判大正15・11・4、大判昭和10・3・13)。その後、最高裁は、当時の破産法374条にいう「破産宣告の確定」について、行為者の予見ないし認識が及んでいることを要すると説示したことがあったことから (最決昭和44・10・31)、「破産宣告の確定」を構成要件要素と見たのではないかと分析することも可能であるところ (307頁参照)、むしろ倒産に至るおそれという事実状態を未必的に認識していれば足りるという趣旨を示しているにとどまるとする評価もある (村瀬均「詐欺破産罪と客観的処罰条件」小林充先生・佐藤文哉先生古稀祝賀『刑事裁判論集 上巻』〔判

例タイムズ社、2006年〕481頁)。何より、本決定は、予見・認識が及んでいなかったことを理由に本罪の成立を否定したものではない。そこからすると、予見・認識を要求した判例とまでは言い切れない面がある。さらに、公訴時効の起算点を詐害的行為の時点に求める判例（大判明治43・11・15）の存在に照らせば、「破産宣告の確定」は犯罪外の処罰条件として位置づけられていたと見るのが穏当かもしれない。

2　学説史的意義と位置づけ

▶先駆的業績

　客観的処罰条件を犯罪概念の外に位置づけてきた通説は、客観的処罰条件を犯罪要素に還元しようとする立場から批判を受けている。既述のように、この立場は、ドイツではザウアーによって、そしてわが国では佐伯によってはじめて展開されたが、松原芳博によって著された基本文献『犯罪概念と可罰性』は、その立場のひとつの到達点を示すものといえる。ここにおいては、緻密な論理が体系的整合性を伴って展開され、豊かな説得性をもって、客観的処罰条件の犯罪要素性が検証されている。

　佐伯の見解は、わが国において客観的処罰条件論を進化させた、いわば先駆的な業績であった（松原も、「客観的処罰条件」概念に対する批判的考察の先駆者として、佐伯の名を挙げられている。16頁)。しかし、松原によれば、不法構造内部に占める客観的処罰条件の地位について、そして客観的処罰条件と責任主義との調和について、課題を残した見解でもあった。前者について、佐伯は、客観的処罰条件によって、行為がはじめから有した違法性が確定的に認識できるようになるとされていたが、これについて松原は、「客観的処罰条件の意義を単なる行為不法の徴表に求めることは、これらの事情の社会的・現実的な意義を矮小化するものといえよう」とされ（167頁)、不法構成機能を追求することの重要性を説かれている。後者について、佐伯は、客観的処罰条件は故意・過失の及ぶ必要のない要素と理解されていたが、これに対して松原は、「責任関連の対象とならない違法要素を認めることには責任主義の観点からみて問題があろう」（169頁）とされ、客観的処罰条件を違法要素へと還元した以上は、でき

るかぎり責任関連を及ぼす可能性を追求すべきと主張される（169頁）。

3　文献紹介

▶基本文献の構成

　基本文献は２つの編で構成されており、第一編が、客観的処罰条件論である（第二編は、一身的処罰阻却事由について論じられている）。第一編は、全８章から成っている。

　第一章では、「犯罪」概念と客観的処罰条件とが、それまでいかなる関係にあると解されてきたかが確認され、その問題性が指摘されている。

　第二章では、客観的処罰条件を「行為」に属さない要素として位置づける立場が挙げられ、簡明に検討が加えられている。

　第三章では、客観的処罰条件概念の確立期の学説を素材に、客観的処罰条件と構成要件との関係性が探究されている。そこで述べられているように、当時の構成要件概念は違法と責任から切り離された没価値的な存在であった。それ故に、かくいう構成要件概念はそののち克服されたのであるが、その事実になぞらえて、違法と責任とから切り離された客観的処罰条件概念の問題性を指摘するところ（76頁）などに、松原の鋭い視点が潜んでいる。

　第四章では、客観的処罰条件と責任主義との関係が論じられている。処罰制限事由説に対して、「処罰制限事由説は、責任主義の潜脱にとどまらず、その他の諸々の法治国家的な保障の潜脱に道を開く点でも批判されなければならない」（101頁）との見方が示される。次いで、客観的処罰条件を不法要素と見る見解について検討がなされ、ベムマンの見解、すなわち、客観的処罰条件のあたるとされてきた事情を構成要件の要素への還元し、これに対して故意（または過失）を要求すべきだとする見解に親和的な態度表明がなされる（138頁）。

　第五章では、わが国の諸見解が考察対象とされている。客観的処罰条件を「可罰性」の要素とする立場、「責任」の要素とする立場、そして「可罰的違法性類型」の要素とする立場が検討され、客観的処罰条件を犯罪概念に還元する方途を探る章となっている。

　第六章では、「規範論と客観的処罰条件」との表題のもと、客観的処罰条件

論と刑法理論上の規範論との関係について分析的考察がなされている。刑法規範論は、とくに「結果」の体系的位置づけと密に関係するが、松原は、「違法性判断は、社会的外界における不都合な事態を対象とした評価規範による無価値評価であり、法益の侵害・危殆化を具現する『結果』の発生は、この事態無価値の内容として不法の中核的要素をなすものと解される」(220頁)と説き、行為無価値論流の規範論を排する。その上で、「客観的評価規範論を採用し、『結果』とともに、客観的処罰条件とされる事情についても不法要素に位置づける方向が妥当であると思われる」(223頁以下)と主張する。

第七章は、基本文献の主張が具体的に収められた章である。下記を参照されたい。

第八章では、詐欺破産罪を素材に、客観的処罰条件の関連する判例について考察が加えられている。

▶基本文献の主張の中核

犯罪の成否にはかかわらず、刑罰のみを条件付ける事情として客観的処罰条件を理解する通説的立場に対して、基本文献は次のような根本的な疑問を投げかける(15頁、16頁)。

> いまだ刑罰の対象とならない行為を「犯罪」とみなし、いわば「不可罰な犯罪」を認めることは、法律要件としての「犯罪」と法律効果としての「刑罰」との対応関係を断ち切るものであって、……犯罪概念の定義に反するものといわねばならない。……

> そもそも、「犯罪」概念の主たる任務は、行為が「刑罰」に値するかどうかを確定すること、そして、行為を理由に科される「刑罰」を正当化することにある。しかし、「刑罰」概念から切り離された「犯罪」概念は、これらの任務をはたしえない。また、「犯罪」概念の実質的な内容は、それが「刑罰」に値する行為であるということに由来するが、「刑罰」概念から切り離された、いわば宙に浮いた「犯罪」概念は、その実質的な内容を引き出す基盤を失って形骸化する危険をはらんでいるといわねばならない。

そして次のように指摘される(17頁以下)。

> 　客観的処罰条件の存在は、犯罪概念の機能の射程を縮小することを意味する。このことは、具体的には以下のような不都合をもたらす。
> 　まず、客観的処罰条件として犯罪概念から排除された事情は、犯罪概念の説明・正当化機能の射程外となるため、その存立根拠を裸の「政策」に求めるほかなく、刑法理論上の拠り所を失うことになる。……
> 　また、客観的処罰条件とされた事情は、犯罪概念の指導・規制機能の射程外となるため、解釈論上の指針ないし基準を奪われると同時に、犯罪成立上の諸原則による規制から解放されることになる。とくに問題となるのが、責任主義の潜脱である。……
> 　さらに、犯罪概念の要請に適合しがたい実定法上の規定についても、疑義のある要素を犯罪概念の外に放逐することにより、犯罪概念からの批判を免れることが可能となる。……かくして、客観的処罰条件というカテゴリーは、犯罪概念からの要請に適合しがたい要素に安住の地を与えることにより、犯罪概念のもつ批判・形成機能をも阻害するのである。

　こうして、基本文献は、判例通説が客観的処罰条件としてきた要素を、完全に犯罪概念に還元することを主張するのである。

▶**基本文献の主張の具体的内容**

　松原は、客観的評価規範論に基づく違法観を是とし、「結果」に対する無価値評価こそ違法性の実体であるとする。すなわち、松原は一元的結果無価値を前提に、以下のように客観的処罰条件論（いわば客観的処罰条件否認論）を展開する。

　「結果」は「行為者の手を離れたのちの事情であり、その発生は事後的・外部的事情に依存する」ものである。そして客観的処罰条件とされてきた事情もまた、事後的・外部的事情に左右されるものである。その点で、両者には共通の性質がある（225頁参照）。したがって、次のように考えられるという。すなわち、「『結果』に不法要素としての地位を与えることは、とりもなおさず違法評価の事後的な変動を承認することを意味する」。そこからすると、「いわゆる客観的処罰条件に不法構成機能を与えて、客観的処罰条件による違法評価の変動を認めることも承認しうるのではあるまいか」と（225頁以下）。松原はこのように、客観的処罰条件に「結果」と共通の性質があることを構造的根拠とし、客観的処罰条件を、「結果」と同様、不法を構成する（そして責任が及びうる）要素として位置づけようとしたのである。

　ちなみに、かねてより、客観的処罰条件はそもそも行為者により惹起された事

情ではないということを理由に、それを不法構成要件の要素とすることを否定する見方も存在していた。しかし松原は、この点について、行為者により惹起された事情でないという面では「行為状況」もまた同じであり、その「行為状況」が異論なく不法構成要件に属するとされていることからすれば、客観的処罰条件もまた不法構成要件要素として何らおかしいことはないとする（253頁以下、271頁注52、297頁等参照）。すなわち、「客観的処罰条件にあたる事情が、性質上、実行行為との間の因果性を欠いているという点は、これらの事情を不法構成要件の内部に位置づけることにとって障害とはならない」（254頁）というのである。

ところで、客観的処罰条件を、不法を構成する要素として位置づけたとしても、それが「結果」とともに行為に帰属されなければ、処罰対象となりえない。そこで、松原はこの点について次のように具体的に論証する。すなわち、AがBを殺害すべく、線路にBを縛りつけた、という殺人罪の事例において、思わくどおり列車がこの地点を通過し、Bがこれに轢かれて死亡した場合、事態無価値（Bの死亡結果）を基礎づける「列車の通過」というひとつの条件は、Aが惹起したものではないが、それが客観的に予見可能であり、したがって利用可能である限り、事態無価値としての「Bの死」はAに客観的に帰属することになるところ（226頁以下）、客観的処罰条件を含むとされている犯罪類型も、以上の線路事例と同様の不法構造をもっているとされる（228頁）。たとえば、事前収賄罪については、「まず、公務員になろうとする者が金品を収受することにより、『公務員が不正な利益の影響下に置かれる』という事態無価値に向けられた第一の条件が設定される。次に、この者が現実に『公務員に就任すること』により、この事態無価値への第二の条件が具備される。そして、この二つの条件が相まって、『公務員が不正な利益の影響下に置かれる』という事態無価値……を招来し、『公務の廉潔性ないし公正さ』を……危殆化するのである」（228頁以下）。この場合、第二の条件たる「公務員への就任」が「客観的に予見可能である限り」、発生した「事態無価値は行為者の故意責任に客観的に帰属されることになる」（229頁）、というのである。

詐欺破産罪（旧破産法374条）の「破産宣告の確定」（現行破産法では「破産手続開始決定の確定」〔破265条〕）についても、同様に解しうるという。すなわち、まず債権者が将来破産財団に属すべき財産を隠匿したり浪費したりすることが、

「債権満足の危機」という事態無価値（結果）に向けられた第一の条件をなす。次に、実際に「破産宣告の確定」という事実が生じることが、この事態無価値への第二の条件をなす。これら両者が相まって、現実の「債権満足の危機」がもたらされることになるのだから、第二の条件である「破産宣告の確定」は、事態無価値を招来する介在事情として、不法構成要件に位置づけられるとともに、行為に帰属されることにもなりうる、というのである（250頁以下）。

さらに問題となるのは、不法構成要素たる客観的処罰条件に対して故意・過失が及ぶ必要があるか、という責任連関の問題である。多くの立場は、客観的処罰条件を政策的理由から設けられた事情と見て、責任の関連しない事情と捉える。しかし松原は、「客観的処罰条件を不法要素と解する以上は、これに対する現実の故意または過失を要求するのが一貫しているとえよう」とする。そして、故意と過失のいずれを必要とすべきかについては、「故意連関（すなわち当該事情の認識または予見）を要求するのを原則とすべきであろう」とする（142頁）。「過失」が及べばよいと捉える立場もあるなか、故意を要求する意味は、責任主義の徹底という点にある。すなわち、「結果的加重犯とは異なり、客観的処罰条件が問題となる犯罪類型においては、基本行為そのものは可罰性を欠くものであり、その認識のみでは十分な反対動機の喚起を期待しがたいという点で、故意の対象を基本行為に限定する合理性に乏しい」（142頁）というのである。こうして、故意を要求するとともに、その内容を「認識・予見」程度とすることで（142頁）、無理なく責任主義を貫徹しようとしているのである。

▶解釈上の帰結

では、上記のような客観的処罰条件の位置づけから、解釈上いかなる具体的な帰結が導かれることになろうか。

(1) 事前収賄罪

事前収賄罪については、①第一に、行為と「公務員への就任」との関係に関して、次のような解釈上の帰結が導かれるという。(i)まず、発生した事態無価値を行為に帰属する要件（客観的帰属要件）として、「行為（金品収受など）の時点において、将来の条件の成就（〔……〕公務員への就任）が客観的に予見可能であったこと」（236頁）が要されることになるという。すなわち、「金品収受などの時点で、のちに請託に関わる職務を担当する公務員に就任することにつ

いての一定程度の蓋然性ないし可能性が存在していなければならない」(236頁以下) というのである。したがって、「行為時には『公務員への就任』を客観的に予見しえなかったという場合には、この事情の介入によって生じた『公務の廉潔性ないし公正さの危殆化』という結果とのあいだの相当因果関係が否定されることになる」(237頁)。(ⅱ)次に、発生した事態無価値を行為者に帰属する要件(主観的帰属要件)として、「行為(金品収受など)の時点において、行為者が、将来の条件の成就(請託に関わる職務を担当する公務員への就任)を現に予見していることが必要」(238頁)になるという。予見が欠如する場合は、それは事態無価値の予見の欠如を意味し、主観的帰属が否定される(239頁)。これは、「公務員への就任」の不法を構成する条件に「責任」が及ぶことを求める視座にほかならない(238頁)。(ⅲ)さらに、「金品収受などの行為と『公務員への就任』とが相まって『公務の廉潔性ないし公正さに対する危険』を招来することが要求される」(239頁)ことになるという。たとえば、「金品を収受したのち、きわめて長期間を経てから公務員に就任した場合」(240頁)などは、この要件は充たされないというが、それは、金品授受等の行為の効果が失われてしまっているが故に、2つの条件が相まって結果を招来したということができず、事前収賄罪にとって必要な事態無価値が否定されざるをえないためである(240頁)。要するに、「『公務員への就任』という事実により、金品の収受などの行為に含まれていた公務の廉潔性ないし公正さに対する潜在的な危険性が具体化・現実化するという関係が必要」(239頁)なのである。

②第二は、共犯の成否に関してである。松原は、「公務員への就任」を犯罪外の事情とすると、事前収賄罪は「公務員への就任」を待つことなく金品収受の時点で成立していることになるから、事前収賄罪の対向的共犯である贈賄罪も、第三者共犯も、その時点で成立することになり不当と指摘する。収賄行為がいまだ処罰対象となっていない時点で贈賄行為や第三者共犯の処罰可能性が肯定されてしまうからである。これに対して、「公務員への就任」を不法構成要件とする立場に立てば、事前贈賄罪の処罰にとっても、第三者共犯の処罰にとっても、相手方の「公務員への就任」が必要となり、不当な結論にはならないと説かれている(244頁以下)。

③第三は、公訴時効の起算点に関してである。事前収賄罪の場合、「金品収

受等の行為」があった時点と「公務員への就任」があった時点のいずれを公訴時効の起算点とすべきか問題となるところ、松原によれば、「公務員への就任」以前には刑罰権が発生していないのであるから、その間に時効が進行するのは適切でない。したがって、「公務員への就任」の時点を公訴時効の起算点としなければならない（247頁）。この点、「公務員への就任」を犯罪外の事情と捉える立場からすると、犯罪が終了する「金品収受等の行為」の時点を時効の起算点と見ざるを得ないこととなり、支持できないというわけである（247頁）。

(2) 詐欺破産罪

　詐欺破産罪に関しては、①第一に、「破産宣告の確定」（今日にいう「破産手続開始決定の確定」。以下同じ）より以前に、詐害的行為により逸出した財産が回収されるなどして原状が回復された場合は、詐欺破産罪の可罰的不法類型は充足されないということが指摘される（300頁以下）。「詐欺破産罪の立法趣旨は、破産財団に属する財産を確保することを通じて債権者の利益を保護することにある」ゆえ、原状が回復された場合は、「当該詐害的行為によって破産財団が害されるには至らなかったのであるから、詐欺破産罪としての可罰性を認める必要はない」（302頁）というわけである。債権者の利益への危険という結果無価値が発生しなかったことを重く見る解釈といえよう。

　②第二に、詐害的行為の時点で「破産宣告の確定」に至る可能性（客観的予見可能性）が存在することが必要であり、かつ行為者において「破産宣告の確定」を予見または認識していることが必要との見方が示されている（303頁以下）。なお、前者については、「破産宣告の確定」を構成要件要素とする松原の立場からすると、「破産宣告の確定」に至る可能性は、「破産宣告の確定」に基づく結果不法を行為へ帰属させる意味をもつから（307頁）、破産の可能性がない場合は「結果の帰属」が否定されるという帰結となろう。

　後者、すなわち「破産財団の確定」に対する予見・認識が要求される点からは、それが欠ければ主観的帰属が否定されるとの帰結が導かれることになる（239頁参照）。

　③第三は、公訴時効の起算点である。古い判例には、詐害的行為の時点に公訴時効の起算点を求めたものがある（大判明治43・11・15刑録16輯1929頁）。そこから、判例は「破産宣告の確定」を処罰条件として扱ったものと評することが

できるが、松原はこれに対して、「この結論は、権利行使の可能性を前提とする時効の本質と調和せず、具体的妥当性も欠いているように思われる」(313頁)と批判する。検察官は、上記判例の訴訟の経緯で、「破産宣告の確定」を処罰条件として詐害的行為の時点に公訴時効の起算点を求める見方は、刑罰請求権が生じる「破産宣告の確定」よりも前に時効の進行を認めることになるから、日時経過により宣告以前に刑罰請求権が消滅するというような矛盾に陥る、との上告趣意を示したが（刑録16輯1931-1932頁）、松原もそれに賛同するのである(313頁以下)。かくして、松原は、公訴時効の起算点を「破産宣告の確定」の時点に求めるべきであり、そのために「破産宣告の確定」を犯罪概念に還元しなければならないと主張する(314頁)。

4 残された課題

▶違法性の本質論との関係

客観的処罰条件を犯罪の要素と見るか、見ないか。判例そして多くの論者は、客観的処罰条件を「行為」に属さない事情、あるいは「構成要件」外の事情、はたまた「違法性」に関係しない事情などと理解し、これを犯罪の要素とは見てこなかった傾向がある。この考え方の根底には、（立場にもよるが、基本的には、）客観的処罰条件を政策的理由から設けられたものとする見方、そして客観的処罰条件を行為規範（命令規範）の及びえない事情と見る前提評価がある。行為規範の及びうる事情を犯罪要素に位置づける考え方は、松原の指摘するように、基本的には行為無価値論をベースにして成り立つものであるから、客観的処罰条件を犯罪外の要素とする論理は行為無価値論的違法観になじむといえる。

この点、松原は、一元的行為無価値論について、「結果を不法論から排除することにより不法から現実性・社会性を奪っている点で妥当でない」などとし(218頁)、二元的行為無価値論については、「結果を不法の内部に位置づける点では妥当であるが、命令規範ないし行為規範との論理的整合性を欠くとともに、不法概念の内部的統一性を保持していない点で問題を含む」(218頁) などとし、両論を排し、そうして客観的評価規範論の立場から客観的処罰条件論を展開する (175頁以下。218頁)。

ただ、違法性の本質に行為無価値があることを認める判例通説の立場からすると、結果無価値論をもっぱらの前提とする立論にいささかの距離感を否めないことともなろう。また、行為無価値論に立ったとしても、たとえば客観的処罰条件を制裁規範に服する事情として位置づけ、結果無価値の構成要素と見ることにより、これを犯罪要素に組み入れることは理論的に可能となる（二元的行為無価値論からのアプローチ。制裁規範について、野村稔『刑法総論〔補訂版〕』〔成文堂、1998年〕41頁以下参照）。とはいえ、客観的処罰条件を、政策的理由から設定された事情としてではなく、制裁規範に服すべき事情として位置づけようとする考え方は、基本文献において展開された論理と軌を一にするものにほかならない。客観的処罰条件の性質を「結果」や「行為状況」と比較し、そこに共通性を認め、そうして客観的処罰条件を犯罪要素に組み込むという松原の論理は、その意味で違法性の本質論をめぐる立場の相違を越えて広く参照されるべき説得力をもっている。

▶責任主義との関係

　客観的処罰条件を、何らかの政策的理由から設定された刑罰権発動のための要件であるとし、行為規範・制裁規範に服する事情ではないとする理解からすると、客観的処罰条件は犯罪外の要素となり、違法性や故意・過失と関係しないものと捉えられることになる。これに対しては、故意・過失の及ばない要件で処罰を根拠づけるのは責任主義からみて不当だとする批判が投げかけられており、基本文献もそれに同調する。むろん、つとに主張されてきたように、客観的処罰条件を処罰制限事由として理解するならば（いわゆる処罰制限事由説。代表的な文献として、北野通世「客観的処罰条件論（七・完）」山形大学紀要〔社会科学〕27巻2号〔1997年〕64頁以下）、そのような批判は必ずしも当たらないともいえるが、基本文献はその種の理解を強く批判している。すなわち、「ある要素の性質を『処罰を制限する』ものと性格づけるか、『処罰を基礎づける』ものと性格づけるかは多分に説明の相違であり、いずれにせよ当該要素が『処罰の要件とされる』という実体に変わりはない」。「実体のない言葉のイメージに基づいて、法治国家的な保障を剥奪することは許されない」（94頁）と。きわめて重みのある指摘である。

　ただ留意が必要なのは、政策的理由から処罰制限的な機能が期待された要件

なるものが本当に存在し得ないかという現実的な問いである。もしそのような要件が存在しうるならば、「処罰制限事由説の論理は、……犯罪成立上および犯罪認定上のあらゆる保障を潜脱するために利用しうるものといわねばならない」(100頁) との見方は必ずしも当たらない可能性が生じる。たとえば国税徴収法における滞納処分免脱罪（187条）の改正経緯を見てみると、同法は昭和25年改正で、それ以前にはなかった「滞納処分に着手した」という要件を置いたのであるが、それは、滞納状態に陥った時点で処罰可罰となっていたそれまでの状況に鑑み、刑罰権発動に制限を加える目的から追加した要件であったようである（以上、法制審議会倒産法部会第33回会議〔平成15年7月11日開催〕議事概要参照。なお、その後の34年の改正で、滞納状態・危機的状況という時期的条件と、処分免脱目的という目的要件とが加えられたため、それによって処罰制限が可能となり、「滞納処分に着手した」という処罰条件は外されたと説明されている）。

さらに、詐欺破産罪についても、その違法性は本当に「破産手続開始決定の確定」（破産法265条）を待たなければ生じないのか再検討することも無意味ではないかもしれない。これについては、「債務者が総債権者のために債務者の財産を保全する高度の義務が発生するのは、一定の倒産の危機的状況が発生したという事態によるものと考えられることからすれば、当該発生時以降の詐欺行為については、破産宣告の確定を処罰条件とせずに処罰の対象とする考え方もありうる」（佐藤弘規「倒産犯罪をめぐる立法課題」現代刑事法5巻6号〔2003年〕57頁）とする意見や、「破産に至る高度の蓋然性が認められる段階において、総債権者の利益を侵害する目的で財産の隠匿等を行う行為は、単に違法であるというにとどまらず、可罰的であることは明らかであると考えられるし、実質的に見て、すでにその行為時において、債権の満足に対する危険が現実化しているといってよい」（村瀬・前掲486頁）とする見解が示されている。このような「破産手続開始決定の確定（かつての破産宣告の確定）」を待たずに違法性が生じると見る見解に、もし一定の重みを認めるならば、「破産手続開始決定の確定」は、不法と刑罰発動との連動を制限する一種の停止条件（すなわち処罰条件）という位置づけになる。

また、改正前の「破産宣告の確定」という要件は、平成15年開催の破産法改正に関する倒産法部会において廃止が検討されたものの、最終的に、「支障の

ない実務運営のために現状を維持するのが適当」とする考えにしたがって廃止は見送られたという経緯があるが（法制審議会倒産法部会第33回会議議事概要参照）、これに徴すれば、同要件（今日にいう「破産手続開始決定の確定」）については、違法性を構成する要件としてでなく、犯罪外の理由に支えられて存続しているものと見ることも不可能ではなさそうでもある。

　なお、財産隠匿などの行為そのものが違法性を帯びている点については、松原も否定していない。そのうえで、「『破産宣告の確定』に至らない段階では、この（債権者に対する抽象的な）危険は、可罰的違法性の程度に達していない」(251頁）と主張されている。

5　現代的意義

　従来、通説は、違法性や責任の及ばない犯罪外の要素として位置づけられる客観的処罰条件の存在を認めてきた。しかしそれは、犯罪と刑罰との関係性や、客観的処罰条件と目される事情とそれに関連する各犯罪類型の特性との相互関係性等について、突き詰めた検討を経た上での結論とは必ずしもいえないものであった。むしろ結論先行の色彩が強かったとさえいえる。

　これに対して基本文献は、刑罰権の発動が犯罪以外の事情に係ることになることへ疑問を投げかけ、その疑問を体系的、論理的、そして具体的に解決できる客観的処罰条件論（いわば客観的処罰条件否認論）を展開したものである。客観的処罰条件を完全に犯罪概念に還元し、かつ故意の対象として位置づけるという試みは、対象犯罪類型の特性に関する具体的な検討と相まって、上記疑問に対する説得力に満ちた解決策となっている。また最近は一般に、基本原理や体系性に配慮した思考というものが軽視される傾向も見受けられるところ、基本文献は、客観的処罰条件の位置づけの問題を通して、改めて科刑の意味や違法性の本質論、さらには責任主義等について深く考えることの重要性を示してくれている。

　従来の通説的見解に理論的・体系的・具体的見地から反省を迫った基本文献は、客観的処罰条件論を考察する際に必ず参照されなければならない必読の重要文献である。

24 罪数論

●基本文献
虫明満
『包括一罪の研究』
(成文堂、1992年)

小野 晃正

1 学説・実務状況

▶一罪の基礎から応用まで

 わが国で犯罪の単複を決定する支配的見解は、構成要件の充足回数を基準とする構成要件標準説(以下では構成要件説と表記する)である。この見解によれば、構成要件の充足が数回あるにもかかわらず、数罪とはせずになおも一罪とする場合がある。その実質的論拠は何か。

 基本文献はこの疑問を出発点に、罪数学説における構成要件説の意義を問い直し、とくに境界が曖昧である包括一罪と法条競合の限界を明らかにしようとするものである。その際、罪数とは「現実に発生した具体的事実に対する評価である」という一貫した視点から考察するとともに、罪数論の応用として一罪のもつ法的効果も考察対象に収める意欲的な論文集である。

 基本文献の刊行から既に20年余りが経過した。この間、罪数をめぐって重要な判断を示す最高裁判例が相次いだ(最大判平成15・4・23刑集57巻4号467頁〔「横領後の横領」事件〕、最決平成22・3・17刑集64巻2号111頁〔「街頭募金詐欺」事件〕、および、同一被害者に対する時間的・場所的離隔を伴った暴行から生じた複数の傷害結果を包括一罪とした最決平成26・3・17刑集68巻3号368頁)。基本文献には、これらの事案における争点をも射程に入れていたと見られる記述も多い。その意味で、現在でもなお色あせることのない、罪数論の基礎から応用までを広く捉えた大著であるということができよう。以下でその詳細をみる前に、基本文献全体の

基底をなす刊行時までの罪数学説の状況を概観する。
▶罪数学説の混迷と支配的見解の登場
　わが国の刑法典は第9章に「併合罪」の規定を置き、一人の行為者が「二個以上の罪」（数罪）を行った場合、科刑上如何なる処理をすべきかについて定める。そこでは「一個の罪」（一罪）と数罪の区別（46条）を前提に、数罪が原則的に重く罰せられる。ところが、刑法典は数罪の詳細な規定ぶりと異なり、一罪となる要件そのものを積極的に規定しない。そのため、犯罪の単複をどう区別するかはすべて解釈に委ねているのである。こうした事情もあり、すでに戦前から、数罪で処理するまでもないと考えられる、同一構成要件を数回充足する事案については、複数行為の実質的一体性を根拠に、解釈上一罪として処理してきた。この解釈上承認された一罪が包括一罪である。他方、一罪か数罪かという問題は、刑事手続法上、当事者双方に公訴時効の起算や一事不再理の客観的範囲において有利にも不利にも働きうる（奈良俊夫『概説刑法総論〔第3版〕』〔芦書房、1998年〕348頁、松宮孝明『刑法総論講義〔第4版〕』〔成文堂、2009年〕334頁、小野晃正「判評」刑事法ジャーナル42号〔2014年〕87頁）。このため、犯罪の単複を如何なる基準で判断するかが刑法典の成立直後から争われたのである。
　当初は、事実的な（裸の）行為、結果、犯意等の自然的個数に着目して犯罪の単複を判断する見解が鼎立していた。しかし、いずれも理論的な一貫性の面で問題を抱えていた。こうした状況を一変させたのが構成要件説である。本説は、如何ようにも算定可能な事実的要素の数に拘泥せず、生の事実に法的評価を加味した構成要件充足の回数に応じて、犯罪の単複を一義的に判断する（小野清一郎『犯罪構成要件の理論』〔有斐閣、1953年〕130頁以下）。構成要件説は、犯罪の単複の基準と結論を実体法や手続法の観点からも説明しやすいため、支配的見解の地位を得た。
▶支配的見解への批判
　ところが構成要件説の登場から10年余りたったところで、以下のさまざまな批判も登場した。すなわち、①犯罪の単複は実体法や手続法における諸制度の目的に応じた多義的判断であり、一義的な基準によるべきでない（村崎清一「一罪と数罪」『刑法講座　第4巻』〔有斐閣、1963年〕176頁以下）。②構成要件説は一罪か数罪かをめぐる結論を「物語る」ものの、構成要件を数回充足する事実がな

ぜ一罪となるのかについて「何も物語っていない」(平野龍一「罪数」法学セミナー144号〔1968年〕42頁。同旨のものとして、村崎「刑法における法条競合論」金沢大学法文学部論集14号〔1966年〕3頁以下、正田満三郎『刑法体系総論』〔良書普及会、1979年〕324頁など)。③数個の構成要件充足が問題となっている以上、犯罪の単複の実質的基準は構成要件以外の基準によるべきである（山火正則「罪数」福田平ほか編『刑法(2)』〔有斐閣、1977年〕109頁、鈴木茂嗣「罪数論」中山研一ほか編『現代刑法講座　第3巻』〔成文堂、1979年〕286頁）等である。

また、1980年代に犯罪論の考察が形式的から実質的考察へと向かう流れの中で、④犯罪の単複も、刑罰法規に示された刑の軽重や内容の差異を実質的に基礎付ける不法・責任内容の一体性如何で判断すべきであるとの見解も登場した（虫明満「法条競合と包括一罪（4・完）」香川法学5巻2号〔1985年〕109頁以下、林幹人「罪数論(上)」法学セミナー418号〔1989年〕80頁以下。なお、こうした見解の萌芽は、刑罰論からのアプローチではあるが坂本武志『刑法講義案（総論）』〔裁判所書記官研修所、1958年〕220頁以下にもみられる）。

▶罪数論研究の停滞

しかし、支配的見解の登場以降、罪数論の研究は必ずしも進展しなかった（中山研一「刑事法学の動き」法律時報59巻5号〔1987年〕138頁）。その背景には、学説上罪数論を理論的な犯罪論ではなく、政策的考慮を伴う刑罰論に位置づける向きがあったからである（瀧川幸辰『犯罪論序説〔改訂版〕』〔有斐閣、1947年〕、小野『新訂刑法講義総論〔増補版〕』〔有斐閣、1950年〕、不破武夫・井上正治『刑法総論』〔酒井書店、1955年〕、植松正『再訂刑法概論 I 総論』〔勁草書房、1974年〕、藤木英雄『刑法講義総論』〔弘文堂、1975年〕）。そのため罪数論は、刑罰適用上合目的的配慮で足りるとの認識から、他の争点と比べて多くの関心を喚起しなかった（大塚仁ほか編『大コンメンタール刑法〔第2版〕4巻』〔青林書院、1999年〕167頁〔中山善房〕）。こうした罪数論の停滞という状況下で登場したのが基本文献である。

2　学説史的意義と位置づけ

▶先駆的業績

わが国における罪数学説の先駆的業績としては、戦前期の瀧川幸辰「罪数概

論㈠（二・完）」法學論叢3巻2号・3号（1920年）、および、終戦直後の小野清一郎『犯罪構成要件の理論』（有斐閣、1953年）が挙げられる。前者は、犯罪の単複を事実的行為の個数で決定するのに対して、支配的見解である後者は、構成要件充足した回数により決定する。以後、基本文献の刊行時までに前述した構成要件説への批判的検討が行われたものの、罪数とくに一罪の研究は、数罪の研究と比べ活発とならなかった。

▶基本文献の意義

罪数論の停滞状況は、基本文献「はしがき」からも推察される。すなわち、虫明満が研究対象を罪数論に決定しようとした際における大塚仁の反応に端的に表れている。また、虫明も、当初は罪数論を研究テーマとしようと思っていなかったことも「はしがき」から読み取れる。

その後、虫明はドイツにおける罪数論との比較を通じて、1977年の「連続一罪の構成㈠」名古屋大学法政論集73巻45頁を皮切りに、次々と罪数論の研究業績を公表された。基本文献は、1989年の「親告罪における告訴の欠如と一罪の一部起訴」香川法学9巻1号55頁までに公表された一罪に関する論説を体系的に整理して収録したものである。

「はしがき」にあるように、罪数論は学説上華々しさを欠く。その上、基本文献刊行前まで、罪数論の関心の多くは観念的競合を中心とした数罪論に向けられてきた。そのため、一罪を基礎から応用まで体系的に論じた研究書は現在でも基本文献以外に見当たらない。しかも基本文献は、体系的犯罪論よりも政策的あるいは直観的判断により決定されがちであった罪数（一罪）の理論的解明を試みている。さらに、前述した近年の事件について解決の示唆を与える先見性も備え、現在も頻繁に参照される一罪に関する重要文献の地位を得ている。

3　文献紹介

▶基本文献の構成

基本文献は序章と終章を含む全6章からなる。序章「問題の所在」では、包括一罪は数個の構成要件を充足するにもかかわらず、なぜ構成要件説によれば数罪とならないのか、という基本文献全体を貫く問題提起がなされる。これを

受けて第1章「罪数の決定基準」では、第2章以下の結論を導くための総論的私見が提示される。第2章「法条競合論」は、包括一罪の要件を示す前提上、従来から包括一罪との境界が必ずしも明確でなかった法条競合論を扱う。そして、基本文献の中核的内容は第3章「包括一罪論」である。そこでは、包括一罪の類型として「連続一罪」が提唱されるとともに、同一構成要件および異種の構成要件の視点から包括一罪の類型化も試みられる。

さらに特筆すべきは、前章までの基礎的考察を受けた第4章「罪数と法的効果」である。包括一罪で本来適用されるべき刑罰法規が何らかの理由で適用不可能となった場合、如何なる処理がなされるべきか。本章では、包括一罪を中心に、こうした「罪数と法的効果」という応用的考察が取り扱われる。この点も他書に類をみない。終章では各章の結論がまとめられている。以下では、基本文献の主張となったものの枠組みを簡潔に示している箇所を引用したのち、各章の内容を要約により紹介する（基本文献刊行時の書評として、只木誠「虫明満『包括一罪の研究』」法律時報65巻12号〔1993年〕116頁がある）。

▶**基本文献の主張の中核**

基本文献の中核内容は、以下に引用する「はしがき」部分に端的に示されている（……は一部省略を示す）。

　刑法学上、罪数論という分野はあまり華やかな論点ではない。……それは、罪数論上の問題において、刑法理論上のよりどころが見つけにくく、ともすれば直感的に決定され、味気ない議論になりがちなことによるのではなかろうか。しかし、実務上は、必ず解決されなければならない問題であり、避けて通れない課題である。また、そもそも罪数とは犯罪の数であるから、本来、犯罪の本質論に関わる根本的概念であるはずである。従って、そこには何らかの理論が存在するはずである。本書の第一章から第三章までは、いわば概念論ないし要件論であり、包括一罪の承認において、罪数論をできるだけ理論化できないものかと心がけて書かれたものである。……罪数概念が少しでも明確になれば望外の幸せである。
　また、一罪であろうが数罪であろうが実際の量刑にあまり影響がなく、どちらも大した違いはないともいわれる。……しかし、罪数は、単に科刑上の処理をはじめとする実体法上の取り扱いのみならず、一事不再理効の及ぶ範囲を含めて、手続法上の様々な処理にも影響を及ぼす。基本文献の第四章は、罪数が実際上の取り扱いに大きな差異をもたらすものとして、優位法による処罰が不可能な場合に劣位法による処罰が可

> 能となるかどうかを検討したものである。このような問題において、罪数概念は実際上の差異を見いだされるのである。ただ、罪数と法的効果の問題は、それにとどまらず他の多くの分野でも生じるのであり、残された課題は多い。

▶序　章　問題の所在

　1947年の連続犯規定削除後、それまで科刑上一罪としての連続犯とされた事案は、判例上一方で併合罪、他方で一罪として処理されるようになった。とりわけ、同種行為の反復を一罪として処理する場合には「包括一罪」という言葉が用いられる。この判例上承認された「包括一罪」が、理論上どの範囲まで認められるか。すなわち、如何なる範囲のものまでが包括一罪となるのかという「包括一罪」の要件付けが問題となる。

　また「包括一罪」の要件を明らかにするには、数個の構成要件充足があるのに、通説はなぜ一罪とするのかという実質的論拠の説明、さらに同じ本来的一罪である法条競合との概念的区別を明確にする必要がある。そこで次章以下では、まず罪数の決定基準の通説である構成要件説の意義を問い直し、包括一罪と法条競合の概念上の区別を行う。そののち、包括一罪の要件としてどのようなものが必要とされるのかについて検討を行う。

▶第1章　罪数の決定基準

(1)　従来の罪数学説の批判的検討

　罪数の決定基準としては、当初、犯罪の本質につき客観主義に立脚する行為説、結果（法益）説、および、主観主義に立脚する意思説の三説が鼎立した。

　しかしながら、裸の行為を基準とする行為説は、集合犯や結合犯など構成要件自体が数個の行為を予定している場合に、数行為による一罪を認めざるをえないという欠陥を露呈する。また、結果説においても、行為状況を無視して自然的な結果（行為客体の不良変更）の個数だけで罪数を判断するのは妥当でない。

　他方、犯意の単複により罪数を判断する意思説は、そもそも犯意の単複の立証が容易でない。また、犯意の継続性を判断基準にするとき、犯意が一貫して継続する犯情の重い計画犯が軽い一罪となるのに対して、犯意が次々に生じて結果を惹起した犯情の軽い激情犯のほうが重い数罪となり妥当でない。

(2)　構成要件説の妥当性と弱点

したがって、どれだけの事実があれば一回の構成要件を充足するかを基準に、事実を総合的かつ法律的に判断する構成要件説が基本的には正しい。もっとも、本説を採用するとしても、包括一罪や法条競合の場合、個別行為を考察すれば数回の構成要件充足を認めざるをえない面がある。しかし、構成要件説は、この場合にもなお一罪とする明快な基準を提示していない。それゆえ、罪数論の課題は、構成要件説の方法的妥当性を維持しつつ、その矛盾を回避する方法を見いだすことにある。

(3) 罰条よる総合的評価としての罪数

罪数は成立する犯罪の個数である以上、構成要件該当性、違法性および責任をすべて満たした後の段階で問題となる。罪数は構成要件のみならず違法と責任の問題にもかかわるのである。また、犯罪の成否は具体的事実に対する法律的・総合的評価である以上、罪数自体も具体的事実に対する法律的・総合的評価である。したがって、罪数を構成要件的評価とするだけでは不十分であり、違法性と責任をも踏まえた罰条そのものによる評価であると捉える必要がある。

(4) 一罪と数罪の区別に関する予備的考察

法条競合とは、行為が数個の構成要件を充足する場合でも、違法性や責任を問題にするまでもなく、構成要件相互の関係から一個の罰条のみで評価すべき場合である。他方、包括一罪とは、構成要件相互の関係からだけでは罰条による一回的評価を基礎付けられないが、違法および責任の一体性を要件として、一個の罰条で一回的評価しうる場合である。こうした一個の罰条による一回的評価ができないならば本来的数罪となるのである。

▶第2章　法条競合論

(1) 法条競合の問題点

法条競合の場合、数個の構成要件を充足するにもかかわらず、一個の刑罰法規が適用される。その根拠として構成要件あるいは刑罰法規の相互関係が挙げられるが、この刑罰法規の相互関係とは如何なるものであるのか。本章では、こうした法条競合の本質を明らかにすることを通じて、法条競合と観念的競合をどのように区別するか、さらに、法条競合と包括一罪の差異はどこにあるかについて検討する。

(2) 法条競合の形式的把握

法条競合の本質を、構成要件あるいは刑罰法規の形式的比較を通じて見出すことは方法論として妥当か。
　こうした手法では、形式的類型を同じくする構成要件がすべて法条競合となってしまう。しかし、形式的類型が同じ構成要件における観念的競合も考えられる以上、法条競合の本質を構成要件の形式的関係だけで説明することはできない。
(3)　法条競合の実質的把握
　法条競合の本質を構成要件の予定する不法・責任内容の包摂性、あるいは、侵害内容の同一性などの実質的要素に求める方法論は妥当であろうか。
　減軽的特別関係の場合、不法内容と責任内容の包摂関係があるとはいえない。他方、侵害内容の同一性に求める見解では、法条競合と包括一罪の区別が不明確になる。したがって、法条競合の本質を実質的に把握する見解も妥当でない。
(4)　法条競合による犯罪事実の二重評価の回避
　罪数とは現実に発生した具体的事実に関する法的評価の問題である以上、法条競合は数個の構成要件充足を認めれば、一個の犯罪事実に対する二重評価となる場合である。したがって、法条競合の本質は、数個の構成要件充足を認めると、一個の犯罪事実の二重評価となることを回避するために、一個の犯罪のみが成立する点にある。
(5)　法条競合の現象形式
　法条競合には通常、特別関係、補充関係、吸収関係および択一関係があるとされるが、それぞれ如何なる意義をもつか。法条競合の本質から検討する。
(i)　特別関係とは、2つの刑罰法規が一般法と特別法の関係にあるものをいう。その実質は構成要件相互にその内包における包摂関係が認められる場合である。両者の構成要件による評価をおこなっても、二重評価とならないときは観念的競合となる。
(ii)　補充関係とは、2つの刑罰法規が基本法と補充法の関係にあるものをいう。しかしながら、数個の構成要件充足を認めても一個の犯罪事実の二重評価といえないケースでは、従来法条競合とされたものであっても、包括一罪または観念的競合となろう。
(iii)　吸収関係とは、一方の構成要件による法益保護が他方のそれよりも完全で

あるといえば、他方は吸収され、その刑罰法規適用が排除される場合をいう。従来、法条競合による吸収関係とされてきた不可罰的事後行為や随伴行為は、数個の構成要件充足を認めても一個の犯罪事実の二重評価といえず、共罰的な包括一罪であると考えられる。

(iv) 択一関係とは、一方の犯罪が成立すると他方の犯罪は成立しえない関係を意味する場合とされる。しかし、こうした場合は当初から2つの刑罰法規に両立しない矛盾した要素が含まれるのであり、そもそも競合問題自体が生じていない。したがって、択一関係はそもそも法条競合の場合ではない。

▶第3章　包括一罪論

(1) 包括一罪の限界

　数個の構成要件充足を認めると、一個の犯罪事実に対する二重評価となる場合が法条競合であるのに対して、二重評価とならない場合が包括一罪である。包括一罪も認められない場合が本来的数罪である。したがって、包括一罪が本来的一罪の限界を示す以上、その限界をどこに求めるかが問題となる。

　罪数は成立する犯罪の数であり、罰条による評価の問題である。したがって、構成要件のみならず、違法性や責任の問題ともかかわる。そうである以上、包括一罪の限界設定においても具体的事実の違法内容と責任内容が、当該罰条の予定する違法内容および責任内容の範囲内にあるかを検討すればよい。なお、罪数論上問題となる責任内容は違法内容に対応するものであるから、責任内容を独自に問題にする意味は少ない。

　結局において、包括一罪は、具体的行為の違法内容が当該罰条の違法内容の範囲内であるときに認められる。そこで、一個の犯罪で処罰することにより、他の行為も共に罰せられると考えられるのはどのような場合か。すなわち、どのような要件のもとで包括一罪が認められるかが問題となる。

(2) 連続一罪の構成

(i) 連続一罪の概念

　わが国では科刑上一罪たる連続犯規定が削除された後、同種行為の反復累行が一罪となる場合を「包括一罪」とよぶ。しかし、「包括一罪」は、判例上、集合犯、狭義の包括一罪、接続犯および法条競合等の事案にも用いられ、もはや数個の行為を一罪として包括する犯罪形態に対する上位概念としての意味し

かもたない。そこで、以下では包括一罪である集合犯、狭義の包括一罪および接続犯と並ぶ、同種行為の反復を一罪とする犯罪形態を表すものとして「連続一罪」の概念を提唱し、その客観的・主観的要件を検討する。
(ii) 連続一罪の客観的要件

①罪数を罰条による違法・責任内容の評価とするかぎりにおいて、一罪が認められるためには構成要件の同一性が必要である。もっとも、これは厳格に同一の条文に当たるものだけに限定されるわけではなく、基本犯とその修正形式、基本犯と結果的加重犯のような同質的で重なり合う構成要件の場合にも認めてよい。

②刑罰法規は一個の法益侵害を予定している以上、数個の法益侵害があった場合には一個の罰条による一回的評価は不可能になる。そのため、違法内容を一個の罰条で評価するのには、連続一罪の要件として被害法益の単一性（法益主体の同一性）が必要になる。

③具体的行為状況の如何によっては違法内容に相違が生じることもある。そこで、客観的行為事情として、行為者の同一の地位、行為の同一継続関係および同一の事情を基礎としつつ、やや緩やかな「時間的近接性」が連続一罪の要件として必要となる。

(iii) 連続一罪の主観的要件

罪数は罰条による評価であるから、具体的事実の違法・責任内容が罰条の予定する違法・責任内容の範囲内であれば一罪が認められる。この場合の責任内容の一体性とは、個々の行為として別個の非難を要しない責任の同質性である。これは上述した客観的事情から推認される。

(iv) 連続一罪と一事不再理効

時間的に長期に及ぶ数個の行為からなる連続一罪において、その一部のみが発覚して判決が先に確定してしまった場合、残余の行為を新たに訴追することができるか。すなわち、有罪判決後に全ての犯行が判明した場合に、その確定判決による一事不再理効（既判力）がすべての行為に及ぶかが問題となる。

このような場合、残余の犯行を訴追することができないとするのが刑事手続法学における通説である。しかし、そうした取り扱いは不当に被告人を利することから、わが国の連続犯規定が削除された経緯がある。そうである以上、連

続一罪の場合について既判力の及ぶ範囲を考える必要がある。

　わが国の刑訴法が訴因制度を採用している以上、審判対象は当該訴因に限られるため、確定判決の効力も当該訴因にのみ及ぶ。しかし、同一訴因につき何度も訴追を許すならば、被告人は刑事裁判から永久に逃れられず不合理な結果を生ずる。こうした事態を回避するため、既判力は当該訴因を越えて公訴事実全部に及び、確定判決の効力とは別のものである考える必要がある。

　したがって、一個の事件は一個の刑罰権に服し一回的手続で解決されなければならない以上、実体法上一罪とされる連続一罪の場合も、確定判決による一事不再理効（既判力）がすべての行為に及ぶ。

(3) 包括一罪の類型化
(ⅰ) 類型化の視点

　包括一罪は本来的一罪の限界を示すものである。従来の学説は、包括一罪の類型として、接続犯・集合犯・狭義の包括一罪、その他を羅列するにすぎなかった。また、その境界も不明確であった。そのため、包括一罪は数個の構成要件を充足することを前提とし、構成要件の異同に応じて行為形態を考慮し、包括一罪の類型化を通じて、その成立範囲をより明確にする必要がある。

(ⅱ) 同一構成要件を充足するもの

　①行為が一個の場合でも、同一構成要件を数回充足し、違法内容の一体性が認められれば包括一罪としてよい。この場合は行為が一個で構成要件も同一であるので、違法内容の一体性判断では被害法益の単一性（法益主体の同一性）を考慮すればよい。

　②接続犯の場合、同一構成要件が立て続けに行われる。そのため、一個の罰条による一回的評価ができる。その際、違法内容の一体性判断はやはり被害法益の単一性（法益主体の同一性）による。なお、行為相互の間隔が広がるなどして一体的行為と見ることができない場合は、連続一罪の問題となる。

　③行為が数個の場合であっても、同一構成要件を充足し一個の罰条による一回的評価ができるときは包括一罪となる。こうした場合として集合犯、狭義の包括一罪および連続一罪がある。

　集合犯とは構成要件の中にはじめから数個の行為を予想していると解せられる場合であり、包括一罪を容易に認めることができる。常習犯、営業犯および

職業犯がこれに当たる。これらは、具体的事実の違法内容が当該罰条の予定する違法内容の範囲内にある限りにおいて包括一罪と認められる。

狭義の包括一罪とは、贈収賄、犯人隠避・蔵匿、贓物罪のような一個の構成要件の中に相互に手段・目的または原因・結果の関係に立つ数種の行為を含み、それらに当たる行為が一連のものとして行われたとき、包括一罪とされるものである。この場合も、具体的事実の違法内容が当該罰条の予定する違法内容の範囲内にある限りにおいて包括一罪と認められる。

連続一罪は、集合犯や狭義の包括一罪のような構成要件自体に一定の特徴がある場合ではない。しかし、通常の構成要件に関しても同一構成要件を充足する数個の行為が存在する場合、具体的事実の違法内容が当該罰条の予定する違法内容の範囲内にあれば包括一罪と認められる。

(iii) 異なる構成要件を充足するもの

異なる構成要件を充足する数個の行為が存在するとき、原則として数罪が成立する。しかし、一個の罰条で一回的な評価を認めてよい特殊な場合がある。

①行為が一個の随伴行為（たとえば、殺人行為に随伴する着衣損壊）の場合、従来の学説は法条競合の吸収関係と解してきた。しかし、一個の行為が数個の異なる構成要件を充足しても、構成要件的行為相互間に通常随伴性が認められ、一方の違法内容が他方の違法内容に附随するだけで重要でないとき、一回の罰条による一回的な評価をすることができる。この場合も包括一罪が認められる。

②行為が接続する異種類の接続犯においては、異なる構成要件を充足する行為が立て続けに行われる（たとえば、居直り強盗）。しかし、こうした場合でも、被害法益の単一性があり、一方の構成要件自体が他方のそれを概念上含む関係にあり、かつ行為が同一機会に接続していることから、違法内容の一体性を認められる。したがって、この場合も一個の罰条で一回的に評価できる包括一罪を認めてよい。

③不可罰的事後行為とは、事前行為の利用・処分行為として行われた事後行為が構成要件を充足するも、独立して可罰性をもたない場合である。この場合、異なる数個の構成要件を充足するものの、事後行為の違法内容が事前行為の違法内容の範囲内にある。したがって、一個の罰条により一回的に評価できる包括一罪の一場合である。

もっとも、事前行為と事後行為とで被害法益が異なるとき、違法内容の一体性は認められないため、包括一罪とならない。他方、被害法益を同じくする場合であっても、被害の内容（行為客体）が異なるとき新たな法益侵害として別罪の成立を認める必要がある。なお、事前行為よりも事後行為のほうが刑の重い場合、事後行為の違法内容は事前行為の違法内容の範囲内とはいえない。そのため、不可罰的事後行為としての包括一罪とはならず、数罪を認めざるをえない。

▶第4章　罪数と法的効果──優位法の排除と劣位法による処罰
(1)　総　説
　数個の構成要件を充足ながら一罪が認められるものとして、包括一罪や法条競合のような本来的一罪と、観念的競合や牽連犯といった科刑上一罪がある。これらはいずれの場合も一個の法律（優位法）により処断されるが、この優位法が犯罪阻却事由、刑罰阻却事由および訴訟障害により適用できなくなったとき、劣位法により処罰できるか。本章ではこうした場合として、不可罰的事後行為、中止未遂による刑の免除、親告罪における告訴の欠如および公訴時効の完成を挙げ、それぞれについて優位法排除後の劣位法による処罰の可否を考察する。
(2)　不可罰的事後行為における優位法の排除
　不可罰的事後行為の場合、事前行為が犯罪成立要件を充たさない、あるいは証明されないとき、事後行為で処罰できるか。ここでは、不可罰的事後行為における事前行為と事後行為とが如何なる意味で一罪となるのかという、不可罰的事後行為の法的性格も問題となる。
　不可罰的事後行為の罪数論上の意義は、数個の異なる構成要件を充足する行為が包括一罪になり、事後行為と事前行為は共罰されていると考えられる点にある。そうだとすれば、不可罰的事後行為を形成する事前行為と事後行為は、異なる構成要件を充足する別個の行為である。つまり、事前行為に生じた事情が事後行為の可罰性に影響を及ぼさない。したがって、事前行為が排除されても事後行為で処罰できる。
(3)　優位法の中止未遂と劣位法による処罰
　中止未遂で刑が免除される場合、その未遂（たとえば殺人未遂）で処罰できな

いとしても、その未遂犯の中に含まれる既遂犯（たとえば傷害）で処罰できるか。すなわち、未遂行為が他の既遂の構成要件を充足する場合、中止行為の効果がその既遂犯にも及ぶか。

中止未遂の法的性格を違法ないし責任減少に求め、刑の必要的減免を一身的刑罰減軽・阻却事由であると捉える場合、違法と責任は消滅せず優位法は犯罪成立要件を充足する。

したがって、法条競合の場合、未遂犯に法条競合として含まれる既遂犯の成立は認められず、その法規を適用して処罰することはできない（二重評価の回避）。包括一罪の場合、数個の構成要件的行為はそれぞれ独自の可罰性を有し、その一部に中止未遂があったとしても他の行為は別の事実である以上、共に中止未遂とならず、他の行為による可罰性に影響はない。科刑上一罪では数罪が認められるが、特別に一罪処分が行われるにすぎない。したがって、中止未遂の対象行為と観念的競合ないし牽連犯を構成する犯罪行為は別の犯罪である。したがって、中止未遂による刑の免除はその未遂犯のみについていえることであり、他の犯罪へその効果は及ばず、独自に可罰的である。

(4) 親告罪における告訴の欠如と一罪の一部起訴

親告罪たる優位法における告訴が欠如する場合、それと一罪を構成する非親告罪たる劣位法による起訴は許されるか。すなわち、優位法における告訴の欠如という訴訟障害が、それと一罪をなす他の非親告罪についての訴追に影響を及ぼしうるかが問題となる。

親告罪における一罪の一部起訴の限界は、親告罪制度の趣旨が没却されないかどうかに求められるべきである。そうであるとすれば、親告罪である優位法と非親告罪の劣位法が法条競合および包括一罪を形成する場合、優位法が親告罪であり告訴がなくても、なお構成要件の数だけ訴因を形成できる以上、一罪の一部起訴は原理的に可能ではある。しかし、当該優位法を親告罪とした趣旨を没却するような一部起訴は許されるべきではない。なお、科刑上一罪の場合も同様である。

(5) 罪数と公訴時効の起算点

公訴時効が完成すれば判決で免訴が言い渡され、当該法規は適用が除外される（刑訴337条4号）。そこで、数個の構成要件を充足する事実が一罪を構成す

るとき、適用されるべき法律が時効にかかれば、他の法律を適用して起訴ないし処罰できるか。すなわち、公訴時効は構成要件ごとに進行するのか、あるいは、一罪を全体として一体的に進行するのかが問題となる。

　法条競合の場合、成立する犯罪についての刑罰権・公訴権を問題とすればよく、それに含まれる犯罪の刑罰権・公訴権を問題としても意味がない（二重評価の回避）。したがって、公訴時効についても成立する犯罪についてのみ考慮されるため、適用されるべき法律が時効にかかった場合、他の法律を適用して起訴ないし処罰できない。包括一罪の場合、公訴時効は各個別行為ごとに考えるべきであり、その起算点は各行為の終了後になる以上、適用されるべき法律が時効にかかっても、他の法律を適用して起訴ないし処罰できる。科刑上一罪の場合、本来的数罪が成立する以上、刑罰権も数個存在するため、公訴権も数個存在する。したがって、適用されるべき法律が時効にかかっても、他の法律を適用して起訴ないし処罰できる。

4　残された課題

　基本文献に所収された初出論文および基本文献に対しては、その刊行直後の書評でさまざまな角度から課題が既に検討されている（中山研一・前掲法律時報59巻5号、および、只木誠・前掲法律時報65巻12号を参照されたい）。以下では、それらがあまり触れていない課題を取り上げる。

▶包括一罪の罪数体系上における地位

　基本文献は包括一罪を本来的一罪に分類する。しかし、包括一罪を科刑上一罪の一種であるとする見解も根強い（平野龍一「法条競合と包括一罪」『刑事法研究　最終巻』〔有斐閣、2005年〕8頁以下）。すなわち、刑罰法規は当該犯罪に該当する違法性と責任を含むだけで、他の犯罪の違法性や責任を含まない。そうである以上、当該罰則からはみだした部分の評価を一個の罰条で完結させるのは無理があるという批判である。

　この見解によれば、包括一罪の場合、軽い罪は重い罪の刑で共に処罰されている「科刑上一罪」の一種である。包括一罪の場合は数罪を前提としつつ、科刑上一罪を定めた刑法54条のような条文がないため、軽い罪の認定を要せず、

包括的認定で済まされる独自性がある。その意味で、包括一罪は「黙示的な科刑上一罪」とよぶのが相応しいということになろう（平野龍一・前掲『刑事法研究　最終巻』14頁）。包括一罪の罪数体系上の地位も残された課題である。

▶包括一罪における「被害法益の単一性」（法益主体の同一性）の要否

　基本文献では、包括一罪における違法性の一体性判断の一要件として「被害法益の単一性」（法益主体の同一性）が挙げられた。しかし、具体的な犯罪事実は存在するものの、個々の構成要件的行為と被害の結びつきの特定と立証がしがたい場合、無罪とするほかないのか（香城敏麿「罪数概論」獨協法学61号〔2003年〕15頁以下）。虫明はこの場合における一罪処理を肯定していない（『包括一罪の研究』184頁）。こうした問題の現実化が、いわゆる「街頭募金詐欺事件」〔前掲最決平成22・3・17刑集64巻2号111頁〕である。この場合、手続法上の見地から、被害者が特定できた場合は個別に訴因とした上で、被害者を特定できないものについては、訴因外の余罪として量刑上考慮しようとする見解がある（亀井源太郎「判解」判例セレクト2010Ⅰ〔2011年〕33頁）。

　他方、実体法上の観点からは、基本文献が包括一罪の客観的要件とした「被害法益の単一性」（法益主体の同一性）の要否をめぐって、諸見解が対立している（「被害法益の単一性」を包括一罪の要件とする見解として、松宮孝明「詐欺罪の罪数について」立命館法学329号〔2010年〕24頁以下。他方、「被害法益の単一性」を包括一罪の判断資料のひとつにとどめる見解として、佐久間修「第三者を利用した詐欺」研修750号〔2010年〕7頁、佐伯仁志「連続的包括一罪について」『植村立郎判事退官記念論文集　第一巻』〔立花書房、2011年〕43頁以下、島田聡一郎「判評」ジュリスト1429号〔2011年〕147頁）。

▶包括一罪における「時間的近接性」の要否

　基本文献は、包括一罪の一類型としていわゆる「連続一罪」を提唱し、その客観的要件のひとつとして、やや緩やかな「時間的近接性」に着目した。なお、その主観的要件である個々の行為として別個の非難を要しない責任の同質性は、客観的事情から推認される。そのため、やや緩やかな「時間的近接性」が一罪か数罪かを分ける決定的要素となる。こうした一罪を認める上で「時間的近接性」をどう捉えるかにつき問題となったのが、前掲最決平成26・3・17刑集68巻3号368頁である。基本文献では「時間的近接性」を判断する基準は、

犯行回数とその期間の相関関係によるとされた。しかし、この基準自体が必ずしも明らかでないため、「ともすれば直感的に決定され」かねない危うさを内包していよう。その意味で、「時間的近接性」を包括一罪の要件とみるか、一判断資料にすぎないとみるかも今後の検討課題である。

なお近時、基本文献が提唱した「連続一罪」類型にあたる包括一罪が併合罪として加重されるまでもない根拠を、同一の意思決定による犯意の同一性・継続性から別個の非難を要しない点で、責任が減少するためとする見解も登場している（佐伯・前掲『植村判事退官記念』43頁、島田・前掲ジュリスト1429号147頁）。

5　現代的意義

基本文献第4章「罪数と法的効果——優位法の排除と劣位法による処罰」は、いわゆる「横領後の横領」事件〔前掲最大判平成15・4・23刑集57巻4号467頁〕にみられるような具体的事案の解決を見据えたものであった。すなわち、不可罰的事後行為をなす事前行為が公訴時効により起訴できない場合、事後行為により起訴・処罰しうるかを、基本文献は総論的見地から問題視していたのである。

本件で最高裁は、訴因である事後行為のみを審判対象とする旨を述べるにとどめて、事後行為の法益侵害性を判断している。そのため、事前行為と事後行為が共に起訴された場合、どのような罪数判断をするべきかという問題が生じた。それは、基本文献の主たる考察対象である包括一罪の範囲と限界をどう考えるのかに関連する。

かようにして、近年、学説および判例では、包括一罪をめぐる議論が盛んになっている。それと呼応するかのように、刊行から20年余り経過した基本文献も再び脚光を浴びている。このことは、基本文献がドイツ刑法学における罪数論との比較を通じて、わが国において研究が停滞していた一罪に関する研究を深く掘り下げたこと、また、現実の事件に先行する射程を設定することで、その精緻な理論化に成功したからにほかならない。

現代社会では、刑法典制定時に想定しえなかった犯行態様が多く登場している。したがって、こうした事態に備える意味でも、罪数論の研究をさらに進めていく必要があろう。

25 住居侵入罪

●基本文献
関哲夫
『住居侵入罪の研究』
(成文堂、1995年)

安達 光治

1 学説・実務の状況

▶住居侵入罪の保護法益

　基本文献の中心的課題は住居侵入罪の保護法益の解明にあるが、これにつき学説では周知のとおり、平穏説と住居権説が対立してきた。両説は主として侵入概念をめぐって対立する。平穏説はこれを住居等の利用の平穏を害する立入りとし（平穏侵害説）、住居権説は住居権者や管理権者の意思に反する立入りとする（意思侵害説）。この問題は、古くは「姦婦事例」で議論され、大判大正7・12・6刑録24巻1506頁など戦前の判例は、夫の不在中に、妻の承諾のもと性的関係をもつために住居内に立ち入る相姦者につき、住居権者である夫がこれを認容するとは推測し得ないとして、住居侵入罪の成立を認める。住居権は家長である夫のみに認められ、妻を独立した住居権の主体とはみていない。これに対し、学説では、相姦者の立入りも妻の承諾を得た平穏なものとして本罪の成立を否定する見解も主張された。もっとも、平穏説の中には、家族共同体や夫婦共同体の平穏を害するとして、相姦者に本罪の成立を認める見解もある。

　平穏説は、住居等の平穏の利益を有する者に等しく立入りの許否の判断資格を認める点で、私的領域のプライバシー保護に資するが、他方、「平穏」の内容が曖昧で、姦夫事例でみられるように、多様な解釈を許す点に問題がある。住居権説は、住居権の所在などに問題があると批判されるが（団藤重光『刑法綱要各論〔第3版〕』〔創文社、1990年〕501頁）、現在では、住居権は家父長的な支配

権ではなく、住居等の居住者など、権限を有する者による管理・支配の利益と理解されている（新住居権説）。これにより、とくに居住領域において、居住者は原則的に等しく住居権を有することとなり、姦夫事例でも住居侵入罪の成立を否定する見解が多い。それゆえ、学説では住居権説も有力となっている。

▶判例の動向と侵入概念をめぐる問題

判例は、戦前は住居権説が主流であったが、戦後は平穏説をとる判例もみられる（最判昭和51・3・4刑集30巻2号79頁〔東大地震研事件〕など）。これに対し、最判昭和58・4・8刑集37巻3号215頁（大槌郵便局事件）は、侵入を「他人の看守する建造物等に管理権者の意思に反して立ち入ること」と定義する。これは意思侵害説の立場をとることで、前掲・最判昭和51・3・4との関係では、「住居権説の方向への軌道修正を行っ」たものとされる（山口厚『刑法総論〔第2版〕』〔有斐閣、2007年〕）。管理権者の意思に反する立入りを「侵入」とする考え方は、最決平成19・7・2刑集61巻5号379頁（銀行ATM暗証番号盗撮事件）、最判平成20・4・11刑集62巻5号1217頁（立川自衛隊宿舎反戦ビラ入れ事件）、最判平成21・11・30刑集63巻9号1765頁（葛飾マンションビラ入れ事件）などの判例に引き継がれている。

しかし、この定義は、とくに2つの点で処罰範囲の拡大の問題を孕む。まず、一般に開放された領域に不当な目的を秘して立ち入る場合、事後に判明した目的から住居権者（管理権者）の意思に反すると解釈されてしまう（前掲・最決平成19・7・2参照）。次に、公的な領域での恣意的な管理権行使が正当化され、それ自体必ずしも不当とはいえない目的での立入りも建造物侵入罪に問われるおそれがある。それゆえ、官公庁などでは、管理権者による立入り禁止の制約が指摘される（中山研一『概説刑法Ⅱ〔第4版〕』〔成文堂、2005年〕89頁参照）。

2 学説史的意義と位置づけ

▶多元的法益論の提唱

基本文献の実践的意義は、上で示した問題に対し、住居侵入罪の保護法益と侵入概念の関係を詳細に分析することで明確な解答を示した点にあるが、学説史上の意義としては、何より「多元的法益論」を提唱した点を挙げるべきであ

ろう。

　多元的法益論は、複数の保護客体（保護領域）を有する単一の行為態様について、保護法益を保護客体（保護領域）ごとに異なって理解することを認める考え方である。住居侵入罪についていうと、個人や家族の居住空間である住居と、公私の業務が遂行される領域である建造物とでは保護法益が異なる。個人や家族の居住空間ではプライバシー保護の観点から、外部の者の立入りの許否に関する居住者の意思決定の自由が保護される。これに対し、執務時間中の官公庁などの公的空間や、営業時間中の店舗などの社会一般に対し開放された私的空間では事情は異なる。たとえば、市役所の窓口に執務時間中に住民票を取りに行く行為や営業時間中の店に買い物に行く行為などは、通常許される。とくに前者の場合、管理者の好まないような風体の者であっても、立入りを拒むことはできない。後者の場合には「店の方針」などもありえるが、少なくとも顧客として来店する限り、原則として立入りは許されるであろう。その意味で、とくに前者の場合には、管理者の意思決定のみに基づいて侵入の有無を判断するのは妥当ではない。後者の場合でも、管理者の意思決定は、たとえば顧客への注意事項といった形で客観化されているのが通常であり、その限りで制約を受ける。ここで保護されるのは、管理者の自由な意思決定というよりは、むしろ当該領域での平穏な業務遂行である。多元的法益論は、このように住居侵入罪というひとつの犯罪について、保護領域ごとに複数の保護法益を措定するのである。

▶従来の議論との関係

　上で示した2つの問題について、従来の議論は、侵入概念の制約という形で対応してきた。このことはたとえば、「住居侵入罪の保護法益たる住居権を『住居その他の建造物を管理する権利』と解し、『誰を立ち入らせるかの自由』はその一内容であると解するならば、住居権者の意志は建物の目的・用途のほか、住居等のそれまでの実際の利用・管理の状況により制限を受けるだろう。」（井上大「住居侵入罪の問題点」阿部純二ほか編『刑法基本講座　第6巻』〔法学書院、1993年〕161頁）といった記述に端的に表れる。基本文献はさらに掘り下げ、「制約」の根拠を保護法益の相違に求める点で注目される。

3 文献紹介

▶基本文献の構成

　基本文献は 6 つの章で構成される。第 1 章では、法益概念の相対化を回避するための法益概念のあるべき構成につき、住居侵入罪を素材に検討するという基本文献の課題が提示される。第 2 章ではドイツの学説状況、第 3 章では日本の学説状況、第 4 章では日本の判例がそれぞれ検討される。そこでの子細な検討を踏まえ、第 5 章では、多元的法益論に基づく関哲夫の私見が詳細に展開される。多元的法益論の問題意識の下、刑法130条の各保護領域について、狭義の住居、公的営造物および社会的営造物に分けた上で、その社会的機能と保護法益の内容が分析される。そして、個別論点につき、私見の概要を示したうえで、錯誤による承諾、セールスマン事例、承諾意思の対立、包括的承諾の問題が検討される。さらに、関の見解に提起された批判に対し反論が試みられる。第 6 章では、結語として私見の要約などがなされる。

▶基本文献の問題意識と課題

　基本文献は、危険概念をめぐる議論から説き起こされる。そこでは実行の着手や未遂犯と不能犯の区別などが論じられる。危険性に関する議論では法益概念を確定することができなければ、危険領域の範囲を描くことはできない。したがって、議論の定位点として、法益概念の存在を確認することが前提条件となる。しかし、法益概念の相対化が指摘される。法益概念の地位の相対化（犯罪論における法益概念の地位の低下）と、法益概念の内容の相対化（法益概念そのものの希薄化・抽象化）が問題である。この点を踏まえ、関は基本文献の役割を以下のように説明する。

> 本書は、既述の法益概念の相対化を回避するためには、法益概念をどのように構成したらよいのかを、住居侵入罪を素材に検討しようとするものである。それは、「多元的アプローチによる多元的保護法益論」を住居侵入罪を素材に具体的に検討する作業でもある。（原文改行）そもそも、本書の課題設定の基礎には、刑法典の中の同一の章の下、同じ条文の中に配列された犯罪であっても、行為ないしその客体に応じてその保護法益が異なる場合があるのではないかという問題意識があった。それは、従来、

学説において、一つの刑罰法規において保護法益を行為ないしその客体に応じて分化し個別化する考え方が正面から論じられることがなかったことへの疑問に根差すものでもあった。

▶ドイツの学説状況

基本文献は、住居侵入罪の保護法益を単一のものとして把握する見解を一元説とよぶが、そこでは、保護法益の内容について多様な見解が主張される。かつては、本罪の保護法益を公の秩序ないしは社会的利益と捉える見解も主張されたが、これは克服された過去の学説である。むしろ、住居のもつ自由権機能の尊重から、本罪の保護法益は個人的なものとされる。これには、住居の平穏とする住居平穏説、占有権ないし占有保護権とする占有説、および住居権説（現在の通説）がある。

住居権説の論者は、住居権の性質として、「人格権に近似してはいるが、なお独自の性質を持った法益である」とするリストの定義が広く承認されているが、その内容は多様である。主観的側面を重視する見解として、意思活動の自由とする見解、意思決定の自由とする見解、処分意思とする見解がある。また、処分の自由という事実的側面を重視する見解、排除の権利という防御的側面を強調する見解、多様な要素を内含していることを認める見解もある。さらに、新占有説とよばれる見解も主張されているが、これは、住居権保護と物理的障壁の設置による利益の併存を認めるものである。

相対化説は、保護領域ごとに実質的利益を考察した上で侵入概念を検討する。この立場の代表的論者であるシャルは、通説のいう住居権は、公の利用に供された領域における住居侵入罪の根拠づけにはほとんど適さないと批判する。ドイツ刑法123条（住居侵入罪）の保護法益は、もっぱらその社会的機能により領域ごとに個別化して考えるべきである。「住居ないしは居住領域」は、領域的に標示され、第三者の視覚から保護された家宅的な私的圏としての社会的機能を有する。これに対し、「事務所」は職業生活の場であり、顧客や関係者との接触のための立ち入りやすさを有し、他方、領域的な分離を行うことで外部的な侵害から労働過程を保護する。「公の業務もしくは交通の用に指定された遮断された構内」は、公共性の要請から公衆による立ち入りやすさが前提になっ

ている。これらの各領域の社会的機能の阻害が、住居侵入罪を基礎付ける。彼の見解に対しては、解釈論の限界を超えており解釈論と立法論を混同するもので、法益概念が一面的であり、実証的基礎データを欠いており、さらに社会学的分析をドイツ刑法123条により類型化するのは、現実の多様な社会生活類型をあまりにも単純化しているといった批判がある。関の私見によると、シャルの見解の原理的な問題点は、保護領域の社会的機能そのものを法益概念の内容とした点にある。しかし、彼の見解は、「社会学的知見を基礎に法益概念と社会的機能との融合を図ろうとするきわめて野心的なもの」で、「私見にとっては大いに参考になった」とされる。

▶日本の学説状況

わが国の一元説については、保護法益の具体的内容に応じて細分化され、批判的検討が加えられる。旧住居権説は、住居権の所在や住居権概念の観念的性格に問題があり、また、公的・社会的営造物における法益を考慮していない点で不十分であるが、いずれにせよ、半封建的な家父長的支配権ないしは戸主権を基礎とするもので、現在では採用できない。住居平安説は、住居平安の利益は現実に居住するすべての者に帰属するという点で、旧住居権説の家制度的観念を払拭し、新住居権説に通じる先進的な内容を有する。しかし、不在者の推定的意思を優先させ、また、立入りの際の違法な目的を考慮することにつき、住居権者の意思から遊離した要素で本罪の成否を決定する点に問題がある。

住居平穏説のうち、家族的住居平穏説は、伝統的家族制度を基礎とするもので、個人法益に対する罪としての罪質を無視している。この点、事実的平穏侵害説は、住居で共同生活を営む者全員に平穏保護の利益を認める。この見解は侵入概念について、主観的平穏侵害説と客観的平穏侵害説に分かれる。前者は、違法目的での立入りに関し、立入り後の行為態様を事前に考慮する点で、「平穏」侵害説であるが、居住者・管理者の承諾の真意を媒介にする点で、平穏概念が主観化する。後者は、侵入概念を、住居の平穏を害する態様での立入りとする。立入りが居住者等の（推定的）意思に反するかは、侵入の有無を判断する際の重要な資料ではあるが本質的・決定的要素ではない。しかし、本説も立入り行為の主観・客観両面を考慮するとする点で平穏侵害の有無の判断が主観化する危険を潜ませており、主観的真意説をとることから、主観的平穏侵害説との距

離もそれほど遠くない。もとより「客観的」平穏侵害説を論理一貫させるならば、とりわけ個人の住居に関し居住者の承諾意思から遊離した平穏侵害の有無を考察する点で、個人法益に対する罪としての本質に反する。

新住居権説としては、支配自由権的住居権説、許諾権的住居権説、管理支配権的住居権説が主張される。新住居権説は、基本的に私的親密領域としての個人・家族の住居を念頭に置いたものである。そのため、公の営造物や社会的営造物では保護法益の制約が提唱されるが、それは法益論からみて不徹底であり、管理権限の逸脱につき当事者間で争いのある微妙な事案においては、管理権者の意思が尊重されるために制約原理としてはほとんど機能しない。新住居権説を基調とする学説の中には、一定の区画された場所の平穏な利用・支配を保護法益とする総合説も主張される。

相対化説には、住居平穏説からのものと新住居説からのものがある。侵入概念について、前者は、個人の住居の場合には居住者の意思を絶対的な基準とする主観的平穏侵害説を、公共的建造物の場合には業務が支障なく行われるという客観的要素を基準とする客観的平穏侵害説をとる傾向がある。後者は、個人の住居の場合は意思侵害説をとるが、公共の建造物の場合は管理権者の合理的・客観的な意思を基準とする客観的意思侵害説などをとる。相対化説に対しては、なにより侵入概念の相対化という手法を正当化する根拠について、十分な展開がなされていない点が批判される。この点は、基本文献の問題意識と課題において示されたとおりである。

▶戦前の判例

戦前の判例のうち、住居侵入罪の保護法益を公的・社会的利益と捉えるものとして、姦婦事例に関する東京控訴院判昭和17・12・24刑集21巻付録104頁がある。これ以外の判例は、保護法益を個人的利益と解するものである。旧住居権説に立つものとして、大判大正7・12・6刑録24輯1506頁（姦夫事例）、大判昭和13・2・28刑集17巻125頁（姦夫事例）、大判昭和16・3・13法律評論30巻刑法139頁（戸主である息子の不在中に母親と情交する目的での立入り）、大判大正15・10・5刑集5巻438頁（姉妹のうち姉を住居権者としたもの）を挙げる。もっとも、大判昭和14・12・22刑集18巻565頁（姦婦事例）のように、居住者各人を法益の帰属主体とし、侵入・捜索については居住者全員の許諾を要するとしつ

つ、住居において家族生活を営む場合は、家長である夫に独り許諾権があるとするものもある。

住居平和・平穏説をとるものもある。大判昭和3・2・14新聞2866号11頁（賃貸人による無断立入り）、大判昭和9・12・20刑集13巻1767頁（闘争目的で日本刀を携帯しての料理店の勝手口からの立入り）、大判昭和13・5・17新聞4303号5頁（深夜旅館に入り警官のような言動を弄して宿泊を強請）である。

▶戦後の判例

旧住居権説の考え方は家制度的観念から脱却して男女の本質的平等を認めた新憲法の基本原理と矛盾することから、新たな理論構成が要請された。もっとも、戦後の最高裁判例においても、保護法益の事実的性格は戦前の判例と同様、肯定されている。たとえば、最決昭和28・5・14刑集7巻5号1042頁のように、居住者または看守者の法律上の正当の権限を問題にしない裁判例がある。

最高裁は戦前の判例と同様、「住居権」の概念そのものは維持している（最判昭和23・5・20刑集2巻5号489頁）。姦夫事例における住居権の帰属の問題について、名古屋高判昭和24・10・6高刑特1号172頁が、夫婦両者に帰属されることを前提に、夫の承諾のないことから住居侵入罪の成立を認める。その他、住居権説による意思侵害説に基づく判例として、名古屋高判昭和26・3・3高刑集4巻2号148頁、札幌高判昭和30・8・23高刑集8巻6号845頁がある。

他方、個人の住居に関し、札幌高函館支判昭和25・11・22高刑特14号222頁のように、住居平穏説をとる下級審判例もみられる。尼崎簡判昭和43・2・29下刑集10巻2号221頁は、姦婦事例につき、夫の不在中に妻の承諾をえて穏やかに立ち入る行為は本罪にあたらないと判示した（関はこの結論を好意的に捉える）。その他、平穏説をとる判例として、東京高判昭和54・5・21高刑集32巻2号134頁（屋根の上への立入り）、東京高判昭和29・2・27高刑特40号32頁（侵入概念につき主観的平穏侵害説をとったとされる）がある。

人の看守する建造物等に関しては、平穏説をとる一連の判例がある。東京高判昭和45・10・2高刑集23巻4号640頁（山陽放送東京支社事件）、最決昭和49・5・31集刑192号571頁（王子米陸軍病院事件）、前掲最判昭和51・3・4（東大地震研事件）、広島高岡山支判昭和39・9・22（判例集未登載）、盛岡地判昭和53・3・22刑集37巻3号294頁（大槌郵便局事件第1審）、仙台高判昭和55・3・18刑

集37巻3号304頁（大槌郵便局事件控訴審）である。平穏な利用・管理権説をとるものとして、大阪高判昭和25・10・28高刑特14号50頁があるが、本判決は保護法益として総合説に近似しており、侵入概念としては意思侵害説を採用している。

これに対し、保護法益にまったく言及せず、侵入概念だけを確定して事案の処理をする裁判例も多く（東京高判昭和27・12・16高刑特37号122頁、札幌高判昭和28・11・26高刑集6巻12号1737頁、大阪高判昭和34・5・29下刑集1巻5号1159頁、東京高判昭和48・3・27東高時報24巻3号41頁）、大槌郵便局事件最高裁判決（前掲最判昭和58・4・8）は、こうした流れに沿うように、「他人の看守する建造物等に管理権者の意思に反して立ち入ること」と侵入概念を定義した。これらの判例は、住居権説に立つものと解するのが、理論的に筋が通っているかもしれないが（そのように理解する見解が多い）、主観的平穏侵害説の可能性を完全に否定したと考えるのは適当でなく、あえて保護法益には言及しなかったと考えるべきであろう。

▶関哲夫の私見の前提

一元説は、具体的事案における結論の妥当性のために、抽象的・包括的な法益概念を設定し、それらの要素のいずれかを保護領域に応じて際立たせるか、あるいは、実質的な法益概念を一応設定するが、保護領域に応じた「制約原理」を導入するかの形で修正を行う。前者は、まさに法益概念の内容の相対化の顕著な例であり、それに伴い法益概念の地位の相対化も生じてしまう。後者は、法益概念の給付能力を減殺する「制約原理」を導入している点で、結局は、法益概念の地位の相対化を招来しており、法益概念の混乱をもたらす危険を内含する。相対化説は、前提とする保護法益の内容の相違にもかかわらず、侵入概念と具体的事案の結論については大差ない。それほどに給付能力のない法益概念を設定する意味がどこにあるのか。相対化説は、侵入概念を相対化する論理的前提として、まさに本罪の保護法益そのものが異なっていることを分析すべきである。なぜ侵入概念を相対化することが必要なのかが、前提となる法益概念に即して分析されるべきである。その点、相対化説は、理論的に不徹底であり、そのために法益概念の地位の相対化と内容の相対化を招来している。いずれの立場も、法益概念の地位の相対化・内容の相対化を回避する理論構成とし

ては充分といえず、ここにまさに多元的法益論が要請される所以がある。

多元的法益論の不可避性は、社会学論上も裏付けられる。すなわち、直系制家族から夫婦制家族への移行・定着という家族の構造の変化と、「社会からパーソナリティ」への家族の社会的機能の変化を通じて家族生活の私事化が進んでいる。個人・家族の住居の人格的自由領域ないしは私的親密圏としての性格が顕著になっている事実から、個人・家族の住居と他の建造物等（とくに、公共的・社会的性格の強い建造物）とが社会的に分極化する。それは当然、住居侵入罪の解釈に反映され、本罪の保護法益にも投影される。

▶多元的法益論の展開

多元的法益論によると、個人・家族の住居（狭義の住居）、公的営造物（官公庁の庁舎を典型とする）、社会的営造物（大規模営業所——デパートなど——を典型とする）は、保護法益を異にする。具体的には、以下のように把握される。

狭義の住居は、個人・家族の居住領域・生活領域であり、多種多様な利益を包摂した、いわばプライバシーの容器であって、当該領域の支配・管理・処分は居住者の自由な意思決定に委ねられる。それは、まさに私事性・遮断性を特徴とする領域であり、どのような利益が存在しているかをまったく問題にすることなく、居住者の意思決定が絶対的に尊重されるという意味で、形式的保護が貫徹される。それゆえ、居住者は如何に平穏な立入りでも、自己の住居に立ち入ることを許さない決定の自由を有する。それゆえ、侵入概念は意思侵害説による。

公共営造物である官公庁は、主権者である国民に対し公的なサービスを提供する行政の拠点として公共性を有する。そこでの保護法益は、「官公庁における個々の職員が、その営造物の利用目的に従って平穏かつ円滑に業務を遂行しうること」であり、事実的平穏説に近い。住居侵入罪の成否の判断において、管理者・看守者の意思が重要な判断資料にはなるが、領域内における職員等の平穏な業務遂行ないし危殆化が重要なメルクマールになる。それゆえ、侵入概念としては平穏侵害説をとる（客観的平穏侵害説に近い）。

社会的営造物は、広く一般の顧客を受け入れるという開放性を有し、行政官庁の指導・監督を受けるなどの社会性を有するが、他方、私的所有にかかる営造物として私的な業務を営むところでもある。保護法益は、公共営造物と同様

の内容を有しているが、私的所有にかかる領域で、私的業務が遂行されている点で性質を異にしており、恣意的な立入り禁止処分等も保護される。

承諾意思の性格については、いずれの領域についても真意に基づく必要はなく、事実的な承諾で足りるとする事実的承諾意思説を妥当とする。

▶具体的事例の検討

基本文献の立場から、しばしば問題とされる以下の4つの点について解決が図られる。

第一は、錯誤による承諾である。行為者が不当な目的を秘して居住者の承諾を得て住居内に立ち入る場合、判例は主観的真意説により錯誤に基づく承諾意思を無効とし、学説でもこれに従うものがある。これは被害者の承諾という総論の問題にかかわるものであるが、むしろ住居侵入罪の保護法益の事実的性格からは、承諾は現実の事実上のもので足りる。

第二は、いわゆるセールスマン事例である。住居の入口に「セールスマンお断り」の掲示があり、訪問販売員がそれを現認したにもかかわらず、玄関のベルを押して住居内に立ち入る場合である。この場合、新住居権説からは住居侵入罪の成立が肯定されるはずである。しかし、「セールスマンお断り」という居住者の意思表示は、すべての訪問販売員に一律に妥当するほど広範かつ確定的ではない。玄関は、居住者のペンディング状態の意思を具体的な訪問者との関係で最終的に確定するための、いわば「半開放私的空間」としての面も具有する。それゆえ、当該訪問販売員に対する立入り拒否の意思が立入りの時点で確定している場合は別として、通常、本罪の成立は否定され、玄関内で立入り拒否の意思が確定的となった段階で不退去罪が成立しうるにとどまる。

第三は、承諾意思の対立である。まず姦婦事例のように、現在する居住者は立入りを承諾しているが、不在の居住者はこれを承諾しないと考えられる「潜在的対立」の問題がある。この場合、主観的真意説からは、不在者の意思の尊重により、両者の意思の対立が問題となる。これに対し、本罪の保護法益を事実的なものと理解する基本文献の立場からは、居住者によって現実に示された立入り許諾ないしは立入り禁止の意思が重要であり、不在者の推定された意思はこれに譲歩しなければならない。それゆえ、本罪の成立は否定される。これに対し、現在する複数の居住者の意思が対立する「顕在的対立」の問題では、

裁判例には、立入りを拒絶する居住者の存在を理由に本罪の成立を肯定したものがある（東京高判昭和57・5・26判タ474号236頁）。学説は、肯定説、否定説、区別説などに分かれる。基本文献は、複数の居住者が共同生活を営んでいる住居において、彼らの意思が顕在的に対立した場合、立入り拒否の意思のみを持ち出して住居侵入罪の成立を肯定するのは妥当でなく、いわば「（刑）法は家庭に入らず」の観念が妥当する領域と考えて、民事上の処理に委ねるのが適切とする（意思対立の問題については、後に、関哲夫『続・住居侵入罪の研究』〔成文堂、2001年〕179頁以下で詳細に論じられることになる）。

第四は、包括的承諾の場合である。不特定多数の一般人の自由な立入りが予定されている領域について、たとえば万引目的で、営業時間中のデパートに一般の顧客と同様の平穏な態様で立入る場合（万引事例）について議論される。裁判例には、意思侵害説ないし主観的平穏侵害説の立場から、万引事例について建造物侵入罪の成立に言及するものがある（東京高判昭和48・3・27東高時報24巻3号41頁〔説示は傍論〕）。学説では肯定説と否定説が対立するが、多元的法益論の立場からは、一般に開放された領域への立入りについて、客観的平穏侵害の有無を判断する。したがって、万引事例については原則として建造物侵入罪は成立せず、立入りが具体的状況から通常の顧客とは明らかに異なり、万引目的によるものと特定できる場合にのみ本罪の成立を認める。

▶関哲夫の私見に対する批判とそれに対する反論

関の見解に対する批判は次の4点に集約される。

①本罪の客体を事実上支配しているという観点においては、住居も公共的営造物も質的な相違は存在せず、相対化・多元化は無用である。

②各保護領域を多元的に捉え、保護法益を相対化する際の区別基準が不明確であり、現実に存在する中間領域や混合領域の分類の点で疑問がある。

③私見は、建造物侵入罪をいわば業務妨害化するものであって、官公庁の建物については、建造物侵入罪の固有の成立領域を事実上認めないことに等しい。

④私見によると、公的営造物である官公庁の場合、夜間、職員のいない公務所への立入り行為が建造物侵入罪にならないことになりかねず、妥当でない。

これらに対する反論は、以下のとおりである。①は、そもそも基本文献の問題意識ないし課題に対する疑問であり、基本文献の存在意義に関する疑問にも

連なる根本的な批判でもあるが、これには「本書全体をもって反論している」。
　②に対しては、中間領域が存在したり、1つの領域の中に別の類型領域が混在したりする場合があるとしても、基本文献が示す3つの領域を典型例に、これらのメルクマールを基軸として類型化することは可能である。また、そうした類型化の方が一元説や相対化説の帰結より明確である。
　③に対しては、公共営造物において建造物侵入罪の成否を考究する場合、その領域でどのような目的の下にどのような職務・業務が遂行されているかなど、利益を考慮しないわけにはいかず、その意味で、建造物侵入罪と威力業務妨害罪は、部分的にではあるが法条競合の関係にある場合がある。ただ、建造物侵入罪に業務妨害罪的な要素が入り込んでいるのは事実としても、建造物侵入罪の場合には、「外的障害によって業務遂行が乱されることがない平穏な状態」という限定に服し、かつ、侵入概念に領域関連性が要求されるために、立入り行為の時点で業務妨害的な要素が考慮されるにすぎない。
　④に対しては、官公庁における執務時間が終了し、夜間閉鎖された場合、対外的には一般的開放性に代わって閉鎖性が前面に出てくる。公務所の管理規程等に従って当該領域を閉鎖した場合、その閉鎖措置は平穏な業務遂行という総括的な法益を確保・保全するために合理的である限り有効である。そのような公務所に夜間侵入することは、立入り行為の具体的な態様からみて、外見上通常の用務とは著しく異なった態様での立入りと認められる場合が多く、外見上犯罪目的であることが明白な場合が多いであろうから、原則として建造物侵入罪の成立が肯定される。ただし、閉鎖措置が不適切である場合には、建造物侵入罪の成立が否定される余地がある。
　関の見解への批判に対しては、前掲『続・住居侵入罪の研究』29頁以下において再度詳細な反論が試みられる。

4　残された課題

▶囲繞地の取扱い
　関の主張する多元的法益論では、当該領域がどの類型に位置づけられるかが重要な問題となる。この点に関し、基本文献は、上記3類型をメルクマールと

して具体化可能であると綱領的に応えるにとどまっていた。

住居侵入罪の保護領域の具体的な位置付けに関し、かねてより解釈論上問題とされてきたのは、建造物の囲繞地の取扱いである。最高裁は、建造物について囲繞地を包含するとの判断を示し（最判昭和25・9・27刑集4巻9号1783頁）、前掲・最判昭和51・3・4（東大地震研事件）は、平穏説を実質的な根拠に、囲繞地が建造物侵入罪の保護の対象となるとした。学説でも、この立場を支持する見解が多数である。関は、文理上の問題などから、判例や多数説には反対であり、「邸宅」に該当しない限りは、建物の付属地は刑法130条の保護の対象にはならないとの立場をとる（前掲『続・住居侵入罪の研究』74頁以下）。ただ、関の多元的法益論の立場からは、業務遂行の平穏が害される限り、囲繞地も建造物侵入罪の保護の対象となるとの解釈は排除されないように思われる。実際、関も「平穏概念は、構成的・実質的な性格を有している」とする（前掲『続・住居侵入罪の研究』169頁）。それにもかかわらず、囲繞地が建造物とならないと主張する実質的根拠は、刑法130条の文言上の制約にあるのであり、法益論から直截にそのような解釈が正当化されるわけではない。そうであるなら、前提とする法益概念に関係なく、関のような見解は主張可能といえる。

▶**保護法益の多元的理解の妥当性**

基本文献でも分析されているように、個人や家族の住居ではプライバシーに関する多様で曖昧な実質的利益が存在するが、住居侵入罪の成否においてそれらを逐一考慮するのではなく、利益主体である居住者の意思決定に委ねるのが適切である。公共性、社会的開放性を有する建造物の場合も、立入りの許否は管理主体の判断に委ねられるとするのが一般的であろうが、他方、平穏・円滑な業務遂行という実質的利益が存在し、それは、業務の遂行に携わる者やこれらの者と業務の範囲内で接触をもつ者が享受する。このように住居侵入罪で保護される利益は、保護領域の支配・管理の主体（＝判断主体）による自由な意思決定と、その基礎として保護されるべき実質的利益の2つの要素から成り立つ。すなわち、本罪の保護利益は、重層的な構造を有している。基本文献は、このような利益の構造を自覚し、「法的要保護性」のレベルで、いずれの要素を保護法益として認めるべきかを問題にするものといえる。

この理解を正当とするなら、問題は、重層性を有する利益のうち、刑法的保

護においてどの要素に照準を合わせるかにある。すなわち、利益そのものは一元的であり、その要素に対する刑法的保護の置き方が多様であるにすぎない。この点、基本文献も社会的営造物に関しては、社会一般への開放性から平穏な業務遂行の利益を認めつつ、領域および業務の私的性格から、管理主体による恣意的な立入り禁止処分も許されるとするが、そこでは、保護法益はまさに2つの要素にまたがる。多元的理解の問題点は、このような重層性をなす利益から一部の要素を「保護法益」として切り出すことで、他の要素を捨象し、全体の構造を見失わせてしまうことにある。基本文献の精緻な分析にもかかわらず、多元的法益論が広く支持を得るに至っていないのは、この見解の法益概念の捉え方にあると思われる。

5　現代的意義

▶基本文献の理論的意義

　多元的法益論への賛否にかかわらず、基本文献の理論的意義はまさに、公共的領域への侵入の有無の判断において、管理者などの判断主体の意思決定を絶対的な基準とするのは必ずしも適切ではないという、学説で一定程度共有されてきた認識が正当であることを、理論的に根拠付けた点にあるといえよう。とくに労働事件などに対し、住居侵入罪が治安的に運用されることへの歯止めとして、この議論は意味をもつものであった。これに対し、個人の住居などの私的領域では、居住者などの判断主体による意思決定が（たとえそれが恣意的であろうと）尊重されるとの考え方が支配的であり、基本文献もそのように解していた。

▶集合住宅でのポスティング

　しかしながら、近時、私的領域と目される空間において、判断主体の意思決定を絶対的に尊重することが果たして妥当といえるのかが問題とされる。集合住宅でのポスティングの問題である。1で取り上げた前掲・最判平成20・4・11（立川自衛隊宿舎反戦ビラ入れ事件）、前掲・最判平成21・11・30（葛飾マンションビラ入れ事件）などの最高裁裁判例は、集合住宅の各住戸のドアポストにビラを配布する目的で廊下、通路、階段などの共用部分に立ち入る行為は管理権

者の意思に反することから住居侵入罪の構成要件に該当するとする。

　基本文献は、集合住宅でのポスティングが刑法解釈論上の問題となる以前に公刊されたものであるが、基本文献で示された見解の中に、この問題について考える上でのヒントを見出すことができるように思われる。たしかに、集合住宅の共用部分は公衆への開放性を特徴とする公共的領域とは異なるが、私的親密圏である各住戸のそれぞれに付属する領域として、居住者の共同した利用が予定されており、その意味で開放性を有する。この限りで、居住者の意思決定は制約され、ましてや、管理権者の恣意などは原則として尊重されない（もっとも、賃貸物件などで、管理者が所有者でもある場合には一定の考慮が必要である）。そこでは居住者の情報受領の自律の観点などから、他の居住者や管理者による立入り拒否の意思決定は原則的に意味をもたないとの議論を展開しうる（安達光治「集合住宅共用部分における法益主体とその権限について」立命館法学345＝346号〔2013年〕19頁以下参照）。関は、後に公刊された著作においてこの問題を詳細に検討し、共用部分の開放的性格から、住居侵入罪の成否を論じるにあたり管理者の管理権に依拠することは妥当ではないとするが（関哲夫『続々・住居侵入罪の研究』〔成文堂、2012年〕）、そこではまさに、基本文献で展開された議論が活かされているといえよう。

26 名誉に対する罪

●基本文献
平川宗信
『名誉毀損罪と表現の自由』
(有斐閣、1983年〔復刊版2000年〕)

野澤　充

1　学説・実務状況

▶「治安法」から「表現の自由と人格権の調和」へ

　基本文献は、名誉毀損罪における表現活動に対する制約を、言論弾圧という「治安法」的観点から「表現の自由の限界」という形へと転換することになって以降における名誉毀損罪のあり方について、日本国憲法の視点からの包括的な再編成の仕上げを行ったといえる著作である。

　そもそも、基本文献第2章にもあるとおり、わが国において名誉に対する罪として表現活動を制限する性質をもつ最初の近代的規定は、明治8年（1875年）の讒謗律であった。その第1条は「凡そ事実の有無を論せす人の栄誉を害すへき行事を摘発公布する者之を讒毀とす。人の行事を挙るに非すして悪名を以て人に加へ公布する者之を誹謗とす。著作文書若くは図画肖像を用ひ展観し若くは発売し若くは貼示して人を讒毀し若くは誹謗する者は下の条別に従て罪を科す。」とあり、そしてその後の明治13年刑法典（旧刑法）においてもその358条に「悪事醜行を摘発して人を誹毀したる者は事実の有無を問はす左の例に照して処断す」として、ほぼ同じ内容を引き継いだ。明治40年刑法典、すなわち現行刑法典も当初は——昭和22年に230条の2が挿入される以前は——ほぼ同様の内容が規定されていたといえる（「公然事実を摘示し人の名誉を毀損したる者は其事実の有無を問はす一年以下の懲役若くは禁錮又は五百円以下の罰金に処す。」）。いずれも、表現内容が「事実であろうとなかろうと」その名誉を貶めるものである

400

場合には名誉毀損罪が成立し得るものであるとされ、処罰の対象となったのである。これは、その規定が作られた時代背景からするならば、名誉を貶められた人の権利保護というよりは、政府（もしくは政府要人）に対する誹謗中傷を取り締まるという、言論統制の側面をもつものとしての規定であった。たとえ指摘内容が真実であったとしても、指摘された者の名誉が貶められることになるのであれば、例外なく処罰が可能となるという法規定の内容は、ある意味そのような言論統制目的の治安法としての側面を指し示していたといえる。

　明治26年（1893年）の出版法や明治42年（1909年）の新聞紙法には真実の証明による免責規定が置かれていた（出版法31条「文書図画を出版し因て誹毀の訴を受けたる場合に於て其の私行に渉るものを除くの外裁判所に於て専ら公益の為にするものと認むるときは被告人に事実の証明を許すことを得之を証明したるときは其の罪を免す損害賠償の訴を受けたるときも亦同し」、新聞紙法45条「新聞紙に掲載したる事項に付名誉に対する罪の公訴を提起したる場合に於て其の私行に渉るものを除くの外裁判所に於て悪意に出てす専ら公益の為にするものと認むるときは被告人に事実を証明することを許すことを得若其の証明の確立を得たるときは其の行為は之を罰せす公訴に関聯する損害賠償の訴に対しては其の義務を免る」）が、これらは他の言論統制の手段（とりわけ司法的手段——具体的には明治33年の治安警察法など——よりもむしろ行政的手段による統制）が確立されていく中での、あくまでも治安法としての言論統制の枠内でのものでしかなかった。

　このような状況は、第二次世界大戦後の民主化の中で日本国憲法が制定されることで、大きく変化することになる。日本国憲法21条において、法律の留保のない「表現の自由」の保障が明記され、言論統制という形での表現活動の制限は許されないものとなった。しかしその一方で、同じ日本国憲法13条において、「人格権」の保障もまた、明確化されることになった。ここで、「表現の自由」の保障により、表現活動の自由が保障されつつ、その表現活動に伴う形での名誉毀損行為が、「人格権」の保護ということに基づいて名誉毀損罪として制約を受けることになるという、憲法的価値の衝突状況が生じたのである。そしてこれに基づいて、昭和22年に刑法230条の2が挿入され、「真実性の証明」の際に当該名誉毀損行為を「罰しない」こととした。すなわち「表現の自由」と「人格権」という日本国憲法内の人権の調整によって、名誉毀損罪の成立範

囲（処罰範囲）が画されるべき契機がここで生まれたのである。

▶小野清一郎による先駆的業績

　基本文献以前における名誉毀損罪に関する先駆的業績といえば、何といっても小野清一郎『刑法に於ける名誉の保護』（有斐閣、1934年〔増補版1970年〕）が挙げられなければならない。この本において小野清一郎は、言論および出版の自由が「一般民衆の意識を啓蒙し、其の政治的・社会的事項に関する批評を尖鋭ならしむること」から文化の発展に重要な貢献をするものであるが、しかし同時に「其の自由が濫用され、思慮なき言論の横行を」もたらすことから、刑法における名誉の保護に「現代に於ける立法問題としての重要性を認め」て研究に至ったとする。それは比較法制史的研究、法理学的研究、さらに現行法の解釈論、そしていわゆる「事実の証明」の問題および、増補版ではさらに日本国憲法21条の表現の自由の観点ならびに刑法230条の2が挿入された点に基づいての検討を加えている。

　しかしこの先駆的業績も、事実の証明に関しては――日本国憲法の制定以前に執筆されたという時代的制約もあってか――「名誉」概念の内容検討から「事実に反する名誉」、すなわち虚名を保護すべきではないことを導き、このような観点から「現実の文化に適合する限りは」虚名である事実的名誉を毀損する行為を不処罰とする――これを「理想主義」とよぶ――としたのである。すなわちここには、「（憲法上における）基本的人権の衝突」という観念は希薄である。言論の自由の保護についての記述はあるものの、「社会的に保護」されるべき重要な法益であるとするにとどまり、「事の真実を公表することは常に文化一般の利益となるか。必ずしも然りと謂ふことは出来ぬ」として、あくまでも「文化一般の利益」という公的・社会的視点からの限界づけを行おうとしたのであって、「人権の衝突状況の調整」という視点が欠けていたのである。

2　学説史的意義と位置づけ

▶「名誉」の憲法的観点からの構成

　基本文献は、それまでの「言論統制」という観点からの、ないしは「公的利益」という観点からの名誉毀損罪の限界の構成に対して明確に批判を加えたう

えで、日本国憲法における価値観、すなわち「表現の自由」の保障と「人格権」の保障の調和という観点から、その限界づけを明らかにしようとした点において、大きな意義をもつ。人格権の保護が名誉の保護として、名誉毀損罪における名誉という法益の保護に結びつくものである一方で、同様に表現の自由も保護されなければならないものであり、その限界がどこにあるべきなのかを、まさしく「憲法的価値の衝突」という観点から検討したものなのである。

▶「社会的情報状態」としての「名誉」

さらに名誉概念の検討に際して、「人の人格的価値に対する社会の認識」である「社会的名誉」を名誉毀損罪の保護法益であるとしつつ、ただし単純な社会的評価（名声）をその内容として捉えるのは疑問であるとする。「人の社会的評価ないし名声というものが本当に実在するかさえ疑問であるため、その侵害の発生を認定することは不可能である」とするのである。このような観点から「今日、社会的名誉は、人の人格的価値に関連する情報が社会に存在している全体、すなわち社会的な情報状態としてとらえなおされるべきではないかと考える」とし、すなわち社会的名誉を「一種の社会環境（社会的情報環境）に対する名誉主体の地位・状態」として捉えなおそうとするのである。

これは名誉概念を単なる「社会からの評価」という、名誉主体からは他律的な存在としてではなく、「自己に関する評価（の状態）」という意味で、名誉主体の自律的コントロールの方向へとやや近づけるものであり、最後の第4章において検討されたプライバシー権などの「個人情報」保護の時代の流れにもつながり得る、興味深い再構成の手法であったといえる。

▶錯誤事例への対処

また、この名誉毀損罪に関連して現在、大きく議論されているのは、「真実性の証明の錯誤」の事例である。すなわち前述のとおり、昭和22年に刑法230条の2が挿入され、「真実性の証明」の際に当該名誉毀損行為を「罰しない」こととなったのだが、この刑法230条の2により「真実性の証明」がなされた場合そのものをどのように評価するのか——すなわちたとえば違法性阻却事由とするのか、もしくは処罰阻却事由とするのか、など——という論点とともに、このような「真実性の証明」について立証を失敗したものの、そのように「真実性の証明」が可能であると考えて当該名誉毀損行為を行った者をどのように評

価すべきか、という論点(「真実性の証明の錯誤」)が生じることになったのである。

　この点に関し基本文献は、憲法に保障された表現の自由の確保という観点からは、「たとえ真実ではなくとも相当な合理的根拠のある言論にまで正当な言論としての保護を及ぼすことが必要」とし、このような「相当な合理的根拠のある言論」については、違法性阻却事由として230条の2、もしくは230条の2の要件から漏れ出る場合でも35条によって違法性阻却されるものとした。この結果、230条の2を「相当な合理的根拠があった場合の違法性阻却とそれがなかった[ものの真実性は証明できた]場合の処罰阻却とを一つに規定したもの」と捉え、230条の2の解釈についての1つの新たな知見を導き出したのである。このような「相当な合理的根拠のある言論」であることを一般的に違法性阻却事由とする見解は、同趣旨の先行研究も見られる（藤木英雄など）ものの、その後の「真実性の証明（の錯誤）」論における議論の方向性を形作ったものといえる。

3　文献紹介

▶基本文献の構成

　基本文献は全4章で構成されており、第1章は「名誉毀損罪における基本概念」として「名誉」概念および「公然性」概念について検討する。第2章は「名誉毀損罪における免責の問題」として、名誉毀損罪と表現の自由が衝突する場面である「事実の真否」が問題となる事例についての検討を行う。第3章は「名誉に対する罪の立法問題」として、現行規定である刑法230条および230条の2について検討し、その保護法益のあり方について検討した上で、名誉毀損罪に関してあるべき立法論を展開する。最後に第4章では「個人情報（プライバシー）の刑法的保護——情報公開とプライバシー保護との調和に関する一問題」として、名誉権侵害の発展的形態としての「個人情報（プライバシー）」の刑法上の保護について、立法論も含めて検討する。

▶基本文献の主張の中核

　基本文献の主張の中核的内容は、以下の記述にきわめて端的に表現されている（基本文献はしがきⅰ頁）。

> 本書の基礎にあるのは、「情報」という見地の刑法への導入と、憲法における人格権と表現の自由の保障の刑法への反映という二点である。

すなわち具体的にはとくに後者については、さらに以下のように表現されている（基本文献第2章62頁）。

> ……名誉毀損罪における「名誉」は、いわゆる事実的・社会的名誉を意味するものと解すべきである。事実的・社会的名誉は、社会生活上重要な機能をはたしているものであり、憲法のもとにおける人格権の一部として刑法的保護を受けるにふさわしい個人的利益であると考えられるからである。刑法二三〇条が「事実の有無を問わず」とし、通説が「名誉」を事実的・社会的名誉と解しているのは、憲法との関係でも一応是認できる。
> これに対して、事実の真否に関する刑事責任の阻却は、表現の自由の保障に基づくものであり、名誉と表現の自由との比較衡量ないしは正当な「表現の自由の限界」の見地から認められるものと解される。したがって、事実の真否に関して刑事責任が阻却される範囲は、どこまで表現の自由が名誉の保護に優先し、言論が正当な表現の自由の行使と認められるかによって画されることになる。この範囲内にある言論は、まさに憲法によって保障された正当な権利を行使したものにほかならず、完全に正当な行為として一切の刑事責任の追及から自由でなければならないのである。しかし、言論がこの範囲外にある場合には、逆に名誉の保護が優先することになる。この場合は、刑法上も言論に対する免責は認められず、名誉毀損罪が成立すると解されなければならない。

以上のような二点の主張を行うために具体的にどのような検討がなされ、どのように論証がなされたのか、各章の内容を追うことにしたい。

▶名誉毀損罪における基本概念

第1章の「名誉毀損罪における基本概念」では、まず名誉毀損罪の保護法益としての「名誉」概念について検討し、理念的名誉、規範的名誉は保護法益となり得ないとした上で、さらに事実的名誉について検討する。そして事実的名誉の内容を普遍的名誉、主観的名誉、社会的名誉のそれぞれに分類した上で、人間の尊厳を意味する「普遍的名誉」および「社会的名誉」が名誉に対する罪の保護法益となるとする。さらに社会的名誉の内容を従来の学説のように「社会的評価」ないし「名声」として捉えることについては、「社会的評価ないし

名声という実態が事実として現実に社会に存在しているかが疑問である」として否定的に評価する。その上で「現代の社会においては、人の人格的価値の社会的認識たる社会的名誉は、一つのまとまった社会的評価ないし名声という形では存在し得ないものと考える。そして今日、社会的名誉は、人の人格的価値に関連する情報が社会に存在している全体、すなわち社会的な情報状態として捉えなおされるべきではないかと考える」とする。「このような考え方は、社会的名誉を、名誉主体をとりまく社会的情報状態に対するものとみるものであり、これを一種の社会環境（社会的情報環境）に対する名誉主体の地位・状態とみるものということができる。」このような観点に基づいて、名誉毀損罪の保護法益を社会的名誉、侮辱罪の保護法益を人間の尊厳と捉える旨主張する。

さらに「公然性」概念についても検討し、いわゆる「伝播性の理論」は妥当なものではないと批判し、「『公然』とは、不特定または多数人に直接適示することをいうと解すべきである」とする。

▶名誉毀損罪における免責の問題

第2章の「名誉毀損罪における免責の問題」では、名誉毀損罪と事実の真否に関する問題を取り扱う。すなわち名誉毀損罪は憲法13条で保障された人格権の保護のためのものであるが、その一方で憲法21条で保障された表現の自由とは対立するものであり、両者の調和が憲法論を踏まえて展開されるべきであるとする。

まずその前提として、戦前からの名誉毀損罪に関連する法制度の変遷および学説について検討している。明治8年の讒謗律、およびそれをほぼ受け継いだ明治13年刑法典（旧刑法）の名誉毀損罪は、言論弾圧の治安法としての性質があり、事実の真実性に基づく免責を認めなかった。明治26年の出版法および明治42年の新聞紙法は、いわゆる真実の証明による免責の規定をおいたが、やはりこれらも治安法の論理に基づいてそれが許す範囲内で真実の表明を許容したにすぎないものと分析している。さらに旧憲法下での名誉毀損罪の理論で最も重要なものとして小野清一郎の学説（『刑法に於ける名誉の保護』）を取り上げるが、小野清一郎が真実の証明による免責の根拠を「表現の自由」ではなく「真に値する名誉のみを保護しようとする『理想主義』」、すなわち「正当な利益の擁護」の観点に求めたことから、その理論を「表現の自由という自由主義的・

市民法的思想というよりは、むしろ権威主義的・国家主義的思想の上に立脚するもののようにおもわれる」とする。

そして戦後の新憲法の施行により、21条において表現の自由を法律の留保なく保障することが明記されるようになり、その一方で13条により人格権の尊重も明らかにされることで、名誉の保護と表現の自由の保障との矛盾・衝突の問題が、まさに憲法上の権利の衝突という形で現れたとする。このような観点から刑法の規定は手直しが避けられなくなったものの、真実の証明に関する230条の2の規定の追加は占領軍総司令部の指示によるものであり、名誉毀損罪と憲法との関係についての十分な検討はなされなかったとする。

その上で戦後の学説が名誉毀損罪に関してこのような憲法的根拠に基づいて理論を展開してきたかについては、多くの学説においては刑法230条の2があくまでも虚名保護に優越する公共の利益の保護からの論理が示されるにとどまり、これは「刑法理論上の違法論」にとどまるものと批判する。憲法を基軸にしたアプローチとしての最初期のものである団藤重光の見解(「名誉毀損罪と事実の真実性」『刑法と刑事訴訟法との交錯』〔弘文堂、1950年〕77頁以下)も、その主張する「真実をいう権利」が「虚名の保護の限界」に関する刑法理論に基礎をおくものであり、「なお不十分なものといわざるをえない」とし、また藤木英雄の見解(「事実の真実性の誤信と名誉毀損罪」法学協会雑誌86巻10号〔1969年〕1頁以下)も、その学説内容における部分の憲法論的根拠が明確に示されていないことから、「専ら刑法理論の見地から構成された理論であり、憲法的視点を反映した理論とはいえない」とする。

それを踏まえたうえで、重ねて憲法問題への考慮を促すとともに、憲法論においても、表現の自由が「語る権利」から「知る権利」へと変化しつつある点を指摘し、そしてこの点に関するアメリカ合衆国の法理論を紹介している。

以上に基づいて、事実の真否に関する刑法上の問題について考察していくうえでの基本的視点として、「事実の真否に関する刑事免責の問題は刑法理論上は行為の違法性の問題であり、免責事由は違法性阻却事由と解されなければならない」こと、および「事実の真否に関連していかなる言論の違法性が阻却されるかは、名誉と表現の自由に関する憲法理論に従って論定されなければならない」ことを指摘する。そして第1の点から、刑法230条の2を処罰阻却事由

として捉える見解は排斥されるべきであるとする。また第2の点から、憲法の判断を基準にした正当な言論の範囲の基本的視点として、表現の自由の優先的保障を前提とするならば、「ある言論の保護が、表現の自由の中核的機能をはたさせるために必要であると解される限りは」名誉の保護にも優先されるとする。この「表現の自由の中核的機能とは、公的問題に関する討論・意思決定に必要・有益な情報の自由な流通を確保することにほかならない。それゆえ、他人の名誉を侵害する言論も、それを保護することがこのような情報の自由な流通を確保するために必要な限りでは、正当なものとされなければならない。言論が違法とされ刑罰が科せられるのは、かような必要がない場合に限られる。これが我々の基本的視点である」、とする。

これを踏まえて「いかなる言論が正当な言論として違法性が阻却されるべきなのか」、学説を検討する。まず、「事実が真実であれば言論は正当であり、違法性が阻却されるのであって、刑法二三〇条の二はこの趣旨を規定したもの」とする「真実」説を、「違法性が阻却される場合を言論が真実である場合に限定している点で」「正当な言論の範囲を不当に狭め」、また「事実が結果的に真実でありさえすれば言論は違法ではないとすることによって不当に正当な言論の範囲を拡大」するものとして批判する。またこの見解が、言論が真実ではなかったものの「事実を真実と誤信していた場合に錯誤による故意または責任の阻却を認めることによって、事実が真実ではなかった場合にも刑事責任が否定される場合を拡大しようとしている」点については、「しかし、ほんらい、ことは行為の違法性の問題である。免責が認められるのは、言論が正当な表現の自由の行使とされ、違法ではないと解されるからであって、単に故意ないし責任がないというにとどまるべきものではない。ほんらい違法論で解決すべき問題を、明文の規定がないからといって、故意論ないし責任論で解決しようとすることは、弥縫策にすぎない」、とする。またこの見解について、「違法論に期待すべきことを錯誤論に期待したため、犯罪論上も少なからぬ無理を生じている」とし、すなわちこの見解によれば「事実を真実と誤信していたときには常に故意を阻却すると解するのが最も理論的である」が、しかし「とにかく真実と信じてさえいれば常に処罰を免れることになり、名誉の保護に欠け、名誉と表現の自由との妥当な調和を実現し得ない」がゆえに、たとえば団藤重光の見

解のように「証明可能な程度の真実性」といった訴訟法上の事実を違法性阻却事由に投影するような、「犯罪理論上も多くの無理を生ずる」として批判する。

さらに「事実誤認があっても、誤認したことについて過失がない限り、その事実認定に基づく言論は合法である」とする、藤木英雄の「無過失の真実性の誤信」説については、問題を「誤信」という主観的事情に係らしめたことが憲法の表現の自由の保障と相容れないのではないかという点、および犯罪論体系の観点からは「『違法性阻却事由の錯誤』という全くの主観的事実を主観的違法性阻却事由とするもの」であり、「これは、錯誤論に重大な問題を生ずるのみならず、違法と責任との混同ないしは主観的違法論におちいるのではないかという疑問をも生じかねない」として批判する。また「『真実でないことを語ったことについて無過失』であるときには行為の違法性が阻却されると解」する見解である「無過失」説に対しても、現行憲法の理念からは「言論に対しては過失原理以上の保護が認められなければならない」とし、また「違法性阻却に無過失を要求することは、自由な言論の範囲をきわめて狭いものにするおそれがある」とする。さらに「無過失」説に対しても犯罪論体系の観点から疑問を呈する。

以上に基づいて「私見」が展開される。まず従来の学説には問題があり、これは「十分な憲法論的基礎をふまえることなしに、錯誤論あるいは過失論といった憲法論から遠く離れたところで問題を考えていたことによるものといわなければならない」とする。そして「真実ではない言論」にも、「自己検閲」を強制されることへの懸念から、それを保護する必要性・有益性があることを前提に、「たとえ真実ではなくとも相当な合理的根拠のある言論にまで正当な言論としての保護を及ぼすことが必要」とし、まさに「憲法が表現の自由として保障しているのは相当な合理的根拠のある言論」であるとする。「事実の真否に関する違法性阻却の問題は、表現の自由に基礎をおいた合理的根拠の有無の問題であり、事実の真実性とは無関係であ」るとするのである。このような違法性阻却の要件として事実の公共性、およびその事実が真実であることを一応推測させる程度の相当な合理的根拠がありそれに基づいて言論がなされることを挙げ、「それ以上に行為者の主観を問題にする必要はない」とし、このような観点から「公益をはかる目的」という主観的要件についても違法性阻却の要件

とするべきでないとする。このような「違法性阻却は、いわゆる『法令による行為』として」違法性阻却事由の中に位置づけられるが、ただし「私見における違法性阻却と二三〇条の二との間には若干のズレがあ」り、「この違法性阻却のすべてを二三〇条の二のみによって基礎づけることは困難である」ので、「私見の違法性阻却を刑法二三〇条の二に基づく『法令による行為』とすることはできない」が、「憲法二一条に基づく『法令による行為』とすることは可能だと考える」とする。このような考え方は「従来も争議行為の違法性阻却について」同様に主張されてきたものとする。以上のような「私見」が現行法である刑法230条の2の解釈としてとりうるかについて、その刑法230条の2をはみ出す部分については刑法35条をなお援用することが可能であり、「事実が真実でなかった場合」に援用可能なものとする。また刑法230条の2が「合理的根拠なしに事実を摘示した場合であっても事実が真実であれば免責を認めているという点も、この場合は処罰だけが阻却されるにすぎず、二三〇条の二は違法性阻却事由と客観的処罰阻却事由とをあわせて規定したものであると解するならば、私見のような解釈をとる妨げにはならない」とする。「二三〇条の二は、表現の自由に基づく違法性阻却と『真実性』に基づく処罰阻却とを一つに規定したものと解することができる」とするのである。このような「私見」に対して、230条の2は「真実性」を問題にしているのであって「相当の根拠」を問題にしているわけではない等の批判が考えられるが、「真実性」を問題にすることと「相当の根拠」を問題にすることは両立するとする。また真実性の誤信の場合には、事実が真実でなくとも相当な合理的根拠があれば刑法35条で違法性阻却されるので、「錯誤が問題となるのは、相当な合理的根拠もなかった場合に限られてくる」とし、「合理的根拠の存在を誤信していてはじめて、違法性阻却事由たる事実を認識していたということができ、故意が阻却される」とする。「相当な合理的根拠の存在を誤信していれば故意は阻却されるのであり、真実と信じていることは必ずしも必要ではないのである」とするのである。最後に私見に対して必要以上に表現の自由を保護するものとの批判が考えられるとして、「たしかに……従来の見解に比べて、私見は名誉に対する保護が薄い」としつつ、ただし実質的に私見においても市民の名誉に対する刑法的保護の程度は現在以上に大きく低下はしないとし、また「名誉の保護……に刑法が大き

な役割をはたすことを期待するのは、そもそも当をえた考え方とはおもわれない。むしろ、この分野においては、刑法はとくに謙抑的であるべきであり、他の方法がない場合に補完的に用いられるにとどめられるべきもの」とする。さらに挙証責任に関して、「真実性」の挙証責任は被告人に転換されているものの、「相当の根拠」の挙証責任については「刑事訴訟法の原則どおり当然検察官にその不存在の挙証責任があると解すべきことにな」るとする。なお追記においてさらにその後の学説的展開を挙げつつ、刑法230条の2に違法性阻却事由と処罰阻却事由の両方を読み込むことは解決をいたずらに混乱させるものであり、230条の2には処罰阻却事由だけを認め、違法性阻却はすべて35条で解決した方が明快であるという指摘に対し、論理的明快性という点からはそのとおりであるが、しかし憲法21条を受けて立法された刑法230条の2が、憲法21条に基づく違法性阻却と全く無関係のものと解釈することは「解釈論としては、どう考えてもおかしい」とし、立法論としては違法性阻却事由と処罰阻却事由は別の規定とすべきであるが、解釈論としては刑法230条の2に違法性阻却事由を最大限読み込むべきであるとする。

　本章の最後に「第二節　名誉毀損罪の免責要件」として最判昭和56・4・16刑集35巻3号84頁（いわゆる月刊ペン事件）について、「第三節　噂の適示と真実の証明の対象」として最決昭和43・1・18刑集22巻1号7頁について、それぞれ検討している。前者についてまず、一方で刑法230条の2の規定による免責を「真実性による免責」とし、他方で判例の、とくに「夕刊和歌山時事」事件最高裁判決（最判昭和44・6・25刑集23巻7号975頁）の「たとい刑法二三〇条ノ二第一項にいう事実が真実であることの証明がない場合でも、行為者がその事実を真実であると誤信し、その誤信したことについて、確実な資料、根拠に照らし相当の理由があるときは、犯罪の故意がなく、名誉毀損の罪は成立しない」と判示したことによる免責を「相当性による免責」とする。従来の学説は「真実性による免責」を違法性阻却ないし構成要件該当性阻却とし、「相当性による免責」をその錯誤の問題として故意論ないし責任論で解決しようとしていたが、その後近年の学説は「相当性による免責」を独立の違法性阻却事由と解する見解が次第に増加しているとし、私見も以前からそのように主張していたとして、前述の見解を展開する。その上で、「表現の自由の限界に関する憲

論を踏まえつつ、刑法解釈の問題として免責の要件に若干の検討を加える」とする。そして事実の公共性について、その意義、および私行との関係を検討し、「比較衡量の理論」ではなくて、「知る必要性の理論」を採用すべきであり、上掲月刊ペン事件の判示についてまさしくその理論に近い考え方をしたものとして高く評価する。公益目的の要件については前述のとおり不要とする。そして相当性による違法性阻却についても前述のように「その事実が真実であることを一応推測させる程度の合理的根拠の存在」をいうとし、前掲「夕刊和歌山時事」事件判決が「確実な資料、根拠に照らし相当の理由があるときは」としているのは厳格に過ぎると批判する。後者（第三節）については、「真実の証明の対象となるのは、噂の存在ではなく、内容たる事実であるということになる」とし、「本決定の判断は相当といえよう」とする。

▶名誉に対する罪の立法問題

　第 3 章の「名誉に対する罪の立法問題」では、これまでの検討（とりわけ第 2 章）により得られた「私見」に基づいて、あるべき名誉毀損罪の立法論を展開している。ここでも当然に、憲法的視点、とくに憲法13条の「個人の尊厳」の保障と憲法21条の「表現の自由」の保障の観点を出発点とする。第 1 章においてなされた「名誉」概念の検討を再度踏まえつつ、名誉毀損罪の保護法益を情報環境としての社会的名誉、侮辱罪の保護法益を人間の尊厳な状態であるという前述の見解を再確認し、この名誉毀損罪と侮辱罪の二罪を設けるという二分体系が維持されるべきとする。その上で名誉毀損罪について、事実の虚偽性を構成要件とすることに反対し、また名誉毀損罪を情報環境を保護法益とする「情報犯罪」とするべきことから、公然性要件をより厳密に（「伝播性の理論」を排除するように）「公共に流布する」とすべきとする。さらに誣罔の場合を特別の構成要件とすることにも反対し、名誉毀損罪の構成要件の細分化は必要がないとする。それに対して侮辱罪を「粗暴犯」型の犯罪と捉えるものの、公然性の要件は維持されるべきとする。法定刑については、名誉毀損罪については現状維持ないしむしろ引き下げを考えるべきとし、侮辱罪については罰金刑を追加することを提案する。免責規定に関しては、「事実の真否」規定、「正当な利益の擁護」規定、「公正な評論」規定、および「報復的侮辱」規定が考えられるが、このうち「正当な利益の擁護」および「公正な評論」については、「事

実の真否」の問題として処理され、ないしは正当行為として違法性が阻却されるものである以上、とくに規定を必要とするものではなく、「報復的侮辱」についてもその要件を定めるのが困難であり、そのような立法的配慮もとくに不要とする。「事実の真否」規定については必要であるが、その要件としては、事実の公共性、および（「事実が真実であること」ではなく）「相当の根拠のある言論」であることだけを要件として違法性阻却事由として定められるべきであり、主観的要件を排した形で、名誉毀損罪の中に但書として定められるべきものとする。公務員や公職の候補者、犯罪行為に関するいわゆる「みなし規定」も、表現の自由の保障に役立つ限りにおいて必要とする。

▶個人情報（プライバシー）の刑法的保護

第4章の「個人情報（プライバシー）の刑法的保護——情報公開とプライバシー保護との調和に関する一問題」においては、名誉毀損のさらなる発展的形態としての「個人情報侵害（プライバシー侵害）」について、「情報公開」原則と「個人情報保護」の矛盾という観点から、「本人の情報コントロール権の確保」と「このような情報コントロール権と情報公開との調整」という2つの視点に基づいて、刑法的観点からの個人情報保護のあり方について、通信傍受や無断録音、個人情報の不法流通などに関して各論的に検討を加えている。

4　残された課題

▶犯罪論体系とのかかわり

基本文献は、前述のとおり、日本国憲法を手がかりにして「人権の保障」という観点から名誉毀損罪の射程を再構成しなおしたものであり、その意味で新たな時代の到来を踏まえた「名誉」概念の構成、ならびに「名誉保護のあり方」を導き出そうとするものであった。解釈論の前提となるべき理論構成の新たな展開を示したものとして、この点は高く評価されるべきものである。

ただ、憲法学的なアプローチが重要であるのは基本文献の主張するとおりであり、まさしく日本国憲法における「表現の自由」と「人格権」の衝突状況の調整という観点から構成し始めるべきなのはそのとおりであるが、それを重視することが、刑法学的アプローチの採用が批判されるべきであるとすることに

は、必ずしも結びつかないように思われる。憲法学的アプローチは当然のことながら重要であるのだが、それに基づいての、具体的解釈論としての刑法学的アプローチも重要なのである。このような観点からは、基本文献が刑法解釈論の部分において、とりわけ事実の真否に関する錯誤の事例について「錯誤論による問題解決のアプローチ」が批判されるべきであるとした点については、疑問を抱かざるを得ない。

　名誉毀損罪を含めて、「犯罪」は「構成要件に該当し違法で有責なもの」と考えられている。すなわち、「違法である」と評価されたからといって、当該行為が犯罪と評価されるわけではない。「違法である」だけではなく、さらに「有責である」ことを前提として、当該行為は犯罪的評価を受けるのである。そしてまさにそのような有責性の検討の際に、「真実だと思った」、すなわち「違法性阻却される事実だと思った」という錯誤が考慮され、やはり同様に不処罰評価を受けることになるのである。そしてこのような形での考慮を可能にするのが、「刑法解釈論」において「犯罪論体系」を考えることの大きな意義の１つなのである。もし、このような観点での考慮をすべきでないとするのであれば、それは憲法学的アプローチによる違法論の検討が、それに基づいて「憲法秩序に基づく言論だ」と考えて行為者が行動することをも刑法学的には顧慮すべきでないということにもなりかねない。せっかくの憲法論の考え方が、刑法論における具体的事例の検討の際に有意義な形で生かされないことにもなってしまう。「違法事実の範囲（ならびに違法性阻却される事実の範囲）」を確定させることは、犯罪体系上、「そのような内容を錯誤した場合の故意阻却の範囲」の確定の問題に直結しているのであり、逆に言えば、その点を顧慮して「違法（阻却）事実の範囲」は画されるべきなのである。「錯誤論を視野に入れた上での違法論の検討」こそが、犯罪論体系においては求められているのである。また基本文献の考え方は、憲法学的アプローチを媒介することによって、かえって被告人に有利な規定である刑法230条の２の適用範囲を——とくにその違法性阻却する範囲を——規定の文言以上に狭めることになるのではないかという点について、疑問視され得るように思われる。

　そしてそもそも基本文献は、「相当な根拠も無いような形での言論を適法なものとすることは、憲法学的な観点からは表現の自由の具体化ではあり得ず、

否定されるべきである」とすることを出発点としているようである。たしかにこれは1つの考え方としては理解できるものである。

　しかし現行法である刑法230条の2は「真実の証明があったとき」に不処罰を規定しているのである。これはある意味、「『真実であること』はそれ自体として価値があるものである」という価値判断を刑法典が示していることになる。そしてこの価値判断も、1つの考え方としてはあり得るものであり、またこれが憲法上の表現の自由の趣旨と相容れないとも必ずしも言えない。憲法21条の表現の自由は「相当な根拠に基づく」もののみを保障するとしているわけではなく、また最終的に真実が明らかとされることに資するからこそ表現の自由が保障されているのだともいえるのであり、その限りで「真実であること」そのものが表現の自由の保障の中心部分にあると解することも可能だからである。そして解釈論はやはり条文の表現を出発点とすべきであり、このような観点からは、「真実であること」そのものが違法性阻却事由であり、なおかつその点について結局証明できなかったとしても、「真実である」と錯誤したといえるのであれば、——それが相当な根拠に基づこうが基づくまいが——故意を阻却して不処罰とすべきなのである。このような見解に対しては「とにかく真実と信じてさえいれば常に処罰を免れることになり、名誉の保護に欠け」るとするが、そもそもこのような帰結は故意論（錯誤論）の必然的帰結であって、「真実であること」、すなわち「違法性阻却事由にあてはまる事実だという認識があること」が故意阻却の効果をもたらすのは——厳格責任説をとらないかぎりは——ある意味当然のことなのである。基本文献も述べるように、「名誉の保護、名誉の回復に刑法が大きな役割をはたすことを期待するのは、そもそも当をえた考え方とはおもわれない」のであって、故意犯処罰の原則が存在する刑法において「違法」でありながら処罰されない事例の存在することは何ら不当なものではなく、むしろ損害賠償などの民事的対応の方が実際的には意義を有する場面も多いのである。

　また、具体的解釈論としての刑法学的アプローチの部分での不十分さは、たとえば「法人に対する名誉毀損」の場面でも現れる。基本文献ではほとんどこの点についての検討は見られないものの、後に出された著者による刑法各論の教科書（平川宗信『刑法各論』〔有斐閣、1995年〕225頁）において、「法人その他の

団体も、社会的名誉を有するから、本罪の人にあたる」とする。しかし憲法上、とりわけ憲法13条の「人格権」の享有主体として予定されているのは、当然のことながら「自然人」である。「法人その他の団体」について、その内部的構成員である個々の自然人の名誉毀損という形での構成ではなく、直接に「法人その他の団体」自体に対する名誉毀損があり得る、とするのは、憲法13条の「人格権」についての一般的な考え方と調和するか、疑問が残るのである。

　基本文献においては、以上のような具体的解釈論としての刑法学的アプローチでの不十分さがあるように感じられ、とりわけ「違法論」と「故意論・錯誤論」とのかかわり、すなわち犯罪論体系への理論的投影という視点が、やや弱いように感じられる。これは基本文献が、憲法的秩序からの名誉毀損罪の射程の検討という点に心を砕くあまりのことであったようにも思われる。その理論的出発点からの検討は優れたものといえるが、具体的刑法解釈論としての犯罪論体系への投影という観点からは、結果的に物足りなさが感じられるのである。

▶立法論としての秀逸さと解釈論としての困難さ（難解さ）

　このような憲法的観点からの理論構築という点からすれば、基本文献の主張する「相当な合理的根拠のある言論」のみが違法性阻却されるのである、という構成は、その理論的な内容においてそれ自体としては1つの見解として優れた、きわめて妥当な内容をもつものである。すなわちこの見解は立法論としてはきわめて秀逸であるかもしれないが、しかし基本文献も認めているとおり、「私見における違法性阻却と二三〇条の二との間には若干のズレがあ」り、現行の刑法230条の2の解釈論としては、残念ながらやはり困難なものであると言わざるを得ないのである。それは、違法性阻却の場合を全て35条でカバーし、230条の2は「相当な合理的根拠には基づかなかったものの、真実であった場合」に関する処罰阻却事由として純化させるべきではないかという、基本文献の第2章第1節の追記において挙げられた、基本文献の見解に対する批判の存在に、如実に表れている。基本文献はこれに対して、表現の自由の保障規定である憲法21条を受けて立法された刑法230条の2が、その表現の自由の現れである「相当な合理的根拠のある言論」の場合を予定していないと解釈することは、どう考えてもおかしいと反論する。この反論は正しいものといえる。しかしそれがゆえに基本文献は解釈論としては、「相当な合理的根拠のある言論において、

当該事実が真実と証明できた場合」を刑法230条の2による違法性阻却とし、「相当な合理的根拠のある言論において、当該事実が真実と証明できなかった場合」も刑法35条による違法性阻却と解しつつ、その上で、「相当な合理的根拠の無い言論において、当該事実が真実と証明できた場合」には刑法230条の2による処罰阻却事由とするという、きわめて複雑な考え方を展開せざるをえなくなったのである。

　ただ、このような解釈論としての困難さや問題点があるとしても、その理論的な検討内容の価値は決して失われることがない。むしろ、逆に言えば、現行規定の問題点が、このような立法論的アプローチでの検討により浮かび上がってきたものといえる。書評者としては、どうしても基本文献のような通説的な帰結（すなわち「相当な合理的根拠のある言論の場合」または「当該事実が真実と証明できた場合」に名誉毀損罪で処罰しないという結論）を導きたいのであれば、立法論的には、ドイツ刑法186条のように「立証可能な真実ではなかったこと」を客観的処罰条件とし（これにより真実性の錯誤について故意阻却しないことになる）、併せてドイツ刑法193条のような「正当な利益の擁護」の場合の違法性阻却を、事実の真実性に係らしめない形で規定すればよいとは考える。しかし前述のとおり、たとえ軽率ではあったとしても事実の真実性を信じ込んでしまった人間に対して、刑事罰で対処することが本当に必要なことなのか、むしろ民事的損害賠償での対処が中心とされるべきなのではないかという点は、強く疑問に感じるところではある。

5　現代的意義

▶時代の変化への足掛かりとして

　基本文献は、民主的な憲法秩序へと社会が変化したことに伴う、刑法上の名誉概念およびその保護のあり方の変化を捉えた、まさに時代の流れを象徴する著作であったといえる。このような観点は、名誉概念を従来からの「社会的評価」として捉えるのではなく、自己に関する「情報環境」、「社会的情報状態」として捉えなおすという点においても現れているといえる。そして基本文献はさらに、そのような過去からの変化だけでなく、未来への変化の展望にも目を

向けている。第4章においては、「個人情報（プライバシー）権」に関する刑法的保護の問題について検討を加えているのである。名誉概念が「社会的な評価としての名誉」から「情報環境」という現代的な内容へと変化し、さらには「プライバシー」という観点からの新たな刑法上の保護の必要性にも目を向ける点で、まさにこのような時代の変化を確実にとらえるものであったといえ、これは著者による後の『憲法的刑法学の展開——仏教思想を基盤として』（有斐閣、2014年）所収の「第三部　刑法と表現の自由」における諸論考にもつながっているのである。現代社会に生きるわれわれにとって、以上のような名誉から派生する保護されるべき概念についても、注意深く目を向けていく必要があるものといえる。

27 財産犯 総論／窃盗罪

●基本文献
林幹人
『財産犯の保護法益』
（東京大学出版会、1984年）

内田　幸隆

1　学説・実務状況

▶はじめに

　基本文献は、それまで個別のテーマごとに論じられてきた財産犯の諸問題について、ある一定の理論的観点から全体的に検討しようと試みるものである。今でこそ各論のテーマを取り上げて研究を始める者は少なくないが、基本文献刊行当時において各論から研究を始める例は多いとはいえず、また、現在に至っても財産犯の全体像を明らかにしようとする著作は他にほとんど類をみないことからしても、基本文献は財産犯論の分野における先駆的な業績として金字塔をうちたてたといってよい。

▶本権説と占有説

　財産犯の保護法益に関して、大きな問題となっているのは、本権説と占有説の対立である。戦前において判例・通説は本権説の立場にあったが、戦後に判例が占有説の立場に移っていくと、学説においても占有説が有力化していき、また、両者における中間的な見解を主張するものが現れた。

　学説の対立を整理すると、本権説は、所有権その他の本権を財産犯の保護法益と解するものであり、民事上の権利・利益が認められる場合にはじめて刑法によってそれらが保護されると主張する。占有説は、財産に対する事実的な所持・管理を財産犯の保護法益と解するものであり、民事上の権利関係に必ずしも従うことなく、刑法独自の観点から財産の事実的な所持という状態が保護さ

れると主張する。ただし、占有説は財物の占有侵害・奪取が権利行使にあたる場合は違法阻却される余地を認める（このような枠組みを示したものとして、木村光江『財産犯論の研究』〔日本評論社、1988年〕はきわめて重要である）。これに対して、いわゆる中間説は、窃盗犯人の盗品所持といった保護に値しない占有を排除するために、「一応理由のある占有」、あるいは「平穏な占有」といった基準を設けて保護に値する占有の範囲を示そうとしている（前者につき、小野清一郎「自己の財物について、窃盗罪はどういう条件の下に成立するか」警察研究33巻1号〔1962年〕111頁、後者につき、平野龍一「窃盗罪の被害法益」平野龍一・福田平・大塚仁編『判例演習　刑法各論』〔有斐閣、1961年〕191頁）。

2　学説史的意義と位置づけ

▶本権説の再定位

　このように判例・学説が流動化していく中にあって、林幹人は、その助手論文において、財産犯の諸問題を場当たり的に解決する従来の見地に疑問を示した上で、ドイツ刑法の判例・学説を詳細に分析しつつ、財産犯の保護法益としての「財産」の意義を明らかにしようとした。林のこのような研究の成果は、基本文献第1部「財産犯の保護法益」に結実している。そこでは、いわゆる法律的・経済的財産説を妥当とした上で、民事法上違法で保護されていない占有は刑法上も保護されるべきでなく、この見地から、純粋な占有説ないしは中間説に対して批判をくわえた。他方で、林は、かつての本権説とは異なり、形式的にみて所有権、賃借権、質権といった「本権」が成立してない場合、たとえば、同時履行の抗弁権が問題になる場合や、清算の利益が問題になる場合を例に挙げて、実質的にみて民事上保護に値する（経済的）利益があるのかという点を考慮しつつ財産犯の成否を検討する。このような理論的検討によって、いわゆる修正された本権説が確立したといってよいであろう（なお、基本文献第2部「横領と背任」は、林が上智大学に赴任した後に執筆されたものであり、本稿では、テーマとの関係で主に基本文献第1部を取り上げる）。

▶現在の議論状況に対する影響

　さて、今日において判例が占有説の立場へと移っていき、占有説、中間説が

有力化した中において、なお（修正された）本権説の支持が失われない背景にあるのは、判例の結論の多くを本権説によっても理解できる点だけではない。林の示した論拠に説得力があるからこそ学説において本権説の支持が少なからず集まり、また、近時では本権説の立場に親和的な判例（たとえば、最判平成13・7・19刑集55巻5号371頁）もみられるところである。基本文献は、刑法上保護されるべき財産は民事法上保護されているものに限られる点を強調するが、このような指摘は、本権説、占有説、中間説の対立において、刑法は民法の権利関係に従うべきか、さらにこれに関連して、民事上、原則的に自力救済が禁止されている点を刑法においていかに考慮すべきかといった理論的対立軸を鮮明なものとし、その結果、学説が今日に至る過程においてそれぞれ発展したと評価できる（現在の議論状況について、内田幸隆「財産罪における可罰性の核心——その変遷と限界について」法律時報81巻6号〔2009年〕62頁以下参照）。さらに基本文献の理論的影響は、財産犯の基礎的検討だけでなく、林の体系書『刑法各論〔第2版〕』（東京大学出版会、2007年）136頁以下で示された財産犯全般に対する考察や、『判例刑法』（東京大学出版会、2011年）259頁以下などに収められた判例研究を経て、窃盗罪、詐欺罪といった個別の財産犯の成否の問題にも及んでいる。

3　文献紹介

▶基本文献の構成

　基本文献は、第1部「財産犯の保護法益」と第2部「横領と背任」から構成されており、第1部は序章を含めて5つの章から成り立っている。本稿では、扱うテーマに従って第1部を紹介するが、その序章において、基本文献の目的が次のような点にあると述べられている。すなわち、「財産犯の保護法益に関わる諸問題の根底にある主要な理論的問題は、財産犯の保護法益は民事法との関係ではどのように理解されるべきかにある。このような問題意識の下に、財産犯の保護法益に関わる諸問題を、全体的に見直してみようとする」ことである（基本文献6頁）。この目的にしたがって、基本文献は、ドイツの「財産」概念をめぐる研究を丹念に取り上げていく。というのも、「財産」が基本的・統一的な保護法益であるならば、これをいかに理解するかによって、「経済」的

損害（＝財産的損害）の要否の問題、不法原因給付と詐欺・横領の問題、本権説・占有説をめぐる問題を決定し、さらに、刑法と民事法の関係という核心的な問題を解き明かすことが可能になるからである。そこで、まず第1章「法律的財産説」では、ビンディングの見解を取り上げ、その主張した法律的財産説の基本的性格を紹介しつつ、この見解との対比において純粋経済的財産説、法律的・経済的財産説の基本的性格を紹介する。第2章「法律的財産説の崩壊」では、経済的損害の要否の問題を契機として、法律的財産説がドイツにおいて支持を失っていく過程を明らかにしている。第3章「純粋経済的財産説と法律的・経済的財産説」では、不法原因給付と詐欺の問題などを契機として、広義の経済的財産説が分裂し、純粋経済的財産説と法律的・経済的財産説とがドイツにおいて主張されるに至った経緯を明らかにしている。第4章「本権説と占有説」では、財産概念をめぐる議論を踏まえた上で、ドイツにおける判例・学説状況を明らかにし、これとの対比において本権説と占有説をめぐる問題を再検討する。

▶基本文献の中核的内容

　財産犯の保護法益にかかわる諸問題の根底にあるのは、結局、刑法が民事法との関係において、いかなる場合に財産犯の成立を認めるべきかという点に他ならない。基本文献は、この点に関して、次のように主張する（基本文献236–237頁）。

　　……ドイツの判例・通説である法律的・経済的財産説は、我国にとっても基本的に妥当する解釈原理でなければならない。すなわち、民事法上違法で、保護されていない占有は、刑法上も保護すべきでないのである。刑法上保護される財産は、民事法上適法なもので、民事法秩序によって保護されているものに限るべきである。それはまた、英米法のとる考え方でもある。
　　具体的にいうと、我国の下においても、例えば次のような場合には財産罪の成立を否定すべきなのである。BがAからAの物を借りた。Bは期限が来ても返さない。Bは事実上平穏に占有している。Aは民事訴訟で取り戻すことが可能であり、またそうすべきである。それにもかかわらずAは自力でこれを奪取した。
　　もちろん、現実に刑事裁判で問題となるのは、右のように単純な場合はまれであろう。しかし一見どのように複雑な権利関係に見えても、当事者の権利関係が究極的には右の例のようなものであったのか否か、すなわち被害者には民事法上保護された、

> 適法な占有があったのか否かということは決定的に重要なことがらであり、社会的・法律的に見て看過することの許されないものである。我々は、財産罪の成否を決めるときには、その事情を極力明らかにして、この事情によって犯罪の成立を決定するのでなければならない。

▶法律的財産説の概要

　基本文献は、以上のような結論に至る上で、第1部第1章において、ビンディングによって完成された法律的財産説の内容を次のように紹介し、検討する。

　まず、ドイツでは、窃盗罪・横領罪などは、「所有権に対する罪」と理解され、詐欺罪・恐喝罪・背任罪などは、「財産に対する罪」として理解されている。すなわち、窃盗罪の本質は、ザクセンシュピーゲルなどにおいて占有の侵害にあるとみられていたが、近世に至って次第に所有権に対する罪と定義されるようになった。他方で、詐欺罪の本質は、近代的な法典が整備される以前は、一般的な権利の侵害にあるとされていたが、1851年のプロイセン刑法に至ってはじめて財産に対する罪としての性格が確立した。こうした中で、法律的財産説は、詐欺罪などをも窃盗罪などと同様に、財産上の権利を侵害する罪と考え、この見解はビンディングによって完成された。

　ビンディングによると、財産犯は民事法上の権利を保護するものであり、それゆえ、刑法における財産とは、民事法上の権利の総体である。権利の集まりそれ自体こそが財産なのであって、それらを抽象化した価値総量とか、金銭的な価値の総額は刑法上の財産ではない。このような前提に立って、ビンディングは、権利の侵害がある限り、経済的には侵害がなくとも財産犯は成立するとした。このようにビンディングは、わが国のいわゆる「個別財産に対する罪」と解する立場と同じ考えをとっていた。したがって、財産上の権利は現実に侵害されることが必要となり、単にその「危険」が発生するにすぎない場合は、どれほど経済的価値の侵害をもたらすときでも刑法上の損害はないとされた。

　また、ビンディングは、不法原因給付と詐欺の問題について、判例が純粋経済的財産説に立場を変えて詐欺罪の成立を認めたことを批判し、金銭を騙し取られたとされる側にそもそも民法上の権利がない場合には詐欺罪を否定するべきとした。したがって、ビンディングの考え方によると、民法上無効の債権は

財産ではないことになり、さらに、権利の裏づけのない占有そのものなども財産とは認められないことになる。

本権説・占有説をめぐる問題について、ビンディングは、欺罔行為によって他人にその義務を履行させても行為者は何らの利益を得ることはなく、また、損害とは権利の喪失または義務の負担であるから、義務の履行は損害とはならないとした。また、行為者に所有権はないが所有権を移転させる権利がある場合には、目的物を奪取したとしても、被害者である所有権者には行為者のために所有権者であることを止める義務があるのであって、その所有権は侵害されたとはいえないとした。

ビンディングの法律的財産説については、刑法の民法に対する従属性の思想がその根底にあったと理解されている。さらに、基本文献は、ビンディングが自由主義的・形式主義的見地から、経済活動に対して刑罰権をもって介入する財産犯は、その限界が明確である必要があり、そのために民事法上の権利の侵害という形式的な観点から限界づけをしようとしたのではないかと評価した。

このようにビンディングによって完成された法律的財産説は、その後のドイツの判例・学説の展開に影響を与えており、個別の問題を解決する際にその場に応じた論理の使い分けは許されなくなった。たとえば、その考え方は、財産に対する罪において、刑法による財産秩序の規律は民事法の規律との間に矛盾があってはならないという限度では、現在の法律的・経済的財産説の中に受け継がれており、また、本権説・占有説をめぐる問題においても、本質的にビンディングと同じ結論がとられている。純粋経済的財産説を支持する見解も、その前提を各問題において徹底させているわけではない。

▶法律的財産説に対する批判

ところが、財産に対する罪において法律的財産説が批判され、広義の経済的財産説が主張されるに至った理由はどこにあるのであろうか。基本文献は、第1部第2章において、主として経済的損害の要否の問題に焦点をあてながら、財産に対する罪において法律的財産説が崩壊していった過程を次のように明らかにする。

まず、ドイツの判例の展開をみると、ライヒ裁判所において、当初、詐欺罪の成立にとって経済的損害を要しないとする判例も少なくなかったが、1887年

の判例 (RG 16, 1) は、「金銭上の全体価値」が減少するときにのみ損害が発生し、それが増加するときにのみ利益が発生するといった前提に立った上で、被害者の個別的な財産関係にしたがって損害の有無を判断すると判示した。この判例は、金銭的価値の減少だけで損害の発生を認めるわけではなく、その有無を判断するに際して、いわゆる「個別化の原則」を採用しているが、法律的財産説の崩壊の端緒になったばかりでなく、その後の判例が純粋経済的財産説へと展開していく足がかりともなった。また、ドイツの判例は、権利に至らない事実上の利益も経済的価値があるとき（たとえば、顧客関係）には損害を認め、権利に対する「危険」が発生しているにすぎないが、重大な経済的損害が発生するときも損害を認めてきた。

　ドイツの学説も、個々の権利ではなく、全体としての経済的価値こそが刑法の保護すべき財産であると主張するようになり、経済的財産説へと移行していった。その背景について、基本文献は、形式主義的な法律的財産説がもたらす結論が実際の経済生活において不当と感じられ、刑法上の財産をより経済生活上の財産の実体に即して把握する必要があった点を指摘する。ただし、金銭的価値それ自体を財産とみるべきかについては議論がある。具体的には、金銭上は相当対価が提供されたときになお損害が発生したとみるべき場合を類型化しようとする試みがある。他方で、ボッケルマンやオットーは、経済主体とその客体の関係に着目し、処分の自由なども保護されるべきとした（人的財産説）。これに対して、エーザーは、処分の自由は人格価値であっても財産価値ではないと批判し、経済的活動の自由こそが保護されるべきとした（動的財産説）。

　いずれにせよ、ドイツでは、ビンディングのように経済的損害を不要とする見解と、金銭的価値だけを基準として経済的損害の有無を判断する見解との間において、どこに線を引くべきかが議論されている。ところが、わが国の判例・通説は、理論上は依然として経済的損害は不要とする立場をとっている。

　さて、ドイツの判例・通説は、窃盗罪・横領罪については、ビンディングの見解と同様に、依然として所有権に対する罪であると理解している。これに対して、バウマンは、譲渡担保や所有権留保の場合を取り上げ、行為者が他人の所有権を侵害したとしても、そこに経済的損害がないときは横領罪の成立を否定するべきと主張した。また、H・マイヤーは、金銭の委託の場合を取り上げ、

所有権の侵害がなくとも、経済的損害が発生するときには横領罪の成立を認めるべきと主張した。近年では、これらの見解の影響を受けて、ロクシンやグリッボームのように、所有権に対する罪においても、実質的・経済的価値の観点の導入を図ろうとするものがある。また、ザックスやオットーのように、所有権に対する罪と財産に対する罪において、両者は保護法益の観点から接近している、あるいは本質的な違いがないとするものも現れている。

　以上のようなドイツの議論状況に対して、わが国では、詐欺罪などの条文において「財産の損害」が要件となっておらず、また、民事訴訟がよく機能していない点もあってか、窃盗罪や詐欺罪などは、経済的損害を要しないとする「個別財産に対する罪」として理解されている。これに対して、基本文献は、窃盗罪において「財物」の窃取、詐欺罪において「財物」の騙取、「財産上の利益」の取得というとき、これらは犯罪の客体を示したものにすぎず、その客体が侵害されたが相当対価が提供された場合における財産犯の成否については、なお解釈に委ねられているとした。また、横領罪についても、譲渡担保・所有権留保の場合、二重売買の場合、委託された金銭の場合を検討した上で、被害者において実質的・経済的利益が侵害されてはじめて横領罪の成立が認められるべきとした。このように、わが国においても、財産を基本的に「全体としての経済的利益」として理解することが妥当であると基本文献は結論づける。

▶純粋経済的財産説と法律的・経済的財産説の概要

　以上のように、基本文献第1部第2章では、経済的財産説が台頭する過程をみたが、その後、広義の経済的財産説は内部分裂して、やがて純粋経済的財産説と法律的・経済的財産説が対立する時代を迎える。この2つの見解について、基本文献第1部第1章第3節では、次のように紹介する。まず、法律的財産説の対極に立つのが純粋経済的財産説である。その理念型をみると、この見解は、全体としての経済的価値のある利益を財産ととらえる。したがって、金銭上の損得のみを損害の判定の基準とし、法律的な観点はそこに入ってこない。このことを前提とすると、金銭上の価値のないものは、たとえ権利が成立していても財産ではなく、これを侵害しても財産に対する罪は成立しない。不法原因給付と詐欺の問題についても、被害者側に金銭上の損失がある限りは詐欺罪が認められる。本権説・占有説をめぐる問題については、盗人から所有権者が盗品

を取り戻す場合、債権者が債務者から債権額分を騙取する場合、いずれにおいてもその占有に金銭上の価値があることから、財産に対する罪が成立する。

　法律的財産説と純粋経済的財産説との間において折衷説として主張されるのが法律的・経済的財産説である。この見解は、法秩序によって保護された、すなわち、違法な利益を除いたものとしての、全体としての経済的価値ある利益を財産ととらえる。それゆえ、この見解は、経済的損害の要否の問題については、純粋経済的財産説と同様に考えるが、不法原因給付と詐欺の問題、本権説・占有説をめぐる問題については、本質的には法律的財産説と同様に考える。

▶純粋経済的財産説と法律的・経済的財産説の対立

　それでは、純粋経済的財産説と法律的・経済的財産説はいかなる点において理論的に対立するようになったのであろうか。基本文献は、第1部第3章において、民事法上違法な利益であっても経済的価値があれば刑法で保護してもよいのかという点が問題となったとして、主として不法原因給付と詐欺の問題に焦点をあてつつ、ドイツの判例・学説を次のように紹介し、分析する。

　この問題について、ドイツの判例は、当初、法律的・経済的財産説の立場にあった。ところが、1910年にライヒ裁判所は純粋経済的財産説を支持して、効能のない、違法な堕胎薬を妊婦に高く売りつけた事案において、純粋に経済的にみれば被害者である妊婦に損害が発生したとして詐欺罪の成立を認めた（RG 44,230）。この判例以降、連邦通常裁判所の判例もこの考えを受け継いでいる。

　ドイツの学説においても純粋経済的財産説が有力となったのは1930年代に入ってからである。その背景にあるのは、刑法の従属性の思想が批判され、刑法の民法に対する独立性の思想が優越になってきたことである。その結果、不法の労働力・無効な債権なども刑法上の財産と認める見解が現れるに至った。純粋経済的財産説の代表者とみなされているのはブルンスである。彼は、その著書において、民法秩序は法秩序そのものではない、刑法は固有の目的と使命をもつ独立の法律である、法益保護思想から意思刑法への移行によって侵害客体を民法に依存させる考えも維持されないものとなったと指摘した。また、彼は、その論文において、盗人から盗品をさらに第三者が窃取・騙取する場合、不法原因給付と詐欺の問題の場合、無効の債権を欺罔によって免れた場合などを取り上げ、いずれも財産犯が成立するとの結論を正当なものとした。

基本文献は、このように、ドイツの判例・学説が純粋経済的財産説を支持するに至った背景について、刑法の独立性の思想、事実主義、行為無価値論という３つの基本思想が有力になった点を指摘する。ただし、ドイツにおいて、純粋経済的財産説をとる多くの学説はその論理を徹底させておらず、無効の債権を債務者が欺罔によって免れた場合や、売春など不法の労働力が問題になった場合に議論がある点を注意すべきとした。
　純粋経済的財産説が台頭するにしたがって、これを批判したのが法律的・経済的財産説である。この見解は、不法原因給付と詐欺の問題について、自身の立場からも処罰できると反論する。たとえば、ナーグラーは、この問題における被害者の代金支払いはその法的に保護された財産に基づくものであって、この点に財産的損害を認めることができるとした。したがって、純粋経済的財産説と法律的・経済的財産説の対立は、主に無効の債権・不法の労働力の財産性をめぐって生じている。たとえば、クラーマーは、刑法の最も重要な任務が法益保護にあるとして、法秩序の統一性の原則から法秩序によって否認された利益は経済的価値があっても刑法の保護には値しないとする。その上で、実質的財産概念を主張して、無効の債権・不法の労働力は財産として保護されないとした（なお、彼は、不法原因給付と詐欺の場合についても詐欺罪の成立を否定する）。他方で、盗人から盗品を騙取する場合について、法律的・経済的財産説に立つ学説は、盗人の占有も第三者との関係では法秩序によって保護されるとして、詐欺罪の成立を認めている。以上のような法律的・経済的財産説について、基本文献は、法秩序の統一性・実質主義・結果無価値論という基本思想によるものであると指摘する。
　ところで、窃盗罪・横領罪などについて、ドイツでは、所有権に対する罪として理解されていることもあり、純粋経済的財産説と法律的・経済的財産説との峻烈な対立はみられない。なお、ドイツにおける判例・学説は、不法原因給付と横領の問題については、そもそも民法上の不法原因給付における「給付」にあたらず、したがって委託者の返還請求が認められ、所有権も受託者に移転しないとして、（占有離脱物）横領罪の成立を認める点に注意すべきである。
　以上のようなドイツの判例・学説の議論状況と対比して、基本文献は、わが国においても同様な理論的争いがみられるとして、以下のように検討する。ま

ず、不法原因給付と詐欺の問題については、詐欺罪の構造からすると、処分行為によって引き渡される利益が保護されるべきものであるとして、純粋経済的財産説によらなくとも、法律的・経済的財産説、あるいは法律的財産説の立場からも処罰することができるとした。盗人の不法な占有を第三者がさらに侵害した場合も、その占有は第三者との関係においてはなお保護されるとして、純粋経済的財産説と法律的・経済的財産説とは同じ結論に至るとした。不法原因給付と横領の問題について、わが国の民事判例は、不法原因給付の場合において所有権が受給者に移転するとしており（最大判昭和45・10・21民集24巻11号1560頁）、刑事においてもこの民事判例を尊重すべきとする。しかし、「刑法の独立性」を認める純粋経済的財産説の論理によらなくとも、法律的・経済的財産説の立場からも処罰可能だとする。すなわち、わが国の有力な民法学説は、不法原因給付における「給付」の意義について「事実上の終局的な利益の移転」を意味するとしており、これによると、これまで刑事において問題とされてきた場合は不法原因「給付」にはあたらず、所有権が委託者に残っていることから、受託者が委託物を領得すれば横領罪の成立が認められるとする。盗人から盗品を預かったが、これを費消した場合についても、元の被害者の所有権がなお保護されるといえる限りで（占有離脱物）横領罪の成立が認められるのであり、純粋経済的財産説と法律的・経済的財産説との間に違いはないとする。最後に問題にするのは、無効の債権・不法の労働力を侵害した場合である。この場合について、基本文献は、「所有権があり民事法上保護された適法な利益の侵害があるとしても、そこに犯罪の成立を認めるべきかは、まさに刑法独自の判断によってなされてよい」としつつ、民事法が「保護に値しないとして積極的にこれを違法としている場合に、その民事法の判断とは独立にその利益を刑法上の利益と認める理由はあるだろうか」として（基本文献175-176頁）、法律的・経済的財産説によって犯罪の成立を否定するのが妥当とした。

▶**本権説と占有説との対立**

基本文献は、第1部第4章において、近年、財産犯の保護法益に関連して、本権説と占有説をめぐる問題が議論されるようになってきたと指摘し、ドイツの判例・学説を次のように紹介し、分析する。

まず、権利行使と詐欺・恐喝の問題について、ライヒ裁判所は、一般に1930

年頃まで、債権が現実に存在するときには詐欺・恐喝罪の成立を否定していた。ところが、1938年にライヒ裁判所は、実体的には債権が存在していても、民事訴訟に係属して争われている場合に、裁判官を欺罔してその実現をはかったときには詐欺罪の成立を認めた（RG 72,133）。これに対して、1952年に連邦通常裁判所は、ライヒ裁判所の判例を変更して、民事訴訟においても、実体的に存在する権利を行使する場合には詐欺罪の成立を認めないとした（BGH 3,160）。この判例では、「損害の発生」を前提に「利得の違法性」の有無が問われたが、その後、現実には債務を負わない者がその請求を阻もうとした場合に、財産の全体価値は減少していないとして「損害の発生」がないとする判例も現れた。

このような判例に対して、純粋経済的財産説に立つシュレーダーは、「損害の発生」を否定することはできないとしつつ、「財産移転の法的な非難可能性」という構成を新たにとった。しかし、この構成をとって「民法秩序に矛盾する」か否かを問題として財産犯の成立を否定することは実質的には純粋経済的財産説を放棄するものであるとの批判がなされている。他方で、法律的・経済的財産説に立つ学説は、同じく詐欺・恐喝罪の成立を否定するが、その根拠については、義務の履行の局面において「損害の発生」がない点に求めている。基本文献は、このような学説状況をみて、純粋経済的財産説そのものの存立が脅かされていると評価している。

以上のような、財産に対する罪の場合に対して、窃盗罪の保護法益が所有権と解されているドイツでは、窃盗罪について本権説・占有説をめぐる問題が現実化するのは次のような場合となる。すなわち、所有権を侵害するが、行為者がその所有権を自己に移転させる満期・無条件の権利を有していた場合である。他方で、わが国における本権説・占有説をめぐる問題はより広い状況において発生している。ただ、この問題の核心は、民事訴訟によればある物の占有移転を達成できるにもかかわらず、現実には民事訴訟によらず達成した場合に、財産犯の成立を認めるべきかにあると基本文献は指摘する。

まず、ドイツの判例は、特定物に対する権利行使の場合には、「領得の違法性」がないとして、窃盗罪の成立を認めていない。他方で、種類債権が問題となった場合には一般的に窃盗罪の成立が認められているものの、金銭債権が問題となった場合には不法領得の意思がないとして財産犯の成立を否定する判例も現

れている。他方で、学説においても、通説は、特定債権の場合には、債務者の義務があることによってその所有権が保護に値しないものになるとして窃盗罪の成立を否定し、種類債権の場合には、債務者にどの物を提供するか選択権があることに着目して窃盗罪の成立を肯定する。通説に対してヒルシュは、特定債権の場合においても所有権の侵害があるとして窃盗罪の成立を認め、自力救済の禁止を無視することは許されないとする。この見解について、ロクシンは、自力救済の不法性は脅迫罪などの限度で処罰すれば足りると批判し、さらにすすんで金銭債権の実現の場合には、特定の金銭総量・特定の無形の財産価値への債権が問われているとして窃盗罪の成立を否定しようとする。さらに、オットーは、窃盗罪など所有権に対する罪と詐欺罪など財産に対する罪との間に本質的な違いはないとして、所有権に対する罪においても特定債権・種類債権を区別することなく、権利の実現の場合には違法な財産的利益を得ていないことを理由に犯罪の成立を否定するべきとした。

　以上のようなドイツの判例・学説の状況について、基本文献は、全体としてみるとかなり広く本権説の立場が採用されていると理解しつつ、わが国においては、戦後になって占有説の立場が強くなったとして、以下のように検討する。

　現在の判例は、理論上は純粋な占有説をとっており、学説もこの立場を支持するものがあるが、この見解も盗人の占有は盗まれた者との関係において保護すべきでないとしている。それゆえ、違法阻却事由としての自力救済を活用することが考えられるが、基本文献は、その要件が厳格である以上、盗品の取戻しにおいて処罰を認める場合も生じて妥当でないとする。他方で、盗人の占有を保護しないとする「平穏な占有」説について、基本文献は、占有の違法性という点では、盗人の占有と民事法上違法の占有とでは違いがないと批判し、また、この見解が民事訴訟を強制すべきとする点では、刑事裁判においても盗人の占有か否かを明らかにしなければならないし、刑罰でもって民事訴訟を強制することはできず、自力救済の禁止という観点からは暴行・脅迫・住居侵入罪などといった限度で処罰すれば足りるとする。また、基本文献は、最高裁の判例を取り上げ、権利行使と恐喝の問題を扱った事案では、なお本権説の立場からも理解し得る余地があるとし、国鉄公傷年金証書を騙取した事案では、本権説の立場からは詐欺罪の成立を認めることは困難であるとし、譲渡担保の目的

物を窃取した事案では、債務者に民事法上保護された適法な利益があるといえることから、この判例に基づいて一般的に占有説を主張することは問題であると指摘した。

　以上のような考察を経て、基本文献は、権利の侵害があっても、その権利が形式的なもので刑法による保護に値しないときは財産犯の成立を否定すべきとし、逆に、権利の侵害がなくとも、刑法によって保護すべき実質的な利益の侵害があれば財産犯の成立を認めるべきとする。したがって、従来の本権説は維持できないが、法律的・経済的財産説の立場から占有説、中間説を否定して、刑法上保護される財産は、民事法上適法なもので、民事法秩序によって保護されるものに限るべきとし、結論として修正された本権説をとるに至ったのである。

4　残された課題

▶実質的違法性判断をめぐる論争

　基本文献の特色は、刑法と民事法との関係を踏まえた上で、財産性の有無、損害の有無といった構成要件段階による解決を目指そうした点にあると思われる。他方で、盗人の占有であっても刑法上保護に値することを認めた上で、占有の移転を受ける「権利」を有する者については「違法性」を阻却するという構成をとるべきとの有力な主張もある（木村・前掲書489頁）。この主張に対して、林は、財産上の権利があるときに財産犯の違法性が阻却されるのであれば、本権説との間に実質的な相違はない、しかし、当事者の財産関係以外の事情、とくに行為者がとった「手段の不法性」を根拠として財産犯の成立を認めるのであれば、その点に問題があると指摘する（同・前掲書『刑法各論』162-163頁）。手段の不法性は、あくまでも手段それ自体にかかわる問題であるから、その不法性が財産侵害の違法性を基礎づけるわけではないであろう（松原芳博「財産罪の保護法益」法学セミナー693号〔2012年〕121頁）。したがって、ここでは林の指摘が正当と思われる。

▶実質的個別財産説、法益関係的錯誤説をめぐる論争

　基本文献は、財産犯の成立にとって基本的に経済的損害の発生を要求するが、

他方で、いわゆる実質的個別財産説は、とりわけ詐欺罪の成立にとって、全体財産の具体的な減少を要求するべきではないが、形式的に財産の移転さえあればその成立を認めるとすることもできないと主張する（前田雅英『刑法各論講義〔第5版〕』〔東京大学出版会、2011年〕350頁、西田典之『刑法各論〔第6版〕』〔弘文堂、2012年〕203頁など）。この見解について、林は、自らの財産を提供するだけでは損害を認めることはできず、提供された利益を考慮した上で「実質的に」損害の発生を判断すべきというのであれば、自身の立場と異ならないという。また、林は、背任罪において「財産上の損害」が条文上要求されており、詐欺罪においてはそうでないとしても、経済的損害の発生が必要であるという点では両者を区別する実質的な理由はないと指摘する（同・前掲書『刑法各論』144-145頁）。

　このような林の基本的な立場に対しては、詐欺罪の条文において「財産上の損害」が要件とされていない以上、財物・利益の移転・喪失とは区別して「財産上の損害」の有無を検討することはできないが、詐欺罪の成立要件としての錯誤において、法益関係的錯誤の有無を検討するべきとの有力な見解がある（佐伯仁志「被害者の錯誤について」神戸法学年報1号〔1985年〕102頁以下、山口厚『刑法各論〔第2版〕』〔有斐閣、2010年〕267頁以下など）。この見解について、林は、相手から提供された財産について錯誤があった場合についても法益関係的錯誤を認めるのであれば、自身の立場と異ならない、むしろ財産的損害を不要とするのであれば不当であるし、法益関係的錯誤がなくとも自由意思の喪失が認められる場合に詐欺罪の成立が認められる場合があることを指摘する（同・前掲書『刑法各論』145-146頁）。当初、法益関係的錯誤という基準は、財産犯の問題において主として詐欺罪の成否について議論されていたが、今日では、窃盗罪の成否においても議論されるようになった。しかし、法益関係的錯誤説において、錯誤の対象となる法益侵害の内容につき、財産的損害の発生を考慮するのであれば、その出発点とは異なり、そもそも財産の移転・喪失に財産的損害の発生があるのか検討せざるを得なくなると思われる（この問題につき、詳しくは、内田幸隆「窃盗罪における窃取行為について」『曽根威彦先生・田口守一先生古稀祝賀論文集　下巻』〔成文堂、2014年〕126頁以下参照）。

▶不法原因給付と横領の問題をめぐる論争

　基本文献の立場からすると、不法原因給付によって返還請求が否定される場

合には民法上の保護が及ばないのであるから、横領罪の成立も否定されるはずである。しかし、前述したように、基本文献は、問題となった事案ではそもそも「給付」がないとして横領罪の成立を認めている。この点については、興味深いことに、民法上、「給付」の場合とそうでない単なる「委託」の場合を区別することはできないとの批判がある（佐伯仁志・道垣内弘人『刑法と民法の対話』〔有斐閣、2001年〕46頁以下）。林は、この批判に対して、民法上の議論を詳細に検討した上で、贈賄のために金銭を委託した場合についてなお横領罪の成立を認めるべきと反論している（同「不法原因給付における『給付』の意義」上智法学論集45巻2号〔2001年〕41頁以下）。この問題については、刑法が民法上の権利関係に従うことを前提とする限り、給付（委託）した側が目的物の返還請求をなし得るのかという点を検討せざるを得ず、この点からすると、横領罪の成立が否定される場合もあり得ると思われる。

▶権利関係が不明な場合をめぐる論争

　基本文献の立場からすると、行為時に権利関係が不明であったとしても、本権説に従う以上、事後的な裁判所の認定を基準とする他ない（基本文献232頁）。これに対しては、行為時に行為者の物であることが明白でない限り、目的物において刑法上の保護を認めるべきとの指摘がある（井田良「刑法と民法の関係」山口厚・井田良・佐伯仁志『理論刑法学の最前線Ⅱ』〔岩波書店、2006年〕71頁）。また、判例おいても、建造物損壊罪における建造物の他人性をめぐって、「他人の所有権が将来民事訴訟等において否定される可能性がないということまでは要しない」との判断が示された（最決昭和61・7・18刑集40巻5号438頁）。この問題について、林は、財産犯によって民事訴訟制度を保護することはできないとしつつ、民事法上の適法性を基礎づける事実が合理的疑いを入れない程度まで証明されなくても、民事訴訟でなら証明されたであろう程度まで明らかにされたならば、刑法上も犯罪の成立を認めてよいと解している（同・前掲書『刑法各論』163頁以下、171頁）。しかし、本権説の立場によりながら刑事裁判において立証の程度を緩和する点については異論が生じると思われる（樋口亮介「判批」ジュリスト1249号〔2003年〕160頁参照）。

5　現代的意義

　以上で明らかになったように、基本文献で示された見解は、基本文献刊行以降に著された論文等とあいまって、今日、財産犯を論じる上で、きわめて重要な出発点になっている。たとえば、基本文献において意識されていなかった「誤振込み」や「振込め詐欺」に関する預金の払戻し等の問題をみてみると（前者を扱ったものとして最決平成15・3・12刑集57巻3号322頁、後者を扱ったものとして東京高判平成25・9・4判時2218号134頁）、最判平成8・4・26民集50巻5号1267頁や最判平成20・10・10民集62巻9号2361頁における民事判例や民事の学説を踏まえて財産犯の成否を検討するべきか、それともこれらの民事判例や民事の学説とは離れて刑法独自の見地から財産犯の成否を検討するべきかにつき、まさに態度の決定を迫られているのである（なお、林は、「誤振込み」に関する問題について、占有離脱物横領罪の成立を認める立場を示唆する。同・前掲書『判例刑法』308頁参照）。また、相当対価の反対給付がありながら詐欺罪の成立を認めるべきかが近年の判例を契機として改めて議論されている。たとえば、暴力団関係者であることを申告せずにゴルフ場施設の利用を申し込んだ事案につき、最判平成26・3・28刑集68巻3号582頁では詐欺利得罪の成立が否定され、他方で、最決平成26・3・28刑集68巻3号646頁ではその成立が認められたが、この結論の相違を考察していく必要があろう。ここで、詐欺罪を形式的に「個別財産に対する罪」と理解する立場を支持しないとすれば、詐欺罪における損害ないしは法益侵害の内容をいかに理解するかが問われてくるのである。学説では、目的実現・財産交換の失敗を問うものや（山口厚『問題探究　刑法各論』〔有斐閣、1999年〕169頁。さらに、伊藤渉「詐欺罪における財産的損害（5・完）」警察研究63巻8号〔1992年〕40頁以下参照）、財産的損害の内実に「財産的処分の自由」の侵害を組み込むもの（足立友子「詐欺罪における欺罔行為について（5・完）」名古屋大学法政論集215号〔2006年〕413頁）などが主張されており、基本文献の見解とあわせて考察することが求められている。

28 詐欺罪　その他

●基本文献
藤木英雄
『経済取引と犯罪——詐欺、横領、背任を中心として』
(有斐閣、1965年)

裵　美蘭

1　学説・実務状況

▶詐欺罪の構成要件

　刑法246条は、詐欺罪について二種の構成要件を定めている。それは、財物を騙し取ることを要件とする財物騙取罪（いわゆる1項詐欺）と、同じ方法で財産上不法な利益を取得することを要件とする不法利得罪（いわゆる2項詐欺）である。

　旧刑法における詐欺罪は、財産犯ではあるが、「詐欺取財および背信の罪」に位置づけられており、その当時、詐欺罪というのは、「詐欺取財」として原則としては財物を対象とするものであった。ところが、1906年の刑法改正案では、窃盗罪および強盗罪とは異なる犯罪であることが認められ、「詐欺の罪」として独立的に位置づけられることになった。そのときから、詐欺罪は、恐喝罪と並んで、財物のみならず、財産一般を対象とする罪として位置づけられたのである。

　上述のとおり、1項詐欺および2項詐欺は、名文としては、欺罔のみを共通な本質的要素としている。しかし、その当時にも、騙取ないし不法の利得は、欺罔行為に基づき、被欺罔者が錯誤に陥った結果、瑕疵ある自由意思に基づいてなした財産上の処分行為（交付）によって取得されることが必要であり、この欺罔—錯誤—処分行為—騙取（不法利得）という因果関係を経過することによって、詐欺罪と単なる欺罔手段を用いる窃盗罪とが区別されるとし、欺罔お

よび騙取ないし不法利得のみならず、不法領得の意思や財産上不法の利益および財産上の損害等についての検討もなされていた。

▶詐欺罪における財産上の損害

ただ、詐欺罪、とくに１項詐欺の成立にも、物の占有の移転のほかに、被欺罔者が財産状態の悪化という意味において損害をこうむる必要があるかどうかは論争になっていた。たとえば、犯人が交付をうけた物について、いわゆる相当対価を提供し、被欺罔者が計算上実害をこうむることがなかった場合においても、なお詐欺罪の成立を認めるべきかどうかという問題である。

この問題について、当時の判例および学説は、財産上の損害の発生を必要としないと解するか、または、物の移転（占有侵害）自体を損害とし、財産状態の悪化を不要と解していた。また、とくに判例においては、詐欺罪の保護法益として、財産に対する権利者の事実上の支配の状態を重視する傾向が顕著となった（最判昭和24・2・15刑集3巻2号175頁、最判昭和34・8・28刑集13巻10号2906頁）。

▶不正・不当な経済取引と詐欺罪

すなわち、当時の判例および学説によると、欺罔行為による財物または財産上の利益の取得さえあれば、詐欺罪は成立することになる。また、このような見解は、個人の財産を侵害するときのみならず、不特定多数を対象とする経済取引において、詐欺的手段等を用いた取引が行われた場合も詐欺罪の成立を可能にするのであった。

このような流れは、いわゆる電気按摩器事件（最決昭和34・9・28刑集13巻11号2993頁）で確認することができる。この判例は、"たとえ価額相当の商品を提供したとしても、事実を告知するときは相手方が金員を交付しないような場合において、ことさら商品の効能などにつき真実に反する誇大な事実を告知して相手方を誤信させ、金員の交付を受けた場合は、詐欺罪が成立する"と判示している。

2 学説史的意義と位置づけ

▶経済取引と財産犯罪

基本文献は、経済取引をめぐり生ずる不公正な財産侵害的行為の主要な形態

に対して刑罰権の及ぶ範囲を、詐欺、横領、背任の3つの罪を中心として検討することを主たるねらいとする著作である。

現代社会における経済取引というのは、いろんな類型があり、実務上きわめて多岐にわたる問題を含んでいる。そして、学問上も民事責任と刑事責任の交錯する領域として、個々の事例ごとに事実関係を正確に把握し、それに適合する判断をするのは難しいことである。このような分野について、基本文献は具体的な不正行為の個別的な態様まで掘り下げ、学問的な観点から財産犯罪の成立に関して検討を行っている。

▶経済犯罪の範囲の拡大

以上のとおり、基本文献は、さまざまな経済取引における財産犯罪の成立を詳しく検討しているだけでも高く評価されるが、それだけでなく、経済犯罪の範囲の拡大したという点においても、意義のある著作である。

その当時、経済犯罪と財産犯罪とは異なる枠組みに属するものであった。1945年以後の経済混乱期において、経済犯罪という概念は、もっぱら経済行政法、すなわち、経済統制法令違反の犯罪行為を経済犯罪として捉え、いわゆる闇取引が経済犯罪の中心になっていた。その後、1950年代に入り、アメリカでのホワイト・カラー犯罪に関する研究等の影響をうけ、企業家、高級官僚等の犯罪に対する研究が徐々に公表されることになった。その中で、藤木英雄は、経済犯罪について"自由市場経済体制の下で、他人の財産権の尊重、取引の自由、公定な自由競争といった自由経済体制の基本として守られねばならぬ基本的な道徳基準をやぶり、自由経済機構を内側からむしばむ犯罪"とし、詐欺、横領、背任、贈収賄等も経済犯罪の範囲に含めたのである。

▶可罰的違法性論の主張

そして、基本文献では、その当時、藤木が展開していた可罰的違法性という概念を用いて財産犯罪の成立範囲を画している点も際立つのである。藤木が主張した可罰的違法性論は、刑罰法規の構成要件に該当する形式・外観をそなえているようにみえる行為であっても、その行為がその犯罪類型において処罰に値すると予想している程度の実質的違法性をそなえていないときは、定型性を欠き、構成要件そのものにあたらないとするものである。それによって実質的な観点から合理的・縮小的解釈を行おうとしたのである。

このような考え方に基づいて、不正・不当な取引手段の刑事責任の追及においては、個々の不正・不当な行為をどの構成要件の行為類型に当てはめるべきかという問題のみならず、構成要件該当性の判断にあたり、民事責任との関係を考慮して、その可罰的違法性も考慮すべきであるとされている。したがって、基本文献では商略として許容される虚言の限度や背任罪における背信行為の選別等を判断する際、可罰的違法性も基準のひとつとして認めている。

3 文献紹介

▶基本文献の構成

基本文献の構成としては、大別して全体を二部にわけ、第一部においては、詐欺罪、横領罪、背任罪の基本的事項の叙述にあて、第二部においては、経済取引関係の性質に応じて、そこに生起する主要な不法事態を取り上げ、その刑事責任の検討を試みているが、ここでは、詐欺、横領、背任に限らず、他の罪の関係でも、重要な問題点をなす事項について論及している。とくに、第二部では、不動産取引（第一章）、動産・有価証券の取引（第二章）、会社、官公署等の役職員・使用人の汚職行為（第三章）、財産管理上の不正（第四章）、金融・債務保証（第五章）および手形・小切手（第六章）等、さまざまな経済取引の場面における刑事責任を判断している。

また、「理論・実務編」という基本文献の性格上、実務家の参考にも役立つことを前提としているため、叙述において、具体的事例を引き合いに出しつつ、その問題の解決への理論的な過程を明らかにするようつとめている。なお、その観点から、全体を総論的部分と各論的部分にわけ、とくに、各論的部分である第二部では、不正取引の行われる取引関係ごとに問題を考察する方法を選び、叙述している。

▶基本文献の趣旨・目的

基本文献の趣旨および目的は、以下の記述に明瞭に示されている（基本文献4-5頁）。

これらの三罪は、それぞれ、信義誠実にもとり他人の信頼を裏切ることによって利

得をおさめ相手方に損失を及ぼすという面で、共通性を有することから、不正・不当な取引手段の刑事責任の追及については、個々の不正・不当な行為を、どの構成要件の行為類型にあてはめるべきかということが、困難な問題となるのである。そればかりでなく、問題の多くが、民事法上の権利義務関係を基底とし、その法的効果を勘案しつつ刑事法上の効果を考慮すべき性格のものであるため、構成要件該当性の判断にあたり、形式的に行為の外形のみで割り切ることが許されず、民事責任との関係を考慮して、その可罰的違法性を考究すべきところに、一層問題を困難ならしめるものがある。すなわち、不正・不当な取引方法の行われるのは、取引方法の自由・私的自治の原則が妥当する領域であり、相当範囲において、不正・不当な行為に対する自治的制裁・行政監督措置による予防と是正が図られており、刑罰権の介入を必ずしも必要としない問題が多いのである。刑罰の対象は、これらの民事的、行政的な予防・是正の措置に委ねるのみでは不正の防圧に十全の効果を期待できず、刑罰権の介入を必要とするほど重大な不正・不当な取引方法に限定すべきであって、そこでは行為の社会的相当性、可罰的違法性の限界づけといった、政策的考慮が払われなければならないのである。
　かような趣旨から、本書においては、経済取引をめぐって生ずる不公正・不正直な侵害的行為に対する刑罰による干渉の及ぶ限度を、とくに刑法の財産犯罪、とりわけ詐欺、横領、背任の三つの罪の成立の可能性という観点を中心として解明することが本書の目的である。

▶詐欺罪の基本的事項

　第一部は、詐欺罪、横領罪、背任罪に関する基本的事項とともに詐欺、横領、背任の相互関係に関して述べている。

　第一章は詐欺罪について述べている。ここでは、詐欺罪の構成要件として、欺罔および騙取のみならず、不法領得の意思、財産上不法の利益および財産上の損害等、個々の要件について検討している。

　まず、欺罔行為に関しては、詐欺罪というのが被欺罔者の錯誤に基づく処分行為によって財物を騙取する罪であるから、処分意思決定の主要な動機を構成するに足りる程度に重要な事項に関するうそを告げることだけが詐欺罪の要件としての欺罔行為であるとしている。とくに商略として許容される虚言の限度に関しては、ある程度の虚言、事実の秘匿があっても、取引の慣行として容認される程度のものであるときは可罰的違法性を欠くものとしつつ、可罰的違法性の限界を何処に求むべきかは、画一的に論じがたい困難な問題ではあるが、

一般の可罰的違法性の標準とおなじく、法益侵害の面からの違法性と、行為の態様の面からの違法性とを、総合的に考察の上判断すべきものと解している。

そして、騙取とは、欺罔手段により被欺罔者を錯誤に陥れ、その錯誤に基づく処分行為によって、財物の占有を取得することであり、欺罔手段により財物を取得した事実があっても、そのような経過において取得したのでなければ、詐欺罪は成立しないとする。また、騙取については、主観的要素として不法領得の意思を必要としつつ、この概念に関しては権利者を排除して他人の物を自己の所有物と同様にその経済的用法にしたがいこれを利用しまたは処分する意思をいうとされる判例にしたがい、一時利用、しかも使用後直ちに所有者に返還する意思で、欺罔手段により物の占有を一時的に取得する場合は、不法領得の意思ありとはいえないが、使用後廃棄する意思があれば不法領得の意思は否定できないと判断している。

一方、財産上の損害に関しては、個々の財物に対する本権を背景とした事実的支配を害するところに詐欺罪の本質があるとするならば、権利者の真意に基づかずに、財物に対する事実的支配が侵されること自体を、財産権損害として把握することが可能となり、かくして、財物の移転以外に財産上の損害の発生を可罰性の要件に加えるべき理由は、見あたらないと、いずれにせよ、財物の占有が権利者の真意に基づかずに移転せしめられたことによって詐欺罪は完成し、既遂に達すると判断している。

その他、詐欺罪における特殊な問題として、権利行使と詐欺罪、他人の占有する自己の物と詐欺、不法原因給付と詐欺罪等に関して検討を加えている。

▶横領罪の基本的事項

第一部第二章は、横領罪について述べている。横領罪における中核的要素は、行為の客体、すなわちそれが自己の占有する他人の物に該当するかどうか、ということと、行為、すなわち横領行為とは何かということの2つであるとし、この二点に重点を絞って、共通的な問題となるところを拾いあげている。

まず、占有の意義について、占有とは、物に対する事実上の管理・支配を及ぼす状態をいい、物を握持し、またはその他自己の事実上の支配を及ぼし得る空間内において所持している状態は、ここにいう占有が認められるとする。そして、占有は物に対して現実的・事実的な支配を及ぼす状態ばかりでなく、法

律上の支配・処分の可能性ある状態をも含むとし、たとえば、登記上の名義人たる地位が不動産の占有と認められるわけであるとする。したがって、他人名義の不動産を事実上占有している者は、横領罪の関係では占有者ではなく、動産であっても登記・登録が物権変動の対抗要件とされる物については、その物の占有については法律上の処分可能性の有無が重視されると述べている。

つぎに、横領罪における他人の物に関しては、自己以外の者の所有に属する物をいうが、この所有関係は、一応、民法上の所有権の帰属を基礎として判断すべきであるとしている。ただ、委託者との間に、不法原因給付となる関係で委託をうけて占有する物を、受託者が不法に領得した場合に横領罪が成立するかどうかに関しては、不法原因給付にかかり、委託者が返還請求権を有しない物件であっても、その不法領得行為を刑法によって罰することを妨げないと判断している。つまり、この種の行為を罰するとしても、直ちに不法原因による委託者を不当に保護することではなく、また被害者側の利益の保護を考慮の外に置いたとき、犯人の行為が処罰に値する悪性のあるものであることを否定しがたいというのである。

一方、横領行為については、領得行為説と越権行為説とが対立しているが、判例および学説の多数説は領得行為説に拠っているとしつつ、領得行為説は、当該の不法な処分が、不法領得の意思の下に、不法領得の意思の発現として遂行されたものであることを必要と解しており、この点において、越権行為説より横領罪の成立する範囲が限定されるとしている。ほかに、横領罪も領得罪であるため、不法領得の意思を必要と解すべきであることを明らかにしている。

▶背任罪の基本的事項

第一部第三章は、背任罪について述べている。背任罪の本質については、刑法の包括的な規定様式からいって、背信説が妥当であり、また、背信説に立つとしても、いっさいの信任違背を背任罪として可罰的なりとするわけではなく、背任罪における事務が財産的利益を含む事項に関する法的義務を負担する事務に限定されるべきであるとしている。したがって、背信説により背任罪を理解するといっても、法律上の義務に違背して損害を及ぼすいっさいの背信行為がすべて背任罪を構成することではなく、単なる債務不履行と背任罪として刑事責任を生ずべき可罰的違法性のある背信行為を選別し、具体的に類型化して、

処罰の限界を明確化する努力が要請されるとしている。

　事務処理者に関しては、代理権その他他人の財産に対して、その者に代わって直接の管理・支配を及ぼすべき関係を生ずる場合についてのみ、他人の事務を処理するものというべきであると判断している。

　そして、背任行為の実体は、任務違背であり、任務違背とは、その事務の処理者として、当該の事情の下で、当然なすべく期待される行為をしないことをいい、具体的に何がその事情の下において期待される行為であるかは、法令、契約、信義誠実の原則等を考慮の上、当該事務の性質・内容および行為時の諸般の事情を総合的に考慮の上判断することを要するとしている。しかし、法規、通達、内規の違背があっても、実質的に本人に利益を及ぼす意図でした行為については、直ちに任務違背ありとは断定できず、また、企業活動における利潤の増大は、常にある程度の投機的要素を帯び、危険の上に成立するものであるから、実害発生を予測して行為したことによりただちに任務違背あると断ずることもできないのである。したがって、任務違背行為の実質的違法性をあきらかにすることが、任務違背行為の具体的判断上、重要な意味をもつのであるとしている。

　また、背任罪の成立には、財産上の損害を生ぜしめたことが必要であり、財産上の実害発生の危険もまた、財産上の損害に当たるとしている。ただ、実害発生の危険もまた財産上の損害であるといっても、それは、資産内容が現実に名目額よりも悪化したものと評価されるような場合、すなわち経済的価値の減少が現実に生じたと認められる場合に限られるべきであり、単に回収不能を来たす懸念があるというだけの場合は、いまだ財産上の危険を生ぜしめたにすぎず、背任罪の未遂を構成するに止まるものと解している。

　加えて、背任罪の成立においては、故意のほかに、主観的違法要素として、自己もしくは第三者の利益を図り、または本人に損害を加える目的を必要とするが、これらについては、図利ないし加害の事実についての積極的な意図もしくは確定的認識を要すると解している。

▶詐欺罪の欺罔行為に関する事例

　第二部においては、取引関係の性質に応じて、そこに生起する主要な不法事態をとりあげ、その刑事責任の検討を試みている。以下では、そのうち、事例

ごとにいくつかを選び、紹介することとする。

　第二部第一章は不動産取引と詐欺、横領、背任に関して述べているが、とくに詐欺罪における欺罔行為の判断にかかわるさまざまな場合を検討している。たとえば、不動産の売買に関しては、売主側が、各種の虚言、偽計等、欺罔手段を用いて、相手方をして、不動産の買受に応ぜしめ、代金、手附金等を領得する類型の行為は、売買に籍口して内金・手附金、代金等を領得することを本体とする詐欺行為であるとし、この場合は騙取行為の段階においては、さほど困難な法律的問題は存しないが、欺罔行為の段階においては、売主側の顧客を獲得するための各種の策略的行為が取引に応ずる意思の決定上重要な事項に関する欺罔と認めるに足りるものであるかどうかという問題を生ずることが少なくないとしている。したがって、不動産売買に際して行われる典型的な策略手段の事例をひろいあげて、それを詐欺罪の要件としての欺罔と認めるべきものかどうか、また、欺罔と認め得るために必要な事情いかんについて、検討している。

　一方、不動産の騙取の原因としての欺罔の態様については、主として、売買の形式をとるものについて、買主側の策略が、どの程度まで及んだときに違法な欺罔行為といい得るかについて、しばしば問題を生ずるが、いずれにしても、売買の形態を取るかぎりにおいては、買主が契約の時点における相当な対価を支払う意思がなく、不渡になるのを予見しながら手形・小切手で対価の支払いにかえ、所有権移転登記を受ける等の、対価の不払いにかかる事犯について、刑事責任を問うに値する事例が生ずるものとしている。

　第二部第二章は、動産・有価証券の取引と詐欺等の成立について述べている。まず、動産の売買を手段とする代金の騙取の場合、処分権限に関して虚偽のある場合については、盗品を盗品でないように偽って売却する場合をのぞき、一般には、買主の意思としては、自己の所有権取得が保護されるかぎり、売主の処分権限における瑕疵はとくに問題にしないものとする。そして、動産の売買において、品質、性能、効用、価額等を偽る事例では、社会通念上商略として許される行為と違法な欺罔行為との限界づけが重要であるため、この場合は、具体的事実を適示し、かつその事実が真実であると人をして誤信させるに足りる程度のそれを裏付ける虚構の事実までも附言するとなると、もはや許された

商略の限度を超えるものといわなければならないとする。

　また、商品騙取に関しては、取込詐欺と月賦詐欺、代金ふみ倒し詐欺があげられている。この場合は、物の交付を受ける時点で支払意思があったときには単なる債務不履行にすぎないが、当初から代金を支払う意思がないのに、あるように装って物を交付させ受領した場合には、提供させた物の騙取として、1項詐欺罪が成立するとしている。

▶詐欺罪と横領罪の成立に関する事例

　第二部第三章は、株式会社、法人、官公署等の役職員が、職務の過程において不法な行為をなし、会社、法人、国あるいは地方公共団体に財産上の損害を与える行為について、その刑事責任を検討している。そのうち、とくに詐欺罪と横領罪の関係に関する事例をいくつか紹介する。

　まず、会社その他の法人、団体、官公署等の使用人が、職務上自己の事実上の看視下にある物品を不法に領得する行為については、その手口のいかんによって、刑事背金の法的構成上、大きな差異が生じ、とくに不法な行為者の物品に対する占有の有無が問題となる。もし、占有者が行為者にあるとすれば、当該不法領得行為は横領罪を構成することになるが、もしも占有が使用主側にあるとすれば、不法領得行為が物品の占有を直接に侵奪する形態において行われたときは窃盗罪を、占有者を欺罔し、その処分行為を経てその占有を取得したものであるときは詐欺罪を構成する。

　使用主のために、顧客から、物品、役務等の対価を集金する権限を与えられた者が集金した金銭を領得する場合は、集金金銭が使用主の所有に帰したと認めうるかぎり、横領罪、とくに業務上横領罪を構成する。集金係が拐帯の意思で集金する場合も、集金員の内心の意図はともかく、客観的には会社の業務を遂行している状態が存するわけであるから、詐欺罪が成立するのではなく、横領の問題になる。ただし、退職した元集金員や会社の集金権限のない職員等が集金する場合は、正規の集金員のごとく装っているのであり、この場合は、横領罪ではなく、詐欺罪を構成する。

　ほかに、有価証券外務員の顧客に対する犯罪においては、その刑事責任を論ずるに先立って、外務員のこの種のサービス事務が、証券会社から与えられた権限に基づいて証券会社の代理人的な地位においてなされているものか、それ

とも、主として顧客に対する事実上のサービスとして、むしろ顧客の代理人とみるべきかということが問題となる。会社に対する関係では業務上横領罪が成立するが、顧客の代理人として行為するものと認むべき実体が存するときは、顧客に対する単純横領罪が成立する。

▶可罰的違法性の有無に関する事例

　第二部第四章は、財産管理上の不正と刑事責任について、職務上財産の管理に関する権限を有する役職員が、その権限の行使の過程において、自己もしくは第三者の利益を図り、本人に損害を与える処分をなした場合における背信的行為は、いかなる条件の下に横領罪または背任罪を構成するかについて検討をしている。

　まず、物品の購入先に関する規定に違反した事実があれば、背任罪の成立を考えられるが、現実にはこの場合、ただちに本人に損害を及ぼしたとはいえないため、極端な場合は別として損害の算定をすることが容易ではないことを指摘している。一方、納入する物品中に品質不良のものがあることを知りながら、これを看過する場合は背任罪を構成する。また、事業計画の機密に関して職務上の知識を有する企業体の職員が機密を漏らす行為は任務に違背する行為であり背任罪の成立が考えられる。

　ただ、私企業については、企業の存続の利益と、個々の取引関係における財産的利益とが、常に一致するわけでなく、また、取引に関する内部的規制も、法令による規制ほど絶対的に厳格なものとはいえないので、任務違背の認定上、より多くの困難が伴うことが考えられ、また、損害についても、国・地方公共団体の損失のようにそれ自体共益性の強いものについては、これを生ぜしめる行為に対する可罰的違法性の判断も強まるけれども、私企業においては、多くの場合、民事責任の追及で足りる問題として、刑事責任の問題とするに至らず終わることが少なくないと判断している。

▶不法領得の意思に関する事例

　第二部第四章は、財産保管・運用方法の不当な場合も検討している。地方公共団体の理事者、官庁の管理職員、会社・団体の役・職員で、本人の財産管理の権限を有し責任を負うものは、本人のためにその財産の保全のため、本人の利益にもっともよく適合する方法によって、財産の保管・運用にあたるべき任

務を有するため、任務に反してこの趣旨に矛盾する行為をして本人に損害を及ぼすときは、背任罪の成立の問題が生ずる。

　まず、私金と混同させるような方法で公金を保管するときは、任務違背行為として、背任、横領の問題を生ずる余地がある。私金と混同させ、私金の額を超えて消費した場合に、横領罪の成立があることは疑いない。とくに、法律上困難な問題となるのは、自己の名義で公金を銀行等に預託する行為である。この場合は、一般には適切をかく保管方法として、本人の資金保管に関する任務に違背する行為とみるべき状況にあると見られるが、さらに一歩すすんで、本人のために保管する金員を自己の意思のみにより、本人の占有を排除してほしいままに処分できる状態に置いたものとして、それだけで不法領得の意思の発現とみるべき行為があったとすることができるかどうかを検討すべきであるとする。

　不法領得の意思について、他人の金員を自己の普通口座に預け入れ、自己の排他的支配下においた以上、所有者でなければできないような処分をするに帰し、不法領得の意思があったものとみて差し支えないようにみえる。しかし、自己名義の預金口座に預け入れたからといって、それだけで直ちに横領罪を構成することになるわけでなく、その行為がもっぱら本人の利益のためになされたものと認めることができるかぎり、不法領得の意思を欠き横領罪を構成しないのである。

　一方、官公署における予算の不当な流用その他不正の支出がある場合、横領罪の成否をめぐって争われる。処分者が法令や予算上の制約を違反し、資金を流用したことが業務上横領罪に問われる条件としては、処分者が当該公金につき不法領得の意思の発現たる行為をしたものと認められることが必要である。この場合は、公金を予算・法令による厳格な拘束から離れて、自己の自由に処分し得る状態におき、支出したことになるわけであり、一応、不法領得の意思の発言と認めるための条件は備わっている。これに対して、おなじ公金流用の事案についても、不法領得の意思を否定し、横領罪の成立を否定した判例も少なくない。このような場合に関する判断は、本人のための支出としてする行為については、手続的な面で違法があっても、不法領得の意思ありと解されず、他罪の成立はあり得ても、横領罪の成立は否定されるのであるが、予算の不当

流用、不当な支出が業務上横領罪を構成するかどうかについては、不法領得の意思の存否が解決のかぎとなるわけである。

▶背任罪の図利・加害の目的に関する事例

一方、特段の事情もないのに、本人の所有に属する金員を自己名義の預金口座に預け入れすることは、それだけで、本人の資産状態を不明確にし、あるいは自己の予見と混同せしめるおそれがあり、とくに自己の債権者から差押をうけるおそれがある等の状況の下においては、そのような保管方法をとること自体、本人に財産上の危険を生ぜしめるものとして、背任罪成立の可能性があるのではないかということも問題になる。しかし、背任罪の成立には、図利もしくは加害の目的が必要であり、図利の目的が肯定されるときは、むしろ自己の預金口座に預け入れた行為を不法領得の意思の発現行為とみるのが適切であって、横領罪の成立を肯定すべき場合であり、背任罪の成立は、もっぱら本人を害する目的をもってしたときのみは、当該資金を隠匿し、本人の利用を妨げ、業務遂行を阻害する意図のみあって、当該預金を自己または第三者のために使用する意図をまったく欠いている場合を考えることができよう。しかし、このような事例が、そうしばしば発生するものとは考えられないため、通常は、自己名義をもってする預金行為は、横領罪の成否の問題として、不法領得の意思の存否を中心に、その刑事責任を論ずるべきであると述べている。

4 残された課題

▶詐欺罪をめぐる当時の議論状況

以上により、基本文献の重点は、経済取引における不正・不当な財産侵害的行為について刑罰権の及ぶ範囲をいかに決めるべきか、言い換えれば、財産犯罪の構成要件に対していかなる判断をし、いかなる基準をもって各事例ごとに財産犯罪の成立を判断すべきかということであるといえる。

そして、その中でも、とくに詐欺罪における財産上の損害をどのように理解すべきかというのが、重要な争点になると思われる。すでに述べたとおり、当時の判例および学説は、財産上の損害の発生を必要としないと解するか、または、形式的な判断を行うだけであった。そして、基本文献も当時の判例および

学説の立場にしたがっている。

▶反論の登場

　しかし、ドイツの刑法が、詐欺罪の成立には被欺罔者の全体財産の減少をもたらす意味での損害を必要としていたことの影響もあり、その当時、日本刑法の解釈上も、同様に解すべきであるとする学説も出ていたのである。この見解によると、相手方に何の財産的損害もない場合、または、行為者に何の利益もない場合は、詐欺罪を構成するには不十分であるとし、詐欺罪の成立する余地はないと解する。損害と利益とは表裏の関係にあるため、刑法の規定の表面には現れていないが、一方から他方への財産移転が詐欺罪の本質である以上、詐欺罪が成立するためには、相手方が錯誤状態において、同意のもとに財産の処分行為を行うことによって財産上の損害を受けることと、相手方の財産上の損害の反面において行為者が財産上の利益をうることの諸要件が必要であると解している（瀧川幸辰『刑法各論』〔世界思想社、1951年〕152頁）。

　ほかにも、財物の移転自体を財産上の損害であると解してしまうと、実質的には財産上の損害を不要とする立場とかわりがなく、詐欺罪は財産犯である以上、実質的な財産上の損害の発生は必要であるとする見解等、詐欺罪における財産上の損害をめぐって、さまざまな見解が続々登場することになった。

▶今後の課題

　現在は、財産上の損害それ自体に関する議論のみならず、詐欺罪の保護法益や欺罔、錯誤等、詐欺罪のあらゆる要素を取り上げ、損害概念や詐欺罪の中身に関する検討を行っている。すなわち、それは違法性の段階でなく、構成要件の段階で詐欺罪の成立範囲を制限しようとする努力である。詐欺罪に最も適合する解釈論の展開を導くため、これから、詐欺罪に関するより真剣な検討を重ねなければならないと思われる。

5　現代的意義

　多様な経済取引が行われている現代社会において、詐欺的手法を用いた経済取引も増える一方、新しい手口も続々登場し、詐欺的な取引による被害者もますます増えている。また、不特定多数を対象とする場合や被害額も大がかりな

詐欺事件も相次いで発生している。したがって、刑法に規定されている詐欺罪は、元々は個人の財産を侵害する犯罪であるにもかかわらず、現在は、経済取引と犯罪、とくに経済犯罪において、重要な検討の対象になっている。

このような状況の下で、すでに1960年代に経済取引における財産犯罪の成立、とくに詐欺罪の成立やその範囲に関して論じた、この著作は、大変優れたものであり、相当な現代的意義を有しているといわざるを得ない。

ただ、上述のとおり、詐欺罪の保護法益や構成要件等に関しては、より具体的な検討や新しい解釈が求められている。この間、詐欺罪に関するさまざまな研究がなされているが、そのうち、足立友子「詐欺罪における欺罔行為について(1)～（5・完）——詐欺罪の保護法益と欺罔概念の再構成」（名古屋大学法政論集208号〔2005年〕97-144頁、211号〔2006年〕137-181頁、212号〔2006年〕349-379頁、214号〔2006年〕329-363頁、215号〔2006年〕391-423頁）は、詐欺罪に関する深い検討を行っている。

この論稿は、"詐欺罪の保護法益が窃盗罪とは異なるものであることを明らかにし、同時に、それは、詐欺罪の固有の要素である「欺罔」を内在化させたものとして理解されなければならないことを示すものとして、日本の詐欺罪研究の上で画期的なもの"であると評価されている（松宮孝明「足立友子、詐欺罪における欺罔行為について(1)～（5・完）——詐欺罪の保護法益と欺罔概念の再構成」法律時報79巻8号〔2007年〕162頁以下）。

詐欺罪における"欺罔"という要素を手がかりとし、詐欺罪の成立範囲を画しようとする、この論稿は、欺罔概念に関する今までの理論状況（第一章）や詐欺罪の歴史的展開（第二章）に関する検討からはじめ、詐欺罪における欺罔行為の体系的位置付け（第三章）、欺罔と詐欺罪の保護法益との関係（第四章）、保護法益としての財産（第五章）、そして詐欺罪の保護法益と欺罔概念の再構成（第六章）まで論じられており、詐欺罪の保護法益や欺罔行為のみならず、詐欺罪の全般に関する理解を深くすることに役立つ文献であると思われる。

この2つの文献に踏まえて、これから詐欺罪および経済取引等に関する議論等がさらに一歩進むことを期待している。

29 横領罪

●基本文献
平野龍一
「横領と背任、再論——『背信説』克服のために」
『刑事法研究　最終巻』〔有斐閣、2005年〕

上嶌 一高

1　学説・実務状況

▶横領罪

「横領の罪」(刑法2編38章) には、横領罪 (横領罪〔252条〕および業務上横領罪〔253条〕。両者をあわせて委託物横領罪ともいう) と遺失物等横領罪 (254条) が規定されている。

横領罪は、自己の占有する他人の物を横領する罪であるが、そもそも「横領」とは何かについて、学説上議論があり、領得行為説と越権行為説が主張される。領得行為説が多数であるが、その内容に一致があるわけではなく、この説においては、不法領得の意思とは何かが問題となる。判例は、横領罪における不法領得の意思について、窃盗罪の場合 (最判昭和26・7・13刑集5巻8号1437頁) と比べると、「経済的用法に従い」という限定を付していない (最判昭和24・3・8刑集3巻3号276頁等)。

▶横領罪と背任罪の関係・区別

背任罪 (247条) は、「詐欺及び恐喝の罪」(2編37章) に規定されている。その本質について、法律上の処分権限のある者による権限の濫用とみる権限濫用説も主張されたが、他人との間の信任関係に違背する財産的加害であるとする背信説が通説となった。判例も背信説の結論にしたがっているとされる (団藤重光『刑法綱要各論〔第3版〕』〔創文社、1990年〕648頁)。

横領罪と背任罪の関係については、多くの学説は、両罪は、ともに本人に対

する関係で行為者の任務に背き、あるいは、本人との信任関係（信頼関係）に背く財産的加害であるが、背任罪は、一般的に本人に損害を加えるものであるのに対し、横領罪は、財物を横領するという特別な場合を規定するので、一般法と特別法の関係にあるとしていた。しかし、次第に、背任罪と横領罪を単に一般法と特別法の関係にあるとみる考え方がとられなくなり、また、1960年代以降、背任罪について、単に背信説に拠ることに躊躇が示されるようになっていった（上嶌一高『背任罪理解の再構成』〔成文堂、1997年〕127頁以下）。

　背任罪の事務処理者の要件をみたす者が、その占有する他人の物を不法に処分した場合、横領罪が成立すれば、その他人に対する関係においては、背任罪は成立しないとするのが判例である（大判明治43・12・16刑録16輯2214頁）。両罪の区別について、判例では、物の処分が、自己の利益を図るために行われた場合には横領罪が、また、第三者の利益を図るために行われた場合、自己の名義あるいは計算で行われたときには横領罪が、本人の名義あるいは計算で行われたときには背任罪が成立する（大判大正3・6・13刑録20輯1174頁等）などとその傾向が分析されるが、結局は、行為者がその権限を逸脱したか、あるいは濫用したにとどまるかが問題とされているとも指摘される（藤木英雄『経済取引と犯罪』〔有斐閣、1965年〕79頁以下、団藤重光編『注釈刑法(6)　各則(4)』〔有斐閣、1966年〕330頁以下〔内藤謙〕）。

2　学説史的意義と位置づけ

▶「横領と背任」

　平野龍一は、すでに、『平場安治博士還暦祝賀・現代の刑事法学　上巻』（有斐閣、1977年）において、「横領と背任」という論稿（以下、前稿という）を公にし（前稿は、平野龍一『犯罪論の諸問題(下)刑事法研究　第 2 巻-II』〔有斐閣、1982年〕に収載されている）、横領と背任の関係について、基本的な考え方を示している。平野は、「横領罪と背任罪との関係如何という問題は、刑法各則の解釈論のなかでも、困難な問題の1つとされている」と述べている（平野・前掲書348頁）。

　前稿は、権限踰越か権限濫用かで横領罪と背任罪を区別する、植松正をはじめとする見解に対して疑問を述べる。とくに、このような見解の前提は、横領

罪と背任罪は、同じ信任違反を内容とするということであるとし、横領罪にあたる行為は、常に背任罪の構成要件に該当しているが、横領は、一般法である背任に対して、特別法の関係にあるにすぎないという見解に対して、横領の場合の信任関係は、背任の信任関係とは異なったもので、これよりいくらか広いものであり、横領罪の構成要件にあたる場合は常に背任罪の構成要件にあたるとはいえず、横領と背任は特別法と一般法の関係にあるともいえないとし、論理的には横領罪と背任罪の両方が成立し、横領罪が適用されるときには背任罪が適用されないという事態もあるが、両者は、択一関係、すなわち、「二つの交錯した円のような関係に立つ」という（平野・前掲書351頁）。

　横領と背任の区別について、判例の主流は、行為者の名義または計算においてなされたか、本人の名義または計算においてなされたかという基準をとっているとする。これが、本人の名義または計算においてしたときは、「他人の事務」として行ったのであるから背任であり、行為者の名義または計算においてしたときは、自己に領得したものであるから、横領だというのであれば、妥当である、ただ、本人の名義・計算であるか、行為者の名義・計算であるかは、領得したかどうかを判断する基準にすぎないという（平野・前掲書357頁）。

▶「横領と背任、再論」

　平野龍一「横領と背任、再論」（以下、基本文献という。判例時報1680号、1683号、1686号および1689号〔1999年〕に連載されたものが、上記『刑事法研究　最終巻』〔以下、『刑事法研究』という〕に収載された）は、前稿では、「横領罪と背任罪とは、一般法・特別法の関係に立つものではなく、別個独立の罪であるという見解を述べた」ところ、「基本的な論点にまで遡って、もう一度論じ」るものである（『刑事法研究』34頁）。基本文献は、牧野英一、瀧川幸辰、植松、藤木英雄らの見解、そして、多数の論者が依拠する団藤重光の見解・法解釈等、当時までに主張された有力な学説、判例や刑法の改正案を主たる対象とし、外国法制も視野に入れて、横領罪と背任罪の関係・区別という問題だけでなく、これを契機として、横領罪、背任罪それぞれの問題について、詳細な検討を加えるものである。

3　文献紹介

▶基本文献の概要

(1)　基本文献の要旨・目的（第1節。『刑事法研究』34頁以下）

　第1節「はじめに」で、つぎのように、基本文献の要旨・目的を述べる。

>　横領罪と背任罪とは、ともに財産に対する罪である。信頼という精神的法益を侵害する罪ではない。……委託物横領罪は、「背信的領得罪」ではあるが、「領得的背信罪」ではない。……他方、背任罪は、「他人の事務を処理する者」がその任務に反して財産を侵害する「権限濫用罪」ないし「事務処理違反罪」であって、これを「背信罪」だとするのは妥当でない。
>　横領罪と背任罪との構成要件を比較すると、両者の間には次のような違いがある。
>　まず、(a)横領罪は、個々の「物」に対する罪であり、背任罪は「全体財産」に対する罪である。
>　また、(b)横領罪は「領得罪」であるのに対し、背任罪は「侵害罪」である。
>　さらに(c)両罪は主体を異にする。……
>　このように、両罪は別個独立の犯罪であるが、事案によっては、同じ事実について、横領罪と背任罪との両者がともに成立することがある。従って比喩的にいえば、両者の関係は、ごく一部が重なり合う二つの円のようなものである……。
>　しかしわが国では、背任罪と横領罪とは背信行為である点で本質を同じくし、両者は一般法・特別法の関係にあるとする見解が有力である。そこで立法論としては、横領罪と背任罪とを、同一条文の第一項、第二項として規定すべきだとされ、あるいは……同じ章のなかに並べて規定すべきだとされる。しかしこれは誤りである。それは解釈技術的な誤りであるだけでなく、法思想的にも偏ったもの……である。それは、現在のわが国の刑法各論学が犯している最大の誤りだとさえいえるかもしれない。あえて本稿を草する所以である。

　背任罪と横領罪とは一般法・特別法の関係にあるとする見解の第1類型は、両罪を行為の客体によって区別し、第2類型は、行為の態様によって区別しようとするが、背任罪と横領罪とが一般法・特別法の関係にあるとすれば、両罪は、その点以外では同じでなければならず、論者は同じであると主張する。しかし、この主張には無理がある（『刑事法研究』36頁以下）。

(2) 基本文献の構成

基本文献は、つぎのように構成される。第2節「背任罪は二項横領罪か」で、横領罪と背任罪を行為の客体によって区別しようとする「背任罪は利益横領罪（二項横領罪）である」とする見解について検討し、第3節「横領罪は加重背任罪か」で、両罪を行為の態様によって区別しようとする見解について検討した上で、第4節「背信説の系譜と克服」では、背任罪と横領罪とが一般法・特別法の関係にあるという主張の根底にある、両罪が「背信」ないし「信頼違反」という点で基本的な同質性をもつという観念を尋ね、背任罪と横領罪との「関係」に重点を置いて、「背信説」について批判的な検討を加える。つづいて、「背信説」は、横領罪および背任罪それ自体の理解のしかたとしても、問題をもつとし、第5節「委託物横領罪の性質」では、委託物横領罪、占有離脱物横領罪の性質について、第6節「他人の事務を処理する者と他人のために事務を処理する者」では、背任罪の主体について検討する。

基本文献の内容は、以下のようなものである。

▶背任罪は二項横領罪か（第2節。『刑事法研究』39頁以下）

明確に、「横領罪と背任罪とは一項犯罪・二項犯罪の関係にある」として、第1類型の見解をとる牧野のリーダーシップのもとで起草された改正刑法仮案は、横領罪と背任罪を同一条文の1項と2項として規定した。

しかし、この規定は、両罪を1項犯罪・2項犯罪の関係にあるとすることに成功していない。両罪の実質的な違いは解消されていない。1つは、横領罪は領得罪、背任罪は侵害罪だという点である。本人に損害を加える目的であった場合等を背任罪から除いたにもかかわらず、残された部分も単純な領得罪にはなっておらず、依然として侵害罪である。いま1つは、主体の範囲である。横領罪の主体と背任罪の主体を一致させようとするならば、他人から本を借りた者については横領罪は成立しないとするか、他人から借りた金を返さなかった者についても背任罪の成立を認めるかのいずれかにするほかはないが、いずれも採用し難い結論である。その後の改正草案は、仮案の方向にしたがうことを諦めた。現行法の解釈としては、正面から背任罪を利益横領罪だとする見解はほとんどなくなったが、その根底には、実質的な違いが横たわっている。

このような状況であるにもかかわらず、「背任罪は二項横領である」という

観念は、背任罪の解釈にかなりの影響を及ぼしている。二重抵当は背任罪にあたるとした最高裁判決（最判昭和31・12・7刑集10巻12号1592頁）の背後には、不動産の所有権の二重売買が横領として処罰されるならば、これとパラレルに、抵当権の二重売買である二重抵当は、2項横領である背任罪として処罰されるべきだという観念があることは否定できない。大審院は、二重抵当を詐欺罪として処罰し（大判大正元・11・28刑録18輯1431頁）、鉱業権の二重売買については、背任罪の成立を否定し（大判大正8・7・15新聞1605号21頁）、所有権者による担保権の毀滅は、常に背任罪を構成するものではないとしていた（大判大正4・6・10新聞1025号30頁）。上の最高裁判決は、実質的にこれまでの判例を変更し、新しい見解をとったものである。「抵当権を傷つけない」こと自体が「他人の事務」だとしただけでなく、抵当権設定者が抵当権者に協力する任務は、「主として抵当権者のために」負うとした。「主として抵当権者のために」負う義務であればよいというのは、背任罪の主体は、「他人のために事務を処理する者」であれば足りるということを前提とするものであろう。しかし、それは、条文を無視した解釈であり、そうなると、借りた金を債権者に返す任務に反した債務者は、背任罪として処罰されることになり、背任罪の主体の範囲が大幅に広げられてしまう。この判決およびこれにしたがう一連の判決は、改められなければならない。

▶横領罪は加重背任罪か（第3節。『刑事法研究』49頁以下）

(1) 「濫用背任・逸脱横領説」

　背任か横領かを権限濫用か逸脱かで区別する植松の見解（「濫用背任・逸脱横領説」）は、権限逸脱は権限濫用の一種であり、権限逸脱の場合も観念的には背任罪が成立する（「大は小を兼ねる」）が、物を客体とする権限逸脱の場合は、背任罪の加重類型である横領罪の規定が適用され、背任罪の規定はそれ以外の場合にだけ適用されるという。財産上の利益が客体である場合には、横領罪は成立しないから、権限を逸脱しても背任罪が成立する。立法によって明確化すれば、背任罪が一般法として第1項になり、横領罪は特別法である加重背任罪として第2項に置かれることになるであろう。

　このような第2類型の見解に対する第一の疑問は、背任は利益横領であるという第1類型の見解に対するのと同じく、横領罪と背任罪は同質的ではないの

ではないかという点である。第2類型は、基本類型である背任罪が侵害罪であるため、横領罪も侵害罪であるとしようとするが、横領罪について越権行為説をとり、あるいは、不法領得の意思を「空洞化」してよいかがまさに問題である。第二の疑問は、横領罪が加重背任罪にすぎないのであるならば、なぜこれをとくに横領罪という「別の罪」として処罰する必要があるのかという点である。ドイツのかつての規定がそう解されていたように、背任罪について権限濫用説それも代理権濫用説を採った場合には、背任罪で処罰できない権限逸脱行為を「別の罪」として処罰することには意味があるが、背任罪の成立範囲を拡大して、背信説をとるときには、権限逸脱により経済的損失を生じるときであっても、背信行為による財産上の損害があるとして、背任罪が成立する。どうして物についてだけ、権限逸脱行為を「別の罪」として処罰しようとするのか。この意味で、背信説をとりながら、「濫用背任・逸脱横領説」をとるのは、矛盾であるが、権限逸脱を横領罪としようとするのは、実は、背信説をとっても財産上の損害が生じていないため背任罪として処罰できない行為を、横領罪として処罰するためだといってよい。もっとも、横領罪が違反行為だけで処罰できるのは、それが領得行為だからであるが、不法領得の意思が必要だとすると、処罰範囲が限定されるため、領得行為説をとりながらも不法領得の意思の内容を「空洞化」する必要があり、これが、「濫用背任・逸脱横領説」の実際上の狙いである。もっとも、この説の論者も、すべての権限逸脱行為を横領として処罰すべきだとしているわけではない。「行為者」の権限の逸脱か濫用かで区別すべきだとするが、実際には、「本人」の権限を逸脱した場合に限って横領として処罰しようとしているにすぎない。

　藤木は、植松と異なり、横領罪について領得行為説をとりながらも、「濫用背任・逸脱横領説」をとった。横領罪は、不法領得行為があれば成立するのに対し、不当な財産の処分について、背任罪は、損害の発生も図利目的もないことから成立しないことがあるとし、背任ではなく横領として起訴されたため有罪となった事件を掲げ、「判例における不法領得の意思とは委託された権限の範囲をこえ、かつ本人のためにするものでない処分をする意思をいう」ことになり、その結果、「横領と背任との限界を権限逸脱か権限濫用かに求める理論とほぼ合致する」とする。しかし、本人のためにする場合は除くという留保は

あるが、「権限逸脱の意思イクオール不法領得の意思」ということになってしまう。藤木自身は、客観的には行為者の一般的権限に属する場合でも、「自己のためにしたとき」は、一般的権限に属しないとするが、領得したときは、「一般的権限」の外にあるというのであれば、一般的権限の範囲内であるかどうかではなく、領得したかどうかによって区別しているといわざるをえない。

　このような「濫用背任・逸脱横領」という命題は、学界に影響を及ぼした。まず、団藤は、背任と横領の区別の基準としてだけでなく、横領罪一般について、権限逸脱に限り、権限濫用は含まないという。しかし、横領罪について領得行為説をとる以上、権限逸脱に限る理由はなく、権限を濫用して領得することも充分にありうる（『刑事法研究』60頁注1）。つぎに、「濫用背任・逸脱横領説」の内容である「背任は権限濫用である」という命題と、背任罪について「背信説」と対立するものとしての「権限濫用説」とが混同され、その結果、背任罪について一種の「背信説離れ」を生み出した。

(2)　不法領得の意思の内容の「空洞化」

　判例は、基本的には、本人の計算でしたか行為者の計算でしたかによって、背任と横領との限界を画しているが、なかには「本人の権限を逸脱した行為をしたときは、横領である」という結論をとっているように見えるものもある。本人としてする権限がないことであれば、それは本人の行為ではなく、行為者が個人としてした行為だというほかはなく、そうであるならば、まずその物を領得して自己の物とし、その上で交付したとして、領得罪としての横領罪を構成するというわけであろうが、本人として法律上「やってはならない」ことかどうかと、事実上「本人の行為としてやった」かどうかとは別であり、法人の(犯罪)行為が認められるようになっている現在では、法人の贈賄や違法支出について、行為者を横領罪で処罰するということはなくなっている。

　最高裁になって、理論的に不法領得の意思の内容を「空洞化」することによって、このような場合に横領を認める事例は拡大されたように見える。まず、最高裁は、「所有者でなければすることができないような処分行為をする意思」であるとするようになった（前掲最判昭和24・3・8、最判昭和30・12・9刑集9巻13号2627頁）が、本人の権限を逸脱した行為はただちに「所有者でなければできない処分」であり、領得行為であるとされやすい。さらに、最高裁判決に

は、「他人の権利を排除してほしいままに処分すれば成立する」として横領罪を認めたものもある（最大判昭和24・6・29刑集3巻7号1135頁）が、こうなると、不法処分の意思、すなわち、越権行為をする意思があれば足り、不法領得の意思は必要でないとしたものというほかはない。この「越権＝領得説」がその極に達したのが、森林組合事件判決（最判昭和34・2・13刑集13巻2号101頁）である。注目に値するのは、不法領得の意思があるとする理由が、これまでの判決と違っていることである。町への資金の貸付は、「組合本来の目的に反し、役員会の決議を無視し」という越権的要素を強調してはいるが、「被告人ら個人の計算において……なしたものと認むべきである」から、不法領得の意思があるとしている。これは、事実的には、越権行為説をさらに一歩進めたものともいえるが、理論的には、むしろ領得行為説の本筋に立ち返ったものということもできる。このようにして、「逸脱横領説」は、「すでに自壊作用を起しているといってよい」（『刑事法研究』67頁）。

　いま1つの「空洞化」の方法として、「第三者への領得も領得である」という命題がある（なお、「第三者への領得」と「第三者のための領得」は異なり、「第三者のための自己への領得」が領得であることは問題がない。『刑事法研究』71頁注6）。農業会長が保管米を流用した事件（前掲最判昭和24・3・8）に関して、供出者への領得も領得だとするならば、「所有者でなければできないような処分」ということをいわなくても、簡単に横領罪の成立を認めることができる。判例は、2項犯罪について、「第三者」の範囲に限定を加えており、無限定に第三者への領得も領得だとしているわけではない。明文のある2項でもつくのとほぼ同じ限定は、1項でもつかざるをえない。直接的か間接的かは問わないが、行為者が経済的な利益を受ける関係にあるとき、あるいは、そうでなくても、贈与者の立場に立っていたときに限って、領得を認めるのが妥当である。上の事件で横領罪の成立を認めるには無理がある。

▶**背信説の系譜と克服**（第4節。『刑事法研究』72頁以下）

(1) 背信説の系譜

　背任罪と横領罪とが一般法・特別法の関係にあるという主張の根底には、両罪は、「背信」ないし「信頼違反」という点で基本的な同質性をもつという観念があり、両罪は、「信頼」が基本的な保護法益であり、背信ないし信頼違反

が両罪の本質であるとされる。もっとも、横領罪の歴史は、横領罪の背任罪からの独立の歴史であり、所有を侵害する財産犯としての性格の確立の歴史であった。他方、背任罪も権限濫用による財産犯としての性格を明確にしていったが、背信説は、権限濫用説を補い、処罰範囲を若干拡張するための理論にすぎなかった。ドイツでもオーストリアでも、横領罪と背任罪とは、同質のものとはされず、両者が一般法・特別法の関係にあるともされていない。

ドイツの刑法の一部改正法（1933年）は、従来からの権限濫用構成要件に、背信構成要件を付け加えた。ナチス政権のもとで、「信頼違反」という語がふんだんに盛り込まれた。学説は、背信という要件は、行為の態様にすぎず、信頼は法益でないとする。なお、委託物横領罪は、背任罪とは別の構成要件として、窃盗罪の後に規定されている。その後、背任罪を背信説で統一するとともに、横領罪まで取り込んでしまう試みがギュルトナー草案においてなされたが、法律にはならなかった。戦後の草案は、背信という要素を希薄化するとともに、形式的に明確な規定にすることに努力した。

(2) 背信説の克服

わが国の背任罪の規定は、信頼ないし背信、あるいはそれに類する語を使っていないにもかかわらず、学説は、背任罪全体を背信説で理解しようとする。そして、委託物横領罪は、同じく背信罪であり、信頼違反を要件としない占有離脱物横領とは「別個の犯罪類型」であるとする。それは、古いドイツ的なものを維持しているという意味で、わが国独特の「発展の遅滞」である。

瀧川は、早い時期に権限濫用説を主張した。これは、「わが国の刑法各論の学説史上、特筆すべきものである」（『刑事法研究』80頁）が、ほとんど孤立した。瀧川は、必ずしも代理権濫用に固執しているわけではない。仮にその所説が代理権濫用に限ったものだとしても、これを排斥したからといって、ただちに背信説をとる理由にはならない。権限逸脱行為、事実行為、内部的行為をも含む「広義の権限濫用説」も、「事務処理違反説」もありうる。

私も、はじめは「通説」である背信説の影響を受けていたが、疑問を強くするようになった。前稿に対して、「本来他人がなしうる行為を、被告人が代わって行う場合であることが必要だとするのは、……権限濫用説」であると評されたが、「まさにそのとおり権限濫用説なのである」（『刑事法研究』82頁）。

最近、背信説に対する疑問を提起する人が現れるようになった。事実上の事務処理権限の濫用をもって背任行為とする「新しい権限濫用説」を提唱する内田文昭の見解は、正しい指摘である。しかし、２つの「権限濫用」概念が混同して用いられている。瀧川のいう「権限濫用」は、背信説と対立する意味での権限濫用で、権限逸脱も含まれ、「領得罪」である横領罪と対立する概念であるが、植松・藤木の主張する「権限濫用」は、背任罪についての背信説を前提とし、同じ信頼違反の罪の内部で背任罪と横領罪を区別するための概念である。上嶌は、「本人に代わって法律行為による財産処分について意思内容を内部的に決定することを許されているということが事務処理者の要件である」とする。代理権濫用説とおなじような弱点をもっているように思われるが、権限濫用行為に限定しようとする基本的な態度は妥当である。
　判例は、背信説をとっているとはいえないし、背信説の結論をとっているともいえない。背任罪の成立範囲を広げすぎているのは、学説の方である。
　立法に際しても、横領罪と背任罪を同じ条文あるいは同じ章に規定するのは適当でない。背任罪を個別財産に対する罪である詐欺罪とは別の章に、その位置は、侵害罪という性質から、毀棄罪の前におくのが妥当であるかもしれない。同じ章に置くかどうかは、法典起草者の解釈論的見識とともに、その基礎にある法思想を現すものである。

▶**委託物横領罪の性質**（第５節。『刑事法研究』87頁以下）
　これまで、背任罪と横領罪との「関係」に重点を置いて、「背信説」の問題性を検討してきたが、「背信説」は、横領罪および背任罪それ自体の理解のしかたとしても、委託物横領罪については「法益論」が、背任罪については「刑法解釈の論理」が問題である。
　委託物横領罪は、委託関係の侵害を伴う点で占有離脱物横領罪を加重したものである。ところが、「背信」を重視する見解は、委託物横領は背信的なものであり、占有離脱物横領罪はそうではないので、占有離脱物横領罪とは「別個の犯罪類型」であるとする。占有離脱物横領は、「単純領得罪」として、全領得罪の基本をなす犯罪類型だとする。しかし、いずれも妥当でない。
　委託物横領における委託者の受託者に対する信頼は、詐欺罪の場合の買手の売手に対する信頼と質的に違ったものとはいえず、委託物横領罪の独自の法益

として強調するほどのものではない。一方、占有離脱物横領の場合も、物を遺失した者のこれを回復することへの期待は、小さい場合だけではない。にもかかわらず、団藤は、委託物横領罪と占有離脱物横領罪は「まったく別のものである」とする。自己の支配内にある他人の財物の領得は、「形態において平和的であり、動機において誘惑的である」から、窃盗罪より幾らか刑が低くて然るべきである。団藤は、委託物横領罪は、「犯罪としての重要性からいえば、窃盗罪よりもはるかにまさる」から、その刑は軽すぎるというが、ここに、信頼という精神的・倫理的なものの侵害を重大視する団藤の独自の犯罪観が示されている。瀧川は、委託物横領罪の背信性を誇張し、「背信的領得罪」でなく、「領得的背信罪」とすることに反対しているだけである。ドイツ刑法は、まず246条前段に占有離脱物横領を、後段に委託物横領を規定しているが、規定の順序が逆であるとしても、後者が前者の加重類型であるという点で、わが国との間に違いがあるわけではない。加重的構成要件をその社会的重要性に鑑み、基本類型より先に規定することは、他の犯罪類型にも見られるところであり、委託物横領を占有離脱物横領より先に規定していることに特別の意味を見いだすのは無理である。

　占有離脱物横領罪について、団藤は、「領得罪……の中でもっとも単純でかつ基本的なもの」であるという。たしかに、占有の侵害も、委託に反することも必要でない点では、「もっとも単純な形態の領得罪」とはいえるが、最も「基本的な」犯罪であるとはいえない。占有離脱物横領が領得罪の基本的な構成要件だということは、窃盗罪等が成立するときは、占有離脱物横領も観念的には成立しており、両者は、一般法・特別法という法条競合の関係に立つということであろう。しかし、占有離脱物横領罪は、「占有を離れた物」であることが積極的な要件となっており、他人が占有している物についても、観念的には成立するわけではない。これに反して、占有離脱物横領と委託物横領とは、委託の有無だけが異なり、他の部分は重なり合っている。委託物横領罪は、占有離脱物横領の加重類型である。なお、252条の罪を「単純横領罪」とよぶのは、正しくない。占有離脱物横領こそ単純横領罪である。ただ、252条の罪は、「業務上」委託物横領罪と対比して、「単純」委託物横領罪であるにすぎない。

　最近外国では、代替物とくに金銭について、「自己の物」であっても委託物

横領の成立を認める制度が見られるようになってきている。他人の「委託の趣旨」に反して消費または交付したときは、委託物横領が成立するという。横領罪を領得的背信罪だとする考え方からは、比較的容易に認めうる結論である。ヨーロッパ諸国では、立法によってなされたことが、わが国では判例によってなされた。大審院は、民法上の所有権が移転したかどうかによって判断していたが、最高裁は、所有権の所在を問題としないように見える判決を出した。製茶を購入するよう委託された現金を消費したという事件について、受託者はその金銭について他人の物を占有する者であるとして、横領罪の成立を認めた（最判昭和26・5・25刑集5巻6号1186頁）。団藤は、「他人の」物であるかどうかは、「かならずしも民法の所有権の見地に拘束されることなく、刑法の立場から考察されるべきで、つまりは、委託の趣旨から考えるほかないであろう」という。たしかに所有権を移転させるかどうかは、本人の意思如何によるものであるから、それを判断するために委託の趣旨を考慮することは必要であるが、横領罪は、所有権の行使を妨げる行為を処罰するのであり、その所有権の有無は、民法の立場から判断されなければならない。民法を離れた「刑法上の所有権」とか「刑法上の他人性」とかいう「刑法的観点」があるわけではない。判例は、元の判例の立場に復帰すべきである。

▶他人の事務を処理する者と他人のために事務を処理する者（第6節。『刑事法研究』100頁以下）

わが法は、背任罪の主体を「他人のためその事務を処理する者」に限っている。この語を適正に解釈すれば、処罰の範囲がそう広がることはない。ところが、背信説論者は、条文を無視して、「他人のために事務を処理する者」にまで広げ、それは広すぎるといって、こんどは限定の努力をする。これは奇妙である。

現在でも「他人の事務」と「他人のための事務」との違いがほとんど自覚されていない。この区別をある程度は意識しつつ、「他人のための事務」でよいとしたのは団藤である。団藤の限定のための努力の第一は、背信ということの実質的内容によるもので、第二は、個々の要件の文言の解釈によるものである。第一について、団藤は、背任罪の主体であるためには、「本人との内部関係として」法的誠実義務があることが要件であるとするが、信頼は、常に信頼する

者とされる者との「内部的」なものであるから、「内部的」ということは、限定とならない。さらに、内部関係の中で、縦の関係と横の関係、ないし対内的関係と対向的関係とを区別し、対向的に義務を負うにすぎない者は、「他人のため事務を処理する者」とはいえないとするが、なぜ横の関係のもの、対向的なものは除かれるのか、その実質的な理由は明らかにされていない。縦とか横とかいう観念は、法律的な限界を画する概念として有効なものではない。条文の文言に十分な根拠を置くことなく、白紙に絵でも画くように線をひくことが法律解釈の方法論として許されるものであるかが問われなければならない。

　第二について、団藤は、事務を「財産上の事務」に限るべきだとする。「純然たる非財産的な事務の背任的処理によって本人に財産的損害をあたえるということは、……多分に偶然的であり、非定型的である」からだという。しかし、偶然で非定型的な行為から財産的損害を生じさせた場合は、背任罪は成立しないというのであれば、財産的事務の場合でも同じであろう。判例にも、財産的事務でないという理由で背任罪の成立を否定したものは見当たらない。また、事務は、「ある程度に包括的なものであることを要すると解する」とし、「このことは任務に背くという構成要件要素の反面からもみちびかれるであろうし、『処理』という語もこの意味を含蓄しているようにおもわれる」という。しかし、「任務」とか「処理」とかいう語の「語感」だけから、このような結論を出すのは、解釈方法論として適当とは思われない。実質的にみても、機械的な、一回限りの仕事であっても、それを行うか否かによって、重大な財産上の利害が生じる場合もありうる。現に、論者も二重抵当のように「包括的な事務」ではない場合でも、背任罪を認めようとしている。

　第一でも第二でも、用いられる論理が法律解釈の論理として用いうるものであるかどうかに疑問がある。このような論理まで用いて限定しなければならなくなったのは、法文をその文言を無視して読み替えたからであり、それがなされたのは、背任罪を背信説によって理解したからである。権限濫用説または事務処理違反説に立って、主体を、本来その他人が行い得ることをこれに代ってその他人の事務として行う者に限るならば、このような無理はしなくともすむ。

4　残された課題

　基本文献は、横領罪と背任罪は、ともに財産に対する罪であるところ、委託物横領罪は「背信的領得罪」であって、「領得的背信罪」ではなく、背任罪は「権限濫用罪」ないし「事務処理違反罪」であって、「背信罪」ではないことを主張する。

　そこで、両罪の関係については、横領罪それ自体と背任罪それ自体は、別個独立の犯罪であるが、同じ事実について、横領罪と背任罪の両者がともに成立することがあり、この場合、侵害された財産的法益は同じであるから、法条競合とし、刑が重い横領罪だけを適用するのが妥当である（判例も結論として同様の見解をとっている）とする（『刑事法研究』38頁注2）。

　そうだとすると、横領罪が成立するときには、背任罪は適用されないことになるから、ある事実について横領罪が成立するか、背任罪が成立するかが問われる場合は、まず横領罪が成立するかを問うことによって、両罪の適用範囲が区別されることになる（平野龍一「刑法各論の諸問題11」法学セミナー214号〔1973年〕69頁参照）。この区別に関して、本人の計算で行うか自己の計算で行うかと、権限濫用か権限逸脱かとは別個の問題であり、権限を超過して本人の計算で行うこともあり、権限を濫用して自己の物とすることもあるとし（『刑事法研究』59頁）、また、「行為者の計算でした」ということは、まず領得して自己のものとし、これを自分の物として交付したということであり、「本人の計算でした」ということは、領得しないで本人の物として、すなわち本人の事務として交付したということであるとして、平野は、判例が行為者の計算でしたか本人の計算でしたかによって、横領と背任の限界を画していることを、基本的には妥当とみる（『刑事法研究』60頁以下、86頁。平野・前掲書357頁〔前述2 ▶「横領と背任」〕参照）。そこで、このような場合、横領罪が成立すると認められる「まず領得して自己のものとし、これを自分の物として交付した」こととは、実質的にどのような内容をもつかが問題の核心であることになる。今後は、この点がさらに明らかにされる余地があるように思われる。

　その一方で、このようにして横領罪が適用されるのは、その刑が背任罪の刑

よりも重いからであるにすぎないから、背任罪の刑が重ければ、背任罪の規定が適用されることになることを明示する（『刑事法研究』38頁注2。松宮孝明『刑法各論講義〔第3版〕』〔成文堂、2012年〕295頁参照。罰金刑の併科が認められる特別背任罪〔会社法960条〕の方が業務上横領罪より刑が重い罪であるとするのは、内田幸隆「背任罪と詐欺罪との関係」早稲田法学雑誌53巻〔2003年〕98頁、伊藤渉ほか『アクチュアル刑法各論』〔弘文堂、2007年〕258頁注96〔鎮目征樹〕、高橋則夫『刑法各論〔第2版〕』〔成文堂、2014年〕410頁注46。なお、内田幸隆「背任罪と横領罪との関係」早稲田法学会誌52巻〔2002年〕77頁以下は、両罪は、重なり合う関係にないと解する。一方、判例によれば、選択刑として罰金刑が定められている特別背任罪の方が軽い罪であるとするのは、山口厚『刑法各論〔第2版〕』〔有斐閣、2010年〕333頁注145）。背任罪が成立するときには、横領罪は適用されないことになるから、上のような場合は、まず背任罪が成立するかを問うことによって、両罪の適用範囲が区別されることになる。そうなると、背任罪の本質やその要件をどのように解するかという問題がこれからも重要性を増すことになる。

5　現代的意義

　以上のように、基本文献は、幅広い視野から、横領罪と背任罪の関係・区別、両罪の性質および両罪の要件の解釈について明解な議論を供する、横領と背任に関する総合的研究である。横領罪、また、横領罪と背任罪の関係・区別は、これまでも重要な問題として議論がなされてきたものであるが、なお議論される余地がある問題である。基本文献が公にされた後も、少なくない研究が明らかにされている。基本文献は、これからの学説・実務にとっての課題を示しつづけることであろう。

30 背任罪

●基本文献
上嶌一高
『背任罪理解の再構成』
(成文堂、1997年)

品田 智史

1　学説・実務状況

▶基本文献の取り扱う領域

　基本文献は、上嶌一高がこれまで背任罪について記した3編の論文がもととなっている。第1編「背任罪（刑法247条）理解の再構成」（法学協会雑誌107巻12号〔1990年〕、108巻2号、8号、11号〔1991年〕）は、背任罪の本質、ならびに、その主体の範囲について、第2編「背任罪における図利加害目的」（神戸法学雑誌45巻4号〔1996年〕）は、背任罪の主観的要件である図利加害目的について、第3編「特別背任罪の類型」（商事1265号〔1991年〕）は、旧商法486条1項（現行会社法960条1項）の特別背任罪についてそれぞれ取り扱っている。基本文献の大部分を構成するのは、題名のもととともなった第1編であり、250頁以上の重厚な論文である。また、第2編も、現在の背任罪を巡る議論に大きな影響を及ぼしている。

▶背任罪の本質に関する学説・実務の状況

　背任罪は、窃盗・詐欺・横領のような他の財産犯と比較して若い犯罪であり、その本質がどのようなものかについて争われてきた。背任罪の本質論は、背任罪が捕捉する主体・行為の範囲に反映される。

　ひとつの見解は、権限（代理権）の濫用が背任罪の本質と見る権限濫用説である。同説に従えば、背任罪が成立するのは法的代理権を有する者の法的に有効な権限濫用行為のみとなり明確だが、背任罪の成立範囲が不当に狭くなる。そのため、特別な信任関係違背を背任と見る背信説が判例・通説となっていた。

もっとも、背信説による場合には、背任罪の成立範囲が広汎・不明確になるおそれがある。そこで、背信説を基本としながらも、その成立範囲を限定しようとする動きが生じてきた。たとえば、背任罪の主体の要件である「他人のためにその事務を処理する者」（事務処理者）を限定しようとする見解、背信説に権限濫用の要素を取り入れようとする見解である。また、権限濫用説を再構成し当罰的な事例を捕捉しようとする見解も登場した。これらの新たな動きを含め、背任罪の本質論は、横領罪（刑法252条）と背任罪との関係をどのように理解するのかという問題とも絡んで、複雑な様相を呈していた。

▶図利加害目的に関する学説、実務の状況

背任罪が成立するためには、故意に加えて、いわゆる図利加害目的が必要であるが、その意義については、多種多様な見解が登場していた。基本文献の整理に従えば、①図利加害の認識で足りる認識説、②未必的な認識かつ認容が必要であるとする認識認容説のほかに、③図利加害の動機を必要とする動機説が存在する。動機説にもさまざまなヴァリエーションがあり、④図利加害の確定的認識を必要とする確定的認識説、⑤任務違背の確定的認識を必要とする見解、⑥図利加害の欲求あるいは意欲が必要とする意欲説などが主張された。また、⑦図利加害目的を本人の利益を図る目的がないことを裏から示す要件であるとみる消極的動機説も主張された。

判例は、図利加害目的の意義について、意欲説に立たないということを示すのみ（最決昭和63・11・21刑集42巻9号1251頁）であった。他方で、本人の利益のための行為については図利加害目的を否定し、両目的が併存する場合にはその主従で判断するとする一連の判例が存在しており（大判大正3・10・16刑録20輯1867頁、最決昭和35・8・12刑集14巻10号1360頁等）、そのため、判例は動機説に基づいていると理解されていた。加えて、前掲昭和63年決定の判示からすれば、⑦説に親和的であると理解されていた。

2　学説史的意義と位置づけ

▶先駆的業績

背任罪は、その解釈について多くの問題を孕んでおり、教科書等でもさまざ

まな見解が主張されてきたが、同罪を直接の対象とする本格的な研究はそれほど多くはない。この点は、わが国の背任罪が横領罪の補充的性質をもつという理解が有力であり、横領罪との関係で議論が進められてきたこととも関連する。

もっとも、背任罪の研究が皆無であったわけではない。比較法研究による先駆的業績として、木村亀二「背任罪の基本問題」法学志林37巻8号（1937年）1頁以下、江家義男「背任罪の研究」『江家義男教授刑事法論文集』（1959年）86頁以下（初出：早稲田法学21巻〔1943年〕）などが挙げられる。アメリカ、イギリス、フランスにおいては一般的な背任罪規定は存在せず、上記文献が比較法研究の対象としたのは、ドイツの背任罪（Untreue）である。また、権限濫用説の提唱者とされる瀧川幸辰「背任罪の本質」民商法雑誌1巻6号（1935年）11頁も、ドイツにおける権限濫用説の提唱者であるビンディングの影響を受けているとされる。

▶基本文献の意義

基本文献も、ドイツの背任罪を比較研究の素材とし、執筆当時の最新の解釈論・立法論を含めた詳細な分析・検討を行っている。ドイツ刑法は、1933年に、刑法266条に現行の背任罪規定を定めている。それは、「法律、官庁の委任若しくは法律行為によって与えられた、他人の財産を処分し若しくは他人に義務を負わせる権限を濫用し、または、法律、官庁の委任、法律行為若しくは信任関係によって負担する、他人の財産上の利益を擁護する義務に違反し、そしてそれによって自己がその財産上の利益を保護すべき者に損害を加えた者」は、背任罪で処罰されるというものである（266条1項）。また、それ以前の旧266条においても背任罪が規定されていた。それは、「１．後見人、監護人、財産保護人、係争物保管人、財産管理人、遺言の執行人および財団の管理人、意図的にその監督を委託された人または物に損害を加えるべく行為したとき、２．代理人、委任者の債権または他の財産部分を意図的に同人に損害を加えるべく処分したとき、３．土地測量人、競売人、仲立人、貨物認証人、役務給付人、秤量人、測量人、商品検査人、荷降人、荷積人、および公権力によりその営業の遂行を義務づけられている他の者、その委託された業務に際し意図的にその業務がなされる者に損害を加えたとき」は、背任罪で処罰するというものである。基本文献は、旧刑法266条時代からの背任罪の解釈論、および、判例を取り扱う。

上嶌による学説・判例についての詳細な分析は日本法においても及んでおり、背任罪の本質論、および、図利加害目的について、多種多様な学説の検討、多数の判例の分析が行われている。

3　文献紹介

▶背任罪の本質――問題の設定

　第1編の序章「問題の設定」において、上嶌は、最初に、背任罪は、その主体についてどのようにも理解しうる文言が使われており、また、行為態様についても限定はないことを提示する。続いて、判例が、いわゆる二重抵当や農地の二重売買（所有権の移転に県知事の許可が必要）の事案について刑法247条の適用を認め、背任罪の適用範囲を拡張してきていること、これらの事例においては、横領罪では処罰できなかったので背任罪が用いられていることに触れた上で、これまでは背任罪と横領罪の性質の共通性が強調されすぎており、判例・学説において横領罪の成立しない範囲を背任罪が積極的に補充すべきという意識が強く存在していたのではないかと指摘する。そして、このような考え方の基礎となってきた背信説は、柔軟に背任罪の適用範囲を考えられる一方で、処罰範囲が広汎になるおそれがあり、また、いかなる場合に背任罪が成立するのかについて直観的判断しかできないため、見直す必要があると主張する。

　最後に、上嶌は、「背任罪と、単に民事法上の責任を生ずるにすぎない場合とはどのように区別することができるのかを検討し、背信説に従って背任罪を理解することは妥当であるか、より明確に背任罪を把握することはできないかという観点から、我が国の刑法247条の背任罪はどのように理解すればよいかについて、ドイツ法における議論を参照しながら、考察する」とする。

▶ドイツ刑法における背任罪

　第1章においては、ドイツ刑法の新旧266条の成立過程、および、解釈の検討が行われる。

(1)　現行背任罪の成立まで

　最初に、ドイツ刑法旧266条は、主体の範囲を列挙し限定していたが、同条1号ならびに3号は、プロイセン刑法に由来し、公的関係において特別な職務

上の信任義務をもつ者の背任を対象とするものであり、ザクセン刑法に由来し横領の補充規定の性格をもつ 2 号がそれを補う形で付け加えられていることが指摘される。

　各号の性格をどのようにみるかによって背任罪の本質が争われるようになった。ライヒ裁判所が、特別な信任関係の違反が背任罪の本質であるとする背信説に立ったのに対し、代理権の濫用による財産加害が本質であるとする濫用説が主張された。また、背任罪の本質を法的義務の違反であるとする事務処理説も主張された。上嶌は、濫用説と事務処理説は、旧266条全体を特徴づけることができないことを指摘する一方で、背信説には文言を拡張して解釈しているという問題があり、2 号に限っていえば濫用説が妥当であるとする。

　続いて、旧266条、とくに 2 号についての解釈論が詳細に展開されている。ここでは、2 号の各要件を判例が背信説に基づき広く解釈する一方で、一定の歯止めとして、主体が法律行為を為す権限をもつことを要求していたことが指摘されている。

　1933年にいわゆる授権法によって制定された現行刑法266条については、旧266条と異なり、より一般的で統一的な規定が必要とされ、また、当時の経済状況における「悪徳」と「堕落」に対処するためあらゆる当罰的事例をとらえようとして設けられたことが指摘されている。現行266条は、前段を濫用説に基づく濫用構成要件、後段を背信説に基づく背信構成要件とし、両説の組み合わせがとられた。もっとも、背任罪の本質をめぐる議論は終わらず、あいまいなまま残されたという方が正しいと上嶌はいう。また、現行法は、上述の判例における処罰範囲の歯止めを、背信構成要件において要求しておらず、その結果として構成要件が異常に広いものになったことが指摘されている。

(2) 現在の背任罪の解釈・適用

　上述の通り、現行266条は濫用構成要件と背信構成要件の 2 つの構成要件からなる。前者は、有効な法律行為により、内的な関係からは許されないが、外的には可能な行為をすることのみを処罰し、その要件を満たさない場合に後者が問題になる。しかしながら、背信構成要件においては、行為態様における限定がないため、背任罪の適用範囲を正当に画定しうるか否かはその主体の解釈如何にかかってくると上嶌は指摘する。

上嶌は、背任罪の主体を巡る判例を分析し、判例は一応の基準に従っているが、必ずしもその趣旨は明確ではないとする。すなわち、判例は①行為者が一定の裁量の余地、独立性をもつこと、②他人の財産上の利益を擁護する義務が本質的内容でなければならないことという２つの基準をたて、両者を重畳的に満たさなければならないとしている一方で、集金係のように①はないが義務のより直接的な財産管理性を有する者にも背任罪の成立を認めるなどしている。また、近年、ヒュープナーによって主張された見解に基づく、「他人の利益のための事務処理」という基準についても、「他人の利益のため」の活動であるかそうではないかは厳密に区別できるか疑問であるとする。

　次に、上嶌は、現実にどのような場合に判例において財産擁護義務ありとされているかを分析する。それによれば、法律上・事実上本人の財産状態を変更する権限が与えられている、あるいは、それに関与する任務を有している場合に背任罪の成立が認められており、実質的には濫用構成要件の理解を基礎として、文言自体からは困難な限定を行っているように思われるとする。

▶**日本における背任罪**

　第２章では、日本の背任罪の沿革と学説および判例の理解が検討されている。

(1)　背任罪の沿革

　最初に、旧刑法時代には背任罪の規定はなかったが、二重抵当を処罰することが可能であったことが指摘される。次に、明治34年改正案において、現行刑法に近い背任罪規定が取り入れられるが、「権限外の行為」と規定されるなど、背任罪の主体として代理権を有する者が強く意識されていたこと、明治35年改正案においては、「権限外の行為」から「其の任務に背きたる行為」に変更されたこと、明治40年改正案も35年改正案とほぼ同じであり、現行刑法典には40年案がそのまま引き継がれたことが指摘される。上嶌は、特徴的なこととして、背任罪の規定は委託物横領罪とは常に別におかれていたことを挙げる。

(2)　学説の理解

　まず、背任罪の制定当初においては、代理人を事務処理者とみる理解と、委任契約の受任者を事務処理者とみる理解が大勢を占めており、その行為を権限濫用と位置づける見解も存在していたことを指摘する。

　続いて、1950年代以前の理解においては、背信説が通説を形成し、さらに、

多くの学説が、背任と横領が一般法と特別法の関係にあるとしていたことを挙げる。その上で、瀧川幸辰により権限濫用説が主張されたが、背任罪の成立範囲がきわめて狭くなると批判されたこと、他方で、権限濫用説でなければ、事務処理者の範囲が広くなり、さらに横領罪等他の財産犯と背任罪との限界が不明になるおそれがあるという認識を生み出したことを指摘する。それにより、背任罪と横領罪を単に一般法と特別法の関係にあるとはみない考え方も登場したが、両罪の区別の理解については明らかにされていなかったとする。

1960年代以降になると、単純に背信説に拠ることに躊躇が示されるようになったと指摘する。そして、背信説の基礎とする信任関係をより高いものに限定しようとする新しい方向が生じたとする。具体的な主張として、対内的ではないいわば対向的な義務は除くことや、事務の内容をある程度包括的なものであることを要することなどが挙げられているが、前者については二重抵当の事案を素材とした「他人の」事務の要件、後者については「事務処理」要件をそれぞれ検討することで、結論として、背信説による限り、横領罪より高度な信任関係を要求するという説明を付しても、明確に処罰範囲画定の論理を示すことは困難であり、結局、当罰性の有無というきわめて実質的な判断が背任罪の成否に直接結びつくことになるとしている。

(3) 判例の解釈および適用

学説上は、他人のために「他人の」事務を処理する者だけが背任罪の主体を構成し、単なる給付債務の履行をする者は、自己の債務をなすにすぎず、事務処理者にはあたらないと考えるのが一般的であり、判例も、そのように考えていると理解されることが普通である。しかしながら、上嶌は、判例の分析により、判例は「他人の」事務にそのような意味を認めているのではなく、むしろ、別の基準によって、事務処理者の要件の有無を判断しているのではないかと思われるとする。そして、その基準は、①契約に基づく給付債務の履行が完了し、相手方に移転した財産を行為者が管理するという関係になるということ、②何らかの事務がとくに行為者に委任されるということの、いずれかを満たす場合であるといえるとする。

判例は、二重抵当や農地の二重譲渡の事例などにより、①の基準を拡張しているといえる。①については、売買等に基づき、代金の授受が終わるなどして

既に財産の実質的処分権限が買主等に移転した以後は、形式的処分権限をもつ売主等は、その財産を他人たる買主等のために保全する義務を負い、その義務違反行為は、背任罪の対象となるなどとされている（香城敏麿「背任罪——各要件の意義と関係」芝原邦爾編「刑法の基本判例」156頁）が、この場合、履行遅滞すら背任罪になりかねず、第一の基準はもはや事務処理者を限定しうるものではないと思われるとする。②の基準については、行為者が本人の利益になる事務の処理を委託されるという関係が存在すればよいとされてきたが、事務処理の委託とはどのような場合に認められるのか明らかではない。また、事務処理の意義についても明示的に限定しようとする姿勢は見受けられないとする。

次に、上嶌は判例の現実の適用領域について検討し、実際に判例上現れる背任事例においては、むしろ②の事務の委託がなされていることの方が多いと指摘する。この②の基準に属するのは、委託された事務が本人と第三者との財産関係が問題となる法律行為に関するときのほか、質権が設定された他人の物を委託を受けて占有・保管する者が、それを所有権者に引き渡し、質権者を害するという事例があり、②に属さず背任罪が認められているのは、二重譲渡などの権限逸脱と評価される行為によって他人の権利等が侵害されるが、なお横領罪が成立しえない事例であることを挙げ、これらの類型の処罰が、背任罪のこれまでの機能であると思われるとする。

▶日独における背任罪明確化の動き

第3章では、改正案および近年行われている解釈論が検討されている。

(1) 日本の立法論

日本の改正案において特徴的なことは、現行刑法典が背任罪を「詐欺および恐喝の罪」に規定したのとは異なり、いずれも横領罪と同じ章に規定していることであると指摘される。その上で、刑法改正予備草案（1927年）は、濫用説に依拠しているものといえるが、これ以後の草案は、現行刑法と同様の主体の規定の仕方に戻っており、背任罪を限定しようとする姿勢は伺えないとする。そして、予備草案が、背任罪と別の規定により二重抵当等を処罰しようとしていることを挙げ、背任事例に対処するには、現行法のようにひとつの構成要件に頼るのではなく、その行為の類型に着目して複数の構成要件を用いることも必要となることが示唆されているように思われるとする。

(2) ドイツの立法論

　まず、ギュルトナー草案（1936年）は、一般的な信任違背の処罰をしようとするもので、当時の国家社会主義思想が表明されているとする。これに対して、1959年以降の草案は、無限定に背任罪が背信思想に依拠することを避け、背任の構成要件を現行法と比較して限定しようとしているとする。すなわち、これらの草案は、1項は財産管理を監督する者なども含めた財産管理に関する規定、2項は財産管理を伴わない事務処理に関する規定であるが、いずれの行為者も他人の計算による法律行為の締結に直接的にかかわる者であるという点から信任関係が認められたとも考えられるとして、その理由を明らかにする必要があることを指摘する。また、ラブシュの私的な立法提案が、濫用的背任と、財産管理者の背任とを分けていることから、ひとつの構成要件で把握しうる背任事例の範囲には自ずと限界があることを主張する。

(3) ドイツの解釈論

　ここでは、背任罪を、濫用構成要件を基礎として見ることによって明確に把握しようとする学説が主張されていることが指摘されている。ザックスは、他人の財産に関して法上あるいは事実上の関係に立つ者の特別の義務的地位を前提に、他人の財産について与えられた特別な権力の財産加害的濫用が背任罪の実質であるとした上で、「背信構成要件の場合にも、濫用構成要件の処分あるいは義務づけ権限に内容的重要性において等しい、あるいは近しい」権力だけが、特別的地位を基礎づけるとする。同説について上嶌は、明確な濫用構成要件に依拠して、より類型的に背信構成要件の適用範囲を画定しようとするのは望ましいことであるが、ただ、その主体がどのような意味において濫用構成要件を範とするのか必ずしも明らかではないとする。また、ヴェルツェルやオットーによる類似の見解も挙げられている。

(4) 日本の解釈論

　ここでは、背任罪を信任違背という面だけから説明するのではなく、権限濫用の概念を用いてその本質をより明確に理解しようとする解釈論が主張されるようになったことが指摘されている。これらの見解は、背任罪の本質は横領と共通の背信であるが、横領が権限逸脱であるのに対し、背任は権限濫用であることに特色があるとする。しかしながら、ここでの「権限」は他人の財産を左

右する際に本人から与えられた許容範囲のことをいうのであり、背任罪そのものの理解が横領罪との区別の理解に結びついているわけではなく、横領の主体はすべて背任罪の主体に含まれてしまうことになると批判する。

また、横領と背任が特別法と一般法との関係にないことを前提に、横領と背任が権限逸脱と権限濫用で区別されるとする見解に対しては、背任罪そのものの理解を横領罪との区別の理解に結び付けているといえるが、財産上の利益の場合にも権限逸脱について背任罪を認めるなど、背任の本質を2つに分断しており、好ましいものではないとする。

また、単に権限の濫用というだけでは、任務違背の限界が明らかになったとはいいがたく、その点を明らかにするためには、権限の濫用における権限はどのようなものであるかを明らかにする必要があるとする。

▶意思内容決定説

「終章」において、以上検討してきたことをふまえて、247条をどのように解釈すればよいかについての上嶌の見解が述べられている。

まず、「背任罪をどのように理解すべきかという課題は、どのような型の経済活動を行う際に適用されるものであるかを明らかにすることにより、刑事政策上妥当な処罰範囲を確保することと、単なる債務不履行を処罰しないようにすることとの調和を図ることにある」とする。

そして、日本の判例における現実の適用事例を、①包括的に本人の財産の管理を任されている者、あるいは、法律行為により本人の財産を処分する権限を与えられている者、②直接には上の権限を与えられていないが、それにかかわる種々の事務処理を行う者、③法律行為以外の事務、たとえば、物の保管、運送の委託を受けた者、④売主、抵当権設定者等、以上3つのいずれにもあたらないものに区別する。

④については、背任罪を横領罪の補充類型と位置づけるとすれば処罰することができるが、このような理解は次第に否定されつつあること、また、背任罪は、手段に限定がないため、債務を負っている者が債権者の利益を侵害すれば直ちに背任罪が成立することになり、あらゆる債務不履行が処罰されるという結果に陥ってしまうと指摘する。

④以外の類型は、何らかの事務を委託された者であるが、他人の本来なしう

ることをその他人に代わってなすという関係が必要であるとして委任等により事務が委託された場合に事務処理者の要件がみたされるとすれば、単なる賃借物の占有の場合も含まれてしまい、さらに、財産上の利益の保全なども含まれ、二重抵当のような行為まで処罰することに繋がってしまうとする。

そして、背任罪の沿革をみると、明治34年改正案においては、背任罪の本質が、委任に基づく代理人による、民法学上の権限濫用、権限踰越行為による財産加害と考えられていたことを指摘し、なぜ代理人が基本となっていたのかの理由を検討する必要があると主張する。そして、以下の通り議論を展開する（基本文献244-245頁）。

> むしろ、その理由は、背任罪が刑法典において「詐欺及ヒ恐喝ノ罪」の章に置かれたところに見出すことができるのではないだろうか。
> 　何らかの経済活動を行おうとする場合にその基礎となるのは、契約に代表されるような他人との財産取引……である。通常、そうした契約の履行は、原則として、当事者間の任意に委ねられており、仮にその履行がなされなくても、刑法は介入すべきではない。このことは、背任罪が、あらゆる債務不履行に適用されるわけではないということが一般的に認められていることに現れている。しかし、欺く、あるいは、脅迫するという手段を用いて債務の履行を免れる等、相手に瑕疵ある不利益な財産処分行為をさせることによって財産上の損害を加えた場合には、詐欺・恐喝罪が成立する。これらの罪は、被害者が自由に自己の財産を処分することを保証しようとするものである。背任罪も、詐欺・恐喝罪と同様に、経済活動にとって不可欠な財産取引が適正に行われることを目的とした犯罪である。すなわち、本人が自由に自己の財産を処分することを保証しようとするものと思われる。
> 　そこで、背任罪の主体として、基本的に、代理人が考えられたのは、法律行為により自由に他人の財産を処分することが許される地位にあるからだと言えよう。ただ、……法律上有効な行為だけしか背任になりえないと考えることは妥当でないとすると、代理人は、その意思表示によって第三者との法律行為の効果を本人に帰属させることができるという点ではなく、本人に代わってその第三者に対する財産処分についての意思内容を決定することが許されるという点に着目して背任罪の主体とされたと考えられるのではないだろうか。そのように考えると、刑法247条が、……沿革から見て、法律行為以外の委託を受けた者もその主体としているとみられることも理解できる。すなわち、本人に代わって法律行為による財産処分についての意思内容を内部的に決定することが許されているということが事務処理者の要件である。逆に本人の側からすれば、自らの財産の処分について意思内容決定を他人に委託した場合に、背任罪による財産保護を受けうるとみるべきではないかと思われる。そして、本人の財

> 産処分についての意思内容決定を委託された者が、その与えられた機能を用いて、財産処分について本人にとって不利益な意思内容を決定するという任務違背行為によって、本人に財産上の損害を加えた場合に、客観的に背任罪の成立を認めるべきであると考えられるのである。つまり、詐欺・恐喝罪は、被害者、あるいは、その他被害者の財産を処分する権限を有する者が、他人に欺かれ、又は恐喝され、財産処分についての瑕疵ある意思を生じさせられることによりなされる財産犯であり、一方、背任罪は、事務処理者が、任務に背き、自らの財産処分についての瑕疵ある意思を生じることによりなされる財産犯であるが、いずれも被害者の財産処分についての瑕疵ある意思を基礎とする財産犯であると理解することができよう。
> 　背任罪を右のように位置づけたとき、本人の財産処分についての意思内容決定を委託された者としては、第一に、本人の財産処分についての意思内容決定過程そのものに関与する者と、第二に、意思内容決定過程そのものには関与しないが、その決定過程を監督する者とが考えられよう。

　上嶌の見解によれば、前記③④の類型は背任罪で処罰しえなくなるが、ひとつの構成要件で処罰できる範囲は限られるので、新たな立法によるべきとする。
▶背任罪における図利加害目的
　判例においては、背任罪の成否が図利加害目的の有無にかかることも多いが、その理論的な意味は必ずしも解明されていないとして、第2編では、背任罪において図利加害目的が規定されていることの意味を検討し、具体的にどのように解釈すればよいかが考察されている。
(1)　従来の判例と学説
　最初に、上嶌は図利加害目的の意義に関する学説（前記1を参照）を挙げた上で、認識説・認容説については、財産上の損害の故意が存在すれば、常に加害目的も存在することになり、とくに目的が規定されている意味はなくなることになる可能性があるとする。また、判例が、目的を動機と理解するか否か、動機と理解するときにどのような要素が必要か、また、任務違背の認識はどの程度必要かについて明確な態度を示しているとはいえないとする。
(2)　処罰範囲限定の意義
　次に、通常の故意犯以上に処罰範囲を限定する図利加害目的の解釈論（確定的認識説、意欲説）について、どのような意味で処罰範囲を限定するのかが検討される。

いずれの見解も、図利加害目的により犯罪の成立を否定すべき場合として考えられているのは、本人のために一定の危険を冒す場合であるということができるとする。しかしながら、前記見解は必ずしも妥当でない帰結を導く可能性を有し、また、両見解をとるとしても、一定の危険を冒す場合を背任罪の成立範囲から除外するには、本人図利動機が、自己・第三者図利動機に比して主たるものであったことを理由とすべき場面が存在することになるとする。そして、後者の場面を直接的に図利加害目的の解釈に結び付けたのが動機の如何を問題とする考え方（動機説、消極的動機説）であるとして、次にその妥当性が検討されている。

(3) 動機説の検討

上嶌は、図利加害目的の検討の際には、任務違背および財産上の損害についての理解も影響を与えることを指摘する。

任務違背を、手続的規定をも含んだ法令・定款・内規に違反することであると形式的に捉えた場合には、動機の如何を問題とするのは妥当ではないとする。すなわち、自己保身の動機を伴う任務違背であっても、総合的にみれば本人に不利益は生じない場合もある。その場合当該行為に違法性があると断定できないであろうし、また、総合的な本人への不利益を行為者が認識せずに行為したのであれば、行為者を非難することはできないように思われるとする。

次に、任務違背を本人にとって実質的に不利益な行為ととらえると、とくに動機の如何を問題として背任罪の成立を否定すべき場合は存在しないのではないかとする。すなわち、総合的にみて本人に不利益が生じないのであれば任務違背にはあたらないし、生じる場合であっても行為者がその事実を認識していない場合は、任務違背の故意がないとする。

(4) 不利益性認識説

最終的に、上嶌は、自らの見解を次のように述べる（基本文献270-271頁）。

> 図利加害目的の意義は、行為者が、実質的に理解した場合の任務違背を基礎づける事実を未必的に認識していたとしても、違法性がない（任務違背にはあたらない）と判断する場合に背任罪の成立を否定することにあると思われる。これは、任務違背という刑法上の概念に関する違法性の錯誤の場合である。逆に、仮に、このような場合に背任罪の成立を肯定すべきであるとすると、任務違背の故意が存在しない場合と、故

> 意は存在するが、違法の意識がない場合とを区別して、評価しなければならないことになるが、その区別は実際には極めて困難である。任務違背にあたるか否かの判断は、日常なされている事務処理と境を接してなされるもので、微妙な考慮を要することも多く、事後的にはともかく、行為者が行為時にその判断を的確にすることは困難なことがあろう。行為者の積極的な事務処理活動の可能性を委縮させ、本人の経済活動の活発化が阻害されることのないように、単に行為が任務違背に該当しない場合に背任罪の成立を否定するだけでなく、さらに、行為者が行為の任務違背性について判断を誤った場合にも救済する必要があると思われる。この役割を図利加害目的が演じるものと位置づけるのである。

　この見解は動機を問題としないため、本人図利動機と自己・第三者図利動機が併存する場合にいずれが主たるものであるかを検討する必要がないとする。また、動機説の場合、成功する可能性がきわめて小さいような取引についても、行為者がその実現を希望していれば、本人図利動機があるとして背任罪の成立が否定されることになるが、その必要はないとする。そして、裁判例においても、客観的事情を基礎として、当該行為が本人の利益をもたらす可能性についての認識がどの程度存在するのかを問題として、図利加害目的の有無を決しており、実際には動機の如何を問題としない私見のような考え方が基礎となっているように思われるとしている。

▶第3編　特別背任罪の類型

　第3編では、特別背任罪の一般的な要件を概観したのち、具体的な事例におけるその成否が類型ごとに検討されている。取り扱われているのは、不良貸付、粉飾決算、取締役の自己取引・利益相反取引、リベート、営業外支出等である。

4　残された課題

▶背任罪の本質論

(1)　第1編の評価

　基本文献第1編は、日独におけるこれまでの背任罪の議論を詳細に分析した上で、批判的検討を加えたものであり、その分析・検討の内容については非常に高く評価されている。(浅田和茂「上嶌一高『背任罪（刑法247条）理解の再構成(一)

〜（四・完）」』法律時報65巻10号〔1993年〕119頁参照）。また、発表当時、二重抵当が背任罪にあたらないと明言した数少ない見解であり（平野龍一「横領と背任、再論」『刑事法研究　最終巻』〔有斐閣、2005年〕84頁〔初出：判例時報1680、1683、1686、1689号〔1999年〕〕）、その後、基本文献と同様に二重抵当を背任罪の処罰範囲から除くべきとして従来の判例を批判する見解（山口厚『問題探求刑法各論』〔日本評論社、1999年〕201頁、平川宗信「背任罪」芝原邦爾ほか編『刑法理論の現代的展開　各論』〔日本評論社、1996年〕239頁など）が増加していることについて、基本文献の影響は否定できないように思われる。

　上嶌の見解は、権限濫用説の系譜に位置づけられ、代理権濫用説の有していた処罰範囲の狭さを払しょくし、権限の内容を明確にすることで、従来の権限濫用説的見解が有していた「権限」の内容が不明確であるという弱点を克服しようとしたものであり、権限濫用説の新たな展開を示したものとして非常に高く評価される。しかしながら、具体的な基準自体には批判がないわけではない。なかでも、とりわけ重大な批判は当罰的事例が把握されないというものである。この批判は、二重抵当の処罰を認める背信説からだけではなく、権限濫用説の系譜に属する見解からも出された。というのも、基本文献の見解は法律行為が存在する場合のみを対象とし、それがない場合の事実行為や対内的行為等には背任罪が成立しないからである（平野・前掲84頁参照）。

(2)　判例の動向

　背任罪の本質については、最決平成15・3・18第刑集57巻3号356頁が、質権設定者が質権設定後に除権判決を申し立て株券を失効させたという担保権侵害の事案において、設定者に背任罪の成立を認めており、二重抵当事例において対抗要件具備をもって抵当権設定者が事務処理者でなくなるかのような判示をしていた最判昭和31・12・7刑集10巻12号1592頁より背任罪の成立範囲を拡張したとされ、二重抵当において背任罪の成立を認める学説からも批判が生じている。これに対して、下級審裁判例においては、拡張傾向に何らかの歯止めをかけようとする裁判例も登場しているところであるが（広島地判平成14・3・20判タ1116号297頁）、主体の範囲について明確な限界は設けられていない。

　基本文献をはじめ二重抵当を背任罪で処罰することに否定的な見解も、その当罰性自体は認めており、立法論による解決が提案されているが、現在のとこ

ろ具体的な提案はなされていない。
(3) 学説の展開

　基本文献の登場により、背任罪の本質の問題は、背任と横領との区別との関連から、背任罪独自の処罰範囲の画定に移行し、背任罪の主体に権限が必要か否か、また、必要な権限の内容はどのようなものかということが問題になってきている。

　この問題につき、内田幸隆「背任罪の系譜、およびその本質」早田法学会誌51巻(2001年)103頁以下は、わが国の背任罪の成立過程を詳細に検討した上で、背任罪が何らかの権限を想定していること、そして、その権限とは、本人の事務処理をする上で与えられた代理人、後見人、機関の有する財産上の使用、処分権限であると主張する。また、平川・前掲書245頁が、背任罪の本質を「組織的な運営の場における信頼違反行為による財産侵害」としながら、その信任関係を「委託者と受託者との組織的・有機的な結び付きと、受託者による委託者の分身・手足・頭脳としての財産管理・処分への実質的な関与を前提」にしたものとするのも、権限の内容を明確化しようとする方向に位置づけられる。

　他方、背任罪の主体に権限が必要か否かを詳細に検討し、最終的に権限は不要であり背信説に立つことを明言するのは、塩見淳「背任罪」法学教室297号(2005年) 47頁である。また、島田聡一郎「背任罪に関する近時の判例と、学説に課された役割」ジュリスト1408号 (2010年) 116頁は、いわゆる限定背信説を前提に、背任罪には、広い代理権が与えられていたのにそれを濫用した場合と、物・権利についての特定された管理を委ねられていたにもかかわらず、そうした明白かつ厳格な管理義務に違反した場合との双方があるとして、後者の類型において二重抵当等を補促しようとする。

▶図利加害目的

　判例は、昭和63年決定に続き、最決平成10・11・25 刑集52巻8号570頁(平和相互銀行事件)が、より消極的動機説に親和的な決定を行い、その後、最決平成17・10・7刑集59巻8号779頁(イトマン事件)も同様の判断を下した。もっとも、平成10年決定では、図利加害目的の認定の際に、融資の必要性・緊急性の不存在という客観的事情が考慮されており、上嶌による従来の裁判例の分析に沿う形になっている。また、学説上は、動機説が有力であり、判例の採ると

される消極的動機説と積極的動機説との間で争いが活発になっている。

　他方、上嶌と同様に任務違背行為との関係で図利加害目的の意義を考えるという方向を辿る見解も登場する（山口・前掲書204頁以下、また、内田幸隆「判批」刑事法ジャーナル5号〔2006年〕152頁も参照）。これらの見解と基本文献の見解は併せて「実質的不利益性認識説」とよばれる。また、背任罪において図利加害目的は不要である、もしくは、その意義について疑問を呈する見解も出現しているが（林幹人『刑法各論〔第2版〕』〔東京大学出版会、2007年〕272頁等）、このような見解も、基本文献の分析に大きな影響を受けているといえる。

5　現代的意義

　4に見られるように、背任罪を巡るさまざまな議論について、必ずしも決着がついたわけではない。しかしながら、基本文献による、従来の背任罪の本質、および、図利加害目的を巡る議論に対する批判的考察、ならびに、基本文献の提示する問題意識は、背任罪の議論に新たな方向性を示したといえる。具体的には、背任罪の主体の範囲について、判例・通説の立場を問い直すはたらきをしたほか、背任罪の本質を巡る議論について、権限の有無や権限の具体的内容を検討する必要があること提示した。また、図利加害目的については、故意や任務違背・財産上の損害との関係でその意義を考える方向に議論を導いている。

　また、近時は、任務違背要件についていくつかの論文が登場し（品田智史「背任罪における任務違背（背任行為）に関する一考察」阪大法学59巻1号101頁以下、2号265頁以下〔2009年〕、島田聡一郎「背任罪における任務違背行為」『植村立郎判事退官記念論文集　第1巻』〔2011年〕237頁以下など）、その考察が深められているが、その発端も基本文献にあるといってよい。

　以上のように、基本文献の存在は、背任罪に関する従来の見解の到達点と、近時の議論の出発点を示すものとして、今後の背任罪を巡る議論のために必要不可欠なものといえる。

31 文書偽造罪

●基本文献
川端博
『文書偽造罪の理論』
(立花書房、1986年〔新版1999年〕)

松澤　伸

1　旧版の発行と当時の学説・実務状況

▶文書偽造罪の基本論点

　基本文献は、現在、新版という形で刊行されたものが、最新版である(1999年)。ここでは、新版を対象として、文献案内を行ってゆくが(以下、基本文献の引用頁は、すべて新版による)、学説史的には、旧版の登場が与えたインパクトの方が大きいともいえる。そこで、まず、旧版発行時までの実務・学説状況を概観しよう。

　旧版は、1987年に公刊されている。文書偽造罪のモノグラフィーは、古く、安平政吉『文書偽造罪の研究』(立花書房、1950年)があったが、その後は、あまりまとまった方向性をもって行われた研究がなく、興味深い判例があらわれるごとに(たとえば、作成権限の内部的制限に関する最決昭和43・6・25刑集22巻6号490頁、名義の冒用に関する最決昭和45・9・4刑集24巻10号1319頁等)、散発的な論文が公表されてきたといった状況にあった。しかし、写真コピーの文書性に関する最決昭和51・4・30刑集30巻3号453頁により、文書の概念について、また、名義人の承諾に関する最決昭和56・4・8刑集35巻3号57頁により、有形偽造の概念について、根本的動揺が生ずるに至り、文書とはなにか、有形偽造の概念とはなにか、さらには、文書偽造罪の処罰根拠とはなにか、について、さまざまな論稿が登場するに至った。

　写真コピーの文書性については、昭和51年決定の登場を受け、写真コピーの

もつ社会的機能を重視して、これを積極に解する見解が多く主張された（たとえば、宮澤浩一「フォトコピーと文書偽造罪（上・中・下）」判例タイムズ323号22頁、327号31頁、335号52頁など）。しかし、最高裁の立場に対しては、学説からの批判も根強く、むしろ、文書は原本でなければならないとする観点から、否定説も有力に展開された（たとえば、平野龍一「コピーの偽造」『犯罪論の諸問題(下)』〔有斐閣、1982年〕409頁など）。

　また、私文書偽造罪において処罰される有形偽造とは、作成権限を偽ること（人格の同一性にそごを生じさせること＝作成者と名義人にそごを生じさせること）にあるわけだから、名義人の承諾に関しては、通説である"意思説"を前提とする限り、名義人が自己の名前を使うことをあらかじめ承諾していた場合、作成権限のある者によって文書が作成されているから（文書の意識主体について作成者・名義人が一致するから）、私文書偽造罪は成立しない、というのが論理的帰結のはずであった。しかし、昭和56年決定は、交通事件原票の供述書という文書について、この理をとらず、私文書偽造罪の成立を認めた。ここで、"意思説"の内容について、再整理・再構成が生じ、民事法上の効果の有無に着目する見解や（平野龍一「文書偽造の二、三の問題」『犯罪論の諸問題(下)』〔有斐閣、1982年〕400頁以下、町野朔『犯罪各論の現在』〔有斐閣、1996年〕312頁など。"規範的意思説"、あるいは"効果説"とよばれる）、意思説を再構成し事実的意思に着目する見解（林幹人「有形偽造の考察」『現代の経済犯罪』〔弘文堂、1989年〕103頁、伊東研祐「偽造罪」芝原邦爾ほか編『刑法理論の現代的展開　各論』〔日本評論社、1996年〕317頁以下など。"事実的意思説"とよばれる）が主張され、活発な論争が展開された。

▶ "制度としての文書"概念

　基本文献の旧版が公刊されたのは、そのような時期である。当時議論された論点は、いずれも、文書概念・偽造概念、ひいては、文書偽造罪の保護法益・本質論についての、本格的な考察を迫るものであったところ、基本文献は、"制度としての文書"、"証拠犯罪としての文書偽造罪"という基本思想に基づき、これに統一的解決を与えるべく、執筆された。

　基本文献が提示した"制度としての文書"という概念、また、"証拠犯罪"という概念は、その後の学説に強い影響を与え、現在のわが国においては、文書偽造罪を"証拠犯罪"としてとらえる見解は、非常に有力となっている。ただし、

基本文献のいうところの"証拠犯罪"と、現在有力な見解が理解する"証拠犯罪"との間には、一定の隔たりが見られるのであって（後述4参照)、この点は、現在における文書偽造罪の主要な論争点の源流のひとつとなっていると考えられる。

2　新版の発行と基本文献の学説史的意義

▶旧版の意義と新版の目的

　旧版の意義について、川端博自身は、以下のように総括している。「本書で展開した文書の『証拠力』・『証明力』・『文書化の責任』や『制度としての文書』という観念は学界において定着し、私見は実務界においても一個の学説として承認されるにいたっている……また、コンピュータ犯罪の立法化にあたって、電磁的記録なども文書の一種として扱うべきであるとする見解もあったにもかかわらず、本書において文書偽造罪には固有の領域があり、それとコンピュータ犯罪の峻別を強調したところ、おおむねこれと同趣旨の規定が設けられたのであった。まさに我が意を得たりとの思いを深めたことであった」（基本文献・はしがき3頁）。

　これに対して、新版は、刑法典の口語化への対応を含めたさまざまな表記上の改訂がなされると同時に、内容面においても、「新たな論稿を収録して変化に対応させること」（基本文献・同4頁）が行われており、また、一部、改説もなされている。

▶川端博の研究過程における基本文献の位置づけ

　旧版について、川端は、「わたくしにとって最初のモノグラフィーであるので、非常に感慨深いものがある」（基本文献・はしがき6頁）と述べている。川端は、「責任論をテーマに選んではいたものの、なかなか研究が進捗せず、長い時間をかけてこれにじっくり取り組んで行く決意を固め、同時に文書偽造の問題も研究して行くことにした。最近でこそ、若い研究者が刑法各論の領域から研究テーマを選ぶことが多くなってきているが、当時としては一種の冒険であったといっても決して過言ではないとおもう」（基本文献・あとがき401頁以下）としている。当時、最初のモノグラフィーとして各論をとりあげたものはきわめて

限られており、基本文献は、そうした先駆けのひとつということができる。

　川端の先駆けが奏功したことは、たとえば、現代におけるわが国の文書偽造罪解釈の権威である今井猛嘉と成瀬幸典が、いずれも、文書偽造罪をその第一論文のテーマとして選択していることからも見てとれる（今井猛嘉「文書偽造罪の一考察(1)～(6)」法学協会雑誌112巻2号167頁、112巻6号715頁、114巻7号816頁、116巻6号948頁、116巻7号1122頁、116巻8号1297頁、成瀬幸典「文書偽造罪の史的考察(1)～(3)」法学60巻1号123頁、60巻2号94頁、60巻5号110頁）。基本文献を読んでいる後進の若い研究者（や、その卵）も、こうした各論上のテーマに積極的に取り組んでゆくことが期待されよう。

3　文献紹介

▶基本文献の構成

　基本文献は、2部構成をとっており、第1部　本論と、第2部　翻訳・紹介にわかれている。

　第1部　本論は、10章で構成された川端による文書偽造研究の成果である。序章および第1章は、川端の研究のマニフェストともいうべきもので、序章では、川端の文書偽造解釈のキーコンセプトというべき"制度としての文書"、"証拠犯罪"といった概念の内容が明らかにされる。第2章から第9章までは、このマニフェストに従って、個別的な論点が各論的に解釈されていく。それぞれ、代理・代表名義の冒用（第2章）、名義人の実在性と文書要件（第3章）、写真コピーと文書偽造罪の成否（第4章）、ファクシミリと文書偽造罪の成否（第5章）、作成権限と偽造・変造（第6章）、入学選抜試験の答案と刑法159条1項にいう事実証明に関する文書（第7章）、公文書・権利、義務に関する公正証書・公務所の用に供する文書の意義（第8章）、偽造文書・虚偽文書行使罪（第9章）といった論点が取扱われる。最後に、第10章では、昭和62年刑法改正における文書偽造の罪に関する改正点の概要として、可視的・可読的でない電磁的記録が文書に含まれないことを明言しこれに明文の根拠を与えて処罰する新たな規定につき、解説を加えている。

　第2部　翻訳・紹介は、オーストリアの刑法学者ディートヘルム・キーナッ

プェルの2つの論文の翻訳と紹介を掲載している。

▶基本文献の主張の中核

　基本文献の主張の中核は、序章および第1章に示されている。

　序章では、川端の主張する"制度としての文書"あるいは"証拠犯罪"といった概念がドイツ法に由来しその中で発展を遂げてきたこと、しかし、基本文献では、フランス制度理論・言語理論を加味しつつ、川端独自の概念として彫琢されていることが、総論的に示される。

　そして、第1章で、その具体的内容として、一定の意識内容を書き言葉で文書化することによって言説の意味は変質するが、この変質を承認する者、すなわち名義人により文書の信用性が人的に担保されているということが制度としての文書の特質であり、そこに絶大な証明作用が与えられていること、そして、文書作成の責任者である名義人を偽ることで、その証明力の基礎を動揺させることが文書偽造罪の本質であることが明らかにされる。

　以下に、川端自身の表現を引用しておこう（基本文献・7頁）。

> ここにおいてわたくしは、文書偽造罪を「証拠犯罪」として捉え直すべきであることを強調するに至る。……従来、通説は、文書偽造罪の処罰根拠を文書に対する公共の信頼の侵害に求めてきた。しかし、その信頼の内容については必ずしも十分に解明されてはいないといえる。それを根本に遡って検討していくと、文書のもつ「証明力」・「証拠力」に到達するはずである。文書はその強力な証明力・証拠力を基礎にして「制度」化されている。そうすると、文書偽造罪の本質は「制度としての文書」を侵害する点に求められることになる。

▶有形偽造の概念・処罰根拠

　川端は、引続き、有形偽造の概念と、有形偽造の処罰根拠の問題について考察する（この部分は、章立てとしては、第2章の中に含まれているものの、実質的には、第1章までの川端のマニフェストを補足する部分でもある）。

　有形偽造の概念については、「適法に文書を作成する権限のない者がいつわって他人名義の文書を作成すること、いいかえると不真正な文書を作成すること」（基本文献・51頁）と定義される。そして、文書の作成者をいかに定めるかについては、いわゆる"精神性説"が採用される。"精神性説"とは、「文書の作成名義人と文書の作成者を同一の者と解しそれはいずれも文書における意識の表

示主体である」とする見解である（基本文献・52頁。この見解は、"意思説"ともよばれる）。ここまでは、従来の通説的な見解と合致している。

これに対し、有形偽造の処罰根拠については、"制度としての文書"、あるいは、"証拠犯罪"という観点が明確にあらわれてくる。すなわち、「このようにある思想内容が文書化されたばあいには、その文書の内容にいつわりがないときでも、文書化されたこと自体によって証明力が強化されるのである。このような高い証明力を有する文書を無権限で作成する行為を放置しておくと、名義を冒用された者が損害をこうむる可能性が生ずるだけでなく、流通している文書一般に対する信頼が失われてしまう。文書一般に対する信頼を侵害する点にこそ文書偽造の当罰性の根拠があるのである。つまり、文書に対する信頼を基礎づけている文書の証明力のいつわり（有形偽造）に文書偽造を処罰する理由があるといえる」（基本文献・56頁）とするのである。

▶代理・代表名義の冒用

以上を前提に、「代理名義を冒用して文書を作成するばあい、その作成は本人の意思に基づいていないので、作成者本人ではなくて無権代理人である。したがって、代理名義の冒用は作成者と名義人が一致しないから有形偽造である。すなわち、行為者は、文書の作成について責任を負うべき者の名義をいつわることによって、その文書に対する公共の信頼を侵害することになる」（基本文献・82頁）とする理解が主張される。

ここで注意すべきなのは、通説が、民事法上の法的効果を重視するところ（"規範的意思説"ないし"効果説"）、川端は、「意思表示の民事法的効果ではなくて、……その作成責任がだれにあるのか」（基本文献・84頁）という点にポイントをおき、その点で、自説と通説との違いを強調していることである（基本文献・48頁注〔13〕、また、そこで引用される植松正ほか『現代刑法論争Ⅱ〔第2版〕』〔勁草書房、1997年〕272頁および300頁〔川端博〕を参照）。

▶名義人の実在性と文書要件

続いて、文書偽造罪が成立するために、名義人が実在することが必要かどうか、という論点が論じられる（第3章）。「今日では、この問題はもはや解決済みであるかの観を呈している」が、「文書偽造行為の本質を『制度としての文書』に対する侵害として捉え直したばあい、文書における名義人の意義および名義

人を表示することの意義が従来の理解と異なってくるとおもわれる」(基本文献・100頁) として、川端は、この問題を検討するのである。

　川端によれば、大審院時代の判例は、私文書文書偽造罪の本質として、現実の人物に寄せられた信頼を侵害することを重視していた。これは、私文書についての名義人の実在を要求し、公文書についてはこれを要求しなかったことから見てとれる。これに対し、最高裁は、大審院時代の判例とは異なり、当局のみならず一般人をして実在者の真正に作成した文書と誤信せしめるおそれのある場合には私文書偽造罪が成立するとしたのであるが (最判昭和28・11・13刑集7巻11号2096頁)、これは、公文書を私文書を区別することなく、「偽造行為の本質を文書の作成の真正性によせられた公の信頼の侵害として捉えるべきことを明らかにした」(基本文献・123頁) ものと位置づけられる。

　そして、諸学説を整理・検討した上で、"制度としての文書" の概念によりつつ、「文書偽造罪の本質は、このような制度的意味を持つ文書を作成すること、すなわち、『文書の存在』……についての責任の所在をいつわることに存するといえる。(改行) このような観点から見ると、虚無人名義の文書を作成する行為は、現実に文書を作成した者が、明らかに、その文書作成の責任を自己以外の者に転嫁するものであるから、文書の存在についての責任をいつわる行為であるといわなければならない。したがって、これは文書偽造罪を構成するのである」(基本文献・132, 133頁)、として、私見を提示している。

▶写真コピーと文書偽造罪の成否(1)──高裁判例

　続いて、写真コピーを原本ではなく写しとして利用するため不正に作成する行為が文書偽造罪となるか、という問題が扱われる。これは、文書概念の──および、後述するように、"証拠犯罪説" の理解にかかわる──基本問題であるが、これについて、基本文献は多くの頁数をさき、周到な検討を行っている。

　川端は、この問題について、「判例の検討をとおして考察を進めてきた」(138頁) ことから、高裁判例と、3つの最高裁判例を順次検討しながら、「判例の流れに即して問題点を吟味していく」(同頁) ことで、この問題に回答を与えようと試みている。

　まず、最高裁がまだ判断を示していなかった段階での高裁判例 (東京高判昭和49・8・16判時767号109頁) が検討される。川端は、①写しに文書性が認めら

れるかをまず検討する。写しに文書性を認めない学説も、認証文言がある場合には、これを文書と解することに異論はない。川端は、その理由を、「たんなる写しには証明力がないが、写しに認証文言が付されるとその認証文言を意識内容とする独立の文書としてそれは証明力を獲得することになる」(基本文献・146頁)と分析し、そうであるならば、証明力が高度に高まっていれば、認証文言のない写しであっても文書とよびうるはずだと立論する。すなわち、「認証文言がなくても社会生活上高い証明力をもつ写しが通用していれば、それに文書性を認めても差し支えないはずである」(基本文献・147頁)というわけである。

そこで問題は写しの証明力へと移る。高裁判例は、写しの証明力を認めないが、川端は、「写しの証明力の量的増大化そのものに着目しその証明力に足しうる社会一般の信頼を保護すべきかどうかということが関心事とならなければならない」(149頁)とし、「このような複写が社会生活上有している証明機能はそれ自体として保護に値するほど鄭酌していると言わなければならない」(同頁)として、写真コピーの文書性を肯定するのである。ここでも、川端が問題とするのは、基本文献を貫くモチーフである"証拠としての文書"の意義であり、"文書の証明力"である。

この場合の名義人は誰であろうか。川端によれば、原本通りの内容を複写することを包括的に許諾しているのだから、名義人は、原本の名義人ということになる。そして、作成者は、その許諾を無視して、すなわち、権限を逸脱して内容虚偽の写真コピーを作成した者であるから、名義人と作成者に不一致が生じ、有形偽造となるわけである（基本文献・150頁参照)。

▶写真コピーと文書偽造罪の成否(2)——最高裁判例の検討

高裁判例の検討の後、3つの最高裁判例(最判昭和51・4・30刑集30巻3号453頁、最判昭和54・5・30刑集33巻4号324頁、最判昭和58・2・25刑集37巻1号1頁)が検討される。川端は、高裁判決の評釈とほぼ同一趣旨の分析を行っており、これらの判例に賛意を表している。ここでは、昭和51年に対する以下の論評を引用しておくことで、川端の基本的考え方を示しておこう。「本判決の特徴は、公文書偽造罪の保護法益として公文書に対する『公共的信用』をあげ、本罪の目的を公文書が『証明手段としてもつ社会的機能』を保護することに求め、した

がって、公文書偽造罪の客体となる文書の要件として、公文書に匹敵するような『証明手段としての社会的機能』と『信用性』をあげている点にある。……文書偽造罪の保護法益は、『制度としての文書』のもつ『証明手段としての価値』であると解すべきであると考えられるが、ともあれ、本判決が、原本であることを文書偽造罪の要件からはずし、『証明機能』に着目しているのは、妥当な態度である」（基本文献・157頁以下）。

なお、これらの3つの最高裁判例には、それぞれ、実質的な反対意見が付されているが、川端は、これらの反対意見に対しても、逐一反論を加えている。

▶ファクシミリと文書偽造罪の成否

写真コピーの偽造が文書偽造罪を構成するとなると、ファクシミリによる写しも同様なのか、問題が生じる。そこで、広島高岡山支判平成8・5・22判時1572号150頁が検討の素材にあげられる。

基本文献は、「ファクシミリによる写しは、原本の存在、内容、および態様を容易に証明できるからこそ、一定の範囲においては、かなり高い証明力を有し、証明手段として広く普及しているのである。時間的・空間的制約を超克しなければならない情報化社会においては、一定の情報の証明手段も動的に生成発展していかなければならないのであって、迅速性が要求される領域においては、ますますファクシミリによる証明が増していくと予想される。したがって、その証明力を悪用する行為は討伐的であるとするのが、刑事政策的も妥当であるといえる」（基本文献・197頁）として、"証明力"の観点から、ファクシミリに文書性を認めた同判決を支持している。

▶作成権限と偽造・変造

次に、作成権限と偽造の問題につき、最決昭和43・6・25刑集22巻6号490頁（①事件とする）、最決昭和56・12・22刑集35巻9号953頁（②事件とする）、大判連大正11・10・20刑集1巻558頁（③事件とする）の3つの判例がとりあげられる（第6章）。ここでは、それぞれの判例につき、「制度としての文書」の侵害があったのかどうか、という観点からの論評が試みられる。

①事件では、漁協組合参事の作成した手形について、最高裁は、有価証券偽造罪の成立を認めた。本件では、たしかに参事は手形作成権限を逸脱しているけれども、私法上の第三者保護規定により、善意の第三者が保護されるはずの

事案である。旧来の通説（"規範的意思説"ないし"効果説"）によれば、有価証券偽造罪は成立しないであろう。これについて、川端は、文書偽造罪の成立を認める。その根拠としては、総体的な手形制度の保全という観点が持ち出される。「相対的に有効な手形を認めるのは、あくまでも手形関係者に対する私法上の個別的な救済手段であり、これが形式的視角の実質的軌を揺るがすことは否定できまい」というのである（基本文献・204頁）。

②事件は、交通事件原票の供述書の作成について名義人の承諾があった場合について事案である。最高裁判所は、文書の性質上、たとえ名義人の承諾があったとしても、他人名義を使用することは許されないため、私文書偽造罪が成立するという判断を下してきており、本件は、その3つめの決定である。本来、名義人の承諾に基づいて文書が作成されている以上、その作成は名義人の意思によるものであるから、"意思説"による限り、作成者と名義人に、そごは生じないはずである。基本文献旧版も、そのように解し、私文書偽造罪の成立を否定していた。しかし、新版は、これをあらため、この種の文書は、「名義人本人が直接作成することによってはじめて、その文書自体の決定的な証明力・証拠力が付与される」（基本文献・212頁）という観点から、私文書偽造罪の成立を肯定している。

③事件は、銀行において小切手作成の権限を有する者が、権限を濫用して文書を作成した事案について、大審院が、有価証券偽造罪の成立を否定したものである。従来の通説によれば、法的効果が発生するか否かにより偽造罪の成否が決せられたが（"規範的意思説"ないし"効果説"）、それは妥当ではなく、基本文献では「制度としての文書」が侵害されているかどうかが重視される。そして、「もっぱら形式的に作成権限の冒用があったかどうか、だけを考慮すれば足りるのであり、そのことを超えて私法上の効力についてまで考慮する必要はない」（基本文献・217頁）とし、判例の結論が支持される。

引き続いて、自己名義文書に変更を加える行為（基本文献・218頁）および他人名偽文書に変更を加える行為（基本文献・231頁）について、文書偽造罪・変造罪・文書毀棄罪のいずれが成立するのか、個別的な事情を示しつつ、検討している。ここでも、"制度としての文書"の視点から、問題の解決がはかられる。

なお、基本文献では、テレホンカードを改ざんした場合に有価証券偽造罪が

成立するかについて判示した最決平成3・4・5刑集45巻4号171頁が検討されている（基本文献・235頁）。基本文献は、立法による解決を提案していたが（基本文献・241頁）、新版公刊の2年後、支払用カード電磁的記録に関する罪（163条の2～163条の5）が新設され、立法的に解決された。

▶各種文書の意義、偽造文書・虚偽文書行使罪

　各種文書の意義と、偽造文書・虚偽文書行使罪における行使の概念について検討がなされる。具体的には、入学選抜試験の答案が私文書偽造罪にいう事実証明に関する文書に該当するかどうか（第7章）、公文書偽造罪における「公文書」・「権利、義務に関する公正証書」・「公務所の用に供する文書」の意義（第8章）、偽造文書・虚偽文書行使罪における行使の意義である。

　これらの論点の解決に際しても、著者の考えは、"制度としての文書"、"証拠犯罪としての文書偽造罪" という理念に貫かれている。

▶昭和62年刑法改正における文書偽造の罪に関する改正点の概要

　可視的・可読的でない電磁的記録が文書に含まれないことを明言しこれに明文の根拠を与えて処罰する新たな規定につき、解説を加えている（第10章）。この立法は、旧版において川端が主張した内容と軌を一にするものであり、旧版の学術的意義として川端も自認するところである（基本文献・新版はしがき3頁）。

▶比較法のための翻訳・紹介

　第2部の翻訳・紹介では、オーストリアの刑法学者ディートヘルム・キーナップェルの2つの論文の翻訳と紹介を掲載している。

4　残された課題

▶基本文献公刊後の状況

　基本文献は、"制度としての文書"、"証拠犯罪" という概念を通じて文書偽造罪を解釈するという新たな地平を開き、文書偽造罪理論の発展に寄与すると同時に、さまざまな議論の源泉となった。そうした状況のもと、学説による基礎研究の発展があったことと（理論面の発展）、また、文書偽造罪の本質にかかわる重要判例が多数登場したことは（実務面の発展）、注目すべきことである。

▶理論面の発展

　学説の発展においては、今井猛嘉および成瀬幸典による一連の研究が重要である（主要な文献は 2 に掲げたところ参照）。いずれの研究においても、文書偽造罪の保護法益を分析・再構成することにより、体系的に統一・一貫した文書偽造罪の解釈が目指されている。

　前者は、保護法益の分析を通じて、責任追及説による有形偽造の処罰根拠を洗練化するに至った。責任追及説とは、有形偽造の処罰根拠について、名義人をいつわることで、その文書についての責任追及を困難にすることにある、とする見解である。責任追及説の基本的発想自体は、以前から存在したものであったが、本研究においては、責任の内容について、通説の理解して来たような法的効果を発生させる責任に限るのではなく、不法行為責任のほか、行政責任や刑事責任といった、さまざまな責任がありうることが主張されている（今井猛嘉「文書概念の解釈を巡る近時の動向について」『松尾浩也先生古稀祝賀論文集(上)』〔有斐閣、1998年〕469頁注〔26〕～〔28〕参照）。この研究により、通説としての"規範的意思説"ないし"効果説"は、致命的打撃を受け、そのままの形で維持することはきわめて困難となった。

　後者は、保護法益の史的分析を通じて、証拠犯罪としての文書偽造罪という思考方法を徹底化するに至った。文書偽造罪の保護法益は、証拠の真正の保護であるとし、証拠犯罪説の立場から、名義をいつわることにより、証拠として用いることのできない文書を作成したことが有形偽造の処罰根拠であることが主張されている。この見解は、同じく証拠犯罪説を徹底する、いわゆる"帰属説"（山口厚『刑法各論〔第 2 版〕』〔有斐閣、2010年〕437頁以下）と軌と一にする結論へと至っており（成瀬幸典「文書偽造罪の本質」川端博ほか編『理論刑法学の探究⑦』〔成文堂、2014年〕149頁注〔105〕参照）、注目される。

▶依然として残される理論的問題

　基本文献を始め、上記のような優れた研究が行われているにもかかわらず、文書偽造罪には、現在も多数の理論的問題点が残されている。

　第一に、有形偽造の処罰根拠である。"責任追及説"は、現在、通説的見解であるが、そこで追求される責任の内容については、依然として学説の一致が見られない。「名義人が負う文書作成に関する責任の内容を明らかにし、いか

なる場合に名義人が当該責任を負うことになるのかを明らかにすることは、現在の文書偽造罪論の最重要課題の1つである」(成瀬・前掲「文書偽造罪の本質」139頁)といえよう。

　第二に、文書偽造罪の本質、保護法益論である。ここには2つの内容が含まれる。ひとつは、文書偽造の本質理解は、従来のままでよいのか、ということである。文書偽造罪の保護法益は、一般に、文書に対する公共の信用といわれるが、それ以外のものが含まれていること、あるいは、それとは異なる内容が中心となるという主張がしばしばなされる(たとえば、京藤哲久ほか「新しい保護法益と偽造罪〈討論会〉」法学セミナー32巻7号〔1987脱〕22頁以下、松宮孝明「文書偽造罪の保護法益」現代刑事法35号〔2002年〕27頁以下など参照)。この当否の検討は、処罰拡張傾向にある最近判例の状況を見る限り、避けて通れない。

　もうひとつは、基本文献が依拠し、また、近時の多くの学説も依拠しているとされる"証拠犯罪説"の内容を明確にすること、また、"証拠犯罪説"の包含する問題点を解決することである。私見によれば、"証拠犯罪説"の問題点は、およそ2つある(詳細は、松澤「作成権限の濫用・逸脱と有価証券偽造罪・文書偽造罪の成否」立教法学79号〔2010年〕146頁以下参照)。ひとつは、有形偽造の処罰根拠をクリアーにするあまり、現行法が規定する部分的な無形偽造の処罰の根拠を説明できないことである(基本文献・56頁は、これをさらりと流してしまう。また、成瀬・前掲「文書偽造罪の本質」149頁以下は、別の処罰根拠を持ち出すが、それでは文書偽造罪を統一的・体系的に一貫した解釈論で説明することは不可能となってしまうであろう)。もうひとつは、確立した判例である写真コピーの文書性を肯定するのがきわめて困難なことである。わが国の民事訴訟においては、証拠となる文書は原本であることが要求されているため、写真コピーを偽造しても証拠の信用性は害されない。これを処罰するとなると、"証拠犯罪説"の核心部分が崩れてくるであろう(なお、基本文献は、すでに紹介したように、写真コピーの文書性を肯定している。このことと、"証拠犯罪説"が両立するかどうかについては、厳密な意味では、疑問がある。成瀬・前掲「文書偽造罪の本質」143頁注〔87〕も参照)。

▶実務面の発展と理論からの応答
　基本文献旧版の公刊後、文書偽造罪の本質にかかわる重要判例が多数登場した。①同姓同名の使用と人格の同一性に関する最決平成5・10・5刑集47巻8

号7頁、②入学試験答案と事実証明に関する文書の意義に関する最決平成6・11・29刑集48巻7号453頁、③偽造の意義に関する大阪地判平成8・7・8判タ960号293頁、④顔写真の使用と人格の同一性に関する最決平成11・12・20刑集53巻9号1495頁、⑤資格の冒用に関する最決平成15・10・6刑集57巻9号987頁等は、その代表的なものである（なお、新版では、②について解説が施されている。基本文献・243頁以下）。

　理論からの応答という観点からいえば、まず、各学説が、これらをどう評価するのか、というのが重要な問題である。抽象的に論じられる個々の学説の具体的内容は、実際の事案の解決によって明らかとなる側面があるからである。たとえば、基本文献新版では、名義人の承諾について、作成者の特定の方法が改説されたが、なぜ改説が行われたのか、今一度検討する必要があろう。新版では、旧版で採用されていた"事実的意思説"が放棄されていると見られる（ちなみに、体系書では、文書の中に記載されている意識がその者から精神的に発しているかどうかを問うという見解が採用されている〔川端『刑法各論講義〔第2版〕』（成文堂、2010年）532頁参照。また、基本文献・214頁注(10)、218頁注(4)も参照〕）。川端は、制度としての文書を保護するという観点から、こうした改説を行ったと考えられる（ただし、代理名義の冒用について論じた箇所では、依然として、"事実的意思説"的な発想が見られる）。

　実際、"意思説"は現在も通説の位置を占めているものの、意思に着目するという、その本体部分は既に破綻しているといってよい。意思ではない、別の作用に注目した、作成者の特定理論の再整理が必要であろう。

　あるいは、すでに、作成者の特定という問題自体、注目するに値しないのかもしれない。それよりも、名義人の概念の構築に集中すべきという議論もあり得る。名義人の概念が、文書外在的情報によって影響を受けるという事実は、判例においては明らかであるが、学説による対応は依然として不十分である。「文書外在的情報の使用に関する一般あるいは類型的準則の定立」（伊東・前掲「偽造罪」325頁）は、発展する実務から学説に求められる重要な課題であるといえよう。

5 文献の現代的意義

▶ "やわらかな証拠犯罪説"？

　証拠犯罪説は、依然として不明確な部分が残ると同時に、それを徹底した場合、判例を説明する論理としては機能しないことが明らかである。

　そこで、ひとつの研究の方向性としては、"証拠犯罪説"によらず、通説的理論を発展させることで、判例に内在する理論を析出するという方向があり得る（たとえば、私見は、信用の内容を個別に分析することで、通説とされてきた"規範的意思説"を下位基準に含むメタ理論を構築し、問題を解決すべきことを構想している。松澤「文書偽造罪の保護法益と『公共の信用』の内容」早稲田法学82巻2号〔2007年〕31頁以下参照）。また、逆に、"証拠犯罪説"を徹底し、判例に対して外在的な批判を構築する方法（現在の学説の有力な方向性はこちらであろう。前記成瀬による研究はその代表的なものである）も同様に構想しうるところである。

　これらに対し、第三の道として、"証拠犯罪説"から、判例との妥協点を見いだす方向性が考えられる。実は、ここに、基本文献の現代的意義のひとつを見いだすことができるように思われる。すなわち、基本文献は、"制度としての文書"を強調する"証拠犯罪説"を主張するが、そこでの"証拠"概念は、訴訟の場で用いられる厳密な意味での"証拠"ではなく、広く、"強い証明力を持つ文書"といった意味でとらえられており、最近わが国で主張されている"証拠犯罪説"とはかなり異なっている。たとえば、写真コピーの文書性を肯定する点に、これが端的にあらわれているといえよう。また、基本文献は、"制度としての文書"論を基礎におくため、最近の有形偽造処罰構造論に特化した"証拠犯罪説"とは異なり、現行法が規定する部分的な無形偽造の処罰根拠をうまく説明できる理論的可能性ももつであろう。いわば、"かたい証拠犯罪説"とは異なる、"やわらかな証拠犯罪説"として理解することも可能と思われるのである。

　ただし、このように理解してしまうと、"証拠犯罪説"の魅力も半減してしまうであろう（おそらく、川端は、そのように理解されることを望まないように推察される）。また、"証拠犯罪説"である以上は、有形偽造にフォーカスを絞ると

いう点も、部分的には引き継がざるをえない。こうした折衷的見解に立つ場合、主張のバランスをいかにうまく調整するかという困難な問題にも直面する。

▶文献の意義

いずれにせよ、"制度としての文書"、"証拠犯罪"という概念は、現在の学説においてきわめて有力であるにもかかわらず、その理解が一定しておらず、再検討が必要と思われる。基本文献は、その出発点のひとつとされるべき重要文献といわなければならない。

著者紹介

伊東　研祐（いとう　けんすけ）	慶應義塾大学大学院法務研究科教授
三上　正隆（みかみ　まさたか）	愛知学院大学法学部准教授
仲道　祐樹（なかみち　ゆうき）	早稲田大学社会科学総合学術院准教授
松宮　孝明（まつみや　たかあき）	立命館大学大学院法務研究科教授
謝　煜偉（しゃ　ゆうい）	台湾大学法律学院助理教授
内田　浩（うちだ　ひろし）	岩手大学人文社会科学部教授
松尾　誠紀（まつお　もとのり）	関西学院大学法学部准教授
山本　高子（やまもと　たかこ）	亜細亜大学法学部准教授
玄　守道（ひょん　すどう）	龍谷大学法学部教授
山本　紘之（やまもと　ひろゆき）	大東文化大学法学部准教授
嘉門　優（かもん　ゆう）	立命館大学法学部教授
橋爪　隆（はしづめ　たかし）	東京大学大学院法学政治学研究科教授
葛原　力三（くずはら　りきぞう）	関西大学法学部教授
森永　真綱（もりなが　まさつな）	甲南大学法学部准教授
佐藤　陽子（さとう　ようこ）	北海道大学大学院法学研究科准教授
澁谷　洋平（しぶや　ようへい）	熊本大学法学部准教授
鈴木　一永（すずき　かずひさ）	清和大学法学部非常勤講師
照沼　亮介（てるぬま　りょうすけ）	上智大学法学部教授
小島　秀夫（こじま　ひでお）	大東文化大学法学部准教授
豊田　兼彦（とよた　かねひこ）	関西学院大学大学院司法研究科教授
佐川友佳子（さがわ　ゆかこ）	香川大学法学部准教授
曲田　統（まがた　おさむ）	中央大学法学部教授
小野　晃正（おの　こうせい）	摂南大学法学部准教授
安達　光治（あだち　こうじ）	立命館大学法学部教授
野澤　充（のざわ　みつる）	九州大学大学院法学研究院准教授
内田　幸隆（うちだ　ゆきたか）	明治大学法学部准教授
裵　美蘭（ぺ　みらん）	九州大学大学院法学研究院協力研究員
上嶌　一高（うえしま　かづたか）	神戸大学大学院法学研究科教授
品田　智史（しなだ　さとし）	大阪大学大学院法学研究科准教授
松澤　伸（まつざわ　しん）	早稲田大学法学学術院教授

■編者紹介

伊東 研祐（いとう・けんすけ）

　　1953年生．東京大学法学部卒
　　現在，慶應義塾大学大学院法務研究科教授
〔主要業績〕
　　『法益概念史研究』（成文堂、1984年）
　　『組織体刑事責任論』（成文堂、2013年）

松宮 孝明（まつみや・たかあき）

　　1958年生．京都大学大学院法学研究科博士課程後期課程単位取得退学／博士（法学）
　　現在，立命館大学大学院法務研究科教授
〔主要業績〕
　　『刑事過失論の研究』（成文堂、1989年）
　　『刑事立法と犯罪体系』（成文堂、2003年）

Horitsu Bunka Sha

リーディングス刑法

2015年9月30日　初版第1刷発行

編　者	伊東研祐・松宮孝明
発行者	田靡純子
発行所	株式会社 法律文化社

〒603-8053
京都市北区上賀茂岩ヶ垣内町71
電話 075(791)7131　FAX 075(721)8400
http://www.hou-bun.com/

＊乱丁など不良本がありましたら、ご連絡ください。
　お取り替えいたします。

印刷：亜細亜印刷㈱／製本：㈱藤沢製本
装幀：白沢　正

ISBN978-4-589-03696-4

Ⓒ2015　K. Itoh, T. Matsumiya Printed in Japan

JCOPY　〈(社)出版者著作権管理機構　委託出版物〉

本書の無断複写は著作権法上での例外を除き禁じられています。複写される
場合は、そのつど事前に、(社)出版者著作権管理機構（電話 03-3513-6969、
FAX 03-3513-6979, e-mail: info@jcopy.or.jp）の許諾を得てください。

松宮孝明編
ハイブリッド刑法総論〔第2版〕
ハイブリッド刑法各論〔第2版〕
A5判・340頁・3300円／390頁・3400円

基本から応用までをアクセントをつけて解説した刑法の基本書。レイアウトや叙述スタイルに工夫をこらし、基礎から発展的トピックまでを具体的な事例を用いてわかりやすく説明。総論・各論を相互に参照・関連させて学習の便宜を図る。

松宮孝明編
判例刑法演習
A5判・346頁・3400円

多様な犯罪類型を知ってはじめて応用できる法概念と「判例」の射程、そのおよばない部分での論理的な考え方を涵養する。刑法総論と各論を有機的に結びつけ、応用できることを目標とした演習書。

浅田和茂・上田 寛・松宮孝明・本田 稔・金尚均編集委員
〔生田勝義先生古稀祝賀論文集〕
自由と安全の刑事法学
A5判・756頁・17000円

「自由」と「安全」をキーワードに、刑事法分野における基礎理論、解釈論を展開した意欲的なモノグラフ。「自由と安全と刑法」、「現代社会と刑法解釈」、「人権保障と刑事手続」、「人間の尊厳と刑事政策」の4部から構成。

金 尚均編
ヘイト・スピーチの法的研究
A5判・198頁・2800円

ジャーナリズム、社会学の知見を前提に、憲法学と刑法学の双方からヘイト・スピーチの法的規制の是非を問う。「表現の自由」を思考停止の言葉とせず、実態をふまえて、冷静かつ建設的な議論の土台を提示する。

比較法研究の基礎となる3国の刑事司法を概観——基本的な用語の対照リストを示し、本格的な研究へと誘う

金 尚均・辻本典央・武内謙治・山中友理著
ドイツ刑事法入門
●A5判・320頁・3800円

島岡まな・末道康之・井上宜裕・浦中千佳央著
フランス刑事法入門
(近刊)

渕野貴生・本庄 武・永井善之・笹倉香奈著
アメリカ刑事法入門
(近刊)

日本の刑事法学がこれまで蓄積してきた知の財産目録——現在までの到達点を示し、刑事法学の基礎を示す

伊東研祐・松宮孝明編
リーディングス刑法
●A5判・510頁・5900円

川崎英明・葛野尋之編
リーディングス刑事訴訟法
(近刊)

朴元奎・太田達也編
リーディングス刑事政策
(近刊)

法律文化社

表示価格は本体(税別)価格です